AHORA PUEDO VER CON CLARIDAD

DR. WAYNE W. DYER

EL GRANO Ð MOSTAZA

Título: Ahora puedo ver con claridad
Autor: Wayne W. Dyer

Título original: I can see clearly now
Copyright © 2014 Wayne Dyer
Publicado originalmente por Hay House Inc. USA en 2014

Primera edición en España, agosto de 2023
© para la edición en España, El Grano de Mostaza Ediciones
Traducción: Miguel Iribarren

Impreso en España
ISBN PAPEL: 978-84-126913-9-9
ISBN EBOOK: 978-84-127340-0-3
DL: B 11624-2023

El Grano de Mostaza Ediciones, S.L.
Carrer de Balmes 394, principal primera
08022 Barcelona, Spain
www.elgranodemostaza.com

AHORA PUEDO VER CON CLARIDAD

DR. WAYNE W. DYER

Para todos los mostradores del camino
sobre los que yo he escrito aquí
—los diamantes y las piedras—
con profundo respeto y gratitud.

Y a mis ocho hijos —todos ellos diamantes,
Tracy, Shane, Stephanie, Skye, Sommer,
Serena, Sands y Saje—.
Vosotros sois las luces de mi vida.

*"Si nos detenemos por un momento, es posible percibir
un patrón en nuestras vidas; los motivadores que han
influido en nosotros se vuelven obvios. Somos capaces de ver
la vida desplegándose desde ambos extremos a la vez, y viniendo al
momento presente. Pero hasta que llegamos a cierto punto
de realización, esto no es posible, porque seguimos viéndolo todo
como una serie de aparentes causas y efectos".*

—Reshad Feild

1

Es Navidad de 1941, unas semanas antes del bombardeo de Pearl Harbour. Estados Unidos se ha visto abocado a entrar en guerra; dos hermanos de mi madre sirven en el ejército, uno en Europa y el otro en el Pacífico. Mi padre ya no está en el cuadro. Sus constantes juergas con otras mujeres, su abuso de la bebida y su delincuencia regular, que le ha llevado a la cárcel en varias ocasiones, han hecho que para mi madre sea imposible convivir con él. Simplemente se ha alejado de sus responsabilidades como padre, y nunca volvemos a oír hablar de él. Mi madre está sola con tres hijos de menos de cinco años que alimentar. Cada día los lleva a casa de su madre para que los cuide mientras ella se va a trabajar.

Mis dos hermanos mayores y yo estamos esperando con nuestra madre a que el autobús llegue a Jefferson Avenue, en el este de Detroit. Estamos vestidos con nuestros trajes de nieve, guantes, botas de lluvia y orejeras, de pie en la parada del autobús, cerca de lo que nos parece una enorme montaña de nieve recién retirada del asfalto. La carretera está llena de sal para fundir la nieve que no para de caer, y todo es un desbarajuste. Pasa junto a nosotros un camión y nos salpica tanta aguanieve que nos caemos al suelo. Aterrizamos de manera segura pero empapados en la gigantesca pila de nieve.

Mi madre se desespera; está vestida para el trabajo y cubierta de aguanieve sucia y salada. Se exaspera. Obviamente su vida está fuera de control con la partida de su ex marido, y se esfuerza al máximo para hacer que todo encaje. La larga depresión económica, junto con una guerra mundial, contribuyen a la situación general. Es difícil conseguir trabajo, y mi madre debe confiar en las pequeñas ayudas que llegan de su familia. Ellos también están abrumados por la prolongada crisis económica. Hasta en el mejor de los casos, es un periodo difícil debido a la falta de todo tipo de bienes de consumo, y a la propia niebla de la guerra.

Mis dos hermanos también están muy disgustados. Jim, de cinco años, trata de consolar a mi madre; Dave, de tres, llora incontrolablemente. ¿Y yo? Me lo estoy pasando genial. Esto es como una hermosa fiesta sorpresa con un castillo de nieve en el que todos estamos montados. ¡Podemos divertirnos! No llego a entender por qué todo el mundo está tan enfadado y frustrado.

Y estas son las palabras que salen de mi boca: "Está bien, mamá. No llores. Todos podemos quedarnos aquí y jugar en la nieve".

Yo soy el bebé que apenas llora; el niño pequeño que trata de hacer que todo el mundo se ría y se sienta bien, independientemente de lo que esté ocurriendo. Soy el niño que pone caras raras para que el entorno pase de estar triste a divertirse. Soy el niño pequeño que está seguro de que, si el arenero está lleno de estiércol, *debe haber un poni por aquí en alguna parte*. No sé llenarme de tristeza. Mi actitud siempre parece inclinarse a buscar el lado bueno de las cosas y a prestar poca atención a lo que hace que los demás se sientan tristes.

Según mi madre, yo soy el niño pequeño más independiente e inquisitivo que ella y su familia han conocido. Aparentemente, llegué con esta actitud de felicidad intacta. Estoy muy feliz de estar aquí, en este mundo. A los 19 meses de edad casi tengo el mismo tamaño que Dave, que tiene 18 meses más. Trato de hacer que mi hermano se ría y se sienta seguro, porque parece tener miedo. Está enfermo y triste la mayor parte del tiempo, raras veces sonríe. Yo encuentro que el mundo es tan emocionante, me encanta ir por ahí a explorar.

A medida que voy creciendo, nada parece alterarme o disgustarme. Miro a mi alrededor y todo lo que veo me trae una sensación de asombro y maravillamiento. Quiero que todos sean felices. Quiero que toda la desesperación desaparezca de mi familia. Estoy seguro de que no tenemos que ser desdichados por el simple hecho de que mi padre sea una mierda. Quiero que mi madre tenga alegría en su alma, en lugar de toda esa angustia. Quiero que mi hermano mayor, Jim, deje de preocuparse tanto por nuestra madre y por sus dos hermanos pequeños. Si puedo hacerles felices y divertirme, tal vez todo lo demás desaparecerá.

Simplemente, no puedo comprender por qué todo el mundo parece tan adusto. Hay tantas cosas por las que sentirse emocionado. Puedo jugar durante horas con una cuchara o una caja de cartón vacía. Me encanta salir afuera y mirar las flores, las mariposas, o el gato vagabundo que sigue viniendo a nuestro jardín. Estoy en una especie de estado dichoso de apreciación y asombro casi todo el tiempo. También tengo mi propia manera de pensar, y es muy marcada. No dejo que nadie me diga lo que puedo o no puedo hacer: insisto en descubrir mis límites por mi cuenta. Cuando me dicen un *no*, simplemente sonrío y sigo haciendo lo que mi yo interno me dice que haga, independientemente de lo que los mayores puedan opinar al respecto.

Parezco estar en un mundo totalmente mío: un mundo alegre, lleno de emoción, de potencialidades ilimitadas y de descubrimientos que puedo realizar por mí mismo. Por más que alguien trate de hacerme ser pesimista, nunca tiene éxito porque yo vine aquí desde una Luz Divina, y no hay nada que nadie pueda hacer para apagarla. Esto es quien yo soy: una parte de Dios que no se ha olvidado de que Dios es amor. Y yo también.

AHORA PUEDO VER CON CLARIDAD

No sé la cantidad de veces que mi madre me ha contado esa historia de la pila de nieve embarrada. Era su recuerdo favorito de mí justo antes de que se viera obligada a llevarnos a mi hermano Dave y a mí a una serie de hogares de acogida y orfanatos; Jim, mi hermano mayor, vivió con nuestra abuela durante la mayor parte de la década siguiente.

Al mirar atrás, a los primeros días de mi vida en esta encarnación, puedo ver con claridad que la vieja máxima: *En este universo no hay accidentes* es una obviedad aplicable desde el día de nuestra creación, y también mucho antes. En un universo infinito no hay comienzo ni final. Solo nuestra forma nace y muere: lo que ocupa nuestra forma es inmutable, y por lo tanto no ha nacido ni morirá.

Como padre de ocho hijos, estoy completamente convencido de que cada individuo llega aquí con su propia personalidad única. Hay una intención que nos envía aquí desde un campo invisible de potencialidad infinita. Eso que no tiene forma, que no tiene límites, es el *yo* que está en este cuerpo siempre cambiante. Todos los logros que llenan mi currículo personal empezaron a tomar forma en el momento de mi concepción, a lo largo de los nueve meses de existencia como embrión, y al tomar el primer aliento cuando llegué. Miro atrás, a aquel pequeño de 19 meses tumbado en la montaña de nieve, y ninguna de las células que componían a aquel niñito sigue estando aquí, en el planeta Tierra. Sin embargo, el *yo* que estaba en ese cuerpo es el mismo *yo* infinito que lo recuerda todo setenta años después.

Incluso antes de poder leer o escribir necesité una personalidad que fuera congruente con la *música* que había venido a tocar. Ahora puedo ver con claridad que de niño necesité sentir que podía conectar con los demás y ayudarles a sentirse mejor consigo mismos y sus circunstancias. De algún modo sabía que la *actitud* lo es todo, incluso siendo un bebé; de modo que la actitud que mi madre me describió y que caracterizó mi infancia estaba, de alguna manera misteriosa, conectada con el *dharma* que iba a manifestar a lo largo de esta vida.

Tumbado en lo alto de aquella montaña de nieve con el resto de mi familia, viéndoles en un profundo estado de ansiedad y decidiendo al instante intentar hacer que las cosas fueran un poco más soportables al invitarles a divertirse en lugar de estar tristes es, a nivel espiritual, lo mismo que escribir libros sobre cómo liberarse de las ataduras del pensamiento negativo y disfrutar de la vida al máximo. La forma es adulta, tiene un cuerpo más grande y viejo, pero el mismo *yo* infinito está comunicándose a través de un conjunto nuevo de ojos y orejas.

He observado a mis ocho hijos florecer en sus propios despertares. Todos se presentaron aquí, en el momento de nacer, con sus personalidades únicas, tal vez de vidas anteriores: las posibilidades son misteriosas e interminables. Pero sé seguro que la mente Divina, que es responsable de la totalidad de la creación, tiene algo que ver en este cautivador misterio. Los mismos padres, el mismo entorno, la misma cultura, y sin embargo ocho individuos únicos, y todos ellos llegaron con sus propios rasgos de carácter diferenciados. Creo que Khalil Gibran lo expresó perfectamente en *El profeta*: "Tus hijos no son tus hijos. Son los hijos y las hijas de la Vida añorándose a sí misma. Vienen a través de ti, pero no de ti, y aunque están contigo, no te pertenecen".

Todos tenemos alguna misión que cumplir desde el momento en que hacemos el cambio desde *ninguna parte* al *aquí y ahora,*[1] del Espíritu a la

---

1. Aquí el autor hace un juego de palabras entre ninguna parte (nowhere) y aquí y ahora (now here), que se escriben igual en inglés. (N. del t.)

forma. Desde hace mucho tiempo he tomado conciencia de lo importante que es permitir que mis hijos vivan sus dictados internos, dándome cuenta —basándome en las historias que mi madre me contó de cuando era pequeño— de que es precisamente eso lo que he hecho yo toda mi vida. Ella nunca se sorprendió de que mi vida se desplegara como lo hizo por lo que había observado en mi infancia. Cada uno de mis hijos ha tenido también la impronta de Dios. Mi trabajo ha sido guiar y después hacerme a un lado, y dejar que lo que está dentro de ellos —que es singular y único— dirija el curso de sus vidas.

Sé que vine aquí para cumplir un propósito que había decidido antes de emprender ese viaje desde lo invisible hacia lo sólido: desde el Espíritu al endurecimiento de la realidad física. Empezando por las tres personas infelices que estaban conmigo en medio del aguanieve, en realidad estaba haciendo las primeras investigaciones y prácticas para vivir una vida en la que pudiera ayudar a influir en millones de personas. Estando en aquel banco de nieve, intentaba intuitivamente conseguir que todos viera que teníamos elección con respecto a cómo mirábamos la situación. El *yo* dentro del niño quería que los demás supieran que en realidad la situación no eran tan mala: *podemos darle la vuelta a todo esto riéndonos en lugar de estar disgustados.*

El mayor servicio que se puede ofrecer a los niños que muestran rasgos de personalidad o inclinaciones que podrían no ser entendidas por los adultos que les rodean es permitirles expresar su humanidad única. Yo tuve la bendición de poder vivir buena parte de la primera década de mi vida en un entorno donde las intervenciones parentales y de otros adultos fueron mínimas. Sé que vine al mundo con lo que llamo un "gran dharma", con la impronta de enseñar a confiar en uno mismo y con planteamientos amorosos y positivos para grandes cantidades de gente de todo el globo. Siempre estoy muy agradecido a las circunstancias de mi vida, que en gran medida me permitieron que me dejaran en paz y poder desarrollarme tal como estaba previsto en esta encarnación.

Del mismo modo en que hay una fuerza Divina, misteriosa e invisible que pone a nuestra disposición todo lo que necesitamos para nuestro desarrollo físico mientras estamos nueve meses en el útero, la misma Fuente pone a nuestra disposición todo lo necesario para otros aspectos de nuestro ser. Venimos de un estado de bienestar perfecto —el amor Divino— y nuestro creador no necesita ayuda para cuidar de este despliegue. Solo nos salimos del camino de la realización de Dios cuando interferimos con esta programación celestial.

Ahora puedo ver con claridad que todo este universo tiene un propósito. Ahora veo que expresamos nuestros rasgos de personalidad tempranos y predilecciones porque representan a nuestro yo superior. En esas primeras etapas todavía estamos muy conectados con la Fuente, porque aún no hemos tenido la oportunidad de dejar a Dios fuera y asumir el manto del falso yo, que es el ego.

2

Es la primavera de 1949, Dave tiene nueve años y yo estoy a punto de cumplir ocho. Estoy gritando a los empleados de la aduana que inspeccionan los coches que entran en Canadá, en Sombra, Ontario: "¡Mi hermano se está ahogando, mi hermano se está ahogando! ¡Tenéis que hacer algo ahora mismo, en este momento!".

Es la primera vez que nadamos este año en el río Santa Clara. El pasado agosto había un banco de arena como a unos cincuenta metros del puesto de aduanas donde nadábamos en nuestras visitas veraniegas. (El dueño de la casa en Sombra, donde nos quedamos, es el novio de mi madre y mi futuro padre adoptivo, Bill Drudy). Durante el invierno, las rápidas corrientes del río han barrido el banco de arena, y ahora Dave está pillado en las corrientes rápidas, y no puede mantenerse de pie. Mientras lo miro horrorizado, su cabeza se sumerge, y su mano apenas se divisa sobre la superficie del agua. Es mi hermano, mi mejor amigo, mi compañero durante las numerosas excursiones que hemos hecho a hogares adoptivos desde que éramos pequeños. Está desapareciendo debajo de la superficie, y durante un segundo el shock me deja inmovilizado.

En ese punto corro hacia el puesto de aduanas, donde Bill Laing, un inspector de rostro amistoso que nos conoce, me oye, y al instante corre hacia un bote que estaba amarrado, pone en marcha el motor y se dirige hacia el último punto donde vi a mi hermano. A medida que la barca se acerca al lugar hacia el que apunto, la pequeña mano de Dave aparece por última vez por encima de la superficie. Bill y su asistente son capaces de empujar a mi hermano dentro de la barca, darle la vuelta, y empujar el agua que ha tragado fuera de sus pulmones y boca. Veo que la piel recupera su color desde la palidez gris: Dave estará bien. Me siento tan agradecido de que la gente del puesto de aduanas escuchara mi gritos de pánico pidiendo ayuda. Me asombro lo rápido que encendieron el motor y rescataron a mi hermano.

Esa noche, cuando contamos la aventura a nuestra madre, Dave todavía está en estado de shock. Al día siguiente se niega a entrar en el agua, y previsiblemente esto va a continuar en el futuro.

La reacción de mi hermano a la experiencia cercana a la muerte es una de las cosas más misteriosas con las que me he encontrado. Dave no solo evita nadar, sino que tiene una urticaria aguda si alguien trata de persuadirle para que entre en el agua. Observo a mi hermano con cuidado, puesto que siempre estamos juntos, y me doy cuenta de que, incluso cuando se ve atrapado al aire libre bajo una lluvia repentina, cada gota de agua que toca su piel deja una marca de urticaria. Dave se siente tan traumatizado por este incidente que este estado durará la mayor parte del resto de su existencia. En su vida adulta, las gotas de lluvia siguen dejándole desagradables recordatorios del flirteo con la Muerte en el río Santa Clara a los nueve años de edad.

Avanzando en el tiempo casi tres décadas, Dave está en el ejército, estacionado en Fort Riley, Kansas. Yo estoy de viaje con mi hija de nueve años, Tracy, haciendo publicidad de mi libro *Tus zonas erróneas*. Estamos en Saint Louis y después en Kansas City, de modo que decido hacer un viaje a Junction City, Kansas, para visitar a mi hermano, a quien no he visto en muchos años. Dave ha estado destinado en ultramar e hizo dos turnos de servicio durante la Guerra de Vietnam. Recibió una estrella de bronce por su extraordinario servicio y valentía en combate.

Así es como Dave describe lo ocurrido durante nuestra visita en su libro titulado *From Darkness to Light* [De la oscuridad a la luz]. A mí me clarifica el significado de su encuentro con la muerte en 1948:

En 1976 estaba destinado en Fort Riley, Kansas, y vivía en Junction City. Wayne estaba en la ciudad promocionando su superventas, *Tus zonas erróneas*. Él y su hija Tracy estaban en una hospedería situada en mi calle y me invitaron a nadar en la piscina.

Wayne me dijo que, al entrar en la piscina, enfocara mis pensamientos en cualquier cosa que no fuera la urticaria. Él continuó hablándome, y yo no tuve la oportunidad de pensar en nada aparte de lo que me estaba diciendo. De hecho, hablaba tan suave que apenas podía oír lo que decía, de modo que iba acercándome cada vez más a él.

Wayne había atraído mi atención hacia él a propósito. Antes de que pudiera darme cuenta, llevaba en el agua media hora. Cuando salí de la piscina y me sequé, no pude encontrar ni rastro de irritación en mi cuerpo. Por primera vez en veintisiete años no tuve urticaria mientras me bañaba. Volví inmediatamente al agua para estar durante otra media hora con el mismo resultado. Desde entonces he disfrutado de nadar, y nunca he vuelto a tener urticaria.

AHORA PUEDO VER CON CLARIDAD

Mientras estaba en aquel muelle, observando cómo las corrientes rápidas arrastraban a mi hermano, sentí la presencia de algo que he sido incapaz de expresar adecuadamente aquí, o en cualquier otro lugar, en toda mi vida. Esa presencia está aquí ahora mismo, en este momento, mientras escribo sobre uno de los sucesos más significativos de mi vida. Es un sentimiento de no estar solo; una fuerza que le empuja a uno a actuar de inmediato. Aquel día de finales de primavera no era el momento de que Dave saliera de esta vida, y yo fui el encargado de asegurarme de que su *dharma* continuara.

Aquella escena es tal real para mí, incluso ahora: cada detalle de ella ha quedado grabado en mi pantalla interna. En aquellos pocos momentos en que fui impulsado a actuar, aprendí que podía hacer que la gente me escuchara, y que en realidad tenía el poder de la vida sobre la muerte dentro de mí. Retrasarme hubiera invitado al desastre. Quedarme allí de pie y llorar no era una opción. Dejar que el miedo me abrumara no era algo que quisiera considerar. Sentí una fuerza de vida sacándome de la escena que observaba desplegarse ante mí, que me llevó al puesto de aduanas, insistiendo en que gritara todo lo fuerte que pudiera ante Bill Laing.

No puedo describir lo que es esta fuerza misteriosa, pero sé que es algo que ha estado ahí para mí muchas veces en mi vida. Es algo invisible que puedo sentir y de lo que puedo hablar en mis conferencias y en muchos de los cuarenta y un libros que he escrito. Es un conocimiento poderoso, como una guía angélica invisible en la que confío. En aquel encuentro de mi hermano con la muerte supe por primera vez de manera absoluta que yo era mucho más que un niño de ocho años lanzándome a la acción en aquel muelle del río. Es una presencia reconfortante que ahora siento cada vez con más frecuencia en mi vida, y que no ignoro nunca.

Ahora, desde una perspectiva más clara, cuando miro a lo sucedido en 1948 y después en 1976 en Fort Riley, puedo ver la conexión, y cómo se asocia con el curso que ha seguido mi vida. En aquel momento no tenía ni idea de que el hecho de que mi hermano estuviera a punto de ahogarse, y la reacción extrema de su cuerpo, serían una oportunidad para mí de poner en práctica lo que conocía intuitivamente como la conexión mente-cuerpo, y su increíble capacidad para producir la curación. Cuando visité a Dave, estaba justo al comienzo de mi exploración del poder de la mente y de su capacidad para realizar milagros de curación.

El cuarto de siglo en el que la piel de Dave reaccionó con urticaria cuando tenía que entrar en el agua, o incluso al estar cerca de ella, quedó superado en este episodio en el que puso su mente en la curación, alejándola del pensamiento temeroso y catastrofista. Desde una perspectiva más clara, ahora puedo ver que mi presencia en aquel muelle —que llevó al rescate de mi hermano— fue el instrumento que me dio la información y la confianza para convertirme en un maestro y practicante de la curación mente-cuerpo. Aquella experiencia infantil ayudó a guiarnos a ambos, llevándonos a explorar y a darnos cuenta de que tenemos el poder de realizar cualquier cosa en la que centremos nuestra atención, cuando la anclamos con amor en lugar de con miedo.

De algún modo incomprensible, todo está conectado. El casi ahogamiento de mi hermano me dio la oportunidad, muchos años después, de ayudarle a curarse de la reacción traumática que le llevó a tener serios brotes de urticaria, y lanzarme a una carrera profesional dedicada a enseñar autoempoderamiento.

3

Corre el año 1950 y estoy en cuarto grado en la escuela elemental Arthur, en Detroit. Es la primera vez que voy al colegio y al mismo tiempo vivo con mi familia reunificada.

Cada día, exactamente a las 2:45 de la tarde, si toda la clase se ha comportado razonablemente bien —lo que significa que no hemos hablado cuando no toca—, nuestra maestra, la señorita Engels, nos lee *El jardín secreto*. Me entusiasma escucharla, en particular por cómo da vida a todos los personajes.

En la clase estoy en el asiento que tengo asignado, realizo los ejercicios para memorizar las tablas de multiplicar, reviso la ortografía de las palabras de la semana, miro los mapas de nuestra lección de geografía, practico la escritura y todos los demás tediosos detalles de mi día de escuela en cuarto grado. Pero, en secreto, anticipo ávidamente la escucha de *El jardín secreto* a las 2:45, de modo que me siento en mi escritorio y miro al reloj de la pared. (Mientras estoy sentado en mi escritorio, 62 años después, puedo ver en mi imaginación las palabras Seth Thomas escritas en la esfera del reloj que había en clase).

Parezco ser el único niño de clase obsesionado con el desarrollo de la historia que se narra cada tarde, y me doy cuenta de que muchos de mis compañeros parecen olvidar el hecho de que si no se comportan, no nos contarán el cuento. Tengo diez años y ya soy consciente de que no veo el mundo como los otros niños que me rodean. He descubierto que la gente me escuchará si hablo con convicción. También he aprendido que me gusta pasar la mayor parte del tiempo en mi mundo interno, explorando ideas que mis contemporáneos nunca parecen considerar.

Aquí, en la clase de cuarto grado de la señorita Engels, me doy cuenta de cuánto poder tengo para hacer que ocurran las cosas que son importantes para mí. Cada día asumo voluntariamente el papel de "reforzador" del silencio que la señorita Engels tanto valora. Si la clase se pone incluso un poco indisciplinada, salgo de mi sitio y recuerdo a los infractores que están poniendo en riesgo nuestro tiempo de *El jardín secreto*, y que no estoy dispuesto a tolerar este comportamiento disruptivo. Ellos escuchan y se calman, no porque quieran oír la historia, sino porque yo asumo una posición de autoridad.

Esta es una experiencia iluminadora para mí a mis diez años. Me doy cuenta de que me ha pasado antes en las casas de acogida en las que he vivido, y ahora otra vez aquí, en esta escuela nueva. Cuando hablo con confianza y bondad, se me escucha. Sin usar amenazas ni crueldad, pongo en orden a cualquiera que se porte mal e impida que la señorita Engels nos lea. Me encanta cerrar los ojos y escuchar la magia de lo que es, para mí, mi propio jardín secreto.

La historia, escrita por Frances Hodgson Burnett en 1911, trata de la huérfana Mary Lennox, de diez años de edad, que es enviada a vivir en Inglaterra desde India cuando sus padres mueren en una epidemia de cólera. Cuando llega a Inglaterra, es una chica dura, herida y negativa que siente que sus padres no la querían. La historia relata su descubrimiento de todo un nuevo mundo que cambia su perspectiva de la vida. Y aquí estoy yo, un niño de diez años que ha pasado la mayor parte de su vida con sentimientos similares de no ser querido, escuchando una historia que habla de otra manera de mirar la vida. La idea de que hay un lugar secreto en el mundo, o en la propia mente de uno, me fascina.

Escucho hipnotizado por las conversaciones que Mary y su enfermizo amigo Colin mantienen con las flores y con un pájaro llamado petirrojo pecho rojo. Los petirrojos también vuelan a mi alrededor, construyendo sus nidos y piando, cuando voy de la escuela a casa al final del día. Me involucro en conversaciones con estos nuevos amigos voladores todo el camino a casa, viviendo en mi propio jardín secreto imaginario, donde la enfermedad y la debilidad desaparecen, y donde la actitud positiva es el antídoto de todo sufrimiento. Siento el exquisito poder de las palabras que ha leído la señorita Engels y creo mi propio jardín secreto para escaparme a un mundo donde todo es posible. Aquí hablo con los animales y las flores, y siento la presencia de la verdadera magia en mi vida.

Venir a vivir a este nuevo hogar con mi familia no es ni de lejos tan cómodo como vivir en casa de otras personas. Bill, mi nuevo padre adoptivo, bebe mucho y, cuando lo hace, discute mucho y se muestra agresivo. De algún modo yo consigo olvidarme de sus quejas, en gran medida porque soy consciente de que en mi imaginación puedo crear un espacio secreto muy parecido al jardín de Mary Lennox en Inglaterra. En este espacio no se le permite a nadie entrar sin mi permiso. Me siento fascinado por esta idea de que la vida no se restringe a lo que veo y oigo con mis sentidos. Descubro que puedo estar aquí, en este mundo, en mi cuerpo y que también puedo salir de las limitaciones de mi ser físico y vivir en mi propio mundo privado.

En *El jardín secreto* oigo que la señorita Engels habla de curar a personas con enfermedades graves y pienso para mí mismo: *Si Mary puede hacer eso, yo también puedo*. Si Mary, Dickon y Colin y todos sus compañeros del jardín secreto pueden hablar a los animales y escuchar a los árboles, yo también puedo.

Mi imaginación se dispara. Me visualizo a mí mismo como un mago que puede hacer cualquier cosa en la que ponga su intención. Veo guías para mí en todo el mundo natural. Aprendo a ir dentro y a despejar mi mundo interno de todo lo que interfiere con la dicha de mi paz interna. Tomo la decisión de que Bill nunca podrá llegar a mí con su locura, ni con sus obsesivas diatribas por problemas que solo existen en su mente desequilibrada. Tengo mi propio jardín secreto, y me doy cuenta de que me he retirado a él con frecuencia durante los últimos años que he estado viviendo en hogares de acogida.

Aquí, en este nuevo entorno, viviendo en una casa pequeña con tres personas que en esencia son extraños, uno de los cuales se pasa los días y las noches bebiendo cerveza, se me da un regalo inmensamente beneficioso. El regalo es la *conciencia* de mi jardín secreto: un lugar interno donde no hay restricciones ni obstáculos, y donde yo puedo crear una forma de vivir inmune a todas las influencias que podrían entristecerme.

A lo largo de los años siguientes, viviendo en un entorno donde la norma era el abuso verbal y del alcohol, en mi imaginación creé la seguridad de un refugio que atesoraba, y estaba ansioso por contárselo a otros.

Es muy probable que la lectura de *El jardín secreto* durante 30 minutos al final de cada día no fuera tan memorable para los demás niños de mi clase de cuarto grado. Para mí, fue una bendición que encendió un fuego interno por el que siempre me sentiré agradecido. Ahí empecé a tomar conciencia de que tengo algo dentro de mí que triunfa sobre lo que ocurre fuera: mi propio jardín secreto donde todo es posible.

AHORA PUEDO VER CON CLARIDAD

Incluso después de que hayan transcurrido seis décadas, a menudo miro atrás, a la clase de la señorita Engels, y pienso que la Divina providencia ya operaba a mi favor. De algún modo fui guiado a su clase por una fuerza que conspiraba para encender un fuego en mí que me impulsaría a escribir y a hablar sobre las ideas que se presentan en esa novela escrita hace más de un siglo. Antes de empezar a escribir *Ahora puedo ver con claridad*, decidí reexaminar *El jardín secreto* para recordarme qué había encendido un interés tan provocativo en el niño que fui. El pasaje siguiente, en que el autor describe a Mary Lennox a los diez años, me llamó mucho la atención: "Ella tenía una gran creencia en la magia. Creía secretamente que Dickon hacía magia, por supuesto magia de la buena, sobre todo lo que estaba cerca de él, y por eso gustaba tanto a la gente, y las criaturas salvajes sabían que él era su amigo".

El entusiasmo que esta idea hizo germinar en mí en los años 50 se convertiría en el impulso para realizar todo el trabajo que desarrollé en mi vida adulta. En aquel tiempo no era consciente de que me pasaría la vida examinando y explorando esta idea de que hay una cámara solitaria dentro de todos nosotros que, cuando se nutre y se pone a prueba, nos da el poder de vivir nuestras vidas a un nivel extraordinario. En un universo donde no hay accidentes —un universo divinamente orquestado— me parecía claro que la señorita Engels, mi presciente profesora de cuarto grado, estaba en mi vida para despertar en mí la pasión por ir mucho más allá de lo ordinario. Esta experiencia abrió mi vida a la pasión por la grandeza, por obrar milagros, y por creer que lo que uno puede lograr no tiene limites cuando se sintoniza con los poderes del mundo invisible, que son nuestro derecho de nacimiento.

A la edad de diez años se me presentaron dos ideas que fueron como postes indicadores del viaje que sería mi destino. La primera es que las personas responderán en beneficio de todos si les hablas con confianza y sin juzgarles. La segunda es que hay un jardín secreto donde abundan los milagros y la magia, y está a disposición de cualquiera que elija visitarlo.

Por supuesto, en aquel tiempo no me di cuenta de que, en realidad, esas horas que pasé sentado escuchando *El jardín secreto* eran una preparación para el trabajo de mi vida. Para mí, aquellos simplemente eran momentos emocionantes. Cuando sonaba la campana y acababa la clase, durante todo el camino a casa yo transitaba por mi jardín secreto. Entonces se encendió una pasión, y todavía me siento casi mareado cuando contemplo lo que todos somos capaces de experimentar cuando nos permitimos alcanzar nuestro pleno potencial.

Años después, mientras leo *Cándido*, el trabajo más conocido de Voltaire, recuerdo la clase de la señorita Engels. Después de viajar por el mundo y de ver lo peor de la humanidad, al final de este cuento satírico el personaje que da título al libro explica irónicamente que la violencia y saqueo de los reyes no se puede comparar con las vidas productivas y pacíficas de quienes se ocupan de sus cosas y *cultivan su propio jardín*.

Cada vez que leo este pasaje de Voltaire, veo al niño de diez años que yo era, contemplando su propio jardín secreto y —sin saberlo— preparando el escenario para toda una vida animando a otros a evitar la rutina ordinaria y atender verdaderamente a su propio jardín secreto.

4

Estoy en una escuela nueva, Marquette Elementary, mi quinta escuela en cinco años, escuchando a la señorita Cooper decirnos —a sus alumnos de quinto grado— que se siente muy dolida y molesta por cómo nos comportamos. Llega a decir que somos la peor clase que ha tenido nunca.

Sentado al fondo de la clase, me divierte su respuesta enfadada. Estos pensamientos se me pasan por la cabeza al contemplar a una mujer adulta perder el control de sí misma: *¿Cómo puede permitir que la mala conducta de un grupo de niños sea la fuente de su incomodidad? Ella es la profesora, ella es la jefa, se supone que está al cargo de esta clase, y está permitiendo que el comportamiento de otros la desquicie. ¿Cómo es posible que dé su poder a un grupo de niños pequeños que solo son ingobernables porque esta clase es muy aburrida?* Reconozco que nuestra maestra está tratando de hacer que nos comportemos mediante la táctica de intentar que nos sintamos culpables. Y me doy cuenta de que mi manera de pensar no es en absoluto como la de los demás niños.

En mi mente regreso a la casa de la señorita Scarf, en el 231 de Townhall Road, en Mt. Clemens, Michigan, un hogar de acogida donde yo estuve viviendo menos de dos años antes. Durante el tiempo en que mi hermano Dave y yo estuvimos allí, muchos niños llegaron y se fueron, y recuerdo a una joven llamada Martha llorando histéricamente después de que le dejaran allí dos adultos. Oí que la señorita Scarf decía a su marido: "Ve a buscar a Wayne; él podrá calmarla".

Entré en la habitación y tomé la mano de Martha, le conté que este era un lugar genial y que le iba a encantar vivir aquí. Encontré a mi hermano Dave y ambos la llevamos a dar una vuelta por el gallinero, los cerezos y melocotoneros, y el jardín. A continuación la llevé a mi matorral preferido, donde estaban floreciendo las lilas y los lirios del valle crecían cerca del suelo. Le di dos flores y le pedí que las oliera y que pensara pensamientos felices. Y justo delante de mis ojos, Martha se transformó en una compañera de juegos contenta y animada.

Ahora, en clase de la señorita Cooper, pienso en cómo me sentí al echar tanto de menos a mi madre durante todos aquellos años, y cómo tuve que cuidar de mi hermano mayor, pues algunos niños crueles solían abusar de él porque era pequeño para su edad al haber sufrido una anemia grave. Recuerdo que a lo largo de aquellos años simplemente usé mis pensamientos para convertir sucesos tristes en bendiciones, y aquí está esta mujer adulta, completamente descentrada porque hacemos un poco de ruido, sin saber ser feliz imaginando cómo huele la deliciosa y apetecible fragancia de las lilas, o de los lirios del valle. *¿Y ella quiere que me sienta culpable por su incapacidad de encontrar alegría a cada momento?*

Tengo un conocimiento dentro de mí que ninguno de los demás niños parece tener. Para mí es perfectamente evidente que nadie tiene la capacidad de hacer que me sienta mal ni de engatusarme para que me sienta culpable por *su* impotencia. Yo soy muy consciente de ser diferente. Sé que puedo elegir cómo me voy a sentir en cualquier momento. Descanso la cabeza sobre el pupitre, consciente de que puedo elegir paz en lugar de lo que la señorita Cooper elige para sí misma.

Acaba la clase y todos salimos al patio después de comer. Sue está muy disgustada por lo que ha dicho la profesora en clase, y llora con sus amigas Janice y Luann. Parece que se siente señalada como una de las instigadoras del incidente que molestó a la señorita Cooper.

Empiezo a hablar con Sue, entendiendo en mi corazón que tengo la capacidad de hacerle ver la situación tal como es, en lugar de cómo ella se la imagina.

—¿Por qué estás tan molesta? —le pregunto—. ¿No ves que solo está intentando hacer que te sientas culpable?

—Porque me estaba mirando directamente, diciendo lo mala que soy y que la he hecho sentirse mal.

—¿Por qué crees que está haciendo eso?

—Para conseguir que nos comportemos.

—¿Necesitas que ella se sienta mal para comportarte? —le pregunto.

—No, simplemente no me gusta que esté enfadada conmigo ni que piense que soy mala.

—¿Qué más da lo que ella piense de ti?

—Me siento mal cuando alguien se enfada conmigo.

—El hecho de que ella esté enfadada, ¿no es su problema? —quiero saberlo.

—No si ella se siente mal por mi culpa.

—¿Y qué pasaría si ella te dijera que tú eres un árbol? ¿Serías un árbol y te sentirías mal porque ella ha pensado eso?

—Por supuesto que no —responde Sue.

Me paso el recreo haciendo que Sue se dé cuenta de que la señorita Cooper está tratando de controlarla y manipularla utilizando su debilidad. Quiero ayudar a mi compañera a darse cuenta de que nadie puede hacer que se sienta mal si ella no le da el permiso para hacerlo.

Al volver a clase, la cara de Sue está más sonriente, pero sé en mi corazón que tiene un largo camino que recorrer hasta aprender a independizarse de la necesidad de aprobación. También sé que tengo algo dentro de mí que me da una libertad que otros niños no tienen. Sé que puedo elegir cómo me siento en cualquier circunstancia, y que nadie puede arrebatarme eso a menos que yo se lo permita. También sé que puedo ayudar a otros a sentirse mejor simplemente diciéndoles cosas de sentido común.

AHORA PUEDO VER CON CLARIDAD

Mirando atrás esa experiencia en quinto grado, me doy cuenta de que yo parecía estar estructurado de tal manera que era distinto de mis compañeros. Ese día, en el patio de recreo con Janice, Luann y Sue, ha quedado grabado en mi mente para siempre. Fue solo una de muchas ocurrencias similares en las que yo casi era capaz de dar un paso atrás en lo que estaba ocurriendo y me observaba comportándome de maneras que no había visto reflejadas en ningún adulto, y menos en mis contemporáneos de once años. En el momento solo parecía que eso era lo que había que hacer. Para mí, tenía mucho sentido no dejar que las cosas externas me molestaran ni me impidieran disfrutar de mi sensación de bienestar.

Desde este punto de vista, para mí era muy evidente que estaba en una especie de campo de entrenamiento para convertirme en un profesor activo de los principios espirituales superiores y del sentido común. Sé que este universo está sustentado por una Fuente de energía que es literalmente la matriz de toda la materia. Nada ocurre por casualidad en ninguna parte, porque esta mente universal siempre está activa, siguiendo sus caminos milagrosos en una miríada de posibilidades infinitas. Estos pensamientos internos míos, que me animaban a confiar en mí mismo y a ayudar a mis compañeros de clase a ir más allá de la manera habitual de mirar las cosas, formaban parte del plan de la Fuente universal para mí. Aquellas primeras experiencias todavía son muy vívidas en mi mente.

Este fue mi campo de entrenamiento, y aquellos fueron mis primeros pasos de bebé hacia una vida de enseñar a confiar en uno mismo. Cuando miro atrás a mis primeros días en la tierra, puedo ver que haber pasado la mayor parte de mis primeros años en hogares de acogida formaba parte del infalible plan de Dios para mí. Si iba a pasarme la vida adulta enseñando, dando conferencias y escribiendo sobre la confianza en uno mismo, obviamente necesitaba aprender a confiar en mí mismo para estar en la posición de no poder ser disuadido nunca de esa conciencia. ¿Qué mejor campo de entrenamiento para enseñar confianza en uno mismo que una infancia que requería independencia y autosuficiencia?

Por supuesto, en aquel tiempo yo no era consciente de las implicaciones de aquellas primeras experiencias y de lo que me iban a ofrecer en el futuro. Ahora, desde la posición de poder ver con mucha más claridad, sé que cada uno de los encuentros, cada reto y cada situación son los hilos espectaculares de un tejido que representa y define mi vida, y me siento profundamente agradecido por todo ello.

5

Comienza un nuevo año escolar en Marquette Elementary, y voy a empezar séptimo grado. El primer día, mis compañeros se aproximan a mí uno tras otro diciéndome que dos nuevos estudiantes han sido transferidos a nuestra clase, y que deberíamos evitarlos. Me quedo perplejo cuando me dicen que estos dos chicos nuevos de algún modo son diferentes, y por lo tanto no merecen mi compañía. En lugar de juzgar a estos nuevos compañeros de clase, me resulta intrigante lo que pueda resultar tan amenazante con respecto a ellos.

Uno de los nuevos se llama Guy, y ha sido transferido de una escuela católica local, Nuestra Señora Reina de la Paz. En apariencia, el hecho de que venga de una escuela católica, y de que haya tenido algunos problemas allí y le hayan echado, es razón suficiente para boicotear cualquier posibilidad de que Guy se una en camaradería a los alumnos del séptimo grado. Oigo a la mayoría de mis amigos hablar mal de este chico. No saben nada de él, aparte de algunos rumores de origen desconocido que se van extendiendo.

Soy consciente de que ejerzo una gran influencia en mis compañeros de clase. Mi disposición a decir lo que siento sin temor hace que sea querido. Así, sé que si evito a estos nuevos alumnos, ciertamente serán foráneos, pero si los acojo, los demás se alinearán y les darán la bienvenida en lugar de condenarlos al ostracismo. Este es un poder que he tenido en todos mis entornos escolares durante los siete años anteriores.

La otra estudiante transferida es una chica que vive un poco más abajo de mi calle. Se llama Rhoda y todavía no he hablado con ella. Mis compañeros siguen viniendo a mí y susurrando, como si me estuvieran dando información prohibida y teñida sobre esta chica nueva:

—No hables con Rodha; es judía.

Esta es una palabra que no he oído antes, de modo que pregunto:

—¿Qué es un judío? ¿Qué significa eso? ¿Qué tiene que hace que sea tan indeseable?

Ninguno de mis compañeros tiene una respuesta. Solo saben que les han dicho algo sobre los judíos, y que eso significa que no pueden ser amigos suyos. Todos están dispuestos a evitar a esta nueva chica debido a que, de algún modo, esa etiqueta hace de ella una descastada.

Rhoda vive a media manzana de mí, en Moross Road, en la parte este de Detroit. Aquella misma tarde decido averiguar de qué va todo este lío. Llamo a la puerta de su casa y me saluda la madre de Rhoda; de hecho, es una de mis clientes en mi ruta de reparto del periódico *The Detroit News,* que hago cada tarde en bicicleta. Descubro que Rhoda es como el resto de nosotros, solo que practica otras creencias religiosas.

Habiendo estado expuesto a una variedad de experiencias religiosas en las casas de acogida en las que he vivido, ser protestante, católico, judío o cualquier otra denominación no significa nada para mí. Ya me he formado una opinión de las denominadas enseñanzas religiosas a las que he estado expuesto y simplemente no tienen sentido. De modo que acabo ignorando el mensaje de miedo y juicio de la escuela dominical; no le presto ninguna atención. No veo la necesidad de toda esta locura en mi vida, y hace mucho decidí no participar en ella porque cada vez que se me exigía ir a la iglesia, esa experiencia acababa haciendo que me sintiera peor. Y, por encima de todo, quiero sentirme bien.

La familia de Rhoda no puede ser más amable y allí mismo tomo la decisión de que Rhoda será mi amiga y le daré la bienvenida a nuestra clase de séptimo.

Con mi aceptación, tanto de Rhoda como de Guy, su transición al entorno escolar es suave, y ambos son aceptados como parte de la clase. El uso de la palabra *judío* como algo peyorativo se detiene casi de inmediato. Me asombra que muchos de mis amigos estén dispuestos a juzgar a alguien sobre la base de lo que sus padres les han dicho sobre una palabra que ellos ni siquiera entienden. En lugar de pensar por sí mismos, usan su mente para reflejar lo que otros les dicen que piensen.

Me siento muy afortunado: no tengo personas mayores a mi alrededor que me digan qué he de odiar, rechazar o juzgar.

AHORA PUEDO VER CON CLARIDAD

Estas dos experiencias con Guy y Rhoda destacan visiblemente cuando miro atrás en mi vida, y ahora me doy cuenta de que estaba siendo preparado para una vida adulta en la que iba a enseñar compasión y tolerancia, aunque entonces no era consciente de que este era mi destino. No me sentía especial ni más iluminado que los demás —de hecho, yo solo era uno más de entre unos treinta alumnos que había en clase—, simplemente parecía que era lo que tenía que hacer en aquel momento.

Ahora puedo ver con mucha claridad que, cuando era niño, estaba siendo guiado a comportarme de esta manera. Obviamente, la guía divina estaba dirigiendo la obra de teatro, que en aquel momento solo estaba en el primer acto. No puedo decir por qué asumí este tipo de papeles en las primeras etapas de mi vida, aparte de especular que un poder más elevado estaba operando durante aquellos años formativos. Mientras que muchos de mis amigos y conocidos estaban muy dispuestos a usar epítetos de odio, yo me sentía ofendido por ese lenguaje y me erizaba por dentro al escucharlo. Elegí no montar grandes números cuando surgían conductas así. Sabía por dentro que, tal como ocurría cuando lidiaba con los abusones que amenazaban a mi hermano, luchar era una pérdida de tiempo y no conseguiría nada. Oía distintas voces dentro de mi cabeza: proclamaciones internas que me animaban a ser un ejemplo de lo que yo sabía que era correcto.

Este tema de la compasión y la bondad hacia los demás ha estado conmigo desde que era un niño pequeño. Tal vez fuera un residuo de una vida anterior. Tal vez creció a partir de los primeros sentimientos de abandono, que hacían que quisiera dar amor porque sentía que el amor no venía hacia mí. Pero, desde este punto de vista, veo que tenía la mano de la Divina providencia sobre mi hombro, guiándome a comportarme de maneras compasivas desde el principio, a fin de poder hablar y escribir sobre la importancia de extender amor a todos como parte de mi misión de vida.

Fuera como fuera que se pusiera esta chispa de motivación dentro de mí, quiero expresar mi profundo y sentido aprecio por ello. No solo ha dado un brillo inconmensurable a mi vida, también ha sido una fuente de confort y curación para millones de personas en todo el mundo.

6

—Cuando esté en *The Tonight Show* hablando con Steve Allen, seré mucho más interesante que la gente que estuvo allí la noche anterior.

Estoy teniendo una conversación con mi madre y mis dos hermanos temprano por la mañana, antes de que ella coja el autobús para ir al trabajo y nosotros vayamos a la escuela. En 1954 tengo 14 años y veo el programa de Steve Allen casi cada noche. Mientras lo veo, siento fascinación: me veo a mí mismo allí, en el estudio, hablando con Steve y cotorreando con su elenco de personajes pirados. No *pienso* que seré un invitado, lo *sé*.

Tenemos un pequeño aparato de televisión Admiral en blanco y negro, la primera televisión del vecindario. En el tejado de nuestro pequeño dúplex, en el 20127 de Moross Road, hay una antena que nos permite recibir la señal dependiendo de cómo sople el viento. Para mí, esto es el máximo del lujo y me vuelvo adicto a este entretenimiento de última hora de la noche, mucho después de que el resto de la casa se haya ido a dormir. Me siento cerca de este extraño nuevo artefacto y mantengo el sonido tan bajo como puedo porque mi madre se pone el despertador a las 5 de la mañana y no quiero molestarla..., ni que tenga que descubrir que estoy despierto cuando ella piensa que estoy dormido.

Estas noches que veo el programa de Steve Allen, *The Tonight Show* son más que puro entretenimiento para mí. En mi imaginación me fundo con el programa entero. A veces puedo verme no solo en el presente, como un niño sentado en mi sala de estar viendo transmisiones electrónicas, también me veo en el futuro. Tengo una sensación tan increíble de estar conectado con lo que haré en el futuro que en algunas ocasiones miro la pequeña pantalla y me veo sentado en el escenario hablando con Steve como un adulto.

Nunca puedo quitarme esta imagen de encima. Se la cuento a poca gente, pero de algún modo soy capaz de fusionar el presente con el futuro, y estas imágenes internas se convierten en mi propio mundo privado. Probablemente, para la mayoría de las demás personas, esto parece una locura, pero es *muy real* para mí. Me veo usando esta pequeña pantalla de televisión como un medio de llegar a la gente y de enseñar, no solo en mi ciudad o en mi país, sino en el mundo entero.

Cuando comparto estas imágenes con mi familia y amigos, en gran medida se ríen de mi ingenuidad, de modo que empiezo a conservarlas para mí y que solo sean privadas. Esta convicción nunca me abandona, noche tras noche, mientras veo a Steve Allen en *The Tonight Show*.

AHORA PUEDO VER CON CLARIDAD

Ahora nos trasladamos al año 1976. Había publicado mi primer libro para el gran público, titulado *Tus zonas erróneas*. Me había embarcado en una gira nacional, en gran medida a mi propia costa, en la que visitaba una ciudad tras otra y hacía todas las entrevistas que podía organizar en los medios de comunicación. Como entonces era un desconocido, todas las peticiones que se hacían en mi nombre para participar en los programas de la televisión nacional eran rechazadas con firmeza. Por eso decidí que la única alternativa para llegar a todos mis compatriotas era dirigirme a ellos directamente.

Empaqueté mis libros y con Tracy, mi hija de nueve años, pasé muchos meses viajando. Hice todas las entrevistas que mi amiga personal y publicista Donna Gould fue capaz de organizar. Finalmente, en agosto, recibí una llamada de un hombre que trabajaba como coordinador de talentos para *The Tonight Show*, un programa de televisión que presentaba Johnny Carson. El hombre se llamaba Howard Papush, acababa de leer *Tus zonas erróneas* y quería saber si estaba dispuesto a hacer una preentrevista que me daría la posibilidad de aparecer en *The Tonight Show*. Por supuesto que acepté inmediatamente y fui a los estudios de la NBC en Burbank, California. Allí Howard y yo hablamos durante varias horas y acabamos haciéndonos buenos amigos.

Un par de días después recibí una llamada de Howard informándome de que estaba programado para aparecer en *The Tonight Show* el lunes siguiente por la noche, y que mi entrevistador sería Shecky Greene, un actor que solía actuar en los mejores espectáculos de Las Vegas. Esta iba a ser mi primera oportunidad de hablar a los estadounidenses del mensaje que quería compartir con el mundo en *Tus zonas erróneas*. Estaba en éxtasis, emocionado más allá de cualquier cosa que pudiera expresar hoy. Estaba programado para ser el último invitado —en lo que en aquellos días se llamaba el "espacio del autor"— durante los últimos quince minutos del programa, que duraba noventa. Iba a estar en antena a las 00:45.

La noche en que se estaba grabando el programa, mientras me llevaban a mi vestuario, pasé junto a una línea de teléfonos de pago y allí, haciendo una llamada, estaba nada menos que el Steve Allen, que estaba programado para ser el primer invitado. Me presenté a Steve y caminé hasta mi vestuario en una nube de asombro. *¡Voy a aparecer en la televisión nacional con el hombre al que tanto admiro desde que tenía catorce años!*

El programa acabó de ser grabado cerca de las seis de la tarde, y mi segmento con Shecky Greene fue extremadamente bien. Shecky era cercano, divertido, y consiguió hacer que yo sonara coherente e interesante.

Me dirigí al aeropuerto de Los Ángeles en un estado de puro delirio. Cuando estaba a punto de montar en el avión, oí por los altavoces una llamada a mi nombre, anunciando que tenía una llamada urgente. Encontré un teléfono y era Howard llamándome para darme una mala noticia. Por primera vez en la historia de *The Tonight Show,* el programa no había sido emitido porque en la Convención Nacional Republicana, celebrada en Kansas City, el nominado a vicepresidente, Bob Dole, había superado el tiempo que tenía asignado y la NBC no había cortado la retransmisión, de modo que mi única aparición en la televisión nacional había quedado postergada. ¡Pasé de estar dichoso a estar jodido en un instante!

Al día siguiente, un martes, Howard me llamó a Detroit para decirme que a Johnny Carson le gustaría tenerme en el programa la noche siguiente, el miércoles. En la reunión del martes por la mañana, a Johnny le habían hablado de este nuevo invitado que había estado fabuloso la noche anterior, aunque el programa no se había emitido.

Recibí un billete de avión para volver a Los Ángeles y salir en antena con Johnny el miércoles por la noche. Sin embargo, como la charla de Johnny con Orson Welles y Robert Blake se prolongó durante el programa, quedó muy poco tiempo para mí. De modo que, estando en directo, Johnny me dijo:

—Lo siento, esta noche vamos con retraso. ¿Te gustaría quedarte hasta el viernes y volver a repetir el programa? Te daremos más tiempo del que has tenido hoy.

Dije que sí y volví a aparecer con Johnny en el programa del viernes por la noche, y a continuación, el lunes por la noche, emitieron el programa grabado con Shecky Greene que habían retirado por falta de tiempo.

De repente salí tres veces en *The Tonight Show* en cinco días. Esto marcó el comienzo de una serie de treinta y siete apariciones en dicho programa a lo largo de los dos años siguientes, así como otras apariciones regulares en The Merv Griffin Show; The Mike Douglas Show; The Phil Donahue Show; el programa de Dinah Shore, Dinah!; The John Davidson Show; The Today Show; Good Morning America y otros.

Al caminar junto a aquella serie de teléfonos públicos y ver que estaba a punto de salir en *The Tonight Show* con Steve Allen, tuve una sensación inmediata y casi abrumadora de que al tener una premoción tan intensa a los catorce años había creado mi propio futuro. De hecho, estoy muy seguro de que el tiempo es mucho más ilusorio de lo que podemos entender con nuestro cuerpo-mente.

Tal vez, en 1954 mi *convicción* creó la posibilidad de que un suceso futuro se hiciera presente en lo que ahora pienso que es el pasado. Pero si el tiempo es una ilusión y la unidad es lo que realmente define nuestra experiencia, la idea de un pasado y un futuro debe ser una ilusión. Y si esto te parece excéntrico e indescifrable, como a menudo me lo parece a mí, considera lo que ocurre en tus sueños. En ellos puedes volar; tus abuelos, que llevan mucho tiempo muertos, están vivos; y tú puedes ser un niño pequeño, una persona mayor, o puedes tener cualquier edad que desees si pones tu atención en ello. Considera que durante un tercio de tu vida estás en una dimensión sin tiempo en la que todo es posible, y la única manera de saber seguro que estabas soñando es despertar y mirar atrás a lo que has soñado.

Desde la perspectiva más despierta que tengo hoy, miro atrás, a mi yo de los catorce años que tenía una convicción interna, que se convirtió en una intención que conectó con la mente Divina que todo lo sabe y todo lo crea. Esto me permitió convertirme en aquello en lo que estaba poniendo mi atención, tal como hago en el estado onírico. Creo que a lo largo de nuestra vida nuestros pensamientos e intenciones son así de poderosos.

Ahora veo, desde una perspectiva más clara, que cada momento de nuestra existencia contiene infinitas posibilidades. El conocimiento interno más intenso con respecto a lo que vamos a hacer o a en quién nos vamos a convertir, en realidad ya se está viviendo en ese mismo momento y lugar, aunque todavía no lo hayamos experimentado en nuestra experiencia de cada día. Un pensamiento que persiste es un pensamiento alineado con la mente Divina, y se convierte en una realidad en lo que llamamos el futuro, aunque forma parte de la unidad que es solo eso: una. No hay división; solo una experiencia, que sucede ahora.

Recuerda: en realidad todo lo que te ocurrió en el pasado ocurrió en el ahora, y lo mismo vale para el futuro. Todo lo que puedes llegar a experimentar alguna vez también ocurrirá ahora. Sí, el ahora es lo único que hay, y cuando en 1954 me vi y me sentí en *The Tonight Show* con Steve Allen, fue una experiencia en el ahora que solo estaba esperando a presentarse. Tenía que presentarse. No existía la posibilidad de que no se presentase, puesto que yo tenía un conocimiento muy claro de ella.

Lo que sé desde este punto de vista es que, cuando tengo un conocimiento absoluto dentro de mí de que va a ocurrir algo, siento que tengo a mi disposición la guía de los maestros ascendidos, que trabajan conmigo y guían mi nave en la dirección de mi *dharma* personal desde el momento en que encarné en esta vida. Con esta conciencia, estoy convencido de que desde el principio he estado en algún tipo de curso de entrenamiento de los maestros ascendidos, y que estos *conocimientos* que eran tan persuasivos para mí cuando era niño, en realidad formaban parte de ese programa de entrenamiento. En la dimensión atemporal, pasado-presente-futuro ocurren al mismo tiempo, aunque nuestra dimensión basada en el tiempo lo vea de otra manera.

A día de hoy sé que me acompaña la guía espiritual, y que me dirige a vivir y enseñar la realización de Dios. No tengo razones para dudar de que esta misma ayuda angélica estaba conmigo en 1954, cuando me vi a mí mismo en el futuro.

Parece que en 1976 ya estaba operando una verdad fundamental que me ha guiado a lo largo de toda mi vida. Cuando miro atrás y veo lo que estaba ocurriendo mientras promocionaba *Tus zonas erróneas*: ni una vez sentí frustración por no poder conseguir una entrevista en la televisión nacional. Simplemente, decidí ir a tantas ciudades como pudiera y aprovechar cualquier ofrecimiento local que pudiera generar, y dejé el resto en manos de los poderes superiores que estaban dirigiendo mis esfuerzos.

Mientras seguía mi llamada interna, pasándolo genial en todo momento, de esa conciencia surgieron tres apariciones en cinco días en el programa más prestigioso de la televisión, y el lanzamiento a la preeminencia a nivel nacional para el resto de mi vida profesional. No estaba persiguiendo el éxito, perseguía mi visión interna.

Todo esto se resume en una cita que he repetido muchas veces, escrita en el siglo xix por uno de los maestros espirituales más influyentes que han agraciado mi camino. Su nombre fue Henry David Thoreau, y sus palabras siempre han resonado con fuerza en mi conciencia: "Si uno avanza confiadamente en la dirección de sus sueños, y se esfuerza por vivir la vida que ha imaginado, en algún momento se encontrará con un éxito inesperado".

Ahora puedo ver con claridad que esta sabiduría estaba haciendo horas extra en mi vida. Sin duda era inesperada y estaba más allá de cualquier cosa que yo me hubiera atrevido a contemplar. Estaba avanzando confiadamente en la dirección de mi sueño personal, viviendo la vida que había imaginado para mí mismo, y amando cada minuto de ella. Dejé que el éxito me persiguiera y lo ha estado haciendo desde entonces. De lo que sí estoy seguro es de que puedo controlar lo que ocurre en mi imaginación, y simplemente he permitido que los éxitos de los que disfruto vengan a mí.

En el momento en que se produjeron las tres apariciones en cinco días en *The Tonight Show*, ya había renunciado a mi plaza de profesor en una gran universidad para dirigirme al mundo por mi cuenta y hablar a quien estuviera dispuesto a escuchar. Ciertamente, las palabras de Thoreau resonaron en mí mientras perseguía mi sueño y permitía que el universo se ocupara de los detalles.

7

Estoy andando en bicicleta, dando vueltas a la manzana, intentando no entrar en el caos que es mi casa. A los quince años mi vida hogareña está llena de confusión, y empeora cada día.

Mi madre trabaja como secretaria en la Corporación Chrysler y apenas gana el dinero suficiente para mantener a sus tres hijos, puesto que su marido no muestra interés por hacer gran cosa aparte de beber y tener estallidos de violencia. Por fin ha decidido que ya basta y está rellenando los papeles para pedir el divorcio de Bill Drudy. Va a traer una paz y una tranquilidad muy deseadas a nuestro hogar, y va a volver a cambiarse el apellido al mismo que tengo yo.

Mi padre adoptivo se ha dado a la bebida y se está descontrolando, sus estallidos van acompañados de los habituales ataques verbales que usan la mayoría de los borrachos: quejas agresivas, gritos, ira. Me increpa por cualquier cosa que le pueda molestar de mí, cualquier cosa en absoluto. De modo que ahora estoy dando vueltas en la bici, esperando que él se monte en su Chrevrolet negro de 1954 y se vaya al bar. Las palabras de mi tutor del instituto resuenan frescas en mi mente mientras voy dando vueltas a la manzana: "Quiero que tu madre venga a la escuela y hable con el director. Hasta entonces, estás suspendido".

El señor Cutter está castigándome porque me niego a rellenar mis fichas personales de la manera adecuada. Al llegar a la línea donde se pregunta por los nombres de mis padres, no sabía muy bien qué poner en ese espacio. ¿Debería escribir el nombre de mi padre adoptivo, o el de mi propio padre a quien nunca he visto? ¿Y cómo explico que mi madre está a punto de cambiar de nombre? Me siento violado, no quiero poner nada en estas fichas que dé una mala imagen de mi madre, y me disgusta que me pidan información personal sobre mi familia. De modo que escribo con grandes letras de un lado al otro de la ficha: ESO ES ASUNTO MÍO. Como consecuencia, el señor Cutter me ha suspendido y ha exigido que mi madre pierda un día de trabajo y tome tres autobuses para tener un encuentro con el director, el señor Irwin Wolf.

Durante tres días no puedo participar en ninguna actividad escolar; tengo que sentarme en un banco en la oficina del director. En el banco de los convictos al menos hay un libro interesante, posiblemente puesto allí con la esperanza de cambiar a los díscolos descontentos que están sentenciados a ocupar aquel espacio.

Me readmiten en la escuela una vez que mi madre explica al director y al señor Cutter que estoy tratando de protegerla, y promete que contendré mi antipatía a rellenar formularios y que trataré con respeto el proceso de registro semestral. No se dice nada de lo que me enfada de las normas escolares. Profundamente enterrada está la "insultante fortuna" en forma de alcoholismo, junto con la perspectiva de una inminente ruptura familiar y el miedo a volver a ser enviado a un hogar de acogida y volver a perder el contacto diario con mi madre.

Ahora ya han pasado unos meses, y mi profesor de biología de décimo año me ha informado de que debo confeccionar un álbum con las distintas hojas que pueda encontrar por el vecindario y entregarlo antes del final del semestre. Si no cumplo, no aprobaré biología y tendré que volver a estudiarla el año que viene.

Tengo quince años y no me tomo la escuela muy en serio. En este momento de mi vida, lo más importante para mí es el trabajo, al que casi dedico el horario laboral completo. Trabajo como asistente del director, cajero, reponedor de productos, carnicero y cualquier otra cosa que se necesite en el supermercado Stahl's, una pequeña tienda independiente que atiende a la población local. Doy parte de mis ingresos a mi madre, igual que mis hermanos, que también trabajan muy duro en sus respectivas ocupaciones y flaquean a la hora de ser estudiantes estelares.

Una de las chicas de mi clase de biología, Mary Jo Mercurio, se ha ofrecido a coleccionar mis hojas, para no tener que pasar por la ignominia de suspender biología sin una razón sensata. Yo me niego: esto se ha convertido en un problema ético para mí. No soy un joven problemático en ningún sentido. Pero hay algo dentro de mí que reacciona con fuerza, casi violentamente, ante la idea de realizar tareas frívolas e improductivas, y tener que hacerlas simplemente porque todos los demás obedecen y nunca cuestionan a las figuras de autoridad.

Me siento muy frustrado con la intransigencia de mi profesor de biología en este asunto de reunir y pegar hojas en un álbum por el simple hecho de que todo el mundo lo ha hecho *siempre*. Le imploro, pero no sirve de nada. Él mantiene su postura de: *Colecciona las hojas o suspende el curso, aunque tienes buenas notas en todo tu trabajo escolar y has demostrado que conoces la diferencia entre las hojas que producen el roble, el olmo y los árboles de hoja perenne.*

Dejándome llevar por la frustración, digo con fuerza: "Esto es tan estúpido. Trabajo ocho horas al día, y no me queda tiempo para hacer una tarea tan tonta. No voy a hacerla".

Vuelvo a la oficina del director, vuelvo a sentarme en el banco de los delincuentes. Una vez más, mi madre debe dejar el trabajo y venir para una segunda entrevista con el señor Wolf, de modo que pueda oír por qué mi insolencia no puede ser tolerada y no lo será.

Mientras estoy sentado allí, veo el mismo libro que me llamó la atención unos meses antes. El libro es una edición en tapa blanda de *Walden*, de Henry David Thoreau. La última vez que estuve aquí solo ojeé las páginas. Ahora, mientras estoy sentado en el banco largo esperando mi cita con la justicia por no ser como todos los demás, decido leerlo de cabo a rabo.

¡Me encanta cómo escribe este hombre! Llego a estar totalmente absorbido en la corriente-de-conciencia de Thoreau, que describe lo que se siente al vivir en la espesura y aprender de la vida escuchando y sintiéndose contento en la naturaleza. Mi negativa a participar en lo que a mí me parece una "conformidad tonta por la pura conformidad" queda fortalecida al leer *Walden* mientras espero la acción disciplinaria. Admito que me siento un poco escéptico con respecto a la postura que estoy asumiendo, porque seguir adelante con ella implica ir a la escuela en verano y volver a estudiar biología el año que viene.

Vengo a la escuela cada día y voy directamente al banco barnizado en la oficina del director, donde continúo leyendo el relato de Thoreau del tiempo que vivió en la espesura de Massachusetts. También sueño con vivir pacíficamente en la naturaleza y con que nadie me imponga reglas tontas. Estoy perdido en sus palabras y en todo lo que aprende de las misteriosas fuerzas de la naturaleza. Decido que este hombre, que escribió hace unos cien años, es mi héroe. Me entero de que fue a la cárcel por negarse a pagar impuestos a un gobierno que permitía la esclavitud y participaba en los horrores de la guerra entre México y Estados Unidos. Es un rebelde, que nos advierte contras las leyes necias y la conducta inmoral hacia los demás.

Me siento agradecido a quien quiera que dejó este tesoro y a toda la sabiduría que se desprende de este hombre, que piensa como yo: algo con lo que no me había encontrado antes en toda mi vida.

Cuando acabo de leer *Walden*, encuentro un ensayo en la parte de atrás titulado "Desobediencia civil". Me queda un día de estar sentado en el banco de la oficina del director, de modo que me comprometo a leer ese ensayo. Estoy más que emocionado: ¡Me quedo atónito! Este hombre escribe directo a mi corazón. Todo el ensayo está escrito en torno a la idea central de que cada persona tiene el derecho y la obligación de seguir su conciencia, especialmente cuando la autoridad gubernamental le obliga a cumplir unas normas cargantes que no tienen sentido.

Siento que he encontrado a mi alma gemela literaria, un hombre al que puedo respetar. Thoreau vivió sus ideas e incluso estuvo dispuesto a dejarse encarcelar en lugar de pagar el impuesto de capitación en su ciudad natal de Concord, Massachusetts. Tomo la decisión de que un día visitaré Concord y me sumergiré en el mismo mundo que produjo a personas con una manera de pensar tan revolucionaria.

Asumo que los empleados de la escuela, que me han proporcionado este libro para que lo lea mientras estoy en el limbo, querían que aplicara los principios que he leído. Me siento emocionado de compartir las ideas de Thoreau con el señor Wolf en el encuentro con mi madre que está programado para mañana. No me siento tan extraño sentado aquí por segunda vez, esperando mi castigo por el crimen de creer en mí mismo y de estar dispuesto a defender lo que creo. Me siento bien con este consejo sobre la importancia de obedecer mi propia conciencia y practicar la desobediencia civil.

Llega mi madre, obviamente molesta por tener que acudir a otra reunión de la escuela en su horario laboral. A estas alturas he vivido cinco años con ella, de modo que ya tiene una idea clara de que su hijo Wayne no es como la mayoría de los niños a la hora de obedecer reglas tontas y de que le digan cómo vivir su vida. Ella confía en mi capacidad de tomar mis propias decisiones, en gran medida porque eso es lo que he hecho desde que era muy pequeño.

En esta segunda visita con el señor Wolf, le muestro lo que he estado leyendo la semana pasada mientras esperaba que se dictara mi suerte: "¿Debe el ciudadano, incluso por un momento, o en el mínimo grado, renunciar a su conciencia por la del legislador? Entonces, ¿por qué tiene cada hombre su conciencia? Creo que primero deberíamos ser hombres, y después súbditos... La única obligación que tengo derecho a asumir es la de hacer en cada momento lo que siento que es correcto".

Mi madre, bendito sea su corazón, apoya mi posición, tal como hizo unos meses antes cuando explicó por qué había tomado la postura extrema de negarme a rellenar una miríada de formularios que podrían dar una mala imagen de ella.

Tendré que ir a la escuela en verano, pero no me he doblegado. Me siento muy agradecido por aquellos días que estuve suspendido de la escuela, leyendo las palabras de un hombre que se iba a convertir en una de las personas más influyentes de mi vida. Tengo ganas de volver a estudiar biología dentro de unas pocas semanas.

AHORA PUEDO VER CON CLARIDAD

Los sucesos que he descrito más arriba son las dos cosas más significativas que me ocurrieron en los cuatro años que pasé en el instituto de secundaria. Mirando atrás a la rabia que sentí por tener que rellenar formularios y revelar la situación de mi familia, que prefería mantener en privado, puedo ver la gran cantidad de beneficios que recibí. Esa experiencia me ayudó de manera singular a ser mejor padre de mis ocho hijos cuando entraban en conflicto con las reglas escolares. Podía recordar mis encontronazos con las reglas y regulaciones que no parecían tener mucho sentido para mí, y sentía empatía por la frustración de mis hijos. Siendo muy niño entendí que seguir ciegamente las reglas, solo porque son las reglas, es perder el control sobre la totalidad de tu vida.

Ahora puedo ver que aquellos primeros encontronazos de adolescente con quienes trataban de hacer que me conformara fueron puestos ante mí para que pudiera hablar y escribir sobre una forma superior de conciencia. Mucho después en la vida empecé a vivir como un hombre que respeta la sabiduría del *Tao Te Ching,* escrito por Lao Tsé en el siglo V a.C. Descubrí la forma de conciencia superior que se revela en el Tao. Esta filosofía declara que cuando está presente la grandeza del Tao (Dios), la acción surge del corazón; y cuando no está presente la grandeza del Tao, la acción surge de las reglas, un signo seguro de que la virtud está ausente.

Las primeras veces que tuve que vivir según un conjunto de reglas, que a menudo parecían tan innecesarias, fueron el forraje que me permitió escribir y hablar sobre la importancia de confiar en uno mismo. Si de joven me hubiera limitado a seguir las normas y hubiera hecho lo que me decían sin cuestionar la autoridad o la razón por la que se pusieron las reglas originalmente, hoy tendría un currículo muy distinto. Dentro de mí hay algo a lo que llamo mi presencia *Yo soy*, que es la conexión con la Fuente de mi ser, el Tao, la mente Divina, Dios, Allah, Krishna, la conciencia Crística..., el nombre es lo de menos. Esta presencia *Yo soy* es algo que me habla alto y claro, y siempre lo ha hecho. Nunca me decepciona, aunque hay momentos en los que escuchar sus alegatos internos me obliga a afrontar lo que parecen ser los dardos y las pedradas de la terrible fortuna, aunque en realidad encarné para aprender estas grandes lecciones.

La presencia *Yo soy* dentro de mí es extremadamente persuasiva, y ya era así cuando era pequeño. Simplemente, no podía ser uno más del rebaño, y cuando contemplaba un comportamiento de rebaño, me alineaba contra él de una manera mucho más marcada por el ego que en el presente. Entonces era un poco demasiado vociferante, ¡lo que sin duda atraía hacia mí una atención indeseada! Ahora puedo ver con claridad que las provocaciones internas que experimenté en el instituto de secundaria fueron mis primeras llamadas a enseñar a otros a no dejarse victimizar voluntariamente por la mentalidad de rebaño.

El verano que estudié biología por segunda vez acabó siendo otra experiencia memorable de mis años en el instituto. Mi nueva profesora era una mujer de unos treinta años llamada Olive Fletcher, una de las mejores profesoras que he tenido nunca, en cualquier parte. Se tomó el tiempo de llegar a conocerme como un adolescente que disponía de todo su potencial, pero que también estaba lleno a rebosar de confusión y angustia. Me llevó a jugar a los bolos y causó una profunda impresión en mí. Era una profesora a quien yo le importaba y que quería pasar tiempo hablando *conmigo*, en lugar de hablarme *a* mí. La señora Fletcher me hizo mirar dentro y atesorar lo que allí encontré. Si hubiera seguido con mi profesor de biología anterior y hubiera reunido la colección de hojas, no habría tenido la ocasión de conocer a una profesora compasiva a quien yo le importaba, y que me ofreció un modelo de las prácticas que adopté cuando me hice profesor.

La mayor paradoja de esta historia es que, dieciséis años después, acabé de completar mis estudios de doctorado y me dieron un puesto de profesor invitado. Enseñaba un curso en la Facultad de Pedagogía, obligatorio para los graduados que eran profesores en prácticas y querían ser administradores de escuelas. Allí, en el listado de alumnos, apareció un nombre familiar. El hombre que me suspendió en biología estaba inscrito en el curso que yo iba a enseñar. No hay accidentes. Disfruté imaginando que le enviaba a Australia a completar *su* colección de hojas, un requisito del curso. En realidad, nunca mencioné el incidente del instituto y creo que él ni siquiera lo recordaba.

Agradeceré siempre el que alguna instancia Divina se sintiera tan conmovida que dejó una copia del *Walden* de Thoreau en la oficina del director cuando yo tenía 15 años. No puedo explicar por qué sus palabras sonaban tan verdaderas en mis primeros años de instituto, pero fue el comienzo de una relación de amor con este filósofo americano del siglo XIX que solo publicó dos libros en su vida.

A lo largo de los años he hecho muchas visitas a los hogares tanto de Ralph Waldo Emerson como de Henry David Thoreau en Concord, Massachusetts. De hecho, en una de las visitas al Thoreau Lyceum me sentí tan conmovido que persuadí al empleado del museo, que en su momento fue el estudio y el hogar de Thoreau, de que me permitiera tumbarme en su cama y sentarme en el escritorio donde escribió el ensayo sobre la desobediencia civil que tanto me conmovió de adolescente.

Desde mi perspectiva actual, puedo ver con mucha claridad que Emerson y Thoreau han sido referentes angélicos para mí durante buena parte de mi vida adulta: sus palabras son destellos de luz en un mundo nublado. Inicialmente tomé conciencia de sus mensajes de transformación y conciencia superior cuando era un joven sentado en la oficina del director, pero entonces mismo supe que algo mágico estaba siendo introducido en mi vida.

Sentí escalofríos al entrar en aquella reunión con mi madre y el señor Wolf porque tenía un aliado, ¡un aliado que los empleados de la escuela respaldaban! De no ser así, ¿por qué habían dejado aquel libro de manera tan deliberada para que yo lo leyera en un momento que pedía algún tipo de desobediencia civil? Entonces sentí la presencia de Thoreau dentro de mí, y sigue aquí conmigo ahora mientras te cuento lo importantes que fueron los primeros trascendentalistas en mi adolescencia, y que lo siguen siendo a día de hoy.

Me parece claro que este gigante del pensamiento independiente estaba allí conmigo cuando formaba memes de confianza en mí mismo durante mi adolescencia. Estaba allí conmigo cuando fui a su casa, cuando me tumbé en su cama, me senté en su escritorio y medité en su guarida personal; estaba conmigo cuando grabé un programa especial en su ciudad natal. Y está ahora conmigo mientras escribo esto, recordándome que nunca estamos solos y que podemos invocar la esencia espiritual de cualquier maestro que haya respirado alguna vez en este planeta para realizar nuestro destino con su ayuda.

Veo con claridad que mi resistencia adolescente se convirtió en la base de la energía imparable que siento dentro de mí, y que era mi manera de decir ¡sí! a la llamada a convertirme en un profesor internacional de la confianza en uno mismo y de la conciencia superior. El gran Tao (Dios) funciona de maneras misteriosas, y ¿quién dice que Thoreau mismo no intervino en mi vida adolescente para situarme en un camino que continúo recorriendo?

8

Estoy hablando con la señora Olive Fletcher, mi antigua profesora de biología, que me dio un sobresaliente en el mismo curso que antes había suspendido debido a que una fuerza irresistible se encontró con un objeto inamovible y tuve que ceder. Le digo:

—Este año voy a escribir mi propia novela. Sé que puedo escribir, y tengo una idea que quiero poner a prueba para un libro.

Me siento fascinado por la idea de alcanzar una conciencia extraordinaria. En mi mente se trata de un nivel de conciencia que permite la manifestación instantánea, la comunicación telepática, la autocuración, y que posee poderes extraordinarios para comunicar con seres angélicos. Visualizo a un personaje de ficción que posee estas cualidades de otro mundo. Ha alcanzado la realización de Dios y trabaja como paleontólogo en una excavación arqueológica. El título de mi libro es *El compatriota anómalo*, y cada tarde voy a un lugar tranquilo y dejo que fluya mi fantasía. Mi obra, escrita a mano, va creciendo, y la guardo secretamente en grandes bolsas de papel marrón en el pequeño ático de nuestra casa. Me encantan estos momentos de calma en los que me escondo y escapo para estar en compañía de los personajes de ficción que voy creando.

Me encanta leer y siempre estoy a mitad de un nuevo libro. La mayoría de mis amigos detestan leer y nunca consideran la posibilidad de escribir como algo a lo que podrían dedicarse profesionalmente. Está claro que, para su manera de pensar, escribir es para empollones y afeminados.

En la clase de inglés cada alumno tiene una carpeta para acumular los informes de los libros que va leyendo durante el semestre. Cuantos más informes, más se piensa que ese estudiante es un erudito en ciernes. Cuando voy corto de dinero, escribo y vendo informes de libros leídos a 25 centavos la unidad para complementar mis ingresos. Si la nota recibida está por debajo del notable, no cobro. Ahora trabajo como escritor y confío en mi capacidad para escribir: ¡la he puesto a prueba en el mundo real de ganancias y pérdidas!

Escribo sobre cualquier tema, y a menudo pienso que hago escritura automática. Mi mano se mueve de un lado al otro de la página, pero en realidad no soy yo quien escribe. Es una especie de conexión con una parte invisible de mí que ocurre cuando me siento con el bolígrafo púrpura en la mano y permito que se formen las palabras en el papel situado debajo de mis dedos. Me siento muy cómodo cuando tengo que hacer una tarea escolar por escrito. Me encantan los exámenes tipo ensayo porque sé que mis habilidades como escritor me ayudarán a superar los lapsos que pueda tener en el material sobre el que estoy escribiendo.

Escribir es como tener un amigo conmigo en todo momento. Me encanta el espacio al que escapo cada día para dar vida a mis personajes, aunque la historia está perdiendo importancia. Lo que más me gusta es tener la oportunidad de sentarme en un espacio sagrado con una hoja de papel en blanco que me mira fijamente. Cuando me tomo el tiempo para escribir mi novela, pienso para mí mismo: *la escritura no es algo que yo haga. Es lo que soy.* Me gusta sentirla, y decirme y recordar que estoy escribiendo. Lo que me ofrece la máxima sensación de realización es sentirme alineado con aquello para lo que he venido al planeta. Esto es la escritura para mí.

AHORA PUEDO VER CON CLARIDAD

Todavía me retiro con frecuencia a mi espacio de escritura, como he hecho durante más de cuarenta y cinco años, y me siento seguro y más cerca de la Fuente de mi ser cuando estoy rodeado de fotos y objetos personales en lo que denomino mi *espacio de escritura sagrado*.

De adolescente ya era consciente de que la escritura iba a jugar un papel importante en mi vida. Tomó vida dentro de mí al leer a Thoreau y Emerson en el instituto, y tuve un gran sentimiento de estar completo y de estar haciendo lo que había sido enviado a hacer mientras escribía mi primera novela, así como una colección de ensayos personales con temas como "Evitar la mentalidad de grupo", "Todo es posible" y "Cómo conocer realmente a Dios y vivir para siempre". Era una afición de juventud que me sentía feliz de añadir a mi trabajo a tiempo completo y al programa de estudios escolar, también a tiempo completo.

Cuando escribía informes de lectura para mis amigos y me pagaban por ellos, yo sabía que tenía algo especial. Cuando escribía ensayos sobre temas que se negaban a aquietarse en mis pensamientos, el *feedback* que solía recibir era: "Deberías considerar en serio dedicarte a escribir". A menudo oí que mi manera de poner las cosas sobre el papel tenía sentido.

Cuando fui a la Marina, y después a la universidad, lo que más me gustaba era que la escritura me daba una especie de confirmación de que no necesitaba nada externo para ganarme la vida. Me encantaba saber que llevaba conmigo las herramientas necesarias para llegar a ser completamente autosuficiente. Quería no tener que ir a un puesto de trabajo donde me dijeran lo que tenía que hacer y cómo pensar: quería escuchar mis voces internas y escribir a mi manera lo que pensaba, sabiendo que podía ganarme la vida sin todos los requisitos onerosos que parecían acompañar al hecho de ser un empleado.

Ya era un empleado: muchas semanas trabajaba más de 40 horas, y no me sentía libre. Pero cuando escribía y la gente me pagaba, o cuando finalizaba un capítulo de mi libro y me daba cuenta de que podía vender mi novela o cualquier otra cosa que escribiera, me sentía como si me hubieran invitado a sentarme en el regazo de Dios para decir lo que quisiera decir ¡y además me iban a pagar por ello! Ahora puedo ver que estaba destinado a no tener jefes, ni jueces ni empleadores ni reglas, solo mis propias llamadas internas.

Miro atrás a mis primeros tiempos como escritor y a la conciencia interna que me decía en voz alta que algún día sería libre. Siguiendo mis instintos y las buenas sensaciones que sentía cuando tomaba el bolígrafo en la mano y me declaraba escritor —aunque nadie más compartiera esa opinión— estaba siguiendo la llamada de mi alma. Para mí era suficiente reivindicarlo y declararme un experto en aquello que tanto me apasionaba.

9

"Te odio tanto. ¿Cómo pudiste alejarte de tus hijos y no hacer nunca una simple llamada para saber si estábamos bien? ¡Estoy tan enfadado contigo que quiero aplastarte la cara!".

De noche, la ira y el dolor entraban en erupción en mis sueños, en los que gritaba a mi padre. Casi cada mañana me despertaba con un sudor frío después de estos encuentros nocturnos. Sueño que estoy furioso cuando le veo y le exijo respuestas. Este hombre, a quien nunca en mi vida de vigilia he visto, permanece distante y desinteresado, sin que le moleste nada que yo pueda decirle en mi estado onírico.

Aunque no tengo recuerdos de él, conozco las historias sobre que maltrataba a mi madre y a mis abuelos. Lo que me deja perplejo es su indiferencia continuada hacia sus tres hijos, a los que abandonó hace unos quince años. He oído historias sobre que se llevó joyas de mi abuela, pasó tiempo en prisión por robar, se negaba a trabajar para mantener a su familia, y se iba constantemente con otras mujeres, bebía y practicaba la violencia sexual. Salió de nuestras vidas de la manera más atroz, y nunca hizo una llamada telefónica para ver cómo les iba a sus tres hijos ni para ofrecer la insignificante suma de dinero con la que se suponía que tenía que contribuir a nuestra manutención. No, Melvin Lyle Dyer simplemente desapareció y nunca volvió la vista atrás.

Ahora estoy viviendo con mis hermanos y mi madre, pues por fin Bill Drudy se ha ido. A Jim y a Dave no les interesa encontrar y confrontar a nuestro padre, pero a mí sí. Mis sueños nocturnos revelan a un hombre joven, con un profundo conflicto por el abandono de su padre. Intento conseguir que mi madre lo describa, pero ella se niega; solo dice que era un gilipollas total, un embaucador de palabra rápida, que robaba dinero dondequiera que iba, y que se negaba a asumir las responsabilidades de la paternidad. Ella recuerda un trabajo que él tuvo: vender escobas y cepillos de puerta en puerta en una agencia para ciegos. Cuando no entregó el dinero que había obtenido de las ventas, le despidieron.

Aunque mi madre no tenga nada positivo que decir de este hombre que es mi padre, yo quiero conocerle. Mi indignación y mi rabia insisten en que le confronte y me piden que oiga su versión de la historia. Pienso en él cada día, imaginando que me toparé con él por accidente y mantendré una larga conversación sobre qué le motivó a abandonar a una mujer preciosa y a tres niños pequeños de menos de cinco años. Quiero saber si llegó a conocerme o si tuvo algún sentimiento de amor por este niño que está creciendo rápidamente para hacerse un hombre.

Trato de localizarle para poder hablar con él. Hago llamadas a parientes suyos y reúno algunas pistas de por dónde anda (en algún lugar del Ser Profundo), pero nunca llego a contactarle. Tengo la fantasía de que por fin me voy a encontrar con el hombre que se ha ido tan misteriosamente de mi vida, y de que vamos a resolver estos problemas internos que tengo por haber sido abandonado.

Hago preguntas de manera incesante, y puedo ver que mi madre se siente muy amenazada por mi curiosidad con respecto a mi padre. Mis hermanos no preguntan ni quieren saber nada más. A veces mi hermano mayor, Jim, recuerda alguna de las acciones abusivas de nuestro padre hacia nuestra madre y nosotros, y eso explica su desinterés. Quizá solo quiera dejar todo eso atrás.

Es evidente que mi madre siente mucho odio hacia él, y mis preguntas normalmente se encuentran con: "No era bueno y más te vale no saber de él". Dejo de intentar satisfacer mi curiosidad sobre él con ella, pero mi alma anhela saber más: hablar con él, oír sus puntos de vista y explicaciones, tal vez incluso averiguar que realmente me quería, aunque eligiera estar lejos. A menudo pienso que tal vez hizo una elección noble al mantenerse alejado, sabiendo en su corazón que su presencia en mi vida no sería lo mejor para mí, y que su partida era una elección más altruista que egoísta.

En cualquier caso, la ausencia de un padre en mi vida es algo enorme para mí en mi adolescencia. Tengo curiosidad y quiero encontrarlo desesperadamente. Y la amargura que siento crece hasta ser un furor que se manifiesta en frenéticos sueños de violencia que expreso hacia él cuando duermo. Hago voto ante mí mismo de que, aunque todos en mi familia inmediata sienten que debería abandonar el intento y sentirme agradecido de que este perdedor esté fuera de mi vida, voy a perseguirlo y algún día hablaré con él de hombre a hombre para obtener las respuestas que deseo. No me siento satisfecho con simplemente "dejarlo ir", como me apremian quienes están a mi alrededor. Quiero conocerle. Quiero oír directamente su versión. Quiero que sepa que existo y, sí, tengo muchas ganas de que me quiera.

El día de San Valentín de 1956 suena el teléfono. Está llamando una tía que no conozco y de la que ni siquiera he oído hablar. Se llama Audrey, y me entero de que es la medio hermana de mi padre. Me dice que mi abuela, Norah Mabel Wilhelm, ha muerto esa mañana, y que a mis dos hermanos y a mí se nos pide que seamos los portadores del féretro en el funeral. No sabía que la madre de mi padre estaba viva, ni siquiera he oído mencionar su nombre, pero al instante digo que sí.

Mi decisión no se basa en el deseo de rendir homenaje a una abuela que nunca conocí, mi corazón se acelera ante la posibilidad de por fin ser capaz de encontrarme con mi padre. Sin duda él estará allí, en el funeral de su propia madre, y ya no podrá esconderse más de mí.

Estoy a pocas semanas de cumplir dieciséis años y tengo el permiso para aprender a conducir, lo que me permite conducir si voy acompañado por un conductor adulto y con licencia. Jim, que también ha sido designado como portador del féretro, está de acuerdo en dejarme conducir su coche hasta la parte occidental de Detroit, a un hogar lleno de extraños. Estoy aquí por una única razón: quiero ver a este hombre que es mi padre. Pero él no está allí. Hay un servicio funerario en la iglesia, pero Melvin Lyle Dyer no se presenta. A continuación hacemos un breve viaje al cementerio, donde ayudo a llevar el féretro de mi abuela, la madre de mi padre, aunque es una extraña para mí. Melvin Lyle Dyer tampoco está en el cementerio.

Todos regresamos al hogar en la parte oeste, a la residencia de mi abuela fallecida. Estallo de emoción; estoy seguro de que mi padre largo tiempo ausente por fin va a dejarse ver. Al volver a entrar en la casa para tomar una cena buffet, un camión se detiene ante ella y entrega unas pocas flores con una nota. A todos se nos informa que Lyle está en el sur, en Alabama o Mississippi, y es incapaz de estar presente en esta conmemoración final de la vida de su madre.

Estoy cabizbajo. Una vez más, mi padre está ausente. Un surtido de primos y tías a los que no sabía que estaba emparentado excusan a Lyle. Me dicen que tiene miedo de presentarse: probablemente porque mi madre hará que lo vuelvan a encarcelar por haber dejado de pagar la manutención de sus hijos durante más de una década.

Me pregunto qué estoy haciendo aquí, en este funeral, y animo a mis hermanos a irnos. Sin embargo, antes de salir, una prima llamada Dorothy dice que mi padre tuvo varias esposas después de abandonar a mi madre, incluyendo a una chica joven a la que recogió haciendo autoestop en un lugar llamado Bloomingrose, West Virginia. Y antes de eso estuvo casado con otra mujer llamada Juanita, una enfermera que ahora vive en Sandusky, Ohio. Tomo nota, digo adiós a estos parientes desconocidos y me doy cuenta por enésima vez que a este hombre no le interesaba conocerme ni conocer a mis hermanos. Ni siquiera el funeral de su propia madre es lo suficientemente atrayente como para que haga su aparición en mi vida.

Ahora tengo más determinación que nunca para mantener ese encuentro cara a cara con mi padre, y tengo una idea precisa de dónde podría estar viviendo. No estoy seguro de por qué estoy tan obsesionado con encontrar a este hombre que obviamente no quiere tener nada que ver conmigo o mis hermanos, pero estoy lleno de resolución.

Cuando cumplo los dieciséis, me compro un Plymouth de 1950 con doscientos dólares que tengo ahorrados. Hago planes para conducir hasta Boone County, West Virginia, y visitar por sorpresa a mi padre y a la joven con la que según he oído se ha casado. Cuando llegan las vacaciones de verano, mi jefe en el supermercado Stahl's, donde he estado trabajando durante tres años, me pide que trabaje todo el verano a tiempo completo como ayudante del director, lo que incluye cerrar la tienda y entregar los recibos del día. Esta oportunidad, junto con los gastos de tener un coche y pagar el seguro, y mi deseo de estar con mi nueva novia, me llevan a posponer el viaje. En cambio, decido buscar a la exesposa llamada Juanita en Sandusky, Ohio.

Conduzco tres horas hasta Sandusky y me encuentro con la exesposa de mi padre, que trabaja en un hospital local y habla con firmeza y sin vacilación.

—Tu padre era un hombre malo —dice abruptamente—. Todo lo que tu madre te ha contado de él es verdad, y todavía hay más. Se negó a trabajar y a mantener nuestro matrimonio; siempre tenía problemas con la ley; no distinguía entre el bien y el mal. Bebía en exceso y cuando estaba borracho, y lo estaba con frecuencia, era cruel y malintencionado. Te recomiendo que abandones el deseo de conocerle. Es falso, y tú estás mucho mejor sin él en tu vida.

Juanita Dyer pasó todo el día conmigo, y lo más decepcionante fue su respuesta directa a mi pregunta:

—¿Te dijo algo alguna vez de los tres niños a los que había abandonado, y mencionó alguna vez a su hijo pequeño, Wayne?

Me miró con los ojos amables de quien trabaja como enfermera en un hospital, viendo tragedias a diario.

—No —respondió—. Ni siquiera sabía que había tenido hijos, aunque estuvimos varios años casados.

Semejante dolor… ¿Tengo un padre que ni siquiera menciona a sus propios hijos a su esposa? ¿Qué tipo de hombre es este? ¿Ama a alguien? ¿Cómo podía yo ser tan radicalmente diferente en todos los sentidos de este hombre que es mi padre biológico? Mi corazón está tan lleno de amor por las personas de mi vida: mi madre, mis hermanos, mis amigos, y sobre todo los oprimidos, e incluso mi padre. Me voy de Sandusky con la determinación de anular mi interés por encontrar o entender a Melvin Lyle Dyer.

Vuelvo a Detroit y dedico mi vida a ser el ayudante del director del supermercado local, ganándome bien la vida y ayudando económicamente a mi madre. Me he topado con una miríada de obstáculos tratando de localizar a este hombre que está huyendo, que deja dolor dondequiera que se establece por un tiempo, pero el anhelo de conocerle nunca se apaga. Las pesadillas continúan durante mucho tiempo.

Pasarán veinte años antes de que sea capaz de reconocerle como mi mayor maestro.

AHORA PUEDO VER CON CLARIDAD

Por más que cuando era joven quería que mi padre se presentara y me amara, ahora valoro su ausencia como uno de los mayores regalos que se me han dado. En realidad, su imprevisibilidad y su abandono eran parte de mi venida aquí para enseñar confianza en uno mismo, que es el gran tema de mi vida. He estado haciendo exactamente esto desde que era niño, y es lo que ha dominado todo mi trabajo.

Está claro que no hay errores en este universo. Todas las estrellas están alineadas. El sol está a la distancia exacta de la Tierra, al milímetro, para crear y sustentar la vida. Tanto si se mira a través de un telescopio como de un microscopio, en este universo hay una precisión que desafía la comprensión intelectual. Todo es perfecto incluso al nivel de la mínima partícula subatómica, y hacia el espacio exterior hasta el cuerpo celestial más distante. En esta precisión también está incluido todo lo que nos ocurre, aunque a menudo la comprensión del *porqué* no está clara.

Necesitaba estar en la posición de confiar en mí mismo para cumplir mi propósito y vivir mi *dharma* de ser un maestro espiritual de la confianza en uno mismo. Los años que pasé en hogares de acogida me dieron la oportunidad de aprender esto de primera mano. Tuve que confiar en mí mismo porque allí no había nadie que lo hiciera por mí.

La relación con mi padre iba a ser la más significativa de mi vida. El deseo de que se presentara cuando yo quería, cuando pensaba que le necesitaba desesperadamente, fue la obra de mi propio ego. Todo se presenta en el tiempo de lo Divino. Conseguimos lo que necesitamos siguiendo los designios de una fuerza mucho más grande que nosotros. Esta fuerza invisible mueve las piezas a su manera, en su momento, para armonizarlas con la perfecta precisión que define cada centímetro cúbico del espacio y del tiempo.

Puede parecer exagerado para algunos, pero creo que mi vida sin el beneficio de un padre fue perfecta en todos los sentidos. Desde este punto de vista veo que mis libros, conferencias, películas y grabaciones surgieron porque mi padre estuvo ausente de mi vida. Mi ego le quería, pero mi espíritu sabía que tenía un propósito mucho más importante que cumplir.

Esos años que pasé en agonía sobre cómo y por qué un hombre podía ser tan insensible, tan cruel, tan distante, siempre acababan no dejándome otra opción que la de ir dentro y resolver los problemas por mí mismo, o la de orientarme hacia un nuevo tipo de amor Divino practicado solo por grandes maestros espirituales y por Dios mismo: un amor lleno de perdón. Se me estaba proveyendo de todo lo que necesitaba para que mi vida siguiera su curso, aunque el niño que yo era entonces no podía saberlo.

Hoy, desde la perspectiva de mirar atrás en mi vida, puedo ver que todo fue absolutamente perfecto. Sin yo saberlo, estaba realizando algún tipo de entrenamiento desde el principio mismo. Tal vez mi padre acordó venir a este mundo desde el mundo del Espíritu y vivir su vida de tal modo que exigiera a su hijo menor aprender a confiar en sí mismo de niño, de adolescente y más adelante de joven adulto.

Tener la oportunidad de enviar amor y perdón a mi padre por su conducta voluble y perversa tal vez fue una etapa del entrenamiento necesario para ayudar a millones de personas a transformar sus propias vidas a través de una visión alineada con la realización de Dios. Con frecuencia siento la presencia de mi padre, y cuando le siento cerca, es como una suave neblina de amor infinito, más que las tormentas de aguda ira y angustia que antes caracterizaban mis pensamientos sobre este hombre.

Sí, él fue mi mayor profesor. Sé con certeza que Dios trabaja de maneras misteriosas, pero no accidentales. Ciertamente es, y siempre ha sido, perfecto en todos los sentidos. Me siento muy agradecido.

10

En 1958 la posibilidad de ser llamado a filas y de servir como soldado raso es uno de los escenarios más abominables que puedo imaginar.
Trabajar en una de las fábricas de automóviles de Detroit, que es lo que
hacen muchos muchachos de dieciocho años del vecindario al acabar el
instituto, también me resulta muy poco atractivo. De modo que he optado
por alistarme en la Marina, como hizo mi hermano mayor Jim hace dos
años. Aquí estoy dos semanas después en Great Lakes, Illinois, sintiendo
ganas de vomitar mientras me pregunto: *¿Qué me he hecho a mí mismo?*

Temprano por la mañana, en la litera, hago repaso de mi nueva vida.
La noche pasada conté cientos de cucarachas arrastrándose sobre la ropa,
la cama y los cuerpos dormidos; de haberlo elegido, habría podido contar
hasta infinito. El lugar está plagado de estos bichos que viven en las fisuras
hasta que se apagan las luces, y entonces salen en enjambres para disfrutar de las migajas y vivir sus destinos nocturnos. Siento arcadas ante la
idea de que puedan deslizarse sobre mi cara, pero las cucarachas son un
problema menor.

He vivido en muchos lugares y desde pequeño he aprendido a no juzgar mis circunstancias. No tengo alergias ni hay alimentos que no pueda
comer, y no siento aversión hacia las funciones corporales. No es que me
resulte difícil acostumbrarme a vivir encerrado con cientos de hombres en
las atiborradas barracas de los cuarteles de la 417 compañía aquí, en la estación naval de Great Lakes. Las cucarachas y los fuertes olores que salen

de los retretes no son nada en comparación con lo que se espera de mí como miembro activo a tiempo completo de las fuerzas armadas, donde las reglas gobiernan.

Las reglas son que nunca he de pensar por mí mismo. Tengo que obedecer cualquier orden que me dé cualquier superior y nunca cuestionarla. La desobediencia tiene consecuencias serias, entre las que se incluye el confinamiento. En todo momento está operando una cadena de mando, y tengo que aceptar mi papel en el nivel más bajo de todos, hacer lo que se me diga y también lo que se nos diga a todos. Aquí no hay individualidad. Solo tengo que decir: "Sí, señor" y obedecer.

Se me dice cuándo tengo que ir a dormir, cuándo tengo que despertar, qué y cuándo comer, y qué vestir, que es lo mismo que visten todos los demás. Llevo el pelo rapado, debo tener los zapatos relucientes y la cara bien afeitada, pues hay un superior que la inspecciona varias veces al día, ladrándome a la cara que soy un enano enclenque, a lo que he de responder: "Sí, señor" si no quiero incurrir en su ira fingida y que me imponga algún castigo absurdo.

Aunque ahora no pienso en estos términos, a cierto nivel creo que es imposible que este sea el lugar para alguien que se ha encarnado en este dominio terrenal con el fin de enseñar confianza en uno mismo.

No hay manera de escapar de esta mentalidad militar. Se me está enseñando que aquí no hay yo, y que confiaré en mis superiores y en sus reglas para cualquier identificación que yo pueda necesitar. Llevaré puesto el mismo uniforme durante los próximos cuatro años y me conformaré. Si me ausento sin permiso, el castigo es pasar mucho tiempo en la trena y un despido indeseable. Elijo aceptar este destino sabiendo que soy mucho más que un cuerpo, y hagan lo que hagan con mi cuerpo, tengo la opción de preservar mi estado de paz interna. Puedo vivir según las reglas.

Hago la elección de ser obediente, e incluso puedo reconocer la necesidad de esta estructura en una organización diseñada para entrar en guerra. Cuando el objetivo general es destruir a un enemigo, es necesario hacer lo que se te indique sin pensar ni preguntar. Decido que cumpliré las reglas por fuera, pero nunca me adheriré a ellas internamente. Pasaré estos cuatro años con honor, pero dentro de mí no tendré enemigos. Seguiré estando convencido de que soy un hombre de paz, que atesora y respeta la individualidad de cada cual.

Estoy en paz con esta nueva manera regimentada de vivir, confío en mi capacidad de depender de mí mismo y seguir funcionando en la organización militar. Detesto las regulaciones tontas y las inspecciones, y me conozco a mí mismo lo suficientemente bien como para estar seguro de que acabaré encontrando el modo de evitarlas sin que nadie sepa lo que tengo en mente. Mi mundo interno está seguro, y convertiré en un juego divertido el darle la vuelta a la locura de esta manera de vivir.

En general me deja perplejo lo que veo en mis jóvenes compañeros marineros. Me doy cuenta de que, cuando tienen un rato libre, estos hombres adultos se dedican a ojear cómics: *Superman, Capitán Marvel, Batman y Robin, Archie*. La mayoría de ellos tienen niveles de lectura e intereses muy distintos de los míos, sin embargo estas son las personas con las que convivo cada día.

En nuestro primer permiso, tenemos la oportunidad de pasar un fin de semana en Chicago, y hemos de estar de vuelta en la base a las diez de la noche del domingo. Vestido de uniforme, voy a la ciudad en tren y paso el tiempo paseando. Hablo con muchos de los mercaderes que están ansiosos por obtener algún beneficio de estos hombres jóvenes que saborean la libertad por primera vez en dos meses.

La ciudad rebosa de puestos de tatuajes, bares, prostitutas y *souvenirs* baratos, y mis colegas recién liberados participan de todo ello con exuberancia. Retorno a la base de Great Lakes temprano, y las barracas empiezan a llenarse de varios cientos de marineros ebrios. Tres de cada cuatro compañeros se han pintado el cuerpo con tatuajes permanentes, y todos están maldiciendo y lanzando improperios racistas en su estado de borrachera descontrolada y de vomitona. *¿Hay alguien que lea libros?* —me pregunto—. *¿Van a ser estos mis amigos y camaradas durante los próximos cuatro años de mi vida?*

Sé que para mí es imposible desfigurar permanentemente mi cuerpo con los símbolos de la Marina, ni con cualquier otra cosa. Durante mucho tiempo he despreciado las borracheras, y ahora estoy rodeado de borrachos. He estado escribiendo mi propia novela, y ahora estoy enjaulado en un mundo donde abundan los libros de cómics, los prejuicios y las blasfemias. Desprecio la violencia de cualquier tipo, y ahora estoy siendo preparado para ser un instrumento de muerte, para llevar un arma de fuego en las guardias, y para enorgullecerme de exterminar a quienes se les asigne el papel de enemigos. Me vuelvo mucho más introspectivo y solitario.

¿Qué demonios estoy haciendo aquí? —me pregunto una y otra vez—. *Esto no es lo que he venido a hacer en el mundo. Veo la razón por la que existe el ejército, pero este no es mi papel. Soy un pez fuera del agua. Quie-*

ro ser una persona que trabaje para crear un mundo donde las armas, las naves de guerra, los odios y los enemigos estén extinguidos.

Me siento perplejo porque hice esta elección muy voluntariamente. Me parecía que era exactamente lo que tenía que hacer cuando acabé el instituto. No tenía ni idea de que este estilo de vida militar está diseñado para sofocar todas las formas de pensamiento independiente.

Vuelvo a pensar en todos los momentos en que he estado en conflicto con las figuras de autoridad que me empujaban persistentemente hacia la mentalidad de rebaño. Pienso en la cita de E.E. Cummings que memoricé en la clase de inglés del instituto: "Ser tan solo tú —en un mundo que da lo mejor de sí, día y noche, para que seas los demás— implica luchar la más dura batalla que cualquier ser humano puede afrontar; y nunca dejar de luchar". Y aquí estoy, atrapado en una institución a la que me he unido libremente y que está organizada en torno al principio de hacer que cada cual sea como todos los demás.

AHORA PUEDO VER CON CLARIDAD

Durante mi periodo de ajuste hasta llegar a acostumbrarme a los rigurosos requisitos de la vida militar, sentí que había cometido el mayor error de mi vida al firmar para una ronda de servicio activo de cuatro años. Al contemplarlo ahora con distancia, todo me parece claro como el cristal y libre de nubes. Puedo recordar que cuando tomé la decisión de unirme a las fuerzas armadas a la edad de 18 años, sentí que de algún modo misterioso estaba siendo guiado por una mano invisible. Sabía de antemano que este tipo de vida reglamentada iba a ser anatema para mí, en gran medida porque siempre había defendido el derecho a realizar libremente mis propias elecciones, sin que nadie me dijera cómo vivir ni qué hacer. Sin embargo, allí estaba yo, hablando con un reclutador de la Marina en el centro de Detroit y firmando un acuerdo para alistarme en pocas semanas. Era como si tuviera que seguir absolutamente este impulso loco, aunque también sabía que iba a suponer un conflicto monumental para mí.

Lo que sé seguro es que para entender algo *intelectualmente*, uno debe estudiarlo, analizarlo, pensar sobre ello, examinar lo que otros han dicho de ello, revisar las fórmulas, y en último término llegar a una conclusión y examinarse: conseguir un aprobado después de todas estas maniobras cerebrales. Pero, para conocer y entender algo *espiritualmente,* uno debe experimentarlo, no hay otra manera.

Yo podría describir con todo detalle cómo sabe un aguacate, comparando su sabor con otros alimentos, y acabar ofreciéndote un discurso escrito sobre el tema. Sin embargo, el único modo de conocer la sensación que produce comer un aguacate es experimentarla. A medida que lo comes, te haces uno con él, y *conoces*, más allá de la posibilidad de transmitir esa experiencia a cualquier otra persona. Sabía que no me gustaba que me dijeran cómo tenía que vivir mi vida. Sabía que me rebelaba contra lo que la autoridad dictaba para mí, pero para que esto me llegara espiritualmente —de modo que tuviera un enorme impacto en mí y me llevara en la dirección de enseñar a autorrealizarse y a confiar en uno mismo como tarea de vida— tenía que experimentarlo de primera mano.

A menudo he citado la idea de que las tormentas de nuestras vidas, los momentos bajos, los tiempos difíciles, son cosas por las que sentirnos agradecidos. Mi hermano Dave vivió más de cincuenta años de alcoholismo, una adicción compulsiva a la nicotina, una timidez enfermiza que le llevaba a dudar de sí mismo, y una visión atea de la vida. Y de repente, a la edad de sesenta y ocho años, un diagnóstico de Parkinson, que le dijeron que era incurable y que acabaría convirtiéndole en inválido, hizo que todo diera un giro.

Mi hermano decidió dejar de beber y fumar, empezó a escribir cada día, perdió los rasgos de su personalidad tímida y empezó a hablar en público ante grandes audiencias. Encontró a Dios, se ofreció voluntario para servir a otros menos afortunados y publicó su libro. Él atribuye todos estos giros en su vida a su diagnóstico de Parkinson: su mayor maestro.

Ahora puedo ver con claridad que para que yo entrara con firmeza en el camino con el que me había comprometido en esta encarnación, tenía que experimentar y conocer de primera mano qué era lo que no me gustaba. Esos años entre militares, donde se esperaba que yo encajara y me volviera como todos los demás, me ofrecieron una oportunidad de oro para experimentar lo que tanto me disgustaba, y después, cuando este tiempo regimentado acabó para mí, pude buscar y vivir desde la perspectiva de conocer lo que tenía que hacer. Me siento muy agradecido por aquellas primeras experiencias.

Mi intenso disgusto hacia todo lo que tuviera que ver con la autoridad me impulsó a ser igualmente ferviente a la hora de vivir y enseñar lo que amo y en lo que creo. Desde esta perspectiva, sé que tengo que expresar gratitud por todo ello, incluso por las cosas que me parecieron tan insufribles en aquel tiempo. Había una razón por la que estaba siendo empujado en aquella dirección, y me siento agradecido cada día. Ahora soy capaz de darle la bienvenida a mi diagnóstico de leucemia, y de saber que me llevará a un lugar más elevado, tal como hicieron las experiencias en la Marina hace más de cincuenta años.

11

Una vez que dejo atrás el campamento, voy a Bainbridge, Maryland, y asisto a clase durante seis meses para convertirme en operador de radio y criptógrafo. La escuela es ardua, asisto a clases diarias desde primera hora de la mañana hasta bien entrada la tarde, y se requiere que estudiemos por la noche. Pasamos las mañanas aprendiendo el código morse, convirtiendo los sonidos de puntos y líneas en letras, y tenemos exámenes cada dos días. Mis clases también incluyen las asignaturas de comunicaciones, electrónica, física, aprender a operar los últimos equipos, codificar y descodificar, y dominar la mecanografía. Mi mente inconsciente está aprendiendo a responder automáticamente cuando oigo los sonidos en mis auriculares.

Estoy completamente comprometido a completar esta aventura académica de seis meses con excelencia, y se me recuerda que, cuando elijo aplicarme, puedo literalmente dominar cualquier disciplina. En el instituto, cuando me encantaba una asignatura, invariablemente sacaba sobresaliente. Cuando no me interesaba, simplemente me retiraba, sin importarme si aprobaba o suspendía. Aquí, en la escuela de operadores de radio, soy un joven marino determinado; me esfuerzo no solo por aprobar el curso, sino por hacerlo con honores. En la graduación soy de los primeros de la clase.

Mi mejor amigo en Bainbridge es un joven de diecinueve años llamado Ray Dudley, de Chicago. Estudiamos juntos, nos vinculamos como hermanos, y básicamente nos hacemos inseparables. Cuando salimos de la base para ir a Baltimore o a Washington D.C. el fin de semana, a menudo lo hacemos juntos.

Ray y yo volvemos a la base después de pasar un fin de semana en Washington D.C. Son las diez de la noche del domingo y tenemos que llegar a Bainbridge antes de medianoche. Decidimos parar en la pequeña ciudad de Havre de Grace, Maryland, y tomar un plato de arroz frito, pues no hemos comido en todo el día. Es una comida barata para dos marineros hambrientos, vestidos con el uniforme de la Marina de Estados Unidos, antes del viaje de diez millas hasta la base.

Me quedo sorprendido cuando oigo:

—Lo siento, chicos, no podemos serviros en este restaurante.

Pregunto a la camarera a qué se debe, pues el restaurante está abierto hasta medianoche, y hay muchos otros marineros comiendo. Ella me mira mansamente, se encoge de hombros y apunta a mi mejor amigo, un miembro de la Marina de Estados Unidos sirviendo a su país como parte de las fuerzas armadas… y entonces me estalla directamente en la cara, como si alguien me hubiera propinado un gancho directo. Ray es afroamericano, y en esta pequeña ciudad de Maryland no sirven a las personas que no tengan su mismo color de piel.

Pido hablar con el director, pero no aparece nadie con más autoridad. La camarera no quiere tener una escena desagradable, pero yo estoy enfurecido y avergonzado por mi amigo. Ray ha vivido con este tipo de prejuicios toda su vida y me insta a irnos silenciosamente para evitar cualquier posibilidad de tener un conflicto serio.

Nunca había experimentado el horror de los prejuicios raciales de esta manera. Me quedo perplejo, profundamente entristecido, y muy dolido por mi amigo. Y lo que es más, me enfurece la locura de negarse a servir a otro ser humano que lleva puesto el uniforme de las fuerzas armadas de su país, y que está dispuesto a ir a la guerra y a morir para preservar la posibilidad de vivir y respirar libremente para todos, incluidos los dueños del restaurante y la camarera que trabaja allí.

Me disculpo ante Ray mientras nos dirigimos a nuestras barracas en la Base Naval de Bainbridge. Voto ante mí mismo que nunca jamás prejuzgaré a nadie en base a su apariencia. Me siento conmovido hasta el tuétano. Esto me ha cambiado para siempre. Dedicaré mi vida a librar al mundo de esta manera de pensar tan imbécil. Durante el resto de mi tiempo en Bainbridge me obsesiona saber qué es lo que yo, un solo hombre, puedo hacer para erradicar este tipo de conducta tonta. Es la misión de mi vida. Estoy comprometido a ser un hombre que no juzgue a nadie.

AHORA PUEDO VER CON CLARIDAD

Aquel domingo por la noche en Havre de Grace todavía destaca como una de las noches más influyentes de mi vida, aunque ocurrió hace más de cincuenta años. Ese momento de mirar a los ojos a mi amigo Ray y ver el dolor que pueden causar los prejuicios me inspiró a establecer el compromiso de abolirlos de mi propia manera de ser, e incorporar el amor por toda la humanidad como la piedra angular del trabajo de mi vida.

A partir de aquella noche, me volví plenamente consciente de mi propensión a etiquetar a la gente en función de factores externos, y empecé a recorrer un camino en el que he sido capaz de ver el despliegue del Espíritu en cada persona con la que me encuentro. En muchos sentidos, aquella experiencia que tuve a los diecinueve años fue orquestada por lo Divino. Tenía que estar allí como testigo y participante involuntario a fin de sentir en mis carnes el horror de este tipo de comportamiento.

Aquella desventurada camarera solo estaba reaccionando al condicionamiento innato que le había sido impuesto por sus circunstancias culturales cuando era niña. Ella vio el maltrato que se dispensaba a la gente de piel oscura y lo aceptó como lo que había que hacer. También era una empleada que expresaba: "Simplemente hago lo que tengo que hacer; es mi trabajo". Esta mentalidad ha sido la fuerza impulsora que está detrás de actos atroces durante siglos. Para reemplazar estos hábitos por comportamientos más compasivos y no marcados por los prejuicios, las personas deben examinar cómo han sido programadas sus mentes subconscientes, y empezar a cambiar estas maneras de ser.

En 1959 empecé a hacer exactamente eso. Ya había oído pronunciar suficientes veces palabras como negrata y sudaca, y otras referidas a otras nacionalidades, mientras crecía en las décadas de los 40 y 50. No tengo recuerdo de haber usado este tipo de lenguaje en mi vida, pero sé que he sido testigo de él regularmente, y que no suscitaba ninguna sensación de furia dentro de mí. Mi experiencia con Ray Dudley me llevó a dar un giro. Emprendí una lenta transformación para expresar mi desdén hacia este tipo de lenguaje sin montar mucho número. Empecé a leer libros relacionados con el tema de los prejuicios y el odio, y protesté contra las políticas de la Marina donde la segregación era una norma establecida. Cuando miro atrás a dos de los temas más relevantes de mis escritos y de mi desarrollo adulto, ambos me remiten a aquella dolorosa noche en Maryland.

El primero de estos temas es enseñar a la gente a pensar por sí misma, con independencia de lo que se les ha enseñado a creer. Si sé que algo está mal y no está en armonía con el amor Divino propugnado por nuestros maestros espirituales más queridos, entonces, no importa lo que se me haya enseñado, debo pensar por mí mismo y actuar siempre desde el amor. Si se nos dice que Dios es amor, no deberíamos limitarnos a decirlo en un templo durante el servicio religioso semanal. Debemos vivirlo.

El segundo tema es la mente subconsciente donde están implantados los hábitos del adulto. He escrito sobre el tiempo que pasé en la escuela aprendiendo el código Morse. Practiqué y practiqué hasta que el aprendizaje pasó de la actividad de la mente consciente a un lugar permanente en mi mente subconsciente. No he usado el código Morse en más de medio siglo, y cada pizca de la programación sigue estando presente en mi ser. Todavía puedo deletrear mentalmente al instante cualquier palabra o frase usando los puntos y rayas que aprendí hace décadas.

Asimismo, todos tenemos otras ideas llamadas memes, que impulsan nuestra conducta a día de hoy. Aunque es posible que no nos sirvan, siguen estando allí, operativas, tal como mi inconsciente puede usar la escritura Morse a día de hoy. Aquella camarera en el restaurante de Havre de Grace en 1959 estaba actuando a partir de estos dos temas. Estaba haciendo lo que se le había dicho que hiciera, aunque su lenguaje corporal decía: *en realidad yo no lo siento así, solo estoy haciendo mi trabajo.* Y también estaba representando una serie de memes que nunca había tenido la oportunidad de corregir y erradicar completamente de su mente subconsciente.

Todavía puedo ver en mi mente a aquella camarera y a mi joven amigo afroamericano Ray Dudley mientras escribo estas palabras. Creo que ambos fueron enviados a mi vida aquella noche para ayudarme no solo a ver la luz, sino a enseñar desde una perspectiva más iluminada.

12

Estoy en mitad del invierno de 1959; me han destinado temporalmente para hacer un servicio breve a la Estación Naval Aérea de Patuxent River, cerca de Lexington Park, Virginia. Decido ponerme el uniforme y hacer autoestop hasta mi casa en Detroit para visitar a mi madre, y especialmente a mi novia Linda, que se ha matriculado en la Universidad de Michigan en Ann Arbor. Es una distancia aproximada de novecientos kilómetros, que generalmente requiere entre doce y catorce horas de viaje. Llevar el uniforme significa que generalmente alguien parará y me llevará sin importar dónde me pueda quedar varado.

Ya he hecho este viaje varias veces, y confío en poder llegar a casa el sábado por la mañana, pasar allí un día y medio, y volver en autoestop a la base antes de la medianoche del domingo. Es una distancia larga y tengo que pasar mucho tiempo haciendo autoestop en la carretera, pero bien vale la pena para un marinero añorante y enamorado que está empezando a acostumbrarse a estar lejos de casa durante largos periodos de tiempo.

Me dispongo a ello y me llevan directamente hasta Washington DC. Varias conexiones después llego a Breezewood, en la entrada de Pennsylvania. A estas alturas ya es cerca de medianoche y la temperatura ha bajado drásticamente. En medio del amargo frío consigo que me lleven un tramo hacia el oeste, pero el conductor me informa de que solo va hasta Butler, Pennsylvania. No quiere dejarme en su salida, en medio de la noche, porque estaría en grave peligro de morir de frío; la temperatura está muy por debajo de cero, y el viento helado sopla con fuerza. Llevo el chaquetón azul oscuro de la Marina, y permanecer de pie en la oscuridad, donde no me pueden ver los conductores que se dirigen hacia el oeste, podría ser desastroso. Este conductor amistoso insiste en dejarme en la puerta de uno de los restaurantes del área de servicio, poco antes de su salida que está unas millas más adelante. Estoy de acuerdo.

Me dirijo al restaurante sobre las tres de la madrugada, tomo una taza de chocolate caliente y voy afuera para probar suerte e intentar que me recoja un vehículo que se dirija hacia el oeste; en medio de la noche, en medio de lo que parece ser ninguna parte, en medio del tiempo más frío que he experimentado nunca. En el camino de salida de la rampa, en la oscuridad helada, paso junto a otro marinero que camina de vuelta hacia el restaurante. No ha tenido la suerte de que alguien le coja y me dice:

—Ahí fuera hace mucho frío, compañero. Yo no me quedaría mucho tiempo; si no tienes cuidado, podrías congelarte.

Le doy las gracias, le deseo lo mejor, y salgo hacia la autopista. Estoy allí entre quince y veinte minutos, pero no tengo suerte. Casi congelado, decido volver al restaurante para calentarme. Cuando entro, solo hay una persona en el lugar: el marinero que me habló unos momentos antes y que me advirtió que no me quedase mucho tiempo allí fuera. ¡Imagina mi sorpresa cuando descubro que es mi hermano!

Jim está destinado en Norfolk, Virginia. Él también ha decidido hacer autoestop hasta casa para ver a nuestra madre y a su novia, Marilyn, durante el fin de semana; a él también le han dejado en el mismo lugar. Yo no tenía ni idea de que el submarino de Jim estaba en puerto. No he tenido ningún contacto con él en meses, puesto que la localización del submarino se considera información clasificada. Mi propio hermano me había hablado y me había avisado de que tuviera cuidado sin saber que era yo. Juntos nos quedamos anonadados ante las misteriosas fuerzas que estaban actuando para hacer realidad esta escena.

Nos presentamos al conductor de un gran camión de dieciocho ruedas que está repostando y le contamos la increíble "coincidencia" que nos acaba de ocurrir. Este suceso sincrónico que nos juntó a Jim y a mí en medio de ninguna parte, bajo unas condiciones imposibles, impacta tanto en el conductor del camión que nos lleva, saliéndose de su ruta, hasta la puerta del número 20217 de Moross Road en Detroit a primera hora de la mañana del sábado.

AHORA PUEDO VER CON CLARIDAD

No puedo ni empezar a contar cuántas veces Jim y yo hemos compartido esta historia en los últimos cincuenta años, y la conclusión siempre es la misma: es simplemente una de esas extrañas coincidencias que ocurren y no tienen explicación racional. Este suceso fue profundamente significativo para el marinero de diecinueve años que yo era. Me introdujo al mundo de la sincronicidad, de la física cuántica, y a la idea de que, en un mundo gobernado por la Divina inteligencia, no hay accidentes.

Hoy miro atrás a todos los sucesos que tuvieron que ocurrir de manera perfecta para que mi hermano y yo nos encontráramos en medio de la noche, y ya no me sorprende. Mi vida ha estado llena de este tipo de sucesos, pero este fue el primero de los grandes. Atrajo mucho mi atención y cambió mi manera de ver las cosas para siempre.

Ahora puedo ver con claridad que tenía que librarme de las dudas con respecto a la posibilidad de que todas las cosas se alineen según el orden Divino y en el tiempo de lo Divino. Mi escritura y mis conferencias han estado dominadas por esta gran idea de la *sincronicidad*, un término acuñado por Carl Jung para explicar lo que él llamó "las coincidencias significativas". El suceso sincrónico que atrajo la atención de Jung ocurrió durante una sesión con un cliente que le estaba contando un sueño. Mientras el cliente comentaba la importancia de un escarabajo que había aparecido en su sueño, ambos oyeron un ruido, que acabó siendo un escarabajo que estaba en la ventana atrayendo su atención. Ahora veo que este suceso sincrónico ocurrido con mi hermano, que va mucho más allá del pensamiento lógico debido a que las probabilidades de que algo así ocurriera por casualidad son mínimas, fue necesario para que pudiera abrirme a la posibilidad de que todas las cosas están conectadas y tienen un propósito. Personalmente, necesitaba ser liberado del racionalismo excesivo en esa época de mi vida.

Para acabar hablando y escribiendo sobre el mundo del Espíritu, necesitaba saber a la temprana edad de diecinueve años que no hay accidentes o coincidencias en un universo que ha sido creado y está guiado por fuerzas invisibles que eluden una explicación racional. Ahora puedo ver que no tenemos ni idea de cómo se crean las cosas en este universo físico y que todo tiene su origen en algo llamado Espíritu, que nadie puede definir ni acercarse a explicar, incluyendo nuestras grandes mentes científicas.

Hay muchas razones para creer que hay inteligencia detrás de la vida. Como indicó Max Planck, un gran científico que recibió el Premio Nobel de Física: "Toda materia se origina y existe solo en virtud de una fuerza que lleva a vibrar a la partícula atómica y mantiene al pequeñísimo sistema solar del átomo de una pieza. Debemos asumir que detrás de esta fuerza existe una mente consciente e inteligente. Esta mente es la matriz de toda materia". Siendo así, esa inteligencia es innata en cada una de sus creaciones, lo que significa que está en todas las personas y cosas, y que está dirigiendo todo este juego.

Esta inteligencia es tan asombrosamente misteriosa que es capaz de crear mundos y galaxias tan vastas que dejan estupefacta hasta a la imaginación más abierta. Una inteligencia que puede mantener al universo entero en perfecto equilibrio y crear una rosa de la nada, una inteligencia que está en todas las cosas: "El espíritu que da vida", como dijo Jesús. Esta inteligencia invisible puede crear y crea milagros cada segundo de cada día. Juntar a dos hermanos en medio de una autopista de Pennsylvania es un logro menor en comparación con crear vida de la nada y ensamblar un número infinito de cuerpos celestiales que abarcan la totalidad del universo. No puedo concebir un reloj sin relojero, de modo que me resulta imposible creer que este universo exista sin una inteligencia que sea *la matriz de toda materia,* un creador.

Cuando miro atrás a esta experiencia de sincronicidad ocurrida en 1959, tengo claro que me abrió los ojos a la posibilidad de un diseño Divino que nos ofrece pistas sobre nuestro destino. Entonces sentí que tanto Jim como yo estábamos colaborando con el destino, y empecé a considerar que podía contribuir a él conscientemente. Quería alinear mi vida con esta energía invisible y milagrosa. Empecé a elegir una mentalidad que es consciente de que soy mucho más que una mera forma humana —que soy el Espíritu mismo— y que la vida dentro de mí es verdaderamente Divina. Al dar un paso atrás y observar esta posición de creer totalmente en mi propia magnificencia y en mi conexión con este gran Espíritu invisible, empecé a ser un co-creador de más y más sucesos sincrónicos.

Esta fue la primera experiencia que puedo recordar que me sorprendió, llevándome a ver que la vida no es solo factual y física. Estaba, y todavía estoy, convencido de que un suceso de esta naturaleza no es una ocurrencia casual. A partir de ese día empecé a pensar de maneras nuevas. En aquel momento no compartí esta nueva conciencia con nadie. Pero sabía que estaba involucrado en algo mucho más grande que en limitarme a seguir los movimientos de la vida tal como me estaban siendo dados.

Empecé a oír el silencio que parecía murmurar gentilmente cosas sobre mi vida interna y ocurrencias aparentemente milagrosas. Me parecía claro que había un vínculo sincrónico con todos y con todas las cosas: la totalidad de la vida está interconectada. Pensé en los conductores que nos habían dejado a Jim y a mí en aquel área de servicio de la autopista y empecé a verles como partes del drama de mi vida, y a mí mismo como parte de la suya. Esta fue mi apertura a tomar conciencia de la fuerza Divina que se mueve en nuestras vidas.

Desde la perspectiva de mirar este suceso tantos años después, puedo ver con claridad que estaba empezando a liberarme de la manera de pensar cronológica, basada en causa y efecto, que se me había enseñado. Estaba empezando a cultivar una mente en verdad abierta a todas las cosas y que no se aferra a nada. Parece que mi yo de los diecinueve años dio la bienvenida a descubrir el tema que acabaría impregnando el trabajo de mi vida: rendirse y saber que todo es tal como tiene que ser.

Albert Einstein tenía razón: "Solo hay dos maneras de vivir tu vida. Una es como si nada fuera un milagro. La otra es como si todo fuera un milagro". O, como dijo Buda: "Si pudiéramos ver con claridad el milagro de una única flor, toda nuestra vida cambiaría". Este suceso milagroso me permitió ver con claridad y empezar a cocrear mi propia vida, y también enseñar a otros a cocrear las suyas. Ahora, al mirar atrás, doy gracias por todos los participantes que colaboraron para producir en mí este asombroso despertar.

13

Es el verano de 1960, y soy un especialista en comunicaciones a bordo de la mayor nave del mundo, el USS *Ranger*. Estamos en el puerto de Alameda, California; hemos hecho un recorrido de seis meses por diversas bases navales y puntos calientes del Pacífico occidental —incluyendo Japón, Hong Kong, las Filipinas y Hawái— y ahora estamos de vuelta en Estados Unidos continental.

De repente se emite este anuncio por los altavoces de la nave: "Vais a presentaros en la cubierta de aterrizaje del portaaviones y vais a poneros en formación deletreando el saludo 'Hola, Ike' mientras el Presidente Eisenhower sobrevuela nuestra nave en un helicóptero".

Me siento furioso por esta orden de reunirme con varios miles de mis colegas y participar en este absurdo espectáculo para que un hombre pueda mirar hacia abajo y ver este mensaje, deletreado por un grupo de marineros con sombreros blancos. De ningún modo voy a ser uno más de un grupo que actúe como una manada de gansos, haciendo lo que se les dice que hagan, por ninguna razón sensata que yo pueda entender.

Detesto esta mentalidad, y encuentro que estas actividades inanes son profundamente insultantes, una afrenta a mi dignidad. Soy un contramaestre de tercera clase: un diestro profesional con enormes responsabilidades. No estoy dispuesto a ir en rebaño ni a estar de pie bajo el calor del sol siendo el punto de la "i" en "Hi Ike" [Hola, Ike], haciendo una declaración política a favor del partido republicano en este año de elecciones.

Para mí es una lucha constante mantener mi singularidad y seguir funcionando dentro de una organización que hace todo lo posible por suprimir cualquier pensamiento de individualidad. Aquí se juega a la mentalidad de rebaño. Las reglas son: haz lo que se te diga y no preguntes; olvida tu orgullo, tu ego, tu deseo de tener tus propias ideas; obedece todas las órdenes y suprime cualquier pensamiento de negarte a cumplir órdenes ofensivas. Sé que me quedan menos de dos años de servicio y después estaré libre de esta mentalidad. Quiero licenciarme con honores. Quiero ir a la universidad y llegar a ser profesor. Quiero evitar cualquier confrontación debida al orgullo durante el resto de mi alistamiento. Pero —y este es un gran pero—, simplemente, no puedo permitirme participar en esta payasada.

Durante los últimos dos años he conseguido evitar casi todos los ejercicios militares que causan resentimiento a mi alma. He aprendido a estar legalmente en otros lugares cuando se convocan esas inspecciones mortificantes, y no se lo he dicho a nadie. Sé cómo no hacer olas ni llamar la atención, y le llamo ser *calladamente eficaz*. Sé lo que es un escándalo para mi alma, y no necesito hacer un caso federal de ello. Desprecio las inspecciones, de modo que averiguo cuándo están programadas y consigo que me asignen alguna otra tarea mientras tienen lugar. Cuando me dicen que debo hacer una guardia armado, consigo un permiso para estar en otra parte. Detesto las armas y los instrumentos de muerte. No quiero dar un discurso sobre ello; simplemente no quiero tener encima de mí esas viles máquinas de matar en ningún momento. Estoy contento conmigo mismo por haber descifrado cómo estar dentro del sistema evitando las partes que violan tanto mis principios internos.

Conforme los dos mil marineros se dirigen a la cubierta del portaaviones para aprender a estar en una formación que se lea "Hola, Ike", me dirijo en la dirección contraria: hacia abajo, a las cubiertas inferiores, donde puedo estar solo hasta que acabe esta locura. Hay demasiada gente como para que alguien me eche de menos; nadie sabrá nunca que he faltado. Ni tampoco sabrán cuánto desprecio provoca esto en mí.

No entiendo por qué otras personas que piensan lo mismo que yo, y con la misma firmeza, se limitan a seguir la corriente y se permiten ser usadas de esta manera. Por otra parte, razono, si todo el mundo gestionara este tipo de situaciones como yo, me resultaría imposible hacer lo que hago. De modo que, en muchos sentidos, me siento agradecido a los que siguen la corriente y se conforman. Esto me permite desaparecer sin que se den cuenta y mantener una brizna de dignidad sin tener que explicarme ante las personas que eligen obedecer.

Medito en silencio y leo una novela que actualmente está en la lista de éxitos de ventas. Estoy inmerso en la historia de Atticus Finch luchando contra el sistema y batallando con los prejuicios. Esta es mi tercera lectura de *Matar a un ruiseñor,* de Harper Lee, que ha salido solo hace unos meses. No es un libro para leerlo una vez y dejarlo atrás.

Atticus Finch es un individuo de enorme integridad, un heroico abogado sureño de Alabama que defiende lo que está bien. Me emociono cuando dice a su hija, Scout, que nunca podría mantener la cabeza alta ante sus hijos si no aceptara este caso. Explica que debe aceptarlo aunque todo el mundo piense que se equivoca. Mientras releo *Matar a un ruiseñor* en las cubiertas inferiores, estoy contento conmigo mismo por no seguir al rebaño de marineros. Me siento animado con mi elección de escuchar a esa pequeña voz interna que dice: *Tú no tienes que ser como los demás… hay otro camino.*

AHORA PUEDO VER CON CLARIDAD

Todavía puedo verme sentado en aquella sala de calderas aislada, nueve niveles por debajo de la cubierta, leyendo el libro de Harper Lee. Allí estoy yo a los veinte años, asombrado por un personaje de ficción que hace frente a la presión para actuar como los demás y escucha esa implacable voz interna que le llama a seguir lo que le dicta su corazón y a ser la persona que está destinada a ser.

El tema de la historia "Hola, Ike" extiende sus hilos por todos los elementos de mi currículo a lo largo de los últimos cuarenta años. Siento que esta persistente e insistente llamada interna a resistirme a la conformidad estaba Divinamente diseñada para desplegar mi propósito de vida. Nunca he conocido a una persona que, después de hablar con ella durante un buen rato, no sienta que tiene una misión Divinamente inspirada. Yo la he sentido profundamente a lo largo de mi vida. Y ahora sé que la experiencia que tuve con la novela de Harper Lee, ganadora del premio Pulitzer, y mi clamor por escapar de la escena que se estaba desarrollando en la cubierta de mi nave, fue un momento señalado en mi vida. Esto está tan claro para mí hoy, más de cincuenta años después, como lo estaba cuando volví al dormitorio después de que todo el mundo hubiera acabado la ridícula misión que realizaba en cubierta.

A menudo pienso en estas palabras de San Pablo: "No os adaptéis a este mundo, sino transformaos mediante la renovación de vuestra mente" (Romanos 12:2). Y la gran enseñanza sufí que nos instruye: "Estar en el mundo pero sin ser del mundo". A menudo he escrito sobre la idea de que no somos nuestro cuerpo, sino más bien seres infinitos que van ocupando un nuevo cuerpo cada momento de cada día que estamos vivos. Al escapar de los absurdos requisitos que los militares querían imponer a mi cuerpo, una parte de mí sabía que yo también estaba en este mundo como un cuerpo, pero no pertenecía a este mundo corpóreo de la forma. Estaba yendo más allá de la forma, estaba siendo transformado allí mismo, a bordo de mi nave.

Puedo ver que aquellos fuertes impulsos de ser calladamente eficaz y de evitar actividades que me parecían absurdas eran los primeros ejercicios de entrenamiento para enseñarme autosuficiencia. Llegado a este punto, me siento profundamente agradecido de que *Matar a un ruiseñor* apareciera cuando lo hizo, y a la decisión de los poderes fácticos de realizar aquella ceremonia de "Hola, Ike". Mi conciencia necesitaba aquellos incidentes para inspirarme a escribir los ensayos que acabaron convirtiéndose en libros que han animado a millones de personas de todo el mundo a tener el coraje de escuchar su llamada interna.

Hace como una década, cuando mi hijo cumplió 13 años, le escribí una carta sobre lo que significa llegar a esta edad y convertirse en un hombre, tal como se enseña en muchas tradiciones espirituales. Acabé ofreciéndole esta perla de sabiduría: "Si sigues al rebaño, acabarás pisando mierda". La mierda a la que me refiero es vivir contigo mismo ignorando lo que sabes que está bien y es verdad, para seguir las instrucciones "basura" de otros que tienen miedo a salir del rebaño y quieren ser como los demás.

14

Se me ha asignado a un puesto en la isla de Guam, en el Pacífico Sur, durante los últimos dieciocho meses de servicio. Me han ascendido a contramaestre de segunda clase y supervisor del centro de comunicaciones navales de la ciudad de Agana.

He estado leyendo a diario editoriales e historias en el *Guam Daily News* sobre la política discriminatoria en la base naval. Los civiles que trabajan en las tiendas al por menor tienen el privilegio de comprar en esos comercios, y por tanto pueden aprovechar los grandes descuentos que se ofrecen al personal militar en activo, a menos que seas un empleado civil descendiente de guamaninos. Entonces este privilegio no es para ti. Si tienes la piel oscura y eres guamanino, estás excluido. Una vez más, este tipo de discriminación sale a la luz en mi vida. En esta ocasión está aprobada por la Marina de Estados Unidos, el servicio militar donde trabajo.

Un sábado por la mañana, leo este anuncio en la última página del periódico:

> Esto es una invitación a decir lo que piensas. Hay un primer premio de 75 dólares para la carta ganadora sobre la prohibición que impone la Marina de Estados Unidos a los empleados civiles guamaninos de comprar en el Intercambio Naval.

Sé que si entro en este concurso, ganaré el premio: será mi primer pago por algo que he venido haciendo a diario durante los últimos años.

Tengo una larga colección de ensayos que he venido escribiendo sobre una amplia variedad de temas.

Escribir ensayos es más que una afición, se ha convertido en una pasión. Descubro temas por doquier. Me llaman la atención comportamientos en los que yo mismo nunca podría participar. Por ejemplo, una noticia sobre unas personas que llevan puestos unos gorros tontos, cantan el nombre de un candidato en una convención política y se ponen de pie cuando les indican que han de aplaudir exige un ensayo sobre la tendencia de la persona media a comportarse neciamente cuando está con otros que lo hacen.

Siento que es muy importante confiar en la propia individualidad y vivir desde la perspectiva de ser extraordinario, en lugar de ordinario. He escrito varios cientos de ensayos y no tengo ni idea de qué hacer con ellos, y ni siquiera de por qué los escribo. Simplemente, es mi pasión, y esta llamada interna está haciendo horas extras en mí al acabar mi reclutamiento aquí, en esta isla del Pacífico Sur.

Envío mi carta al concurso aquella misma tarde. Dos semanas después recibo una llamada del periódico diciéndome que he ganado. Obviamente, he tomado la postura de apoyar a los civiles locales y de protestar contra la política de la Marina de excluirles de los privilegios especiales en base a su origen nacional y su color de piel. Recibo los 75 dólares y mi foto aparece en la primera página de *Guam Daily News*, con mi uniforme de la marina y sosteniendo el premio. A continuación se abren las puertas del infierno.

Recibo docenas de llamadas enfadadas, incluyendo una amenaza de muerte. Parece que los civiles, que son principalmente parientes y dependen del personal activo de las fuerzas armadas, están muy molestos con la idea de que los civiles de Guam tengan los mismos derechos que ellos disfrutan. Los prejuicios raciales se evidencian en los epítetos que me dirigen por dar apoyo a estos "salvajes" y "no-americanos".

Estoy en shock. Mi carta solo defiende la igualdad de derechos que garantiza la Constitución, y se limita a expresar algo que es de justicia. ¿Por qué debería alguien tener beneficios especiales que se les niegan a otros por el simple hecho de haber nacido en otro lugar? Si se le otorgan estos derechos a algún civil, entonces se les deben otorgar a todos. A mí me parece muy claro y simple.

Soy llamado ante el Comandante de las Fuerzas Navales de las Islas Marianas y se me dice que he violado el Código Uniforme de la Justicia Militar, que según me informan requiere que remita mis opiniones a mis superiores para su aprobación antes de hacerlas públicas. Como he tomado una iniciativa personal y he expresado una opinión que difiere de la política actual de la Marina, y como he sido fotografiado con el uniforme aceptando dinero por escribir mi opinión, podrían considerar enviarme a una corte marcial. Podrían reducir mi rango y licenciarme de las fuerzas armadas sin honores. Todo esto por una simple carta expresando una opinión que me parece evidente.

Tengo un par de semanas para cocerme a fuego lento en torno a esta situación antes de que el Comandante de las Fuerzas Navales tome una decisión, de modo que me pongo en acción de inmediato. Escribo cartas a los editores de *Detroit News* y *Detroit Free Press*, dos periódicos que repartía de puerta en puerta desde los diez años, en las que detallo lo que está ocurriendo en Guam. También escribo una extensa carta al Presidente de Estados Unidos, John F. Kennedy, describiendo la política discriminatoria que está vigente en Guam. Le cuento que estoy siendo amenazado por expresar puntos de vista de los que él ha hablado con tanta elocuencia en su discurso inaugural hace un año. Hago copias de estas cartas pero no envío ninguna de ellas.

Me convoca un joven alférez, el asistente del almirante que es Comandante de las Fuerzas Navales aquí en las Islas Marianas. Empieza con una perorata sobre lo que me podría ocurrir, y me dice que he cometido una violación grave y que están considerando una reprimenda seria, y posiblemente otros castigos.

Soy educado, pero firme en mi resolución. Creo totalmente que la Marina está fuera de lugar en esto y practicando la discriminación, algo que el Comandante en Jefe ha prometido eliminar de nuestro país, y asumo que también de las fuerzas armadas. Digo a este oficial que no tengo miedo de sus amenazas, y aunque no quiero poner en peligro la fecha en que me licencio, y ciertamente no quiero que me envíen a una corte marcial por ganar un concurso de cartas sobre por qué este tipo de sesgo es inadecuado e incluso ilegal, no quiero echarme atrás.

Le muestro las copias de las cartas que he escrito y le digo con tranquilidad pero con firmeza que esto podría convertirse en una monstruosidad no solo para el Comandante de las Fuerzas Navales, sino para toda la Marina de Estados Unidos, que hasta un año antes todavía practicaba políticas de segregación en sus naves y en sus bases en el extranjero, y que he sido testigo de este escándalo durante mi reclutamiento. Le digo que, si me va a enviar a una corte marcial, enviaré las cartas cuando se inicien los procedimientos.

Todo esto se dice en un entorno muy educado y amistoso. Estoy convencido de que mis superiores no tienen absolutamente ninguna intención de llevar esto ante una corte marcial. Creo que estoy siendo acosado debido al gran número de quejas que han recibido contra un recluta marinero que ha tenido la temeridad de hablar públicamente sobre una política muy arraigada en la Marina.

Me voy de la oficina del alférez y nunca más vuelvo a oír una palabra sobre el asunto, aunque las llamadas telefónicas amenazantes y las cartas continúan llegando a mi residencia.

AHORA PUEDO VER CON CLARIDAD

Aunque solo tenía poco más de veinte años, estaba siendo dirigido a ser una persona que pudiera marcar la diferencia, que pudiera defender con autoridad aquello en lo que creía, y hacerlo sin temor. Recuerdo mi indignación por la manera en que una minoría estaba siendo tratada injustamente. Como resultado de mi intervención en el asunto, iba a enterarme de que una persona con conciencia y que no esté dispuesta a ceder a la intimidación puede producir el cambio. Cuando volví a Detroit y estaba en mi primer año de universidad, recibí una carta de un amigo contándome que se había revocado la política discriminatoria hacia los civiles de Guam, y se les habían otorgado los mismos privilegios que a todos los demás empleados civiles. Esta fue una experiencia monumental para mi propio desarrollo. Destaca incluso hoy, cincuenta años después, como una lección descomunal que tenía que aprender. Después de todo, conformó toda mi carrera como escritor y orador.

De algún modo, el universo conspiró para situarme en Guam durante los últimos dieciocho meses de mi carrera naval. En aquella isla tuve un conocimiento abrumador de que no solo podía ser escritor, sino de que podía ganarme la vida con ello. Cuando envíe mi carta al *Guam Daily News*, tenía una leve duda de si ganaría el premio. Sentí conmigo una Fuente de energía invisible al componer mi respuesta a aquella política de la Marina de maltratar a una minoría. Cuando me notificaron que había ganado el premio, me dije a mí mismo: "Puedo hacer cualquier cosa con el poder de la pluma. No solo puedo cambiar políticas, puedo impactar en las vidas de las personas con mis escritos". Aquel pequeño concurso en aquella isla lejana fue el punto de inflexión para que empezara a involucrarme en la escritura a lo grande.

A lo largo de mi carrera como escritor y orador, he venido diciendo a la gente que por encima de todo confíen en sí mismos y que nunca permitan que una fuerza externa les aleje de lo que ellos sienten que es su verdad. De pie allí, en la oficina del almirante, presentando mi caso a aquel joven oficial naval, desempeñé un papel clave. Fue como si la Fuente de mi ser me estuviera diciendo: "Aquí se bifurca el camino. ¿Por dónde quieres que siga tu vida?". Esto no era algo que estaba haciendo para tener razón; fue un punto de inflexión para mí, y de ninguna manera iba a retirarme y ceder ante el miedo.

Esta experiencia contribuyó a lanzar mi carrera como escritor. Siento que aquel joven alférez fue puesto allí como un guía para indicarme todo lo que estaba destinado a asumir en el futuro. Observé que su rostro sonrió ante mi falta de miedo cuando me contó su plan de lidiar conmigo de aquella manera dura y militar. Sabía que él era un aliado; estaba seguro de que haría lo que le había pedido y conseguiría que aquella tontería se cerrase sin consecuencias.

Al final de mi reclutamiento militar, se me dio la oportunidad de escribir para un periódico y de ser pagado por ello, así como de poner a prueba mi resolución. Se me dio la oportunidad de experimentar el poder de no tener miedo, de no estar dispuesto a comprometer mis valores, y de ser el instrumento que permitió cambiar una política inmoral. A menudo doy gracias a todos los individuos que se alinearon para producir todo esto y lanzarme al trabajo que he venido haciendo durante tantos años. La persona del *Guam Daily News* que decidió organizar el concurso; las fuerzas que determinaron que yo iba a ser asignado a aquel lugar aislado; las personas que llamaron para amenazarme, intensificando así mi resolución; el joven alférez, y todos los demás.

Desde esta perspectiva, ahora puedo ver con claridad que estaba destinado a abrir el periódico aquel sábado por la mañana en Guam y aceptar el reto del concurso de escritura. Me siento muy agradecido por cada momento de aquella experiencia, que me enseñó: *Nunca te rindas, confía en ti mismo, sabe que puedes cambiar el mundo, sé intrépido, conecta con los necesitados y sírveles. Y nunca dejes que nadie te aleje de lo que sientes en lo profundo de ti, especialmente cuando traten de intimidarte.*

15

Estar demasiado tiempo sentado en el equipo de comunicaciones, combinado con la humedad tropical, me causó un dolor agudo y cierta inflamación en la base de la columna. Se me diagnosticó un quiste pilonidal, que es común en los hombres jóvenes (de hecho, este diagnóstico es característico en hombres de menos de veinticuatro años). Según el doctor de la Marina al que visité en Guam, tenían toda una sala del hospital llena de hombres jóvenes sufriendo esta dolencia.

Se me envía al hospital de Agana tres días antes de que me practiquen esta operación quirúrgica menor. Mi deber es cuidar a otros jóvenes operados: limpiar sus heridas, cambiar los vendajes y ayudar a los marineros impedidos a recibir sus baños de asiento.

La primera mañana, me llevan a trabajar con un joven marinero a quien han operado el día anterior. Está de pie ante mí, deja caer la bata que le cubre, y veo algo que nunca olvidaré. Le han dado cortes a ambos lados de los glúteos, y su carne cruda ha quedado expuesta en la base de la columna. Después de ayudarle con su baño de asiento se me pide que seque y limpie la herida, y a continuación que aplique un ungüento en la carne desnuda y rezumante, seguido por un vendaje. Allí hay al menos una docena de hombres más, todos ellos se han sometido a esta misma intervención quirúrgica en los últimos días, y los que ya se están curando ayudan a los que están inmovilizados y bastante doloridos.

Me encojo al ver todas estas heridas y cuánta carne les han cortado y retirado, dejándoles con lesiones permanentes en el cuerpo. Lo único que tengo es dolor y un poco de inflamación, y estoy mirando lo que parece ser una línea de operaciones quirúrgicas radicales en serie. Si me la practican dentro de dos días, me dejará un daño permanente. En aquel mismo momento tomo la decisión de que aquello no es para mí. No voy a dejar que estos doctores jóvenes, tan aficionados al bisturí, me trabajen el culo.

Salgo de la sala de los quistes pilonidales y pido cita con la enfermera jefa. Le informo de que mi inflamación ha desaparecido y ya no tengo dolor, de modo que no voy a necesitar la intervención quirúrgica ahora ni nunca. Veo al médico y le cuento la misma historia. Él insiste en que me quede una noche más para ver si mi curación milagrosa se mantiene hasta el examen del día siguiente. Me quedo y toda aquella noche visualizo que estoy curado. El pensamiento de que me hagan un corte tan drástico me motiva a empezar a trabajar en mi primera aventura de autocuración.

A la mañana siguiente le digo a la enfermera y al equipo médico que ya estoy curado: no tengo ningún síntoma. Me niego a dejar que me examinen, y también rechazo sus esfuerzos por hacerme firmar un permiso para operarme. Me dan el alta, me ponen en un autobús y me envían de vuelta a la Estación de Comunicaciones de la Marina para seguir con mi deber. El trasero me sigue doliendo todo el camino de vuelta, pero noto una reducción considerable de los síntomas que me llevaron a ir a aquella casa de locos.

Durante las semanas siguientes tomo mis propios baños de asiento en la barraca, y practico un tipo de técnica de visualización sobre la que he leído en un libro publicado recientemente que he tomado prestado de la biblioteca. El título es *Psycho-Cybernetics*, de un médico llamado Maxwell Maltz. Propone que la conexión mente-cuerpo es clave para conseguir curarse a uno mismo. Este doctor anima a sus pacientes de cirugía plástica a que busquen un resultado positivo a través de una intensa visualización, y hace énfasis en que el reajuste de la actitud puede producir curaciones milagrosas.

Practico con diligencia los principios que ha elaborado el doctor Maltz en *Psycho-Cybernetics*. A los cuatro días mi quiste pilonidal desaparece y estoy libre de síntomas, ya no necesito ningún tratamiento médico.

AHORA PUEDO VER CON CLARIDAD

No puedo contar las veces que he dado las gracias al quiste pilonidal que me salió en el coxis en 1961, y a los tres tipos cuyos traseros tuve que tratar aquel día que estuve en el hospital naval de Guam. Esta fue mi introducción al poder de la mente para curar todo tipo de diagnósticos médicos. El libro del doctor Max Maltz fue una biblia para mí en aquella crisis.

Recuerdo que me curé a mi mismo de manera literal mediante la intensa visualización, y puedo ver que todas las personas involucradas en mi vida durante aquella experiencia fueron mis maestros más significativos. Después de aquella crisis decidí visualizarme a mí mismo sano y libre de enfermedades, y mantenerme alejado de la mentalidad médica excepto en las circunstancias más extremas.

Ahora puedo ver con claridad que necesité tener aquella experiencia atemorizante en el hospital para descubrir los asombrosos y misteriosos poderes de nuestra conciencia. Cuando veía que muchos de mis jóvenes amigos iban a ser operados, les contaba lo que había aprendido del doctor Maltz:

—Cambia tu imagen de ti mismo —les decía—. ¡Puedes curarte a ti mismo! De verdad, yo lo conseguí visualizando que ya estaba curado. Pruébalo.

Pero, en general, se negaban a escuchar por considerarse ineptos en cuanto a sus habilidades de autocuración.

Ahora puedo ver con claridad que esta experiencia que describo fue absolutamente necesaria para poder convertirme en un profesor del poder de la medicina cuerpo-mente. Una vez que estas técnicas de autocuración a través de la visualización estaban plenamente encajadas en mí, pasé la mayor parte de los cincuenta años siguientes usándolas. Animé a muchas personas a cambiar el concepto de sí mismas y a empezar a verse como los milagrosos seres divinos que realmente son. Está claro que yo estaba destinado a creer y a enseñar que *con Dios, todo es posible*.

He compartido escenarios en todo el mundo con médicos magistralmente entrenados en medicina que se unen a mí para enseñar la conexión entre mente y cuerpo. Poco a poco, el campo de la medicina mente-cuerpo se ha ido arraigando, y actualmente más personas se muestran receptivas a confiar en sus propias capacidades curativas antes de tomar medicamentos, someterse a intervenciones quirúrgicas u otros procedimientos invasivos. Para mí, este fascinante campo de indagación comenzó allí, en

Guam, donde tuve una epifanía divinamente inspirada al ver el trasero ensangrentado de un joven marinero después de ser operado, y tomé la decisión de que tenía que haber otro camino.

Doy gracias a esa epifanía y también a que Max Maltz publicara su clásico *Psycho-Cybernetics* precisamente en el momento adecuado de mi vida. Más de cincuenta años después, tras un diagnóstico de leucemia, sigo usando las técnicas que aprendí en Guam en 1961. Creo y enseño que la mente tiene el poder de curar cualquier cosa que imaginemos, siempre que esté alineada con Dios. Esta es una lección en la que he insistido durante la crianza de mis ocho hijos.

Mirando atrás, ahora puedo ver con claridad por qué tuve que tener aquella experiencia terrorífica en aquel momento, y hoy reafirma esta verdad: todo lo que aparece en nuestra vida lo hace por una razón, aunque, para verlo así, a veces hace falta la comprensión más completa del suceso, que se tiene mucho después de que haya ocurrido.

16

Es primavera de 1961, y estoy a punto de montarme en un avión militar para cruzar el Océano Pacífico. Mi tío Bill Vollick, un maestro de escuela en Hayward, California, ha venido a despedirme después de un permiso de quince días, que he pasado con él y su familia.

Durante las dos últimas semanas con mi tío (que fue operador de radio en un destructor durante los años infernales de la Segunda Guerra Mundial), he disfrutado acompañándole y observando su estilo de enseñanza. Es el profesor más popular de la escuela porque hace que los temas que enseña cobren vida. Me encanta verle enseñar y notar el afecto que le demuestran sus alumnos. Estoy asombrado. Es divertido, listo y está profundamente comprometido con su trabajo, así como con sus jóvenes estudiantes.

Pasamos las noches juntos, hablando de todo tipo de temas. Nos hacemos bromas, y trato de hacerles enmudecer —tanto a él como a su esposa Barbara— con pruebas y acertijos que voy diseñando. Me encanta el intercambio intelectual y filosófico que se despliega cada noche. Me encanta el ambiente de estar en compañía de personas muy leídas y estimulantes. Y amo a mi tío, que es con diferencia el hombre que más influye en mi vida. Para mí, es un modelo a seguir, un intelectual: sí, casi un padre.

Antes de subir a bordo, me hago una promesa a mí mismo. Digo en voz alta: "Voy a pasar los próximos dieciocho meses en Guam preparándome para ir a la universidad y ser profesor".

La anticipación y la emoción me vivifican por dentro. Quiero enseñar. *Enseñaré*. Iré a la universidad y obtendré las credenciales necesarias para hacer realidad este sueño. No cabe duda. He encontrado mi vocación, y mi tío Bill es mi inspiración.

Me queda año y medio en Guam para prepararme para lo que haré cuando llegue el 4 de septiembre de 1962, la fecha en la que acabo el servicio militar. Dieciocho meses para pensar cómo ser admitido en una universidad, lo cual podría resultar muy difícil porque mis notas del instituto no indican que esté preparado para los estudios superiores. Me comprometo a encontrar el modo de pagar la matrícula y los gastos de libros, así como convencer a la universidad de que deberían pasar por alto mis notas escolares y asumir el riesgo de admitirme.

El primer día en la isla decido que ahorraré el noventa por ciento de mi salario durante el resto de mi tiempo en la Marina y viviré con el otro diez. Tengo todas las comidas pagadas, no tengo alquiler que pagar ni ropa que comprar, y no bebo alcohol ni fumo. Tomo la determinación de ahorrar suficiente dinero para costear todos los gastos de matrícula de los cuatro años de estudios universitarios, y para comprar un coche de segunda mano cuando salga del ejército. Estoy seguro de que podré encontrar un trabajo a tiempo parcial cuando entre en la universidad.

Recibo el cheque de mi primer salario y tomo el autobús a la ciudad de Agana; abro una cuenta de ahorro y lo deposito todo menos el diez por ciento. Estoy emocionado, ¡esto marcha! Me veo como un alumno universitario, sé que nada podrá desviarme de este compromiso.

Durante los dieciséis meses siguientes realizo el mismo ritual con resolución, observando cómo va creciendo mi cuenta de ahorros, y me lo paso genial demostrándome a mí mismo que soy capaz de amasar riqueza incluso con el insignificante salario que recibo en la Marina. Observo con interés que muchos de mis compañeros derrochan el dinero emborrachándose, viviendo por encima de sus posibilidades, y apenas llegan a fin de mes. Esta no es mi manera: estoy en mi propia realidad separada. Estoy viviendo en un mundo muy distinto al de toda la gente con la que trabajo en el Centro de Comunicaciones de Guam. Estoy viviendo en la visión que tengo para mí mismo.

La pequeña biblioteca de la base me ofrece una serie de libros que puedo tomar prestados y leer durante mi tiempo libre. Leo con avidez, anotando las palabras que no sé. Por la noche, antes de ir a dormir, miro las definiciones de las palabras y las escribo en el archivo de mejorar mi vocabulario. Soy tenaz y el archivo se va engrosando. Con frecuencia dedico la noche a ojear esta creciente lista de palabras, y me doy cuenta de algunas nuevas que empiezan a aparecer en mis ensayos y en las cartas que escribo a casa. Cada vez sueno más como una persona con educación superior.

Paso mucho tiempo en la biblioteca y decido que leeré un mínimo de 500 libros durante mi tiempo en Guam. Tengo una lista de libros que va creciendo con rapidez. Leo vorazmente todo lo que hay en la biblioteca: el espacio donde duermo en las barracas pronto se carga con todos los libros que estoy leyendo.

No digo nada sobre mis intenciones a mis amigos. Ellos me consideran un ratón de biblioteca y una especie de intelectual. Simplemente estoy actuando a partir de mi visión interna, preparándome para los estudios universitarios. Me veo a mí mismo como profesor de universidad, y cada día actúo a partir de esa imagen interna.

Leo libros sobre todos los temas imaginables, preparándome para el examen de ingreso a la universidad que, por coincidencia, lleva mi nombre: Wayne State University, en casa, en Detroit. Me gusta sobre todo leer libros sobre personas que han superado con mucho el nivel ordinario. Grandes escritores, poetas, filósofos, científicos, inventores, músicos, atletas..., nada está fuera de mis límites. La idea de vivir a niveles extraordinarios y de transcender lo "normal" me resulta sumamente atractiva.

Paso buena parte de mi tiempo libre escribiendo, y he amasado una amplia colección de ensayos sobre una variedad de temas. Parece que estos ensayos simplemente se escriben a sí mismos a través de mí, y siento que el bolígrafo se apresura a anotar páginas conforme me entusiasmo con la idea de llegar a ser escritor. No comparto mis ensayos ni mi creciente lista de vocabulario con nadie, son mi aventura personal. Parece que se me ha ocurrido un modo de salir del momento presente, y me siento como si ya estuviera viviendo la vida que imagino con tanta lucidez en mi mente. Soy un escritor. Soy un hombre educado. Soy un profesor.

Finalmente, varios de mis amigos íntimos se interesan por mis lecturas y escritos. Describo algunas de las ideas que resuenan dentro de mí, menciono a William Blake, Emily Dickinson, Platón, Friedrich Nietzsche, Henry David Thoreau, Ralph Waldo Emerson y Thomas Wolfe, entre muchos otros. Hablo de las vidas de estos grandes pensadores y de lo que transmiten en sus escritos. Hablo del existencialismo, del transcendentalismo y de otros "ismos" que suenan extraños a mi pequeño grupo de amigos.

A medida que empiezan a verme como un experto en estos temas, no hago nada por desengañarles de su fe en mí. Soy un experto porque estoy dispuesto a hablar como un experto sobre mi interés en estos famosos expertos.

A petición de mi amigo, me dispongo a dirigir una pequeña lectura grupal. Se presentan media docena de compañeros, y dirijo un coloquio sobre Albert Camus, un autor y filósofo francés recientemente fallecido. Hablamos del "mito de Sísifo" y de la idea que presenta: "Todos los grandes hechos y todos los grandes pensamientos tienen un comienzo ridículo. A menudo las grandes obras nacen en la esquina de una calle, o en la puerta giratoria de un restaurante". Hablamos de la grandeza latente en todos nosotros.

Para mi sorpresa, mis amigos quieren más. A la semana siguiente se presentan doce personas, incluyendo un oficial que se supone que no ha de fraternizar con los marineros de reemplazo. Soy el filósofo residente de la base naval porque, según parece, estoy dispuesto a vivir sin temor y a perderme en las obras que están a disposición de todos en la biblioteca de la base. Me encantan estas sesiones vespertinas donde podemos hablar de ideas que me inspiran y me llevan hacia mi propia grandeza.

A medida que se acerca el momento de licenciarme, me familiarizo con el oficial de educación en el centro de comunicaciones naval. Él escribe una carta al departamento de admisiones de la Universidad Wayne State, pidiéndoles que me permitan realizar el examen de ingreso aquí, en Guam, que será administrado y supervisado por él en la oficina de educación.

Después de varios meses de intercambios y llamadas internacionales (antes de los teléfonos móviles y los ordenadores), se organiza el examen que durará toda una jornada. Al final del día, siento mucha confianza en que lo he hecho bien. Prácticamente todas las preguntas de vocabulario eran palabras que tenía escritas en mi lista.

Un mes después recibo la respuesta del oficial de admisiones de Wayne State con quien he hablado e intercambiado correos a lo largo de los seis últimos meses. El examen de ingreso me ha salido extremadamente bien; no obstante, mis notas escolares no indican que vaya a tener éxito en la universidad. La conclusión es que debería asistir a una escuela universitaria local y solicitar que me transfieran después de completar un programa de estudios de dos años. Esta no es la respuesta que había visualizado.

Hablo con el oficial de educación, que envía a la oficina de admisiones un testimonio brillante detallando el trabajo que he venido realizando. Describe los grupos de estudio que he dirigido y enseñado, y mi compromiso con la educación superior. Hago otra llamada internacional y hablo con el mismo oficial de admisiones que ha estado llevando mi caso. Después de muchos debates y negociaciones, recibo un telegrama informándome de que van a hacer una excepción porque soy un veterano, y alguien que se ha vuelto muy molesto. Van a admitirme de manera provisional y reevaluarán mi estatus después de los primeros tres trimestres del año académico.

Me han admitido, ¡estoy en éxtasis!

AHORA PUEDO VER CON CLARIDAD

Mirando atrás, ahora puedo ver con claridad que los dieciocho meses que pasé en Guam justo antes de dedicarme a ser un estudiante a tiempo completo fueron muy prácticos para permitirme llevar a cabo el trabajo que tenía por delante.

Había algo que tenía el control de mi vida y me llevó al norte de California, donde pasé muchos fines de semana y tiempo de permiso en casa de Bill y Barbara Vollick. El tiempo que pasé con el hermano menor de mi madre estuvo divinamente orquestado, ahora estoy seguro de eso. Estas fueron las lecciones que me introdujeron al poder de la intención. No quise ser profesor hasta que vi a Bill en acción, y desde ese día pude declarar que era profesor como un hecho presente, y vivir desde esa mentalidad interna.

Fue esta intención de verme a mí mismo como profesor, inspirada por Bill, la que me permitió seguir adelante y declararme profesor cuando llegué a Guam. Para mí era una realidad que me empujó a solicitar el ingreso a la universidad y a pedir dar clases en la base. La intención me proveyó del impulso para organizar mi vida en torno a una idea que había implantado en mi conciencia cuando era un marinero de veinte años y solo tenía el diploma del instituto. Después de miles de conferencias públicas sobre todo tipo de temas que he expuesto en mis cuarenta y un libros, todavía puedo ver las tres palabras de la intención que establecí en 1961 impresas en mi pantalla interna: *soy un profesor*.

La mente universal parece haber sabido que yo tenía que tener esta impronta, y me asombra su poder mágico en mí, ahora y siempre. Enseñar a la gente a actuar como si lo que desean manifestar ya es un hecho presente ha sido un tema importante dentro del trabajo de mi vida. Cuando preservé la idea de ser profesor en mi imaginación, solo podía actuar desde esa intención. Estoy profundamente agradecido a los poderes que nos juntaron a Bill y a mí en aquel momento crucial de mi existencia. Estábamos destinados a ser amigos para toda la vida. También aprecio el hecho de haber sido capaz de recompensar a este hombre precioso por lo que me había ofrecido sin saberlo cuando yo era un joven marinero en una isla del Pacífico, donde iba a vivir una colosal transformación y un gran cambio en cuanto a la dirección que había tomado mi vida.

Mientras estuve en Guam actué de una forma determinada y persistente desde la afirmación interna de *soy un profesor*. El viaje que cada dos meses hacía al banco para guardar el 90 por ciento de mi salario surgió de esa intención. Cuando dejé la Marina, había amasado todos los fondos que necesitaba para ir a la universidad. Pude recomprar un coche que ya había sido mío y que me duró hasta que completé el máster. Pero, más que eso, adopté una filosofía hacia el dinero y el ahorro que me orientó hacia la independencia económica. De algún modo, el universo me estaba enseñando a vivir y a realizar mi *dharma* sin cargar con una deuda, una lección que me ha ayudado a seguir mi propósito sin tener que resolver el estar endeudado, lo que me habría distraído de mi misión en este ciclo de vida.

Allí, en Guam, estaba siendo empujado por la mente universal, que aconseja que los conocimientos no guardan relación con el potencial de la persona para la grandeza. Convertirse en un experto significa no tener miedo de declararse como tal, y a continuación actuar a partir de esa declaración. Aquellas primeras conferencias y grupos de estudio sobre el existencialismo y la filosofía fueron el preludio de una carrera en la que he estado dispuesto a ponerme delante de la gente para hablar con sentido común, porque en el fondo de mí sabía que lo que decía era verdad. En 1961 estaba siendo impulsado por una fuerza invisible mientras mantenía mi intención de vivir a la altura de mi afirmación interna de *soy un profesor*. Me negaba a aceptar cualquier otra respuesta que no fuera: *¡Felicidades! Estás admitido en nuestra universidad*.

No puedo definir esa chispa interna que no me permitía renunciar, pero sé seguro que es parte de lo Divino: un sargento de instrucción espiritual que se niega a ceder, aunque todo lo que me rodea esté diciendo: "¡Renuncia a ello, Wayne!". Ese motivador interno ha continuado empujándome, y lo ha hecho a lo largo de mi vida, no porque yo sea especial, sino porque obedece órdenes de la intención que está en mi imaginación. Ese capataz actúa en función de lo que creemos que es un hecho consumado. En consecuencia, no hay manera de renunciar a un destino que es y debe ser realizado.

Cuando en septiembre de 1962 llegué a la universidad para estudiar mi primer año, fui a la oficina de admisiones y busqué al empleado que había sido tan amable de modificar las reglas para admitirme como estudiante a tiempo completo. A menudo pensé en la valentía de aquel caballero para hacer una excepción y permitirme ir a la universidad. Me dijo que había tenido una corazonada. Una señal invisible, por así decirlo. De hecho, la misma energía invisible que estaba pulsando mis botones allí en Guam para que no renunciara, era la que estaba pulsando sus botones para que se saltara las normas. Después de mi primer trimestre académico me retiraron el estatus temporal, y dejó de haber asteriscos al lado de mi nombre.

Más adelante, el 4 de mayo de 1970 —el mismo día del horroroso espectáculo en la Universidad de Kent State, Ohio, donde las tropas de la Guardia Nacional asesinaron a cuatro estudiantes (e hirieron a nueve) al disparar balas a una multitud de estudiantes que protestaban contra el fiasco de Vietnam— aprobé mis exámenes finales y me convertí en el doctor Wayne Dyer, miembro adjunto del profesorado en mi *alma mater*, la universidad donde había estudiado. En ocho años pasé de alumno de primer curso a profesor.

Con gratitud por todo lo ocurrido, cuatro décadas después pude destinar un millón de dólares a un fondo de becas para que algunos estudiantes "sin cualificaciones" pudieran entrar en la universidad, en recuerdo del empleado de admisiones que había hecho esto mismo por mí. ¿Qué es lo que sé seguro? No hay accidentes en un universo infinito en que el Espíritu está al timón en todas las tomas de decisiones.

Cuando recibí la orden de dejar mi nave, el *USS Ranger*, solo había estado a bordo poco más de un año. No era habitual ser transferido después de un turno de servicio tan breve, especialmente porque me quedaba poco tiempo, solo dieciocho meses más de obligación militar. Parece claro que estaba operando la mano invisible del destino: el mío era pasar aquel último año y medio en Guam, donde me encontré cara a cara con mi futuro, que de algún modo misterioso ya se había desplegado. Lo único que tenía que hacer era escuchar, quitarme de en medio y permitirme estar a la altura.

En un universo donde todo ocurre a la vez, no hay pasado ni futuro, y todo existe simultáneamente. Entonces no lo sabía, pero estaba viviendo lo que Lao-Tsé expresó de manera sucinta: "Tú no estás haciendo nada, solo estás siendo hecho". Figurativamente, una gran mano descendió y me arrancó de la nave para ponerme en Guam, donde contaba con todo lo que necesitaba para realizar un *dharma* con el que me había comprometido mucho antes de aparecer en el planeta en 1940. Si hubiera seguido a bordo del *USS Ranger*, habría vivido otro *dharma*, y tú no estarías leyendo este libro.

Puedo ver con mucha claridad que todo es, fue y será perfecto. Como dijo Rumi: "Vende tu inteligencia y compra asombro". Me siento sorprendido y anonadado por la perfección de haber pasado cuatro de mis años de formación en una organización militar que representaba justo lo opuesto de todo lo que he enseñado, y de todo aquello que me he esforzado en convertirme. La perfección Divina también me puso en una isla del Pacífico Sur, donde podía fomentar mi preparación para una nueva manera de ser.

Desde una perspectiva mucho más clara, he llegado a saber que no hay caminos equivocados. Sigo mirando atrás con sorpresa y asombro ante la perfección de todo.

17

Soy un veterano de veintidós años que asiste a las clases en la universidad por primera vez, y siento que es el momento más feliz de mi vida. Me encanta caminar por el campus entre clases, mirando todos los edificios que hay en el corazón de la ciudad donde crecí. Esto es un gran honor para mí después de haber pasado los últimos cuatro años en una nave o en las barracas de instalaciones militares. Estoy más allá del éxtasis. Me encanta asistir a clase y no puedo imaginar el deseo de dejar de asistir. Llego temprano por la mañana y paso mucho tiempo en la enorme biblioteca... ¡y también buscando un sitio para aparcar cada día! Pero no me quejo.

Lo que más siento es orgullo. Mi familia nunca imprimió en mi conciencia la idea de recibir una educación superior; no entraba en mis expectativas. Tomar este camino en aquel momento de mi vida fue una elección personal.

Tengo un trabajo casi a tiempo completo como cajero en la cadena de tiendas de alimentación Kroger Company. Me siento agradecido por la oportunidad de trabajar por las tardes, estudiar por la noche e ir a clase durante el día. Tengo pagada la matrícula y he acumulado lo suficiente en la cuenta de ahorros para cubrir mis gastos hasta que me gradúe.

Estoy en mi segundo cuatrimestre académico en Wayne State University. Aunque estos cuatrimestres solo duran once semanas, se da mucho material. En el cuatrimestre anterior tuve unas notas por encima de la media en los cuatro cursos que completé, que incluyeron Inglés 101: literatura americana. Me encantó descubrir a Theodore Dreiser, William Faulkner, Ernest Hemingway, Mark Twain y F. Scott Fitzgerald. Ahora estoy estudiando Inglés 102, que es una clase de composición. Siento que no tendré problemas en absoluto; después de todo, ¡soy un escritor! He estado escribiendo desde antes de la adolescencia, he completado una novela y tengo una carpeta llena de ensayos.

El resplandor de anticipar ansiosamente que un profesor de una universidad importante legitime mi escritura se atenúa drásticamente cuando el joven graduado a quien han asignado para enseñar este curso anuncia: "Debéis presentar todo lo que escribáis siguiendo el estilo APA. Perderéis puntos por cualquier inconsistencia; y si alguna vez usáis la palabra *interesante,* tendréis un suspenso en ese trabajo". Los ensayos semanales que se requieren para este curso deben llevar notas al pie y apoyarse en algo que ya haya sido escrito por otra persona.

¿No le interesa lo que los estudiantes piensan o escriben? ¿Los alumnos tienen que estar guiados por un manual diseñado para hacer que todo el mundo escriba y suene como el resto? ¿Nada de creatividad ni opiniones? Me parece casi imposible de creer, y siento que Joachim Ries, el profesor, está obsesionado con *El Manual de Publicación de la Asociación Psicológica Americana.* Cada trabajo debe seguir las normas exactas que se describen en el manual. Gramática, puntuación, citas bibliográficas… todo debe adherirse a cierto formato, y los alumnos no deben expresar opiniones.

Mi primer trabajo, que es una interpretación de un poema, recibe un suspenso. Las tachaduras rojas a lo largo del papel señalan mis errores tal como los ve el señor Ries —anotaciones impropias, puntuación y notas a pie de página— y he tenido la audacia de interpretar el significado de este poema de un modo que el señor Ries encuentra incorrecto.

Estoy indignado. Desprecio la idea de que todo lo que escribo sea criticado y rechazado por aparentes irrelevancias. Escribo al autor del poema, que es profesor en una pequeña universidad en Wisconsin, e incluyo una copia de mi trabajo, que detalla mi interpretación personal de lo que quería transmitir en su poema. Yo también soy poeta. Escribí muchos poemas durante mis años en Guam, y me interesan mucho las obras de Rumi y Hafiz, dos poetas persas sufíes cuyas palabras son un elixir que alivia mi alma.

Recibo una cálida carta del profesor de poesía felicitándome por mi interpretación. Le encanta el trabajo y se siente emocionado por cuánto me ha llegado su poema. Este hombre estaba encantado de escribirme, ¡es evidente que los poetas no reciben muchas cartas!

Llevo mi respuesta del poeta al señor Ries, que obviamente se siente molesto conmigo: este alumno inexperto de primer año que se atreve a cuestionar su sistema de calificaciones. No me he congraciado con mi instructor, que me ve como un insolente y se niega a considerar cambiarme la nota.

Pasan dos semanas, y para el examen final se nos asigna un trabajo de investigación que se ha de entregar al final del cuatrimestre. Escribo un trabajo sobre la Revolución húngara de 1956 y el papel que János Kádár, un simpatizante del comunismo, desempeñó en el conflicto. Esto me interesa particularmente porque, cuando ocurrió, yo tenía dieciséis años, estaba en el instituto e intenté seguir el suceso lo mejor que pude. Me siento orgulloso de este trabajo, pienso que está bien escrito, y sigo el estilo APA al pie de la letra.

El señor Ries sigue estando molesto por mis intentos de mejorar mi nota del primer trabajo. Tiene resentimientos ante la idea de que uno de sus alumnos de primero haga excepciones a sus normas o critique sus procedimientos. Ahora me dice que mi trabajo de investigación de 57 páginas sobre el papel de János Kádár en la reciente revolución húngara no es original. En su opinión debo haberlo plagiado, aunque no tiene pruebas de tal transgresión. Me da una "D" en el trabajo, y cuando a la semana siguiente llega la nota final por correo, descubro que también he obtenido otra "D": un aprobado que me resulta decepcionante.

Estoy más que enfadado. No he plagiado nada. He estado escribiendo ensayos y una novela durante más de seis años. Estoy siendo castigado por lo que considero un escrito de alta calidad.

Hago varios intentos de encontrarme con el señor Ries en el cuatrimestre siguiente. Él se niega. Pido al jefe del departamento que escuche mi caso. Me escucha con atención. Le muestro mi trabajo de investigación y la acusación de posible plagio, y él me informa de que no puede hacer nada. No está en posición de cambiar las notas dadas por un miembro del equipo de profesores, y me dice que puedo volver a tomar el curso y que la nota que consiga sustituirá a la "D".

Vuelvo a pensar en el fiasco de la colección de hojas y recuerdo que tuve que volver a tomar el curso de biología, y cómo me dejé llevar por el orgullo para demostrar que tenía razón. Decido dejarlo. Esa "D" es la única nota insatisfactoria a lo largo de los ocho años que van desde el primer curso hasta que completo el doctorado.

AHORA PUEDO VER CON CLARIDAD

Mis años como estudiante universitario, especialmente aquellos primeros días, me enseñaron una lección poderosa que ha impregnado mi escritura y mis charlas a lo largo de mi vida. He hablado con frecuencia de la estela que deja una barca: la estela no es más que el rastro que queda atrás, y no tiene poder en el presente. No conduce ni puede conducir la barca. Es un rastro que no influye en la barca en absoluto.

Asistir a aquellas clases universitarias y destacar en ellas me enseñó más que los temas de estudio. Al caminar por el campus, tomé conciencia de que mi pasado no tenía por qué dictar mi futuro. No podría haber anticipado el entusiasmo que sentía y el éxito que estaba consiguiendo en el entorno universitario basándome en mi pasado. Usando la barca como un símbolo de mi vida, la estela que deja no era la fuerza que la impulsaba. Ya no necesitaba una historia personal; mi pasado solo era eso, pasado, y ya no era relevante para mí. Me iba bien sin importar lo que indicaran mis notas escolares, sin tener en cuenta los hechos de mi procedencia y de mi crianza. Necesitaba saber esto por experiencia, de primera mano, y de algún modo fui conducido a esta toma de conciencia.

Desde el primer día que entré en el campus, nunca me volví para mirar atrás, y entendí que podía ser cualquier cosa en la que pusiera mi atención: podía alcanzar cualquier cosa que estableciera en mi imaginación. Pero tuve que experimentar esta verdad antes de poder enseñarla, y puedes confiar en mí con respecto a esto: cada día, mientras caminaba entusiasmado por el campus, estaba viendo que la estela de mi vida no era más que un rastro que había dejado atrás. Ahora estaba al cargo de la dirección que iba a tomar mi existencia. Ahora veo mi experiencia con el señor Ries como otra de esas grandes experiencias de aprendizaje que apareció disfrazada de un suceso vergonzante que me encolerizó. Una parte de mí pareció pensar que había vuelto al servicio militar: haz lo que te manden y escribe de acuerdo con el manual.

El estilo APA es básicamente el código uniforme de la justicia militar para estudiantes universitarios que dice: *escribe de acuerdo con un código diseñado por la Asociación Psicológica Americana. No seas creativo; no pienses fuera de la caja; escribe un trabajo que tenga el aspecto de cualquier otro trabajo que se haya enviado alguna vez a un profesor universitario.* Escribir siguiendo estos dictados da como resultado libros y trabajos que no se leen. Citar fuentes y poner notas a pie de página para cada cosa crea una escritura sombría, investigada, basada en datos, que no cobra vida para el lector. Los libros escritos con este estilo son leídos principalmente por otros académicos, y en general contribuyen a agrandar las pilas de manuscritos no leídos que recogen polvo en las estanterías de las bibliotecas.

Yo quería que mi escritura emocionara a los lectores, que les inspirara. Quería que los lectores quisieran más, ¡no que pensaran que querían terminar! Ser obligado a escribir con un estilo tan poco creativo, que encaja en un formato preestablecido, me dio una valiosa experiencia. Me enseñó lo que no quería para mí mismo: me permitió experimentar lo que definitivamente no quería ser. En Inglés 102 con el señor Joachim Ries descubrí que quería escribir para el gran público, no para un grupo de académicos pedantes y eruditos.

Sentí el dolor de tener que sofocar mi creatividad para agradar y encajar en un estilo de escritura preestablecido. Sí, sucumbí y seguí la corriente, pero hacerlo me motivaba a escribir como el corazón me dictaba. Pasé por los movimientos, pero mi imaginación se avivaba cada día con el deseo de escribir exactamente del modo contrario al que un rígido graduado me obligaba a utilizar para un trabajo universitario. Parecía que este hombre había optado por beberse todo el brebaje institucional, y ese trabajo inane había aprisionado su alma.

Desde la distancia, ahora puedo ver con claridad que mi episodio con el profesor y poeta de Wisconsin fue producto de que en aquel tiempo vivía casi exclusivamente desde el ego. Quería demostrar desesperadamente que tenía razón, aunque todos mis esfuerzos acababan saboteándome. En lugar de partir de un lugar de comprensión y amor, elegí poner todos mis esfuerzos en hacer que mi profesor estuviera equivocado. ¡Esta es la acción de un loco dominado por el ego! Es como hablar con rudeza a un policía uniformado que te detiene por una falta de tráfico, con independencia de que sientas que tienes razón o no. Me enfurecía tanto que este hombre encontrara que mi interpretación de un poema era errónea que reaccioné atacándole, e incluso tratando de avergonzarle ofreciéndole pruebas de mi superioridad.

Ahora puedo ver con claridad que necesitaba tener una serie de reveses de este tipo a lo largo de mi vida. Finalmente, me llegó el mensaje que ha sido un tema central de mi trabajo: *Cuando afrontes la elección entre tener razón o ser bondadoso, elige siempre ser bondadoso*. La esencia de lo que significa ser una persona autorrealizada es vivir desde tu sentido espiritual más elevado.

Estaba viendo al señor Joachim Ries como un enemigo a quien tenía que superar, aunque el único resultado posible fuera una victoria pírrica. En la Marina había aprendido a ser calladamente eficaz, y siempre había funcionado para mí. En Wayne State estaba ocupado luchando una batalla perdida contra el sistema. Lo que hoy sé es que he de tratar a todo el mundo con amor y bondad, aunque se comporten de maneras que me disgustan. Tuve que aprender a dejar que mi yo superior se convirtiera en la fuerza dominante en mi vida. El único modo de comprender esta lección era domesticar mi ego.

Debo admitir que me sentí genial demostrándome a mí mismo y al señor Ries que yo tenía razón en aquel asunto. Pero tener razón debería haber tomado un segundo lugar con respecto a ser bondadoso y mantener un ojo en cuáles eran mis verdaderos objetivos para esa clase. Esos objetivos consistían en completar el curso con buena nota, y retirar un obstáculo más de mi objetivo más amplio de realizar mi presencia *Yo soy,* que ya había declarado: *¡Yo soy un profesor!* Con este tipo de reveses se me estaba preparando para enseñar que es absurdo confiar en el ego, y que sin duda es una mala elección.

Y ahora puedo dar mi evaluación honesta con respecto a esa nota "D" que parecía un gota de veneno en mis ilustres calificaciones escolares. Ahora puedo ver con claridad que merecía totalmente esa nota insatisfactoria. Yo la había creado, y asumo plena responsabilidad por ello. Yo provoqué a aquel hombre a hacerlo. Le vi como un competidor y una amenaza a mi autoimagen de escritor competente. Le puse en una posición donde iba a hacer cualquier cosa que pudiera para tomar represalias contra mi actitud arrogante.

Sí, me gané aquella "D", y aunque ahora ya ha transcurrido medio siglo, la presencia de esa letra escarlata en mi expediente académico es un recordatorio permanente para elegir siempre desde la bondad y el amor.

Si Wayne Dyer a sus setenta y tantos hablara con Wayne Dyer a sus veintitantos, le recordaría la gran verdad que ha estado enseñando a lo largo de toda su carrera profesional: Vive de tal modo que estés desapegado del resultado. *Hazlo porque resuena con tu yo superior y responde a tu suplicante voz interna, no por las recompensas que podrían llegarte.* Esa nota D en un expediente académico es totalmente irrelevante para una persona de alto rendimiento. Aconsejaría a la versión de mí mismo con veintidós años que se contentara con saber que había hecho un gran trabajo y se complaciera en el sentimiento que acompaña a la alegría de escribir y expresarse. Esta es una lección que tuve que aprender a las duras.

Vivimos en un mundo que pone una desproporcionada cantidad de presión en definir el éxito en términos externos. He pasado muchos años en una profesión en la que muchos persiguen el éxito en estos términos definidos por el ego: *¿Cuánto dinero gano? ¿En qué posición de los libros más vendidos está el mío y cuántas semanas ha estado allí? ¿He conseguido un ascenso? ¿He conseguido el trabajo que quería? ¿Qué han pensado los críticos literarios de mi libro, y cuántas copias he vendido?* Estos y cientos de otros pensamientos del ego son típicos de los autores que se fijan en los índices externos del éxito. Durante los más de cincuenta años que he estado inmerso en este negocio, he aprendido a soltarlos.

Al mirar atrás, mi preocupación por esa marca negra en mi expediente fue una gran experiencia de aprendizaje. Domesticar el ego, que se define a sí mismo sobre la base de su reputación y de aquello que consigue y posee, ha sido una de las mayores lecciones de mi vida. El hecho de que destaque esta experiencia a los veintidós años indica la importancia que ha tenido en mi vida tratar de frenar las exigencias del ego.

Ahora puedo ver con claridad que, desde la distancia que da una torre de observación de cincuenta años, la "D" se hunde en la insignificancia. El hecho de que pudiera interpretar un poema y entenderlo como el poeta indicaba, y de que tenía la energía y la voluntad de dedicarme a escribir un trabajo de investigación erudito y detallado que se pensó que estaba plagiado porque estaba muy bien escrito, reemplazan con mucho la nota trivial en un expediente que no tiene absolutamente nada que ver con quién soy yo ni con lo que he logrado en esta vida.

Necesitaba aprender esta lección bien. El desapego del resultado era mi objetivo último, y esta primera experiencia fue uno de los episodios que necesitaba para entender con claridad este mensaje y poder convertirme en un profesor de la autorrealización.

18

Voy conduciendo mi coche Studebaker Lark a casa desde la universidad después de todo un día de clases. Estoy cerca del final de mi segundo año después de haber asistido a la escuela de verano. Quiero graduarme en cuanto pueda para seguir adelante con mi ambición de enseñar, de modo que estoy tomando cursos adicionales cada cuatrimestre y planeo asistir a clases durante todo el año para convertir esta idea en realidad.

Es un viernes por la tarde, el 22 de noviembre de 1963. Me estoy aproximando a la autopista I-94 en la calle Crane, y estoy en la rampa de entrada cuando oigo esta noticia conmovedora en la radio del coche: "Interrumpimos este programa para anunciar que hace unos momentos han disparado al Presidente de los Estados Unidos en Dallas. Se prevé que sea fatal".

Me hago a un lado en la rampa de entrada y me quedo sentado en un silencio aturdido. Las lágrimas me ruedan por las mejillas. Me siento como si me hubiera atravesado una bala y me hubiera dejado demasiado destrozado para conducir. No puedo regular la respiración. Me tomo las noticias que se emiten por la radio muy, muy personalmente. Quería mucho a este Presidente. Hablaba con gran elocuencia de las múltiples injusticias que quería ver corregidas. Estaba a favor de eliminar el horror de la segregación que tanto me había impactado durante mis cuatro años de servicio activo. Exudaba la esperanza de un mundo mejor, y estaba dispuesto a tomar sobre la marcha las fuerzas que querían mantener los viejos prejuicios y el odio. Me maravilló el coraje que mostró en su campaña cuando prometió liderazgo ejecutivo, moral y legislativo para combatir la discriminación racial y la segregación escolar.

Solo unos meses antes había visto con orgullo que la Guardia Nacional de Alabama, bajo las órdenes del Presidente Kennedy, había ofrecido seguridad a dos estudiantes negros para que entraran en un edificio de la universidad y se matricularan. Vi que el gobernador de Alabama, George Wallace, se hacía a un lado y empezaba una nueva era de igualdad.

El 11 de junio de 1963, oí al Presidente Kennedy dar este discurso por televisión:

> El núcleo de la cuestión es si todos los americanos van a disfrutar de los mismos derechos y las mismas oportunidades, si vamos a tratar a nuestros hermanos americanos como nosotros queremos ser tratados. Si un americano, debido al color de su piel, no puede comer en un restaurante abierto al público, si no puede enviar a sus hijos a la mejor escuela pública disponible, si, en resumen, no puede disfrutar de la vida plena y libre que todos nosotros queremos, entonces, ¿quién de nosotros se sentiría contento de que le cambiaran el color de la piel y ocupara su lugar?

Este discurso marcó un punto de inflexión para nuestro país: fue el comienzo del impulso que llevaría a aprobar el Acta de los Derechos Civiles de 1964.

Estoy sentado en mi coche a la entrada de la rampa de la autopista recordando el aspecto que tenían aquellos dos jóvenes afroamericanos cuando fueron a matricularse en la universidad. Recuerdo que, hace solo unos años, a mi amigo Ray Dudley se le negó un asiento en el restaurante de Havre de Grace estando vestido con el uniforme de la Marina de Estados Unidos, y me entristece perder las esperanzas que ofrecía el Presidente.

Leo sobre su heroísmo durante la Segunda Guerra Mundial en el libro *PT 109,* de Robert Donovan, y que sus acciones salvaron a la tripulación después de que un torpedo japonés cortó su nave por la mitad. Devoré el libro del propio Kennedy, *Perfiles de coraje*, en el que se enfoca en las carreras de ocho senadores del Congreso de Estados Unidos que mostraron una gran valentía ante las presiones a las que se vieron sometidos. Tenía tantas esperanzas en que este tipo de coraje se aplicase a muchos problemas sociales en nuestro país profundamente dividido. Recordé el temor que había asolado a la nación durante la crisis de los misiles cubanos, y que este joven y valiente Presidente hizo frente al premier soviético Nikita Khrushchev y evitó el desastre nuclear.

Yo creía en este hombre. Me sentía cerca de él. Le había escrito durante el incidente ocurrido en Guam, donde se estaba dejando ver la indignidad de los prejuicios. John Fitzgerald Kennedy era el hombre que resolvería aquel problema si llegaba a ser informado de él.

Lentamente empiezo a tomar velocidad y entro en la autopista, dirigiéndome hacia el este, hacia mi casa, donde estoy viviendo con mi madre hasta que me case el próximo año.

Posteriormente estoy trabajando en el turno de tarde del supermercado, de cuatro a nueve. Todos los clientes que pasan por mi caja están en estado de shock, muy pocos son capaces de hablar. Al darle el cambio miro a los ojos a una mujer, y cuando nuestras miradas se encuentran, ambos nos echamos a llorar. El silencio lo impregna todo. Nadie puede hablar sin derramar lágrimas. Esta tragedia me impacta de una manera totalmente desconocida para mí. Siento como si en mi vida se fuera a producir un gran cambio como resultado de los sucesos de este día.

AHORA PUEDO VER CON CLARIDAD

He incluido este incidente histórico porque influyó en la dirección que siguió mi vida personal y profesional. Para mí, aquel día de noviembre de 1963 inició un cambio enorme en muchos sentidos. Hasta entonces, prácticamente todos los aspectos de mi vida que tenían un impacto en mi futuro eran de naturaleza personal. Mis experiencias en las casas de acogida y en el orfanato, en el instituto de secundaria y en la Marina habían sido mis "momentos Wayne Dyer" de despertar a una nueva dirección y a una nueva conciencia en mi vida personal. El asesinato del Presidente Kennedy no solo mató a un hombre a quien admiraba mucho; también mató algo dentro de mí.

Allí mismo empiezo a pensar en un plan para mi vida que tuviera un efecto histórico y global. Ya no se trataba solo de mi inminente carrera como profesor. Empecé a pensar en cómo podría impactar en la conciencia del planeta entero. A partir de ese día me vi a mí mismo como un hombre con una voz compasiva orientada hacia el bien mayor. No sabía cómo ni cuál sería mi papel, pero sabía que una persona con conciencia podía marcar la diferencia, y yo era esa persona. ¿Por qué no? Ya pensaba como JFK mucho antes de haber oído hablar de él. Sentía cosquillas al pensar en dar voz a estas ideas y a que esa voz fuera escuchada en todo el mundo. Empecé a verme a mí mismo como un líder mundial —no un líder político—, sino como una persona que estaba llena de compasión por todos, y a la que los demás estaban dispuestos a escuchar.

Cuando miro atrás al asesinato del Presidente Kennedy, ahora que han pasado más de cincuenta años, puedo ver que estaba destinado a entregar su vida para realizar su *dharma*. El Acta de los Derechos Civiles no iba a ser aprobada en 1963. La probabilidad de que JFK fuera reelegido disminuía porque el Sur estaba rebelándose ante su visión íntegra sobre la intolerancia racial y los derechos de los votantes. La obstrucción de los senadores sureños estaba casi asegurada. Pero cuando JFK murió y la nación guardó luto por este gran hombre, el estado de ánimo del país cambió. Bajo el nuevo presidente, que fue elegido con un gran margen en 1964, los vientos del cambio empezaron a soplar con mucha más fuerza.

Los políticos que habían votado "segregación para siempre" empezaron a cambiar bajo la presión de una población más iluminada y despierta, que votó a favor de la igualdad de derechos y por orientarse hacia ser una Gran Sociedad. Creo que en este universo espiritualmente ordenado no hay accidentes. La muerte del Presidente Kennedy abrió la puerta a los derechos civiles largo tiempo retrasados, a los derechos de los votantes, a la atención sanitaria para los ancianos, a la mejora de las escuelas, y a una conciencia de que la igualdad de derechos no eran solo palabras, sino acciones que todos íbamos a emprender. Esta era la única manera de que pudiera cambiar la conciencia de nuestro país.

Yo también me vi atrapado en esta nueva conciencia. Cuando sube la marea, eleva todos los barcos, y yo me sentí metafóricamente elevado por este trágico suceso. Como tantos otros, me manifesté a favor de los derechos civiles y protesté por la guerra que se avecinaba en Vietnam. Como profesor en el centro de Detroit, y más adelante como orador del Proyecto Hambre para acabar con el hambre en el mundo, traté de cambiar nuestras actitudes injustas e innecesarias. Mi vida de escritor y orador se enfocó en elevar a la gente, haciendo que en lugar de pensar en sí mismos como personas ordinarias y limitadas, confiaran en la nueva conciencia de que dentro de cada cual reside alguien sin límites que puede hacer cualquier cosa que se proponga.

La visión del Presidente Kennedy de un país poblado por ciudadanos que quieren dar y servir, más que tomar y recibir, es una visión que yo también comparto. Que tuviera que morir para orientar al país entero hacia una dirección más compasiva forma parte de la perfección de nuestro universo. Se puede discutir sobre esto interminablemente, pero es así. Él murió y, como consecuencia, todos nos convertimos en mejores personas. Yo también emprendí el viaje hacia convertirme en una persona mejor y desarrollar una carrera profesional centrada en el servicio, en la compasión y en el amor por todos. Si los sucesos de Dallas no hubieran ocurrido, mi vida podría haber tenido un énfasis y una dirección distintos.

19

Estoy en mi cuarto año de universidad. He asistido a cerca de cien conferencias en estos cuatro años académicos, sin dejar nunca de ir a clase. Estoy comprometido con este régimen de ser estudiante a tiempo completo, y me siento tan feliz, orgulloso y afortunado de estar aquí, que ni siquiera considero la posibilidad de perder voluntariamente una clase.

Si bien me encanta el ambiente de esta universidad construida en medio de una ciudad ajetreada, me siento asombrado por la apatía que creo ver en el profesorado. Es raro encontrar profesores auténticamente emocionados por su asignatura o interesados en inspirar a los alumnos. Noto un desinterés omnipresente en muchas de las clases que tomo. Este tipo de pensamientos fluyen por mi conciencia repetidamente: *Me parece que todos estos profesores se limitan a cumplir las formalidades y a hacer su trabajo. Tanto aburrimiento, tan poca emoción por lo que enseñan.*

Pienso en mi tío Bill Vollick, que fue mi inspiración para querer ser profesor. Su clase era una alegría debido a la risa y al interés que inspiraba. Bill amaba a sus alumnos y le encantaba su asignatura. Estaba viviendo su *dharma* y todo el mundo se lo estaba pasando bien. Aquí la palabra clave es *amor*. Pienso: *Esto es lo que parece faltar en estas clases. Todo el mundo cumple las formalidades; aquí no hay amor. Los alumnos toman apuntes sobre los temas que podrían salir en los exámenes parciales o finales. Por lo demás, es evidente que están hastiados con este asunto llamado eufemísticamente educación superior. Los profesores no están enseñando: están presentando material y simplemente siguen los procedimientos. Están haciendo un trabajo; la mayoría de las veces se presentan, aunque a menudo ellos mismos se saltan clases, y parecen haber olvidado el tedio que impregna a su clase.*

Noto esta falta de entusiasmo por parte de casi todos los implicados en lo que parece ser el juego que se está jugando. Observo y me pregunto a mí mismo: *¿No ven que nadie se siente tocado por lo que dicen? Tienen a la audiencia cautiva; los estudiantes tienen que estar aquí y no pueden irse hasta que acabe la clase. ¿Por qué los profesores no hacen que este tema y esta clase cobren vida?*

Imagino que tengo el singular privilegio de estar frente a la clase como profesor con esta misma audiencia cautiva. Despliego esta fantasía en mi mente casi cada día cuando estoy en un aula llena de estudiantes bañados en un entorno de aprendizaje tibio. Me imagino a mí mismo haciendo que la clase cobre vida y presentando el material de manera interesante. Me veo a mí mismo enseñando a los estudiantes a estar motivados e inspirados, y aprendiendo el programa aunque piensen que la asignatura no es importante. Esta es una fantasía que experimento a diario.

Observo a los profesores con cierto desdén, como me ocurría hace unos años en el instituto. En realidad, siento lástima por ellos porque parecen estar muy atrapados en vivir su rutina día tras día, año tras año. En el instituto había varios profesores que estaban al final de su carrera profesional y se limitaban a dejar pasar el tiempo hasta su jubilación. Veo algo parecido en la universidad y me pregunto: *¿Dónde está su orgullo? ¿Cómo pueden estar frente a una clase y no querer entretener a los alumnos y emocionarles con el aprendizaje de su asignatura?*

Hago voto de que nunca seré así. Me encanta hacer reír a la gente, y todos los profesores memorables que he tenido tenían esta maravillosa capacidad de impregnar de humor su enseñanza. Me prometo a mí mismo que cuando hable delante de un grupo, cualquier grupo, al público le va a encantar estar allí. No me limitaré a hacer las formalidades y a hacer mi trabajo para recibir el sueldo a final de mes. Mantendré vivo el amor: el amor por lo que enseño, el amor por mis alumnos, pero, sobre todo, el amor hacia mí mismo. Estoy determinado a honrar quién soy y a no convertirme nunca en un profesor que haga de su trabajo una farsa apática de indiferencia. Esa es una imagen blasfema que aborrecería si me sometiera a mí mismo a tal ignominia.

Cada día, en una clase tras otra, me cautivan mis propios pensamientos imaginativos sobre cómo daría vida a este material. Me siento motivado por un intenso deseo de añadir animación, diversión y humor a la experiencia de aprendizaje.

En último término se me asigna al Instituto Pershing, del sistema de escuelas públicas de Detroit, para hacer las prácticas. Tengo que enseñar economía a una clase de 35 alumnos del último año que van a graduarse, y mi supervisor es el señor Zigmund Boytor. Me siento muy bendecido: Zig Boytor es un profesor magistral, un hombre que encarna todo lo que yo aspiro a ser. Sus estudiantes le aman y el director le considera el mejor profesor de la escuela.

Después de las primeras dos semanas, Zig me da rienda suelta; voy a ser el único profesor para lo que queda de semestre. La economía puede ser un tema increíblemente aburrido, o al menos lo fue para mí en los dos cursos que tomé antes de graduarme. Pero ahora tengo la oportunidad de poner en práctica lo que he imaginado a lo largo de los cuatro años anteriores sentado en tantas aulas monótonas. ¡Estoy en el cielo!

Amo este semestre más que cualquier otro que haya vivido hasta ahora. Me encanta esta clase, amo a los alumnos, ¡e incluso llego a amar la economía! Me emociono cuando la clase me regala un maletín de cuero y una postal preciosa expresando su entusiasmo por el curso y por mí, ¡el profesor! Me siento muy tocado. Estoy entusiasmado. Soy un profesor, y también estoy en camino de ser un orador.

AHORA PUEDO VER CON CLARIDAD

Mientras estaba sentado en una interminable serie de clases donde la apatía parecía ser la norma, tanto por parte de los profesores como de los alumnos, no me daba cuenta de que este era mi primer terreno de entrenamiento para ser un orador. Al mirar atrás, puedo verme con claridad sentado en clase, incrédulo ante tanto aburrimiento innecesario. Me preguntaba: *¿Por qué el instructor no hace que esto sea más interesante? ¿No es evidente lo tedioso que resulta para todos los presentes?* Ahora, desde la distancia, sé que tuve que tener estos sentimientos de frustración. Estaban despertando algo en mí que no podía ser silenciado ni ignorado. Estaba destinado a cumplir el papel de orador.

Entonces necesitaba prepararme, y la manera más segura de hacerlo era proveerme de un foro en el que tuviera que participar en algo que no me gustaba. Una vez más, era el viejo tema de tener que experimentar lo que no quería ser a fin de saber verdaderamente lo que quería hacer. Esta, como las demás experiencias de mi vida, fue una gran bendición disfrazada. Aquellas reflexiones internas que oía y sentía eran mis llamadas a despertar.

Cuando hablé a mis compañeros de clase de estos sentimientos, me miraron con expresiones sorprendidas. Para ellos, el sistema era así; las clases aburridas forman parte de lo que es la universidad. No sabía que mi protesta interna era la voz del universo diciéndome: "Observa esto con cuidado, siente el dolor, y en base a lo que sientes, comprométete a aprender de ello y convertirte en un orador brillante, entretenido y convincente".

Habiendo hablado en foros públicos durante casi cuatro décadas, a públicos que pagaban el dinero que tanto les había costado ganar para asistir, me siento bendecido por haber tenido la oportunidad de estar en las clases del instituto y de la universidad que provocaban que mis voces internas dijeran: "Presta atención y comprométete a hacer que tus mensajes cobren vida. Sé auténtico y observa a tu público en busca de señales para ver si te están prestando atención y se lo están pasando bien; si no, cambia de inmediato lo que estás haciendo".

A lo largo de los años, a menudo he hablado de la importancia de la pasión en lo que uno emprende. Para mí, ser apático significa haber perdido la conexión con mi Fuente. Una persona que esté delante de una audiencia sin sentir entusiasmo por su tema y sus acciones está desconectada de su espíritu; es decir, de Dios dentro de ella. De hecho, el significado original de la palabra *entusiasmo* es "el Dios interno".

A lo largo de décadas de hablar ante grandes grupos de gente he aprendido que cuando me entrego y me permito ser guiado por una Fuente Divina, todo parece encajar en su lugar. Cuando me presentan como orador y estoy a punto de coger el micrófono, repito para mí mismo esta línea de *Un curso de milagros*: "Si supieras quien camina a tu lado por la senda que has escogido, sería imposible que pudieses volver a experimentar miedo o duda". Este ha sido mi recordatorio para mantenerme alineado con la Fuente creativa del universo y hablar desde mi pasión. Lo que me ocurría en aquellas clases anodinas era que el espíritu estaba empujándome a mantenerme en conexión con la sensación de asombro y de aprecio por todo lo que soy; y, al hacerlo, podría convertirme en un orador que a la gente le gustara escuchar.

Puedo recordar que antes de graduarme pensaba que me gustaría destacar en cualquier cosa a la que me dedicara, en particular en la escritura y la oratoria. Había oído que los escritores no suelen ser grandes oradores, y que los buenos oradores no suelen destacar en la expresión escrita. Con los años he aprendido que la grandeza está en función de aquello en lo que elijo creer con respecto a mí mismo y mis habilidades. Sé que tengo la capacidad de destacar en cualquier cosa que elija.

No hay nada escrito en piedra que diga que si soy un profesional de la investigación, debe faltarme competencia para hablar en público. Empecé a jugar al tenis a los treinta y un años, y el primer día que jugué decidí que me encantaba el juego y podía llegar a ser muy habilidoso si le dedicaba tiempo. Y lo hice durante más de treinta y cinco años. Asimismo, en la universidad sabía que mi capacidad de alcanzar un nivel destacado no estaba restringida. Iba a vivir mi pasión, amar lo que hacía, y nada me iba a retener excepto mis propias creencias en mis limitaciones.

Al mirar atrás y verme en aquellas aulas, observando la monotonía que me rodeaba, hay una cosa que puedo ver clara. Desde esta perspectiva entiendo que cada experiencia de mi vida, sin importar cómo eligiera procesarla en el momento, tuvo algo muy valioso que enseñarme. Hay lecciones a cada momento, y ahora sé con seguridad que no existe un tema que no sea interesante ni un momento ordinario. Solo hay personas desinteresadas. Hace muchos años aprendí con el ejemplo a no ser una de esas personas desinteresadas. Siento que estar aburrido es un insulto a mi yo superior, que es por definición Dios dentro de mí.

20

Es el año 1968. Estoy casado y tengo una niña de un año llamada Tracy, nacida en medio de los disturbios que asolaron una gran parte de la ciudad de Detroit. También estoy en el programa doctoral de la Wayne State University después de completar mi graduación dos años atrás.

Como he obtenido los grados de licenciado y master de la Wayne State, uno de los requisitos de mi programa doctoral es completar varios semestres en la Universidad de Michigan para tener un poco de diversidad en mi educación. Actualmente estoy matriculado en un curso de la escuela de verano llamado "La psicología de la percepción", en el que se hace mucho énfasis en las ventajas de usar la hipnosis en el tratamiento de los problemas perceptuales. Empleé una forma de autohipnosis para dejar de fumar, un hábito que inicié en la universidad, y tengo muchas ganas de aprender a hipnotizar y de acumular experiencia práctica.

El profesor de este curso, un erudito muy competente y con mucha energía, nos hipnotizó en grupo ayer. Yo estaba feliz: tenía la mente en un estado exaltado y me sentía en paz. Era totalmente consciente de todo lo que ocurría y no noté que hubiera renunciado al control, pero me descubrí siguiendo de buena gana sus sugestiones, haciendo todo lo que decía sin cuestionar nada. No sentía que tenía que hacer lo que se me decía, pero lo hacía de todos modos.

Hoy vamos a ser testigos en un experimento del control que la mente ejerce sobre el cuerpo. Una mujer de unos cuarenta años ha accedido a someterse a un experimento de hipnosis, y nuestro profesor va a ser el hipnotizador. Sitúa a la mujer en una silla frente a la clase y la pone en trance hipnótico. A continuación explica que el cuerpo humano no puede distinguir con claridad entre las temperaturas muy frías y muy calientes. Nos dice —y también a la mujer hipnotizada, que parece totalmente normal y no parece haberle afectado la sugestión hipnótica— que una persona con los ojos vendados que sea tocada por un instrumento muy frío o muy caliente generalmente no podrá distinguir el tipo de toque recibido. Explica que lo muy frío y lo muy caliente pueden sentirse idénticos.

Todos permanecemos atentos mientras el profesor continúa explicando la psicología de la percepción y que el sistema nervioso se limita a reaccionar. Caliente y frío solo son variantes perceptuales que dependen de la constitución de la persona que esté siendo tocada.

Tapa los ojos de la mujer y la toca con un instrumento helado y con una cerilla apagada y todavía caliente al tacto. Primero frío. Luego caliente. Después practica una variedad de pruebas combinadas. La mujer acierta el 75 por ciento de sus respuestas a medida que se va desplegando el experimento. A continuación, el profesor le retira la venda y comenta los resultados con la clase.

La mujer sigue en trance hipnótico. Él le dice que le va a mostrar un utensilio que va a usar con una temperatura extrema y le pide que solo diga con rapidez caliente o frío en cuanto la toque. Le muestra un utensilio helado y después un alfiler al rojo vivo con el que le dice que la va a tocar en la parte interna del brazo, y ella tiene que decir en voz alta cómo le impacta cada toque.

El profesor le vuelve a tapar los ojos y saca el instrumento de metal helado. Muy suavemente le dice: "Este es el frío; dime cómo lo sientes". Ella dice que está frío y está un poco sorprendida. A continuación, él toma el alfiler al rojo vivo y se lo pone cerca de la cara para que ella pueda sentir el calor y le dice: "Voy a tocarte ligeramente en la parte interna del brazo, y quiero que me cuentes tu reacción inmediata". Después de ponerle el alfiler cerca de la cara, ella está convencida de que la va a tocar con el alfiler al rojo vivo. Pero el profesor lo deposita en un cenicero de vidrio que hay en su escritorio, y le toca la parte interna del brazo con la goma que hay en la punta de un lápiz que se ha sacado del bolsillo de la camisa. La mujer se asusta y le sale una leve ampolla en el brazo, aunque solo la ha tocado con una goma a temperatura ambiente.

Un compañero de clase, asombrado, dice:

—¿Has visto eso? Es increíble. No puedo creer que ella haya hecho eso con su mente. Estoy anonadado.

Tengo los ojos muy abiertos, y la boca también, cuando observo de primera mano el asombroso poder de la mente sobre el cuerpo. ¡Solo su creencia ha llevado a esta mujer a producirse una ampolla en el brazo!

El profesor explica que buena parte de la actividad perceptual está controlada por nuestras creencias. Describe el efecto placebo: se hacen experimentos con píldoras de azúcar que las personas que sufren artritis creen que son remedios para su dolencia, y las píldoras de azúcar alivian la artritis.

Tal como había experimentado con mi quiste pilonidal cuando estaba en la Marina, vuelvo a ver que nuestras creencias pueden ser clave para la curación. Incluso más, me pregunto si las influencias externas o las ideas que prevalecen en la cultura podrían ser irrelevantes ante el poder infinito de nuestra mente. *Tal vez*, pondero, *podamos convencernos a nosotros mismos de nuestra capacidad para manifestar cualquier cosa.*

AHORA PUEDO VER CON CLARIDAD

Aquel día del verano de 1968 fue un punto de inflexión en mi vida. Me transportó más allá de una realidad en la que había creído durante veintiocho años, llevándome a aterrizar en un lugar con un potencial que no había imaginado.

Aunque era un campo de investigación relativamente nuevo, había leído bastante sobre la conexión mente-cuerpo, particularmente en el campo de la medicina. Sin embargo, mi investigación intelectual no me había preparado para lo que vi aquel día en clase. Ahora puedo ver con claridad que necesitaba estar allí para que esta nueva conciencia se implantara con firmeza tanto en mi mente consciente como en la inconsciente. Una cosa es leer sobre algo y otra muy distinta experimentarlo directamente.

Aquel día me dije en clase: *Si esto es posible, ¿qué más es capaz de realizar la mente que la mayoría de la gente considera imposible?* Aquel incidente en la Universidad de Michigan supuso el nacimiento de mi enseñanza sobre algo que pocos años después llegué a llamar "vivir sin límites". Pero el impacto que esta experiencia con la ampolla y la goma iba a tener en mí fue mucho más allá de convertirme en un profesor que hablaba y escribía apasionadamente sobre el tema de ser ilimitado (debido al poder ilimitado de nuestras mentes para imaginar cualquier cosa y a continuación hacerla realidad).

Decidí que era capaz de crear cualquier cosa que pudiera imaginar y continué creyéndolo con entusiasmo. Decidí que no tenía por qué tener resfriados, o cansancio, o escasez económica, y en gran medida fui capaz de manifestar casi todo lo que imaginaba. Cuando vi la mirada asombrada en la cara de la mujer al observar lo que su creencia había conseguido, fue como si se hubiera encendido una bombilla en mí. Razoné que si ella podía creer tan intensamente en algo como para crear una ampolla, no había razón para que yo no pudiera empezar a entrenar mi mente a creer en todo tipo de logros asombrosos.

Como resultado de aquel episodio con la hipnosis, más adelante incorporé este concepto a mis conferencias públicas. Animé a las personas a cultivar una forma de creer que pudiera superar las limitaciones de la creencia condicionada.

Siempre he creído que fue la mano del destino la que me puso en aquella clase en 1968. Mientras estoy hoy aquí sentado, escribiendo, más de cuarenta años después, tengo una imagen muy clara de todo lo que ocurrió aquel día, como si hubiera sucedido esta mañana. Me cambió la vida porque sabía que podría haber sido yo el que se creara una ampolla con la mente. Aquel día, al entrar en el aula, no tenía ni idea de que la clase me iba a proporcionar una imagen que afectaría mi vida personal y profesional a partir de ese momento.

Esta imagen fue tan fuerte que impactó en mí, en mis hijos —que fueron educados para tener una mente abierta a todas las posibilidades—, así como en mis alumnos y en los millones de lectores de todo el mundo que han leído mis libros en cuarenta y siete idiomas. Una demostración aparentemente inocua en clase extendió su onda hasta el infinito, influyendo en incontables otras personas para que confiaran en ellas mismas y en el poder de la mente para hacer que ocurra cualquier cosa.

En aquel tiempo razoné que si suficientes personas accedían al potencial de pensar más allá de los límites, todo el curso del comportamiento humano podría cambiar para mejor. ¿Por qué no? Nuestra mente invisible parece afectar a todas las cosas del universo físico, por tanto, ¿por qué no soñar a lo grande y trabajar por un mundo donde una gran cantidad de nosotros pensemos y actuemos de esta manera nueva? Sé que esto suena un poco grandioso, pero es lo que se me pasaba por la cabeza cuando salí de clase aquel día. Era un joven e idealista alumno de doctorado que había cambiado para siempre.

Sí, desde este punto de vista puedo ver con claridad que el cuerpo sirve a la mente. Lo había oído, leído y había prestado muy poca atención a esta fenomenal idea hasta que la experimenté delante de mí. Incluso los sucesos de nuestra vida que parecen mundanos, si estamos dispuestos a prestarles atención y a sentirnos asombrados, pueden impactar en nuestra vida y en las de otros. El suceso de la ampolla-y-la-goma fue una experiencia monumental, e influyó en todo lo que iba a crear en los años siguientes. A partir de ese día empecé a ser mucho más consciente de cómo usaba mis pensamientos.

Puesto que había sido testigo en primera persona del poder del pensamiento para producir una manifestación física, no podía quitarme de la cabeza la idea de que cada uno de mis pensamientos contenía un enorme potencial de cambio. Recuerdo que después de esa clase caminé hasta mi coche pensando que algún día escribiría todo un libro sobre el tema… sin saber que la demostración en la que acababa de participar me llevaría a escribir una pequeña biblioteca sobre el asombroso poder de nuestra mente. La imagen de aquella mujer en clase nunca me abandonó. Casi medio siglo después, todavía brilla con fuerza en mi pantalla interna.

21

Mientras completo el doctorado, trabajo como orientador escolar en el instituto de secundaria Mercy en Farmington, Michigan. Me encanta esta escuela en la que están matriculadas unas 1.000 chicas realizando el programa de estudios preparatorio para la universidad, y está dirigida por las Hermanas de la Caridad. Me gusta mucho mi trabajo, que consiste en ofrecer servicios de guía y orientación a las aproximadamente trescientas alumnas que están entre el noveno y duodécimo grado.

Hoy es miércoles y ayer fue el día del trabajo, en septiembre de 1968. Anoche hablé a los padres en el auditorio y les presenté los planes de la escuela para el presente año académico. La oportunidad de dar una charla y entretener al público hizo que fuera una noche atractiva, y todavía me siento animado.

Nancy Armstrong, una de mis alumnas, me dice: "Mi madre te escuchó hablar anoche, y quiere que te dé este libro para demostrarte su aprecio. Me ha dicho que te diga que le encantó tu charla". Nancy me explica que su madre es miembro del Club El-Libro-del-Mes, y que ha recibido este volumen de regalo por comprar cierto número de libros. La señora Armstrong cree que nunca lo leerá, y debido al contenido de mi charla la noche anterior, está segura de que me gustará tenerlo en mi biblioteca personal.

El libro se titula *The World of Psychology, Volume II, Identity and Motivation* [El mundo de la psicología, Volumen II, Identidad y motivación], está editado por G.B. Levitas, y fue publicado en 1963 por George Braziller.

Es un compendio de 41 ensayos escritos por una serie de autores, entre los que se incluye a Platón, William Butler Yeats, Friedrich Nietzsche, Aldous Huxley, Margaret Mead, Carl Jung y muchas otras figuras destacadas. Esta combinación es interesante: poetas, psicólogos, luminarias de la literatura y filósofos. Me va como anillo al dedo, pues me encanta leer poesía, ensayos, comentarios y similares. Como amateur, he chapoteado en estas maneras de escribir desde que era niño.

Llamo a la señora Armstrong y le doy las gracias por su considerado regalo. Y entonces me doy cuenta de que tengo cuatro horas libres antes de tener que estar en el campus de Wayne State. Allí me voy a encontrar con la directora de mi tesis, la doctora Mildred "Millie" Peters, para comentar mi plan de trabajo para los dos años y medio que me quedan de estudios doctorales. Ya he decidido qué dirección quiero seguir. Solo necesito que la doctora Peters apruebe mi plan, que detalle todo el trabajo que voy a realizar en los cursos, los requisitos de prácticas y pasantía, y el tema de mi disertación doctoral. Me interesa la terapia centrada en el cliente de Carl Rogers y el trabajo de B.F. Skinner sobre conductismo, y he decidido abordar áreas de investigación que se enfocan en estas modalidades.

Tomo el compendio que Nancy me ha dado esta mañana. Voy a la Parte VII, "El hombre completo", y veo que hay artículos de John Stuart Mill, Ralph Waldo Emerson, Robert Browning y C.E. Montague. Pero hay uno que atrapa mi mirada de manera especial: "Personas autorrealizadas" de Abraham Maslow. Me siento inexplicablemente atraído hacia este artículo de veintiocho páginas, y necesitaré un par de horas para leerlo detenidamente. Descuelgo el teléfono después de decidir que debo leer esto antes del encuentro con la doctora Peters. A medida que leo, tengo la extraña sensación de que mi vida va a dar un giro radical.

El ensayo describe a personas a las que el doctor Maslow llama "autorrealizadas". Define a estas personas raras y únicas como sigue:

> Lo que un hombre puede ser, debe serlo. A esta necesidad podemos llamarla autorrealización... Hace referencia al deseo de completarse, es decir, a su tendencia a llegar a realizar lo que él es potencialmente.

Maslow describe que estas personas sienten una llamada interna a llegar a ser cualquier cosa que sean capaces de llegar a ser, y que es difícil, cuando no imposible, sofocar este impulso. A medida que sigo leyendo, describe con detalle las características específicas de los autorrealizados, que son drásticamente distintos de la persona común. Maslow sugiere que a menudo se les etiqueta de egoístas, poco convencionales, y a mí me parece que sus acciones y actitudes deberían ser exaltadas y ensalzadas, en lugar de reprimidas y aplastadas.

Maslow indica que la persona autorrealizada tiene un fuerte deseo de privacidad; se resiste con vehemencia a ser culturizada, y sus apreciaciones siempre son frescas; tiene un deseo genuino de ayudar a la raza humana. Así, "en resumen, en ciertos sentidos básicos es como un extranjero en tierra extraña. Muy pocos llegan a entenderle realmente, por más que guste".

Me siento cautivado y subrayo casi todo el artículo. Siento que estoy leyendo sobre cualidades que siempre he sentido en lo profundo de mí, pero por las que a menudo he sido criticado. Estoy tan fascinado por lo que leo que me siento como si estuviera en medio de una experiencia mística oceánica. *Esto es. Esta es la dirección que quiero que sigan mis estudios avanzados.*

Mientras leo la conclusión, sé que yo también debo ser lo que puedo ser, y me maravilla la coincidencia de haber recibido este regalo justo antes de finalizar mis planes con la directora de mi doctorado. Sin embargo, a otro nivel, sé que el hecho de que Nancy me haya traído este libro de su madre está conectado con la necesidad de que yo lo leyera hoy. Vuelvo a leer las conclusiones del doctor Maslow una y otra vez. Y sé que ya no quiero enfocarme en aquello de lo que estaba tan seguro antes de leer este ensayo. Ahora estoy completamente seguro de lo que quiero estudiar.

Hago una copia del último párrafo para llevarla a mi reunión con la doctora Peters.

> En este, y en otros sentidos, las personas saludables son muy diferentes de las normales, no solo en grado, sino también en especie, de modo que generan dos tipos de psicología muy distintos. Se vuelve mucho más claro que el estudio de especímenes tullidos, mal desarrollados, inmaduros y malsanos solo puede producir una psicología tullida y una filosofía tullida. El estudio de las personas autorrealizadas debe ser la base de una ciencia de la psicología más universal.

Mi corazón late deprisa; siento que estoy a punto de entrar en otra fase de mi vida. Muestro a la doctora Peters mi plan de trabajo escrito a máquina y listo para que lo firme, y después le cuento sobre lo que acabo de leer. Estallo de entusiasmo con la idea de enfocarme en las personas que tienen un funcionamiento óptimo y con sacar conclusiones sobre quiénes podemos llegar a ser, basadas no en las personas normales sino en personas extraordinarias y autorrealizadas.

Quiero escribir sobre lo que acabo de digerir. Veo muchos de los rasgos e inclinaciones atípicos de mi personalidad en la descripción que hace Maslow de las personas autorrealizadas. Siempre he sido independiente de las opiniones de otros, he seguido mis predilecciones y he pensado fuera de la caja desde que tengo recuerdos. Me encanta la idea de tener criterios elevados que no se basen en los dictados de la cultura, sino en lo que siento que es posible dentro de mí.

Pido a la doctora Peters, una de las personas más autorrealizadas que he tenido la bendición de conocer —una mujer que completó el doctorado cuando se consideraba que muy pocas mujeres podían alcanzar un estatus escolar tan elevado; una mujer que siempre me ha animado a seguir mis instintos sin importar lo que el sistema pareciera dictar—, si puedo cambiar mi plan de trabajo allí mismo y seguir esta idea de autorrealización en mis estudios doctorales. Sin dudar, ella dice que sí. Rompemos el viejo plan y comienza un nuevo capítulo de mi vida.

AHORA PUEDO VER CON CLARIDAD

Los que diseñan el destino tuvieron que hacer horas extras aquel día de 1968. Había dado aquella charla a los padres porque la directora del colegio estaba enferma, y me pidió que lo hiciera en el último momento. Si eso no hubiera ocurrido, toda mi vida podría haber tenido un aspecto muy distinto del que tiene casi cinco décadas después.

Cuando Nancy me entregó el compendio con las enseñanzas de grandes maestros espirituales, me sentí inexplicablemente atraído por él. Acabé la escuela en torno a las dos del mediodía y me senté en mi escritorio debatiéndome entre dirigirme a la biblioteca de la universidad o repasar el plan de trabajo doctoral otra vez más en mi oficina. Aquel libro negro que estaba sobre mi escritorio parecía tener su propia energía, animándome: *Tómame y léeme; tengo algo muy importante para ti.* Cuando me encontré con el artículo del doctor Maslow sobre las personas autorrealizadas, también me habló: *Léeme ahora mismo.*

Ahora puedo ver con claridad que este tipo de llamadas casi desesperadas son la obra de algo que es más grande que yo, pero a lo que estoy apasionadamente conectado. He llegado a confiar en estos mensajes y colaboraciones sincrónicas con el destino.

Cuando todo esto estaba ocurriendo, simplemente fui hacia donde se me estaba dirigiendo, sin pensármelo demasiado. Hoy confío en que, a algún nivel, Nancy Armstrong, su madre, la directora de mi escuela, la persona que tomó la decisión de enviar el libro de regalo y muchos otros estaban, de alguna manera mística que escapa a mi entendimiento intelectual, colaborando para mostrarme mi camino. Creo en ello. Confío en ello, y ahora, desde este punto de vista, soy mucho más capaz de conectar con ello mientras está ocurriendo. Ya no tardo años en tener esta comprensión: todas las personas y cosas están conectadas entre ellas y al Tao, o mente universal donde todo se origina y a lo que todo retorna.

Después de aquel fatídico encuentro con mi preciosa directora la señora Peters, ella creó una nueva rama de estudios en el programa doctoral para que yo pudiera completar lo que sentía que me quemaba por dentro. Diseñó el nuevo programa para que se incorporaran muchos doctorandos, y firmaron al menos doce personas. Pude formar parte de una interesante iniciativa enfocada en usar sesiones de terapia en pequeños grupos para entrenar a las personas que se sentían inclinadas a adoptar los principios del innovador trabajo de Maslow sobre la autorrealización. Ya no iba a limitarme a cumplir requisitos para obtener mi grado de doctor; aquel enfoque me apasionaba.

Abraham Maslow se convirtió en una figura destacada en mi vida. Fue la inspiración que me llevó a contemplar la psicología desde el polo opuesto. En lugar de estudiar lo que era débil, inestable o limitado en los clientes y evaluarlos en función de cómo superaban sus dolencias, empecé a buscar las cualidades más elevadas de la autorrealización, y a animarles —y más adelante a los lectores y oyentes— a buscar su propia grandeza innata y a aspirar a estas cumbres. Razoné que si alguien de entre nosotros podía autorrealizarse, también podría hacerlo yo y cualquiera que comprendiera que es posible. Esto se convirtió en un enfoque importante de mi vida profesional, y establecí para mí mismo una brújula que consistía en vivir los principios delineados por Maslow en sus escritos.

El doctor Maslow se pasó la vida investigando en qué consiste la salud mental. La mayor parte de la psicología que había estudiado antes de empezar a leer sus escritos guardaba relación con la anormalidad y la enfermedad. En mis estudios doctorales, y prácticamente en todas mis obras, la idea de autorrealización y la psicología humanista se convirtieron en el foco central. Estaba destinado a extender esta idea de que cada persona tiene la capacidad de cultivar su propia magnificencia.

A lo largo de mi vida había sentido que tenía algo único dentro de mí. Cuando leí el artículo de Maslow, supe que tenía que hacer de esto el punto focal de mis estudios de doctorado y más allá. Recuerdo que sentí que las características que él describía de las personas autorrealizadas me resultaban familiares. Más adelante, en *El cielo es el límite*, dediqué capítulos enteros a elaborar las ideas que me inspiró este mentor, que me habló a través de sus conferencias y sobre todo de sus escritos. También escribí *La felicidad de nuestros hijos,*[2] una guía para padres que quieren criar niños autorrealizados a fin de que sean adultos orientados hacia el humanismo. Todo ello basado en lo que me enseñó este hombre.

El doctor Maslow murió de un ataque al corazón el 8 de junio de 1970. Yo recibí mi grado final el mismo día, y partir de entonces iba a ser conocido como el doctor Wayne Dyer. Era como si me hubiera pasado el testigo y me hubiera dicho: "He explicado esta idea de la autorrealización al mundo académico; ahora toma el testigo y enséñasela a las masas".

Muchos libros y miles de conferencias después, todavía puedo verme recibiendo *The World of Psychology, Volume II,* de la madre de Nancy Armstrong y permitiéndome ser guiado por estas fuerzas que siempre están operando en las vidas de todos en todo momento. Ese libro sigue siendo un tesoro y está aquí, cerca en mi escritorio, mientras escribo cuarenta y cinco años después.

Esta colección de profundas observaciones de algunos de los eruditos que más quiero y reverencio fue la inspiración para otro libro del mismo tipo que produje en la década de los 90 y titulé *La sabiduría de todos los tiempos*. Escribí sesenta ensayos basados en lo que ofrecen sesenta distinguidos eruditos de los últimos veinticinco siglos, y cómo sus enseñanzas pueden impactar en el lector contemporáneo. Muchos de estos eruditos también contribuyeron al libro que contenía el artículo sobre autorrealización de Abraham Maslow. *La sabiduría de todos los tiempos* también se

2. *La felicidad de nuestros hijos,* Wayne W. Dyer, Debolsillo, Barcelona, 2006

convirtió en un programa especial de la cadena pública de televisión PBS, y se retransmitió a todo el país en horario estelar durante muchos años, siendo visto por millones de personas. Todo ello debido a lo sucedido en mi oficina en aquel año de 1968.

Hoy está muy claro para mí que todo —cada suceso, y cada persona— está conectado de manera inexplicable. El *tiempo* no existe; 1968 y 2018 son uno, aunque nuestro cuerpo-mente los ve como separados por cincuenta años. Todos estamos conectados con todas las personas y cosas del universo. Lo que yo hago afecta a todos los demás, y todos mis pensamientos y actos no solo son escuchados por el gran Tao, sino que tienen un impacto con independencia de las constricciones temporales. No puedo dar una explicación lineal o literal de cómo y por qué sucedieron los sucesos que se describen en esta sección, pero, desde este punto de vista, puedo ver con claridad que leer el ensayo del doctor Maslow aquella tarde de septiembre no solo tuvo un impacto en mi vida, sino en las vidas de millones de personas.

Ahora, cuando me siento impulsado a hacer algo —algo que experimento apasionadamente—, presto atención. Cuando reconozco que es una llamada de mi alma, sé con seguridad que es algo que debo hacer. Es Dios llamándome de un modo único y asombrosamente misterioso. Esa llamada a la que presto atención es la que me empuja a escribir cada día.

Estoy conectado contigo, querido lector, y aunque es posible que no tengamos un vínculo físico, hay una energía que fluye entre nosotros. No sabemos hasta donde llega ni en qué medida puede alterar nuestra mente. Sé esto con toda seguridad a medida que veo cada vez con más claridad.

22

Es el último año de mis estudios doctorales. En mis prácticas, dirijo las terapias de grupo de los alumnos que están comenzando el doctorado, al tiempo que investigo para publicar mi disertación doctoral.

El doctor John Vriend, un miembro relativamente nuevo del profesorado en Wayne State, participa en mi comité doctoral. Obtuvo su doctorado en la Universidad de Nueva York, donde ha colaborado en un método de terapia denominado *Terapia racional emotiva* (RET), que enseña Albert Ellis, autor que ha escrito muchos libros y dirige talleres y formaciones en el Instituto Albert Ellis de la calle 65 este de la ciudad de Nueva York.

John me da un libro y me dice:

—Quiero que leas esto muy despacio y con mucho cuidado. Alterará de manera nueva e iluminada tu visión de cómo ayudar a la gente.

Lo que John me ha dado es *Guía para una vida racional*, uno de los más de setenta y cinco libros escritos por el doctor Ellis.

A medida que lo leo, este libro me habla como nada lo ha hecho a lo largo de mi educación, del trabajo en los cursos y de las lecturas personales, sobre cómo ayudar a los clientes a conectar con su yo superior. Este es el mismo yo del que el doctor Maslow escribió tan aguda y convincentemente. Lo que me atrae es que el doctor Ellis ofrece instrucciones específicas para enseñar a la gente a alcanzar el punto más alto de la jerarquía de necesidades de Maslow: la autorrealización.

La esencia del método es una comprensión básica de que la mayoría de los problemas emocionales están causados por creencias poco realistas e irracionales. El trabajo del terapeuta consiste en ayudar al cliente en su lucha por cambiar las creencias irracionales, cuestionar el pensamiento autoderrotista, y promover activamente un diálogo interno racional. El núcleo de las creencias irracionales que la mayoría de la gente arrastra de la infancia a la vida adulta, y que causa alteraciones emocionales incluye: *(1) Debo ofrecer un buen rendimiento para ser aprobado por las personas significativas de mi vida; (2) debo ser tratado con justicia, y si no es así, es una catástrofe y simplemente no lo puedo soportar; y (3) las condiciones deben serme favorables, y si no es así, es horrible, estaré disgustado y no podré soportarlo.*

Devoro el libro y su tema central: *Somos responsables de cómo nos sentimos, y tenemos dentro la capacidad de cambiar cómo contemplamos los sucesos de nuestra vida.* En un lenguaje de sentido común, el doctor Ellis ofrece herramientas terapéuticas que demuestran a los clientes y terapeutas que no es necesario sentirse emocionalmente molesto o disgustado. Hace énfasis repetidamente en que "Yo debo hacerlo bien", "Tú debes tratarme bien" y "El mundo debe ser lo que yo quiero que sea" son ideas neuróticas que reúne en la categoría de "masturbación mental".

Me siento totalmente convencido por la simplicidad y lógica que enseña el doctor Ellis. Reproduzco algunas grabaciones en las que él lleva a cabo sesiones de terapia con personas que sufren todo tipo de alteraciones emocionales serias, y empiezo a utilizar estas técnicas con muchos de mis clientes en la universidad y en el instituto. Los resultados son asombrosos.

He venido tratando de hacer asesoramiento mediante la terapia centrada en el cliente, un método psicoanalítico en el que esencialmente soy quien escucha y refleja. Hasta ahora he sentido frustración por mis clientes (también por mí mismo). Pero, a medida que empiezo a interactuar y a presentarles una alternativa, casi de inmediato se produce un cambio positivo.

Me siento más feliz y soy capaz de sacarme a mí mismo de algunos patrones de pensamiento que he tenido toda mi vida y que ya no me sirven. Llevo este libro conmigo dondequiera que voy y lo leo una y otra vez, estudiando la lógica y viendo que la mayoría de las alteraciones emocionales están causadas por una serie de creencias alocadas y, cuando se cambian, el resultado es la desaparición de la alteración. Me siento fascinado por cómo el doctor Ellis integra las enseñanzas del doctor Maslow sobre la autorrealización, las de Buda, Lao-Tsé y todos los filósofos orientales, así como las de Epícteto y Marco Aurelio del tiempo de los romanos. Este librito es el más poderoso e influyente que he leído.

El doctor Vriend, que es quien me lo dio, no solo está en mi comité doctoral y es mi profesor, también se está convirtiendo en un buen amigo. Me ofrece guía, pero, sobre todo, me da permiso para entrar en disputas amistosas con mis clientes sobre la naturaleza de lo que les inquieta, y para mostrarles decididamente que su manera de pensar es la verdadera causa de su torbellino emocional. De modo que les digo: "Cambia tu manera de pensar: ataca la lógica que sustenta lo que te molesta y cambia de filosofía, y mejorarás todos los aspectos de tu vida. Al cambiar tu manera de procesar cualquiera de los sucesos de tu existencia, puedes vivir una vida sin alteraciones emocionales".

Tomo notas sobre esta nueva manera de ayudar a la gente, y especialmente a mí mismo. Llevo este planteamiento a mis clases, a mis asesoramientos, y a las sesiones de formación en la universidad. Me lo bebo y lo vivo. Me escribo notas a mí mismo sobre un libro que me encantaría escribir alguna vez, que combina la autorrealización, la terapia racional emotiva y las antiguas filosofías orientales y occidentales que llevo estudiando más de una década. Doy gracias cada día al doctor John Vriend, que me regaló este libro asombroso e insistió en que lo leyera lentamente y con cuidado.

Ahora tengo mucha claridad con respecto al camino que van a seguir mis sesiones de asesoramiento, mi enseñanza y mis escritos. Y lo que es más, estoy encantado de tener una nueva herramienta para mi propia vida. Nunca volveré a culpar a nadie por ninguna alteración emocional que experimente. La culpa se ha ido de mi vida. Sé que, si cambio mi manera de procesar cualquier suceso —y siempre dispongo de este poder, incluso de niño—, puedo conseguir ponerme al derecho casi de inmediato.

AHORA PUEDO VER CON CLARIDAD

El hombre que puso *Una nueva guía para una vida racional* en mis manos pasó de ser mi mentor y colega a ser mi mejor amigo, y me fue enviado en un momento muy preciso de mi existencia. Muchos años después, John me dijo que se sintió inexplicablemente impulsado a introducirme a las ideas de la terapia racional emotiva cuando era uno de sus alumnos de doctorado. Tuvo una visión de que influirían en mis futuros escritos cuando abandonara el territorio familiar de la Universidad Wayne State y me embarcara en mi vocación profesional.

Llevé en mi cartera la cita favorita de Marco Aurelio para el doctor Ellis durante mucho tiempo, y la he usado en mis conferencias y escritos más de cuarenta años: "Si te sientes alterado por cualquier cosa externa, el dolor no se debe a la cosa misma, sino a la estimación que haces de ella; y tienes el poder de revocarla en cualquier momento". Esto está muy lejos de lo que enseñaban las escuelas conductual y psicoanalítica, que es que nuestras alteraciones se originan en factores culturales y familiares, y a menudo no tenemos ningún poder ante estas influencias externas. Por tanto, debemos aprender a adaptarnos y a trabajar estos primeros traumas.

Me sentí muy atraído hacia este tipo de pensamiento: somos responsables de cómo procesamos cualquier suceso externo. Era lo que había sabido intuitivamente en el instituto cuando animaba a mis amigos a no dejarse engañar por los esfuerzos de los adultos para manipularlos emocionalmente. Ahora había sido introducido a un proceso y a una metodología interactiva para ayudar a otros a optar por su propia grandeza. En ese momento tenía tres ideas destacadas resonando dentro de mí: las grandes enseñanzas filosóficas de Oriente y Occidente; el concepto de autorrealización, de vivir a niveles extraordinarios y la realidad de obrar milagros; y una metodología para interpretar todo esto de manera práctica, de modo que cualquiera pudiera realizar los cambios que deseara y superar los obstáculos arraigados.

Empecé a pensar en escribir un libro en el que incorporaría todas estas modalidades y aún así atrajera a las masas. Pude ver que esto era algo más que *El poder del pensamiento positivo* de Norman Vincent Peale, que ya había leído. Sentí que yo tenía un modo de presentar ideas de sentido común que cualquiera que quisiera podría usar para cambiar las actitudes autoderrotistas y vivir desde su grandeza. Solo tenían que estar dispuestos a cambiar su manera de pensar, y considerarse capaces de manifestar esa grandeza.

Cuando miro atrás a las personas y sucesos que conformaron mi manera de pensar, hay dos personas que destacan. Una es Abraham Maslow y su idea radical de que entre nosotros hay personas que alcanzan estados de conciencia exaltados y viven vidas emocionantes, impactando en el mundo que habitan y en las personas que les rodean. Cuando leí a Maslow, quería ser una de esas almas venerables que él llama autorrealizadas. No obstante, como fruto de sus investigaciones, Maslow creía que este nivel elevado de la jerarquía de necesidades estaba reservado a unos pocos. La terapia racional emotiva de Albert Ellis cerró la brecha que existía en mi conciencia sobre quién podía alcanzar la autorrealización.

Después de leer y estudiar *Una nueva guía para una vida racional*, estaba convencido de que esta noble llamada estaba a disposición de todos. Fue quedando progresivamente claro que solo tenemos que apartarnos de nuestro propio camino y superar los condicionamientos que estamos acostumbrados a creer sobre lo que tiene que ser nuestra vida. Entonces podemos reprogramar nuestro concepto de nosotros mismos y vivir desde una perspectiva nueva. Una vez eliminados los pensamientos erróneos, es una alegría empezar a elegir nuestra propia grandeza, nuestro derecho de nacimiento inherente, por así decirlo. Miro atrás con profunda gratitud y respeto por todo lo aprendido del trabajo del doctor Ellis en el momento de lanzarme al mundo de las publicaciones y las conferencias públicas.

Aunque nunca emulé su duro, y a veces crudo, estilo terapéutico, me siento orgulloso de haber sido influido por la lógica del doctor Ellis y toda su enseñanza sobre la superación de los bloqueos emocionales que impiden la vida autorrealizada. Siento que un ángel guardián susurró al oído del doctor John Vriend que pusiera aquel libro transformador en mis manos hace unos cuarenta y cinco años. Desde entonces nunca me he tomado a la ligera cualquier libro que se presentara en mi vida, en particular si en aquel momento lo sentía asociado con una energía especial.

Dios obra de maneras misteriosas, y lo que parece una coincidencia insignificante, puede producir un cambio monumental, que sea el resultado de lo que parece ser un acto sin consecuencias. Desde este punto de vista, puedo ver que el regalo de John fue uno de esos momentos mágicos que te cambian la vida.

23

Estoy en el último trimestre de mis estudios doctorales. Corre el año 1970, y aún estoy a tiempo de completar los innumerables requisitos que tengo que presentar para obtener mi grado. La disertación está casi completa y la defenderé en mayo, dentro de unos noventa días.

Estoy en un seminario avanzado sobre el diagnóstico y la revisión de casos de estudio, un curso obligatorio para completar mi formación. Somos seis alumnos en este seminario que se reúne los martes por la noche, de siete a diez. Nuestro profesor es el hombre más famoso del campus, y es un verdadero honor sentarse a su lado. Ya he tomado otros dos cursos con él y es uno de los profesores más memorables de mis ocho años de educación superior.

Me considero afortunado de estar en este curso, el más buscado de la universidad. La admisión funciona por lotería, porque hay varios cientos de solicitudes y solo se ofrece una vez al año. Estoy casi seguro de que mi asesora, la doctora Mildred Peters, amiga íntima de este profesor, ha tenido algo que ver en el hecho de que yo haya sido el afortunado ganador de la lotería.

Cada semana presentamos estudios de casos ante el profesor y los demás participantes sentados alrededor de una gran mesa en el aula. Los alumnos ofrecemos nuestros pensamientos y evaluaciones diagnósticas, y a continuación el profesor ofrece su apreciación. Cuando habla, todos tomamos notas furiosamente; nos sentimos asombrados ante este hombre que disfruta de una reputación internacional por su erudición y brillantez en los diagnósticos.

El erudito que enseña este seminario es el doctor Fritz Redl, conocido como el "padre de la psicoeducación moderna". Ha publicado muchos libros, y entre los más conocidos están *Niños que odian* y *Controls from Within*.

El doctor Redl nació en Klaus, Austria, en 1902 y obtuvo su doctorado en la Universidad de Viena, estudiando con Anna Freud y August Eichorn. Salió de Austria a final de la década de 1930 debido a la ocupación nazi y al tratamiento que dieron a los intelectuales cuando se hicieron con el país. También es conocido por su trabajo con niños delincuentes, y por enseñar que el amor y el afecto son absolutamente imprescindibles en la relación terapéutica. Con este fin nos lleva a visitar Pioneer House, un centro de tratamiento residencial que ha fundado en Detroit para chicos y jóvenes psicosocialmente perdidos.

He llegado a amar a este hombre de múltiples maneras. Irradia compasión, siempre resulta entretenido y usa el humor en sus presentaciones. He devorado sus escritos y siento que tengo una relación muy especial con él. Soy su protegido: a menudo me invita a encontrarme con él a solas y a comentar algunos de los casos que presento en el seminario.

En esta clase semanal, la verdadera genialidad del ser humano se despliega cada martes por la noche. Me encanta pasar tiempo con este gran profesor que aporta una comprensión increíble a cada caso de estudio que presentamos. Habla con reverencia del trabajo de Abraham Maslow y nos anima a pensar en cada persona como en un ser Divino que es capaz de autorrealizarse si se le trata con amor y afecto, aunque no se los merezca. A lo largo de todo el semestre Fritz Redl hace énfasis en esto: *aunque no se los merezca*.

El doctor Redl es un hombre imprevisible, y es muy conocido por su inusual sentido del humor. Sus clases y seminarios son divertidos y entretenidos, y siempre está presente su compromiso con el amor y el afecto como dos componentes esenciales de la relación terapéutica.

En medio del trimestre académico, un día nos encontramos estas palabras escritas en la pizarra:

> Estamos en la mitad del trimestre. Tenéis treinta minutos para escribir. Vuestras respuestas determinarán si continuáis en este seminario avanzado.

Nos mira a los seis, todos sentados con nuestros libros azules abiertos, preparados para cumplir nuestro deber de escribir durante treinta minutos, y distribuye un párrafo que dice:

Un hombre autorrealizado llega a una fiesta en la que todo el mundo está vestido de manera bastante formal. Ellas llevan vestidos de noche y ellos, traje y corbata. Él lleva un pantalón de peto, zapatillas de deporte, camiseta y un gorro de béisbol. ¿Qué hace?

El doctor Redl nos mira, nos dice que volverá en treinta minutos y se va de repente.

Nosotros seis nos miramos con curiosidad, y con gesto confuso comenzamos a escribir. Después de exactamente treinta minutos nuestro profesor regresa a la sala y pide a cada persona que lea en voz alta lo que ha escrito. Todos decimos cosas muy parecidas, tratando de sonar eruditos y regurgitando lo que hemos aprendido sobre esta idea de autorrealización: Él no lo comentaría, él no se explicaría, simplemente actuaría como si nada le molestara. Iniciaría conversaciones y sería él mismo, aunque no estuviera vestido como los demás. No juzgaría la situación ni se sentiría incómodo con ella porque nunca juzga a otros ni a sí mismo por las apariencias. No le molestaría el hecho de destacar, y no se excusaría ni pediría perdón. Todos nuestros libros azules transmiten este tipo de respuestas a la pregunta de mitad del trimestre.

Después de habernos escuchado a todos, toma su maletín y lo arroja sobre la mesa del seminario con fingida indignación y disgusto por nuestras respuestas. "Todos habéis suspendido este curso. No habéis aprendido nada. Solo teníais que escribir cuatro palabras sobre el papel". Coge una tiza, se gira hacia la pizarra y escribe con letras grandes: NO SE DARÍA CUENTA. A continuación sale del aula durante cinco minutos mientras nos quedamos sentados, sonriendo con mansedumbre y mirándonos fijamente unos a otros.

El doctor Redl vuelve al aula, se sienta y anuncia que en este seminario no hay prueba de mitad del trimestre. Pasamos las dos horas siguientes comentando la enorme distinción que existe entre las personas clasificadas dentro de la media y las autorrealizadas.

AHORA PUEDO VER CON CLARIDAD

Han transcurrido más de cuarenta años desde aquel seminario, y nunca he olvidado la lección contenida en aquellas cuatro palabras que Fritz Redl escribió en la pizarra aquel martes por la noche. *[El hombre realizado] No se daría cuenta.* Han permanecido en mí y me han influido de múltiples maneras. En aquel momento esas palabras penetraron en mí, y después de todos estos años ahora puedo ver con claridad que han impregnado mis escritos, mi enseñanza y, sí, también mi alma.

Las personas autorrealizadas ven el despliegue de Dios en todo aquel con quien se encuentran. Van más allá de las apariencias. Son amistosas con todos y cada uno sin tener en cuenta su clase, educación, creencias políticas, raza o afiliación religiosa. Como señaló Maslow: "De hecho, a menudo parece que ni siquiera son conscientes de esas diferencias, que para la persona media son tan obvias e importantes".

Cuando salí de la universidad y me dirigía a casa por la noche, hice un compromiso conmigo mismo de que este iba a ser mi camino de vida. Iba a hacer todo lo posible por abolir cualquier juicio basado en las apariencias. El doctor Redl siempre hacía énfasis en la cualidad de amor, aceptación y afecto hacia todos, tanto en la relación terapéutica como en la vida personal. Solía decirnos que la terapia sirve para sentirse mejor o peor, y si nosotros, como supuestos ayudadores, estábamos operando a niveles espirituales inferiores a los de nuestros clientes, no solo seríamos incapaces de ayudarles, sino que se irían de las sesiones peor que como habían llegado.

Después de esa experiencia de lo que llamé mi "falsa mitad de trimestre", me di cuenta de que había aprendido más de aquel pequeño ejercicio de lo que podría aprender leyendo o investigando. Ese fue un momento clave para mí, o lo que Fritz hubiera llamado una "experiencia cumbre". En el instituto donde trabajaba, me enorgullecía de ser uno de los miembros del profesorado que no juzgaba a ninguno de los alumnos. Los empollones, los problemáticos y los indisciplinados eran tan bienvenidos a mi oficina como las estrellas brillantes que siempre se presentaban, olían y actuaban con un aura de rosada excelencia: dejé de notar diferencias entre ellos. Lo mismo era aplicable a todas mis interacciones. Siempre me había enorgullecido de no juzgar y de estar libre de prejuicios, pero ahora me daba cuenta de que prestaba mucha atención a las apariencias.

A lo largo de mi formación académica me había encontrado con muchos miembros del profesorado y compañeros alumnos que se limitaban a *cumplir*, por lo que me sentí motivado a ser diferente, de un modo que pudiera definir como *mejor*. Conocer a Fritz Redl, esta superestrella internacional de la espiritualidad, fue una especie de experiencia cumbre en sentido inverso. Me sentía enamorado del verdadero carisma de este hombre. Me encantaban tanto sus presentaciones que asistía a ellas aunque no estuviera matriculado en su asignatura. Estaba aprendiendo de él por el simple hecho de estar en su presencia. Su elevada energía era contagiosa. Él hacía que yo quisiera ser un terapeuta mejor, un profesor mejor, y lo más significativo, un ser humano mejor. Este era un hombre a quien las personas le importaban, especialmente los desvalidos. Pasaba mucho tiempo conectando con los desfavorecidos y los etiquetados como delincuentes.

Las lecciones del doctor Fritz Redl son evidentes para mí a lo largo de mis escritos, que empezaron un año después, en 1971, con la publicación de mi primer libro. Él era un maestro ante cualquier grupo, tanto una gran aula con mil alumnos como un grupo de seis doctorandos, e incluso en una conversación privada en su oficina. Le encantaba su trabajo. Le encantaba su asignatura y le encantaban las personas que lo tenían todo en contra. Veía el potencial de grandeza en cada uno y siempre trataba de ir más allá de lo externo y mirar al espacio interno, donde opera el espíritu. Era un ser humano gigantesco, un hombre al que yo quería emular en muchos sentidos. Me enseñó una de las mayores lecciones de mi vida: *ver el despliegue de Dios en todos aquellos con los que te encuentras, y en lo relativo a las apariencias externas, ser un profesor humanista que ni siquiera las nota*.

Me siento muy agradecido por la presencia de este hombre en mi vida, y porque veo mucho más claro gracias a él. Descansa en paz, mi querido profesor.

24

Es 1971. Durante los últimos cuatro años he disfrutado trabajando como asesor en un instituto fantástico, donde ocasionalmente asumo el papel de director. Mi sueldo es satisfactorio y puedo incrementar mis ingresos dirigiendo el programa para aprender a conducir por las noches y los fines de semana.

He completado todos los requisitos para el doctorado y fácilmente podría quedarme en Detroit y tener por delante una fantástica carrera profesional. Si me quedo aquí, podría acabar dirigiendo el departamento de asesoramiento, tener un negocio adicional más rentable que mi trabajo a tiempo completo y disfrutar el placer añadido de ser profesor adjunto a tiempo parcial en Wayne State University. He venido dando cursos para graduados en Wayne State una vez por semana, y me encanta la sensación de ser el profesor Dyer. Hace poco era un alumno de primero y deambulaba por el campus intentando averiguar los complejos procesos de matriculación en una universidad con más de 45.000 alumnos. Ahora se me ha concedido el título de profesor, con todo el prestigio que acompaña a una posición tan elevada (al menos, a mí me lo parece).

He estado enseñando en Wayne State a tiempo parcial durante los últimos cuatro trimestres, y tengo una relación maravillosa con el jefe del departamento. Mis evaluaciones son geniales y he presentado la solicitud para trabajar aquí a tiempo completo, pero en este momento no hay vacantes. Sin embargo, en otra gran universidad de Winconsin están considerando ofrecerme un puesto de profesor. Y un caballero llamado Bob Doyle acaba de telefonearme para decirme: "Te ofrezco un puesto de profesor a tiempo completo en la Universidad Saint John. ¿Estás dispuesto a trasladarte a Nueva York?". Sé con seguridad que deseo enseñar en la universidad y ahora tengo la oportunidad de hacerlo: he de tomar una decisión importante. Aceptar la oferta del doctor Doyle, que es el jefe del departamento de asesoría educativa en Saint John, representa un gran esfuerzo para mí.

Solo he vivido en Detroit, aparte de los cuatro años que pasé en la Marina. Este es el único lugar al que he llamado hogar. Estoy casado y tengo una hija de cuatro años, y mis dos hermanos y mi madre también viven aquí. Mi esposa no siente entusiasmo ante la posibilidad de separarse de su familia y trasladarse a una ciudad lejana. Trabaja como ayudante de un dentista, gana un buen dinero, y siempre ha vivido en Detroit los treinta y un años de su vida.

Sé que estoy siendo llamado a iniciar una nueva fase de mi vida para la que he venido trabajando desde que decidí seguir el camino académico, pero hay una parte de mí que quiere permanecer donde estoy y trabajar en este entorno que me es tan familiar. Afronto este dilema cada día. Estoy considerando trasladarme a un lugar donde no conozco a nadie, por un salario considerablemente menor del que gano ahora, para perseguir un sueño que todos creen que es una locura. Vivo este dilema día y noche, y solo me quedan unos días más para decidir antes de que retiren la oferta.

En este momento, la oferta laboral es escasa. Hay pocas oportunidades para ser profesor universitario en cualquier punto del país. Nadie contrata, y yo tengo estas dos ofertas sobre el regazo después de una única entrevista con estas dos grandes universidades. Me siento bendecido, pero vivo cada día en un torbellino interno. Estoy hecho un lío debido a la indecisión y las dudas. Lo más fácil sería decirme a mí mismo: *Olvídate de cambiar de lugar; es demasiado estresante, y, además, todo te va muy bien en Detroit. ¿Por qué montar el lío de trasladarte y trasladar a tu familia para perseguir un sueño que es demasiado difícil de implementar?*

El segundo dilema que afronto consiste en elegir entre las dos plazas de profesor, si por fin tengo el atrevimiento de concluir que voy a desalojar a mi familia y a hacer este traslado que me causa tanto estrés. Estoy mucho más familiarizado con el Medio Oeste, y Wisconsin está mucho más cerca que Nueva York. Presento este dilema a la directora de mi instituto, y ella añade más ansiedad a la situación al ofrecerme un considerable aumento de sueldo si me quedo en mi puesto actual. Ahora tengo que decidir si voy a ser profesor de universidad, y a qué ciudad voy a ir, ¿o debería aceptar ese notable aumento de sueldo, olvidarme de todas estas necedades y establecerme de una vez por todas? El momento se acerca. Debo tomar una decisión mañana.

Voy a un cubículo semiprivado en la biblioteca de la universidad que he usado casi cada día a lo largo de mis años como estudiante de grado. Accedo a un lugar tranquilo dentro de mí y medito durante más de una hora. Cuando de repente vuelvo a mi conciencia ordinaria, una voz interna me impulsa a cruzar la calle y hablar con la doctora Mildred Peters. Ella me ha acompañado a lo largo de todos mis estudios de doctorado, reordenó el programa de estudios doctoral para mí hace cuatro años y ha sido como una madre y guía para mí.

Voy a ver a Millie y le explico lo que me pasa. Ella me escucha con amabilidad, llena de alma, y me hace dos preguntas que resuelven todos mis dilemas definitivamente:

—¿Wayne, serás capaz de vivir contigo mismo si no eliges la opción que supone el mayor desafío? Eso es lo que siempre has hecho. Esa es tu vocación, ¿por qué estás en guerra con tu yo superior?

Me doy cuenta de que la única razón por la que estoy en un dilema es que he permitido que el miedo ocupe mi mundo interno. En mi corazón, siempre he sabido y he afirmado que *soy un profesor*. Me encanta ser profesor. He sabido, desde el momento en que hice mi primera entrevista con Bob Doyle en la convención nacional de la American Personnel and Guidance Association (APGA) en primavera, que este es mi destino. Supe que se me iba a ofrecer el puesto de profesor incluso antes de la entrevista, y si quedaba alguna duda, se disipó antes de nuestra primera reunión.

Esto era una cosa hecha, y en mi mente había empezado a dejar de equiparar con el desastre las potenciales consecuencias de dejar atrás todo lo que me era tan familiar. Había escrito un ensayo sobre algo a lo que llamé: "El miedo a lo desconocido", y ahora estaba viviendo este miedo en lugar de confiar en el sentimiento amoroso que experimentaba cuando me veía como profesor universitario en la Gran Manzana [Nueva York].

Cuando Millie me recuerda que me encanta la idea de afrontar desafíos, me doy cuenta de que es esto precisamente lo que Nueva York representa para mí. Oigo dentro de mí las palabras de una canción popular: "Si puedo ganarme la vida allí, podré hacerlo en cualquier parte". Es un sentimiento extático: Nueva York es el mayor desafío que podría emprender. Es la Gran Manzana, ¡y voy a ganarme la vida allí!

Llamo a mi esposa desde el teléfono de Millie y le pregunto si está dispuesta a acompañarme en esto. Ella se muestra renuente pero accede, sabiendo que es algo que yo debo hacer.

Dos meses después estamos viviendo en Nueva York. Estoy en la ciudad más grande del país, enseñando a alumnos de máster en el departamento de guía educacional y asesoramiento durante el verano. Me emociona tener mi propio despacho, un programa de clases completo, ¡y mi propia plaza de aparcamiento! Dejar atrás la única vida que he conocido ha sido uno de los retos de mi vida. He entrado en lo desconocido, y estoy emocionado por haber acumulado el coraje para dejar atrás lo que me era familiar.

Recuerdo que mi abuelo trabajó en la misma fábrica, y vivió en la misma calle, toda su vida. Podía notar un profundo sentimiento de insatisfacción dentro de él. Recuerdo que cuando estaba trabajando como profesor especializado en Detroit, tuve una conversación con un amigo, que me dijo que solo le quedaban trece años por delante para recibir su reloj de oro y los beneficios de la jubilación. Recuerdo que me sentí enfermo al contemplar la posibilidad de seguir haciendo lo mismo durante trece años para poder jubilarme con comodidad.

Estoy encantado de haber dado este salto gigantesco en mi vida. Todo me resulta tan extraño —el tráfico, las costumbres, los acentos, la prisa, la prisa, la prisa con que se hace todo—, pero estoy en paz y sé que puedo tener éxito aquí.

AHORA PUEDO VER CON CLARIDAD

Al mirar atrás a aquellos días en los que sentí tanta tensión interna por no ser capaz de tomar la decisión de abandonar lo familiar y dirigirme hacia lo desconocido, ahora puedo ver con claridad que había algo muy poderoso operando dentro de mí que no podía ser ignorado. Vine aquí con una música que tocar, y la idea de llegar al final de mi vida y morir con esa música todavía reverberando dentro de mí era insoportable. Confío en estas sensaciones internas y creo que conllevan una especie de guía Divina, que en este caso me envió a la doctora Peters.

Millie supo exactamente qué decirme en aquel momento, y ahora mismo está aquí, guiándome mientras escribo estas palabras. Siento su presencia casi cada día, sonriéndome, aunque abandonó este mundo material hace muchos años. Ella sabía que yo tenía un gran *dharma* que vivir; de hecho, a menudo me decía que tenía grandeza dentro de mí y que estaba destinado a ser una gran voz para la transformación de nuestro mundo. Ahora es un verdadero ángel, alguien con quien hablo cuando tengo que tomar grandes decisiones, y sé que ella fue un ángel terrenal para mí a lo largo de mis años como estudiante doctoral en la década de los 60.

Ahora puedo ver con claridad que hay ángeles guardianes que se presentan en momentos cruciales de nuestra vida. Desde este punto de vista, es evidente para mí, aunque no lo era en aquel momento, que las fuerzas celestiales me enviaron a la doctora Mildred Peters porque sabían que necesitaría una luz que me guiara para tomar las grandes decisiones de mi vida. Recuerdo que muchas veces estuve a punto de renunciar a mis ideas elevadas, y Millie se presentaba y me orientaba en la dirección correcta que mi destino pedía.

Aquel día de 1971 sentía una gran agitación dentro con respecto a dónde ir y cómo hacer que todo ocurriera. Esta mujer, que juro que tenía la capacidad de ver el futuro, despejó todas mis reservas con su mirada penetrante, y me puso al derecho. Hasta la fecha, el resultado de aquella decisión incluye cuarenta y un libros publicados, diez programas especiales para la televisión, más de mil conferencias públicas, y cientos y cientos de programas grabados que han ayudado a millones de personas a mejorar su vida. Puedo verlo todo desde aquí, y ahora mismo tengo una visión de Millie sonriéndome. Recibí la bendición de tener una asesora profesional extremadamente competente y que ha seguido estando conmigo el resto de mis días.

Algo que hoy sé, y de lo que no era consciente hace cuarenta años, es el aprendizaje adquirido de *Un curso de milagros*. *UCDM* nos enseña a tomar decisiones preguntándonos: "¿Estoy haciendo esto desde el miedo o desde el amor?". Cuando estamos en el miedo, no hay sitio para el amor, y cuando estamos en el amor, no hay sitio para el miedo. Cuando retiré el miedo de mi mundo interno, sentí una profunda sensación de paz. En otras palabras, fui capaz de actuar desde el amor. Sin el miedo, fui capaz de mirar a la Ciudad de Nueva York como una gran aventura, en lugar de algo que temer.

El miedo es un ejercicio mental; es una respuesta habitual que está alojada en la mente subconsciente desde la infancia, y surge cuando anticipamos lo desconocido. Desde mi perspectiva actual, sé que el amor es lo que queda cuando suelto el miedo. He aplicado esta sabiduría de *UCDM* a la hora de tomar las grandes decisiones de mi vida. Cuando surge un tira y afloja interno que conlleva indecisión y duda, me recuerdo que la ansiedad es una respuesta emocional, y por lo tanto debe venir del amor o del miedo. Y como el amor no es estresante, lo que está manifestándose debe ser el miedo. Entonces voy a un lugar amoroso dentro de mí y la indecisión queda resuelta. Descubro que, si me permito aquietarme y meditar sobre el asunto, surge la guía amorosa, y para mí esta guía amorosa suele tomar la forma de alguien que ha sido una presencia celestial en mi vida.

Desde la distancia desde la que ahora puedo ver con claridad es evidente que tenía que ir a Nueva York. Si hubiera ido a Wisconsin o me hubiera quedado en Detroit, mi vida, y probablemente también la tuya, habría tenido un aspecto distinto del que tiene ahora. Cuando salieron a la superficie aquellos obstáculos mentales, conquistar el temor es lo que me permitió perseguir mi sueño.

Vivo según un antiguo adagio que he llegado a entender: "El miedo llamó a la puerta; el amor respondió, y allí no había nadie". Como observó en una ocasión uno de mis mayores maestros, Ralph Waldo Emerson, parafraseando a Virgilio: "Ellos pueden conquistar a quienes creen que pueden", y "No ha aprendido la lección de la vida quien no supera un miedo cada día". Aquel día aprendí una de las grandes lecciones de mi vida.

25

Soy profesor a tiempo completo y enseño a alumnos graduados en la Universidad Saint John. Este es mi segundo año, y todavía me encanta el mundo académico. Soy libre de enseñar mis cursos como quiera. Enseño principalmente a profesores de escuela interesados en convertirse en asesores escolares; también superviso a cinco o seis estudiantes de doctorado y dirijo sus investigaciones hasta que lleguen a dar su disertación doctoral. Asimismo tengo una pequeña práctica privada de asesoramiento. Sin embargo, paso buena parte de mi tiempo escribiendo artículos para publicaciones profesionales.

El director de mi departamento, el doctor Bob Doyle, me ha dicho: "Para obtener una promoción, y en último término la plaza fija, debes demostrar excelencia académica publicando en diarios profesionales y libros de texto". Corre el año 1973 y formo parte de un sistema conocido como "publica o perece". Si no obtengo créditos por publicar trabajos, perderé mi empleo, y hay muy pocas ofertas en mi profesión.

Me dedico a hacer el tipo de escritura que aborrecí en mi primer año de universidad, siguiendo el estilo APA con el fin de agradar a un profesor ayudante en la asignatura Inglés 102. Quiero escribir para las masas, quiero publicar mis propios libros sobre cómo vivir una vida autorrealizada, y tengo un millón de ideas pasando por mi mente sobre cómo hacer un libro popular que sea un éxito de ventas. Me siento particularmente atraído por la idea de escribir un manual que invite a las personas que se consideran ordinarias a crear una nueva visión de sí mismas. Quiero animar a los lectores a descubrir su potencial para vivir a niveles de conciencia extraordinarios. El doctor Maslow escribió sobre este potencial en *Hacia una psicología del ser*, publicado hace una década, un libro que llevo siempre en el maletín. No obstante, envío diligentemente artículos a muchas publicaciones y compilo un currículo impresionante de escritos profesionales.

Después de completar mi primer año académico, solicito una promoción para ser profesor asociado. Se me niega la promoción, pero el comité evaluador me anima a continuar por el mismo camino. Me siento frustrado con este tipo de actividad en mi vida. Me encanta enseñar y soy popular entre los alumnos. Pongo mucho amor y esfuerzo en mi enseñanza, y me encanta estar frente a una clase. Practico el voto que realicé hace una década, cuando me sentaba a escuchar clases monótonas. Hago todo lo posible para que mis clases cobren vida. Uso el humor, cuento anécdotas y demuestro el tipo de asesoría que me gustaría que practicasen mis alumnos. Traigo a clase grabaciones de terapeutas destacados, y en general hago del aula un lugar interesante. Tengo unos treinta alumnos por clase, pero no deja de ser habitual que lleguen hasta sesenta, puesto que mi clase atrae a muchas personas invitadas por mis alumnos.

Empiezo a grabar mis presentaciones. En el fondo sé que el material que enseño y los métodos que empleo atraerán a un público más amplio, además de los maestros de escuela que desean dedicarse al asesoramiento. Quiero tener un registro de estas presentaciones para mi uso personal cuando me prepare para escribir para otros medios que no sean publicaciones aburridas. Es de esperar que ocurra en un futuro cercano.

Completo mi segundo año académico y en esta ocasión el comité de promociones decide que merezco el título de profesor asociado. He sido coautor de un libro con mi colega de Detroit, el doctor John Vriend. El libro está escrito por nosotros dos y una serie de otros profesionales, y lleva el título de *Counseling Effectively in Groups* [Asesoramiento eficaz en grupos]. Ahora soy un autor publicado, y los créditos obtenidos por la publicación me permiten ser llamado "profesor asociado de asesoramiento psicológico".

Al año siguiente escribo otro libro de texto con John, publicado por AGA Press. La American Personnel and Guidance Association es la asociación profesional para eruditos y profesionales de este campo, una organización prestigiosa dentro de la comunidad académica. El libro se titula *Counseling Techniques that Work* [Técnicas de asesoramiento que funcionan], y será bien recibido por ser un libro de texto obligatorio en las clases de las escuelas para graduados de todo el país.

Estoy ocupado escribiendo un tercer libro de texto del que voy a ser coautor junto con John Vriend. Escribo furiosamente cada momento que tengo libre y le envío el manuscrito original capítulo a capítulo para que él lo edite, pero no consigo que me responda. John está cada vez más preocupado porque se está dando a la bebida. Cuando le telefoneo para hablar del manuscrito, habla de forma incoherente, con el mismo tipo de discurso de persona ebria que recuerdo tan bien de cuando conviví con mi padre adoptivo hace muchos años.

Escribo el libro entero, titulado *Group Counseling for Personal Mastery* [Asesoramiento en grupo para la maestría personal], pero no consigo que el hombre con quien he acordado ser coautor coopere en lo que considero un calendario sensato. Decido que ya no quiero estar en la posición de depender de alguien para completar mis escritos. Iré en solitario y no haré equipo con nadie.

Abandono la idea de publicar este libro por el momento y empiezo a enfocar toda mi energía mental en escribir mi propio libro. No para la comunidad académica, sino para el público en general. He leído a Dale Carnegie, a Napoleon Hill y a Norman Vincent Peale, y siento que puedo ofrecer un libro que vaya más allá de sus inspiraciones y consejos. Amo y admiro a todos estos hombres y lo que ofrecen; los considero pioneros en el fascinante club al que tengo intención de pertenecer.

He escrito tres libros de texto, el último sin publicar, pero sé que algún día será publicado. Aproximadamente veinticinco de los artículos que he escrito han sido publicados en diarios profesionales, y he coproducido una serie de doce cintas de casete tituladas *Counseling for Personal Mastery* [Asesoramiento para la maestría personal]. Ahora siento que esta etapa de mi viaje está completa, y mi visión está cambiando.

El mundo académico, si bien resulta estimulante y gratificante, se está volviendo cada vez más insuficiente. Me encantan el aula y los alumnos, pero las políticas de la vida universitaria me dejan frío. Reuniones de comité, políticas de oficina, presiones para obtener plazas fijas, exigencias administrativas que parecen triviales, y una montaña de papeleo y de avisos en mi buzón que drenan mi creatividad. Ya no quiero escribir para un público limitado, con el fin de conseguir estatus y promocionarme, en lugar de autorrealizarme. Me siento agobiado en muchas áreas de mi vida y me doy cuenta de que necesito alejarme temporalmente de este entorno.

Sé que este es un trabajo fabuloso y que muchos darían casi cualquier cosa por tenerlo, pero me siento llamado a iniciar un nuevo capítulo en mi vida. Conozco las señales, y también sé que no puedo ignorarlas sin pagar un elevado precio. Recuerdo haber leído una pregunta que ahora martillea en mi conciencia: *¿Has vivido setenta y cinco años o has vivido un año setenta y cinco veces?*

Estoy a punto de hacer un cambio que no puedo ignorar y no ignoraré. No quiero hacer lo mismo una y otra vez, compilando un currículo de repeticiones. Necesito expandirme. Necesito estar al mando. Sobre todo, necesito sentirme libre de los requisitos rancios e insípidos que se me imponen para tener el privilegio de ser un profesor universitario.

AHORA PUEDO VER CON CLARIDAD

Al mirar atrás a los años que pasé como profesor universitario, sé lo importante que es evitar el error de evaluar el éxito y la felicidad en función de medidas externas.

A mis treinta y tantos tenía todo a mi favor. Tenía un trabajo en el que era casi seguro que se me iba a dar la plaza fija, lo que significa tener el empleo garantizado de por vida, en una profesión donde tal seguridad es un bien escaso. Todos mis alumnos y mis supervisores de la universidad me daban evaluaciones muy buenas. El decano me recordaba con frecuencia cuánto se me valoraba y apreciaba por el reconocimiento que estaba trayendo a la universidad. Había amasado un currículo de publicaciones envidiable, y tenía contratos para futuros libros de texto sobre mi escritorio, esperando mi firma. Tenía las condiciones de trabajo más cómodas que uno pudiera pedir. Solo se me exigía estar en el campus dos días a la semana, tenía una relación estupenda con mis compañeros y una práctica terapéutica floreciente.

Sin duda este trabajo era una perita en dulce, pero había algo que me quemaba por dentro, exigiendo toda mi atención. Mi mundo externo parecía estupendo, pero mi mundo interno, donde vivo cada día, se sentía inquieto e incompleto.

Esto me recordó el personaje epónimo de León Tolstoi en su famosa historia *La muerte de Ivan Illich*. En su lecho de muerte, Ivan Illich mira a los ojos de su esposa, la mujer a la que desprecia por haber hecho muchos convenios relacionados con su vida sin consultarle, y le pregunta:

—¿Y si toda mi vida ha estado equivocada?

Esa escena me hacía sentir escalofríos. No podía imaginarme mi vida escribiendo para los académicos, siendo coautor con un hombre que no tenía el corazón en ello, enseñando cursos en las mismas aulas y asistiendo a las mismas reuniones universitarias toda la vida. Sin duda mi vida habría estado "equivocada", como temía Iván Illich en su lecho de muerte. Entonces no lo sabía, pero mi yo superior estaba tratando de captar mi atención en un esfuerzo por hacerme vivir sin miedo.

26

La Universidad Wayne State ofrece un programa para graduados en psicología en Alemania al personal militar elegible y a las personas que dependen de ellos. En lugar de hacer que los alumnos vengan a la universidad, este programa lleva la universidad a los alumnos. Me preguntan si estoy dispuesto a enseñar en este programa durante dos trimestres académicos y digo que sí. Es la primavera de 1974 y estoy en excedencia de la Universidad Saint John en la ciudad dividida de Berlín.

Es la primera vez que voy a Europa y estoy disfrutando enormemente de ser libre de todos los requisitos asociados con mi posición universitaria en Nueva York. Enseño un horario académico completo en Berlín, y me encanta este trabajo y esta aventura.

Alemania siempre me ha fascinado. Los dos hermanos de mi madre participaron en la Segunda Guerra Mundial: mi tío Stuart —con quien viví hasta que cumplí ocho años, junto con sus cuatro hijos— fue prisionero de los nazis durante dos años. Mi tío Bill —el que me inspiró para estudiar y ser profesor— sirvió en el Pacífico en un destructor de la Marina. Había oído las historias de horror del holocausto y había visto películas de los campos de concentración, y siempre me había parecido incomprensible que hubiera tenido lugar una maldad así, en particular durante mi tiempo de vida. Tal vez en la antigüedad, pero me parecía imposible que cuando yo era pequeño y vivía en el orfanato se hubieran construido campos para exterminar a toda una población, solo por sus diferencias religiosas o culturales.

Me cuesta entender que este país de personas civilizadas permitiera tal malignidad rampante entre ellos. Dondequiera que voy, hablo con alemanes y les hago la misma pregunta: "Sucedió hace solo unos años, ¿cómo pudo ocurrir?". Nadie quiere hablar de ello. La vergüenza colectiva es evidente en todos los hombres y mujeres que lo vivieron.

Decido aprender más sobre esto. Me cuesta creer y me obsesiona cómo una conducta tan carente de cualquier principio pudo infectar a toda la población. *¿Qué estaban pensando? ¿Por qué no fueron capaces de acabar con esta locura antes de que alcanzara proporciones epidémicas?* Esto es una evidencia del pensamiento grupal que tanto aborrezco y con el que he estado luchando a mi pequeña escala personal por lo monstruoso que puede llegar a ser.

Compro el libro de William Shirer sobre la Alemania nazi titulado *The Rise and Fall of the Third Reich* [Auge y caída del tercer Reich], publicado originalmente en 1960. Lo leo entero en pocos días y me siento todavía más inquieto que antes. Parece que el curso de la historia humana ha hecho que la obediencia ciega de las normas sea la mayor virtud de la mente alemana. Lo noto por doquier. Parece que todo el mundo hace lo que le mandan: nadie cuestiona la supuesta autoridad. Si hay una regla, la obedeces sin cuestionarla. Veo esta sumisión automática por todas partes. En Alemania nadie parece cuestionar nada.

Mi horario de clases me permite viajar, de modo que mi esposa y yo pasamos los fines de semana visitando lugares que quedan a corta distancia de Berlín en tren. Vamos a Bavaria, Dinamarca, Suecia, Noruega, Austria, Francia, Holanda y Suiza. Encuentro que las diferencias entre Alemania del Este y del Oeste son muy marcadas, y no puedo borrar de mi mente las imágenes del Holocausto. Pisotear toda evidencia de individualidad, cuando se reprime suficientemente, produce la locura de la limpieza étnica y hace del genocidio un hecho aceptado. Estoy más que obsesionado. Tengo que ver esto por mí mismo. Tomo la decisión de tomar el tren desde Munich para visitar Dachau.

Al llegar, digo al conductor del taxi que mi esposa y yo queremos ir al antiguo campo de concentración que ha sido preservado como recordatorio de lo ocurrido hace solo 29 años, para que el mundo no lo olvide nunca. El conductor del taxi, un hombre de unos 55 años, se niega a llevarnos al campo. Es evidente que de algún modo tomó parte en aquellos horrores cuando tenía veintitantos, y siente tanta vergüenza que elige perder un trayecto para no visitar el lugar.

Otro taxi nos lleva a Dachau, el primer campo de concentración que se abrió en Alemania. Construido en 1933 para prisioneros políticos, posteriormente se convirtió en crematorio e instalación para asesinatos en masa al servicio de la malvada visión del partido nazi. En lugar de pensar por sí mismos, los alemanes hicieron lo que se les dijo a una escala tan masiva que hicieron falta millones de ellos para llevar a cabo las siniestras órdenes de un loco y sus secuaces.

Mientras caminamos por los terrenos de Dachau, me siento abrumado por la tristeza y la desesperación. Siento el dolor del odio que se desplegó aquí: sí, aquí, en los hornos y cámaras de gas se asesinó a seres humanos día tras día, durante muchos años, todo a la vista de una floreciente ciudad situada a pocos kilómetros. Este es el resultado último de que a la gente se le lave el cerebro para vilipendiar a otros que piensan, rinden culto o actúan de maneras distintas a la mayoría.

Siento que el aire se hace cada vez más irrespirable. Estoy a punto de vomitar. El miedo y la desesperación siguen estando aquí, en estas viejas barracas, en las duchas, y en los hornos, incluso en el pavimento sobre el que camino. Siento que estoy aquí por una razón.

La alteración interna es más que una reacción normal ante este espectáculo de horror. Sé que he cambiado para siempre. Yo fui concebido el día que esta guerra empezó, el primero de septiembre de 1939, cuando Hitler invadió Polonia. Nací nueve meses después, el diez de mayo de 1940. Siento que, de alguna manera misteriosa, yo tenía que venir aquí, y no puedo quitarme esta idea de la cabeza. He sido llamado a este lugar dejado de la mano de Dios que ahora es un museo para conmemorar el Holocausto, y está dejando una impresión duradera en mí.

Una semana después tomo un tren a Amsterdam y visito la casa donde Ana Frank se escondió en el anexo secreto, y escribió su famoso diario que se convirtió en un fenómeno mundial una vez acabada la locura de la Segunda Guerra Mundial. Subo por las escaleras y vuelvo a sentir el dolor que todavía emana de la barandilla, del suelo, del edificio entero, como si esta energía de vergüenza no se hubiera disipado. Sigue estando aquí, en el hogar ahora reconvertido en museo en memoria de la familia de Otto y Edith Frank, así como de las incontables víctimas que fueron sacrificadas durante los mismos años en que yo era niño y crecía seguro en una casa de acogida al otro lado del mar. No me limito a mirar las fotos y leer los recordatorios; conecto con el miedo de los que vivieron aquí. Una vez más, el aire es denso, no puedo respirar, tengo que salir para tomar aire fresco.

De algún modo, estoy conectado con todo esto. Ocurrió en el transcurso de mi vida.

No entiendo mi deseo apasionado de saber de todo esto. Es mucho más que curiosidad. Estoy en este entorno y me siento obligado a visitar otros lugares horrendos donde se realizaron atrocidades con la colaboración bien dispuesta de toda la población, a la que un orador convincente, que escupía maldad y odio, había lavado el cerebro, convenciendo a mucha gente de que era su deber comportarse de estas maneras perversas, aunque violaran su naturaleza original. Ellos dejaron voluntariamente que se violara su sentimiento natural de amor hacia su prójimo. ¿Cómo pudo ocurrir? Es inimaginable que esto haya tenido lugar en el transcurso de mi vida. Estoy conmocionado. Me siento llamado a levantar la voz, a escribir para que este tipo de cosas no vuelvan a pasar nunca.

Me voy de Alemania para enseñar en Karamursel, un lugar situado en la parte noroccidental de Turquía, en la bahía de Izmit, sobre el Mar de Mármara. No puedo quitarme de encima las imágenes que he visto. Me ha impactado profundamente la experiencia de vivir en Alemania, que hace poco menos de treinta años estaba en guerra con el mundo.

Durante el largo viaje en autobús de Estambul a Karamursel me siento transportado a los tiempos bíblicos. Veo que se sacrifican animales en los mercados centrales de los pueblos, todo tipo de carros transportando bienes y a la gente local conduciendo viejos coches americanos o montando en bicicleta. Esto es muy distinto de Alemania. Enseño en una base de la Fuerza Aérea durante un trimestre, y me entusiasma que se lleve la universidad a nuestros militares en el extranjero. Los alumnos lo aprecian, y me siento orgulloso de ser miembro del profesorado aquí, en este lugar aislado. Mis diez semanas transcurren con rapidez.

Mi esposa y yo tenemos programado salir de Turquía y volver a Estados Unidos en julio, pues tengo que retornar a la Universidad Saint John, donde acaban de promocionarme a profesor asociado. Tengo dudas con respecto a seguir trabajando a tiempo completo, pero he accedido a seguir en la universidad el próximo semestre de otoño que comienza en septiembre.

Vivir en un país musulmán ha sido esclarecedor en muchos sentidos. Me encanta la gente de aquí. Me gusta mucho estar cerca de la naturaleza y nadar cada día en el Mar de Mármara. Vivir en Berlín, después en Glyfada, Grecia, durante una breve estancia y más adelante en Turquía ha ampliado mi mente. Sin embargo, tengo muchas ganas de volver a casa.

Mi esposa y yo llegamos al aeropuerto de Estambul en circunstancias que son nuevas para nosotros. Hay tanques, soldados armados con rifles, y vemos diversos tipos de armas de camino al aeropuerto y dentro del mismo. Es el 18 de julio de 1974; se habla de que va a haber guerra y de cerrar el aeropuerto, que está a rebosar de gente intentando salir del país.

Cuando voy a registrarme para el vuelo, se me informa de que no habrá vuelos comerciales dentro o fuera de Estambul en el futuro previsible. Se me dice que podríamos permanecer atascados aquí por un periodo de tiempo indefinido. La gente siente pánico; el aeropuerto está congestionado, lleno de personas frustradas, enfadadas y atemorizadas. Por todas partes se habla de guerra. Turquía se está preparando para invadir el norte de Chipre, y Grecia prepara una respuesta militar.

Camino por el aeropuerto con una visión mental distinta de la de todos los demás, que parecen estar en diversos estados de miedo y pánico. Me veo a mí mismo volando fuera de aquí esta misma mañana. Es una intención fijada con Super Pegamento en mi imaginación, una imagen que no se va de mí.

Veo a algunos americanos haciendo cola y preparándose para abordar un avión de transporte militar que se dirige a la base aérea de Ramstein, en Alemania. También me doy cuenta de la presencia de un hombre turco que parece estar al cargo del proceso de subir al avión. En este entorno ajetreado, él se aproxima a la gente y les plantea preguntas. Todos aquellos a los que se acerca niegan con la cabeza y se van.

Me acerco al hombre y él me pregunta adónde voy. Le explico que tengo programado volar a Londres, pero mi vuelo se ha cancelado. Le digo que tengo un billete militar, de un rango bastante elevado, ya que he sido profesor en la base naval de Karamursel. Él me dice que mi billete ya no es válido, pero si quiero salir de Turquía, él puede arreglarlo en este vuelo que se dirige a Alemania, y yo podré seguir adelante desde allí. En este transporte militar solo quedan dos sitios; por dos mil dólares en metálico, él conseguirá que mi esposa y yo salgamos de Turquía, donde la guerra está a punto de estallar.

Veo a este hombre turco como un ángel que me ha sido enviado para llevar a cabo mi intención de volver a casa hoy mismo. Le doy todo el dinero en metálico que tengo, que es lo que he ganado enseñando en Karamursel. Me quedo corto por 200 dólares, pero él acepta, y mi esposa y yo montamos en el último vuelo que sale de Estambul. Ella me mira fijamente con la boca abierta: unos momentos antes sentía pánico de que nos quedáramos atascados interminablemente en un país en guerra, y ahora vamos a volar a Alemania en un vuelo del ejército de Estados Unidos, en el que he conseguido que nos montemos sobornando a un hombre turco en medio del caos.

Aterrizamos en Ramstein, conseguimos un vuelo comercial a Frankfurt, y volvemos a Estados Unidos el 20 de julio de 1974, el mismo día que se inicia la invasión militar de Chipre en respuesta a un golpe de estado ocurrido allí que ha sido apoyado por la junta militar griega. Canto alabanzas al poder de hacer que ocurran milagros cuando uno se aferra firmemente a su intención.

AHORA PUEDO VER CON CLARIDAD

El tiempo que pasé enseñando en el extranjero me proveyó experiencias de vida que contribuyeron de manera decisiva a todo lo que iba a crear durante las cuatro décadas siguientes. En la primera parte de mi vida, desde mis primeros recuerdos, pasé mucho tiempo rebelándome contra las figuras de autoridad y las instituciones que me llevaban a pensar y a ser como los demás. Parecía que había nacido con este tipo de reacción recalcitrante hacia la mentalidad del pensamiento grupal. Vivir en Alemania me permitió ver de primera mano, en mi experiencia, lo peligrosa que puede ser esa manera de pensar, y que puede llevar a la degradación definitiva del ser humano en el genocidio.

Cada día hacía esas preguntas difíciles a cualquiera que hubiera vivido los espantosos años de la Segunda Guerra Mundial. Necesitaba oír de los antiguos soldados, de las amas de casa, de los que entonces eran niños, tenía que oírlo de ellos. "¿Lo sabíais? ¿Qué pensabais de ello? ¿Considerasteis alguna vez desobedecer esas órdenes odiosas?". Las respuestas casi siempre eran las mismas: "No éramos conscientes de ello…, teníamos demasiado miedo para objetar…, las cosas eran así…, hicimos lo que se nos dijo". Sabía en mi corazón que prácticamente todos habían cooperado de algún modo, porque las acciones espeluznantes estaban tan extendidas que involucraban a millones de personas.

Cuando me fui de Alemania, supe que había cambiado para siempre. Tuve que estar allí en aquel tiempo para que lo que vi y oí se imprimiera en mi conciencia. Tenía que escribir y hablar sobre la importancia de confiar en uno mismo y sobre el *yo*, pero no el yo humano, sino el yo superior.

Supe que la impresión que Thoreau había dejado en mí sobre la necesidad de la desobediencia civil en mis días del instituto tenía que filtrarse a mis futuros escritos. Estos actos viles ocurrían debido a las zonas de imágenes mentales erróneas que tenían que ser cambiadas. Podía escribir sobre esto con mucha más pasión de la que antes había puesto en mis escritos y conferencias.

Al mirar atrás, ahora puedo ver la perfección de todo este proceso. Yo encarné el día en que comenzaba aquella horrible guerra. Estaba obsesionado por aprender la verdad de lo que los nazis fueron capaces de lograr mientras yo era un niño y vivía en un orfanato. Había hecho un voto interno de enseñar a confiar en *uno mismo* en lugar de confiar en el *grupo*. Todas estas influencias formaban parte del *dharma* que era mi destino. Aunque no sabía cuándo ni cómo, me fui de Alemania con la determinación de enseñar a la gente a confiar en su propia naturaleza original, que está hecha de amor, bondad, amabilidad y, sobre todo, de servicio a los demás.

Tanto en Amsterdam como en Dachau experimenté de primera mano que la energía es eterna. En esos lugares resucitados, abiertos al público para que nunca olvidemos, sentí algo del dolor, de la tristeza y del miedo que habían sentido los que estaban siendo tan maltratados. Nunca he dudado de esto. Desde este punto de vista, ahora puedo ver con claridad que mientras estaba en Amsterdam, Dachau y otros lugares, estaba respirando las feromonas del miedo. He visto que los animales que están siendo llevados al matadero, donde otros animales han muerto con miedo, reaccionan del mismo modo al sentir esa energía y emiten sus propias feromonas del temor. Todo es energía. Hace años renuncié a comer carne de animales sacrificados porque, cuando la comía, también estaba consumiendo su miedo.

Personalmente elijo hacer todo lo posible para estar rodeado de amor en lugar de miedo. Mis escritos futuros iban a enfocarse en superar el miedo, y en tomar conciencia de la naturaleza permanente de la energía y de cómo nos impacta a todos. Iba a hablar y a escribir sobre la idea de que todos estamos conectados en Espíritu; así es la naturaleza de nuestro universo.

Mis visitas y conversaciones en Alemania tuvieron una profunda influencia en mí. Caminando por aquellos lugares viles pude sentir en las tripas y en el corazón una conexión con aquellas almas desafortunadas. Me sentí poseído por algo etéreo mientras viajaba por Europa en 1974.

Sé que fui enviado allí para despertar mi alma e inspirarme a enseñar a la gente a superar sus pautas de pensamiento erróneas.

Al revivir mi experiencia en Turquía mientras se declaraba la guerra por lo ocurrido en Chipre, recuerdo lo significativo que ese día iba a ser para mí. Tenía en mi mente la imagen de escapar del país aquella misma mañana; era tan real que actué a partir de ella como si ya fuera mi realidad. No era un deseo, era una intención. Y como había usado mi imaginación para excluir todos los pensamientos de que no iba a funcionar, experimenté el poder de la intención mucho antes de empezar a escribir sobre él años después.

Debo haber contado cientos de veces esta historia sobre lo poderosa que puede ser una imagen mental, especialmente cuando actúas como si la imagen ya fuese realidad. En lugar de buscar razones para verificar por qué estaba en una situación imposible en el aeropuerto de Estambul, actué a partir de una imagen interna. Una vez más había quedado expuesto a una idea que se iba a convertir en un lema en mis escritos y en mi vida: "No hay nada más poderoso que una idea cuyo tiempo ha llegado".

Salir de Turquía aquel día de julio de 1974 era una idea cuyo tiempo había llegado en mi mente, y el poder surgió de estar dispuesto a actuar solo desde esa idea. Este ha sido un tema central en todos mis escritos, y obviamente tuve que experimentarlo de primera mano para que se imprimiera con tanta viveza en mi conciencia.

27

Es agosto de 1974, y estoy en Nueva York, enseñando a una clase de la escuela de verano en la Universidad Saint John. Es un semestre más corto y doy clase dos veces por semana para hacerlo equivalente a un semestre normal.

Hablo con mi colega, la doctora Shirley Griggs, que dirige un fondo federal destinado a determinar si las escuelas universitarias y las universidades del sur del país cumplen el Acta de los Derechos Civiles de 1964. Me dice que podría ganar algún dinero extra si voy a la Universidad para Mujeres Mississippi en Columbus, Mississippi. Pasaría dos días sentado en clase, entrevistando a los alumnos y profesores, y al final del viaje tendría que escribir un informe. Acabo de volver de Europa, donde me ha costado 1.800 dólares sobornar mi vuelta a casa desde Turquía, y estoy encantado de tener la oportunidad de ganar un dinero extra, de modo que acepto.

Hace cuatro años, una prima del lado de mi padre llamada Dorothy Phillips me dijo: "Wayne, he oído que has dedicado mucha energía a intentar conocer a tu padre. Llamo para decirte que murió en 1964 en Nueva Orleans, y su cuerpo fue enviado a Biloxi, Mississippi, para ser enterrado. Esto es todo lo que sé".

Aunque mi padre había muerto y yo había dejado de buscarlo, todavía persisten mis sueños de encontrarme con él y la furia que siento en ellos. Ahora tengo la oportunidad de ir a Mississippi por trabajo, y me emociona la posibilidad de ir a su tumba y de revisar el certificado de defunción para ver si estoy incluido en él como hijo superviviente. Nunca he visto a ese hombre, por supuesto, ni tampoco sé si alguna vez reconoció que tenía tres hijos, siendo yo el más joven.

Acepto el encargo que me ofrece Shirley y tengo muchas ganas de visitar la tumba de mi padre, y tal vez cerrar este tema, que me ha tenido perplejo desde que era niño.

Acaban las clases de verano el 28 de agosto, miércoles. El jueves vuelo a Columbus, Mississippi, y hago todas las visitas y entrevistas requeridas durante aquella tarde y la mañana siguiente. Cuando acabo, voy al único lugar del campus donde se alquilan coches y alquilo un Dodge Coronet de 1974. Voy a conducir las 200 millas que me separan de Biloxi. Pasaré un día o dos allí, devolveré el coche en el aeropuerto de Nueva Orleans y volaré a casa el domingo por la tarde.

Noto que el Dodge huele a nuevo, y veo que nunca ha sido alquilado antes. El cuentakilómetros marca 0,8 kilómetros; un coche completamente nuevo que han traído hoy a este campus. Me pongo detrás del volante, busco el cinturón de seguridad y me doy cuenta de que aún no lo han colocado. Salgo del coche, retiro el asiento y veo el cinturón sujeto al suelo del coche con cinta adhesiva, y la hebilla dentro de una envoltura de plástico con una goma alrededor. Retiro la goma y el plástico, y dentro de la hebilla encuentro una tarjeta. Dice: Candlelight Inn [Hospedería Candlelight]-Biloxi, Mississippi, y hay un pequeño mapa con una serie de flechas apuntando a la hospedería. Pienso por un momento que es extraño que este sea un coche nuevo y que yo me dirijo a Biloxi. Meto la tarjeta en el bolsillo de mi camisa y comienzo el viaje.

Llego a las proximidades de Biloxi a las 4.50 de la tarde del viernes 30 de agosto, y entro en la primera estación de servicio que veo. Consulto el directorio telefónico que cuelga de una cadena en la cabina telefónica y llamo a los tres cementerios que vienen en las páginas amarillas. El primer teléfono da señal de tener la línea ocupada y no tengo respuesta del segundo. A continuación, un caballero del sur, que suena como una persona mayor, responde al tercer número de teléfono. Le pregunto si Melvin Lyle Dyer, que murió en 1964, hace diez años, podría estar enterrado en aquel cementerio. El hombre se va del teléfono durante diez minutos completos, y justo cuando estoy a punto de colgar, dice:

—Sí, tu padre está enterrado aquí.

El corazón se me sale por la boca. Siento que por fin voy a visitar a mi padre, aunque en unas circunstancias nada ideales. Pido al hombre que me dé la dirección y me informa de que aquel lugar no es un verdadero cementerio, sino un enclave donde a menudo se entierra a los indigentes... ¡en los terrenos de la hospedería Candlelight! Asombrado, saco la tarjeta del bolsillo de la camisa: estoy solo a tres manzanas y en la tarjeta hay un pequeño mapa.

Temblando, conduzco hasta el pequeño cobertizo, donde el caballero me muestra el certificado de defunción de mi padre. Ha estado archivado en una caja de cartón durante diez años. El certificado está manchado y mohoso, y noto con cierta satisfacción que mi nombre y los de mis dos hermanos aparecen como hijos suyos que le han sobrevivido. *Él sabía que tenía un hijo llamado Wayne. Me pregunto quién lo anotó y qué contó alguna vez a alguien de mis hermanos y de mí.*

El hombre mayor me dirige hacia un montículo herboso situado encima de un camino cerrado por una cadena. Me dice que puedo quedarme allí todo el tiempo que quiera y me pide que vuelva a poner la cadena cuando salga. Aparco el coche y camino hasta la lápida en el suelo donde se lee: Melvin Lyle Dyer 1914-1964. Esto es todo. Así es como nos encontramos.

Me quedo allí de pie, las lágrimas corren por mis mejillas. Sigo estando lleno de rabia, pensando: *Debería mear sobre esta tumba e irme*. Pero no lo hago. He buscado a este hombre desde que supe que tenía un padre. Durante los primeros siete u ocho años de mi vida, ni siquiera sabía lo que significaba el concepto *padre*. De modo que ahora tengo muchas preguntas en mi mente, y me abruma la emoción que siento al estar cerca de esta placa de metal en el suelo.

Durante las dos horas y media siguientes converso con mi padre. Lloro en voz alta, olvidándome del entorno. Y hablo en voz alta, exigiendo respuestas de la tumba. A medida que pasa el tiempo, empiezo a sentir una profunda sensación de alivio, y me quedo muy aquietado. La calma es abrumadora. Estoy casi seguro de que mi padre está aquí conmigo. Ya no estoy hablando a una lápida, sino que, de algún modo, estoy en presencia de algo que no puedo explicar.

Finalmente, me enjugo las lágrimas y digo adiós. Cuando camino hacia el coche de alquiler y tengo la cadena en la mano para bloquear el camino, me siento dominado por una fuerza indescriptible y vuelvo rápidamente a la tumba, como si hubiera sido propulsado a volver.

Vuelvo a hablar con mi padre, solo que esta vez digo algo muy distinto:

—De algún modo siento que he sido enviado aquí hoy y que tú has tenido algo que ver en ello. No sé cuál es tu papel, y ni siquiera si tienes uno, pero sé seguro que ha llegado el momento de abandonar el enfado y el odio que he llevado conmigo con tanto dolor durante tanto tiempo. Quiero que sepas que en este momento, ahora mismo, todo eso se ha ido. Te perdono.

No sé qué te motivó a vivir tu vida como lo hiciste. Estoy seguro de que debes haber sentido muchos momentos de desesperación sabiendo que tenías tres hijos a los que nunca verías. Fuera lo que fuera lo que ocurriera dentro de ti, quiero que sepas que ya no puedo tener pensamientos de odio hacia ti. A partir de ahora, cuando piense en ti, será con compasión y amor. Estoy soltando todo este lío que hay dentro de mí. Sé de corazón que solo hiciste lo que sabías hacer dadas las condiciones de tu vida en aquel tiempo. Aunque no tengo recuerdo de haberte visto, y aunque era mi sueño más querido poder encontrarme contigo algún día cara a cara y oír tu versión, nunca volveré a dejar que esos pensamientos me impidan sentir mi amor por ti.

Estoy de pie ante aquella solitaria lápida en el sur de Mississippi, y digo lo que siento en ese momento:

—Te envío amor…, te envío amor…, a partir de este momento, te envío amor.

En este momento de estar en los puros huesos, nace el perdón por el hombre que fue mi padre biológico, así como por el niño que yo fui, que quería conocerle y amarle. Siento una especie de paz y limpieza que son del todo nuevas para mí. Vuelvo a caminar hacia el coche, pongo la cadena para cerrar el camino y siento una nueva sensación de ligereza.

El caballero sureño me dio el nombre del hombre que trajo el cuerpo de mi padre a este cementerio para indigentes. Lo busco y descubro que era un amigo íntimo de mi padre. Trabaja de proyeccionista en el cine de Biloxi. El sábado 31 de agosto voy allí; hay una sesión matinal en la que se proyecta *Los diez mandamientos*.

Asciendo por las escaleras de atrás y llamo a la puerta de la cabina de proyección. Paso la tarde con este hombre que me cuenta quién era mi padre. Me entero de muy poco, y de que solo mencionó a sus tres hijos en raras ocasiones. Vuelvo a oír hablar de su alcoholismo y de su costumbre de vagabundear. Ni siquiera quiero saber más detalles. Salgo del cine y conduzco al aeropuerto de Nueva Orleans.

Soy un hombre cambiado. Acabo de participar en un milagro. Ya no odio a mi padre. Sé que he sido enviado aquí para hacer este acto de perdón, pero no estoy seguro del porqué. Solo sé que aquí está operando algo muy misterioso. Algo mayor que yo está moviendo los hilos y ha conspirado para traerme aquí.

Llego a mi casa de Nueva York el domingo 1 de septiembre. Tengo más de dos semanas antes de incorporarme a la universidad para el semestre de otoño. Reúno las grabaciones de mis conferencias de los últimos tres años, junto con las notas tomadas en Europa este mismo año. Reservo un vuelo para el día siguiente, el Día del Trabajo, y voy a Fort Lauderdale, Florida. Voy a ir a un lugar soleado y cálido junto al mar para escribir mi libro; lo que ha estado dominando mi mundo interno necesita escapar y nacer.

En el aeropuerto de Fort Lauderdale alquilo un coche para dos semanas y conduzco hasta el Motel Spindrift; al otro lado de la calle tengo el Océano Atlántico. Me quedo en mi habitación, escucho las cintas y tomo muchas notas. Decido que ya se ha acabado toda esta preparación mental y física: estoy listo para escribir y empiezo a hacerlo sin parar. Permanezco en aquella habitación de hotel, escribiendo cada noche hasta que sale el sol. El 15 de septiembre vuelo de vuelta a Nueva York para empezar el semestre de otoño.

He escrito todo un manuscrito usando la misma fórmula que me ha funcionado tan bien en mi práctica terapéutica privada. Doce capítulos describen un planteamiento de sentido común diseñado para ayudar a cualquiera a llegar a la cumbre de la pirámide de Maslow: la autorrealización. Primero: *identifica los pensamientos* que están produciendo algún tipo de alteración. Segundo: *etiqueta las conductas* que el cliente está demostrando. Tercero: *establece cuál es el sistema de recompensas psicológicas* para mantener esas conductas. Cuarto: e*nfócate en las alternativas* diseñando estrategias específicas para eliminar esas maneras de ser derrotistas. No es un sistema psicológico elegante, sino puro sentido común dotado de técnicas específicas para el cambio. Esto ha hecho maravillas en mi práctica terapéutica, y estoy seguro de que mi libro será bien recibido.

Tras pasar unas horas en un espíritu de perdón por algo que me había inmovilizado durante toda mi vida, parece que eso a lo que he estado dando vueltas durante años ha echado a volar en solo dos semanas. La escritura parece estar guiada sin esfuerzo, y completo el manuscrito. No tiene título. Ni editor. Solo un conocimiento interno de que esos momentos en la tumba de mi padre han infundido en mí un espíritu que nunca antes había experimentado.

AHORA PUEDO VER CON CLARIDAD

Si hoy me preguntan cuál es la experiencia más significativa de mi vida, respondo que lo ocurrido el 30 de agosto de 1974: estar en la tumba de mi padre en Biloxi, Mississippi, perdonándole y amándole, y limpiando mi alma de la toxicidad producida por vivir con esa furia interna.

Me asombran las sincronicidades que se produjeron para llevarme a aquella tumba. No tengo una ingeniosa explicación intelectual sobre cómo llegó aquella tarjeta a un coche de alquiler completamente nuevo. No puedo dar una explicación racional de por qué una prima a quien no conocía me había llamado cuatro años antes, ni a por qué la doctora Shirley Griggs me ofreció aquel encargo temporal, ni a por qué fui llamado a volver a la tumba y a enviar amor a quien antes solo me causaba violencia interna. Sigo el afilado consejo de Rumi. Todo esto me deja anonadado. Sin embargo, sé que se está desplegando algo mucho más poderoso que una serie de simples coincidencias.

Mirando atrás desde una perspectiva más clara, sé que en este escenario las huellas dactilares de Dios están por todas partes. Ahora me doy cuenta de que en aquellos días estaba hecho un lío. Estaba trabajando, pero no me sentía lleno. Estaba bloqueado como escritor y, por primera vez, escribir no me compensaba emocionalmente. Tenía unos hábitos de comida y bebida terribles, exceso de peso y estaba en un matrimonio insatisfactorio. En muchos sentidos, era un hombre enfadado y tenía numerosas pesadillas relacionadas con mi padre. Me despertaba con un sudor frío; en la pesadilla le había conocido en un bar y siempre peleaba con él a puñetazos, golpeándole enfadado y exigiendo respuestas de un fantasma que desaparecía de mi vista en mi visión onírica. Sabía que tenía otras cosas más grandes que lograr, y sin embargo me sentía atrapado por las circunstancias de mi vida e incapaz de liberarme de estos lazos autoimpuestos.

Después de mi regreso de Biloxi, mi vida adquirió un sabor completamente distinto. Escribir en el Motel Spindrift fue una pura alegría. Escribía durante toda la noche, y a menudo me sentía frustrado por la mañana al ver página tras página de papel en el suelo; mi ensimismamiento en la escritura era tan hipnótico que me olvidaba de numerar las páginas.

A las pocas semanas de volver a Nueva York comencé un régimen de ejercicio que ha continuado hasta el día de hoy. Me puse en una forma física inmejorable y empecé a correr doce kilómetros diarios, una práctica que duró veintinueve años, con la excepción de un único día. Cambié mis hábitos dietéticos y asumí una actitud completamente nueva.

El libro que escribí en catorce días una vez disipada la angustia de mi alma acabó convirtiéndose en el más vendido de la década, y ha sido publicado en 47 idiomas de todo el mundo, habiendo vendido cerca de cien millones de copias. Se titula *Tus zonas erróneas*, y habla de los alocados errores que cometemos en nuestro pensar, y de cómo vivir una vida libre de torbellinos emocionales cambiando nuestros hábitos de pensamiento. Estaba destinado a escribir este libro. Toda una vida de experiencias divinamente inspiradas me prepararon para la tarea, aunque tuve que desenterrar la furia interna que me ahogaba y saboteaba.

Fui llevado a Biloxi para entender de primera mano el increíble poder del perdón. Esta idea está en el núcleo de las enseñanzas espirituales, y sin embargo es uno de los principios más ignorados. Jesús nos recuerda en Lucas 6:27: "Bendecid a quienes os maldicen, orad por los que os maltratan". Estas son solo dos de cientos de admoniciones bíblicas. Ahora puedo ver con claridad que hay un gran poder en vivir así de verdad.

Cuando fui capaz de perdonar y de enviar amor allí donde antes dominaba el odio, mi vida entera cambió. Surgieron las palabras justas, empezaron a presentarse las personas adecuadas, las circunstancias aparecieron mágicamente, toda escasez se disolvió, volvió la salud, recuperé mi energía y mi vida se vio inundada por la abundancia, y todo ello gracias a un profundo momento de perdón orquestado por fuerzas que están más allá de mi capacidad de explicarlas. Fue como si la mente Divina universal, Dios, o el Tao —si quieres llamarlo así— viera que estaba atascado en unas arenas movedizas que estaban destruyéndome, y configuró los sucesos necesarios para darme una gran rama a la que agarrarme. Así salí de una vez por todas del pozo mortal que estaba agotando mi fuerza de vida.

Desde este punto de vista puedo ver que Dios es amor, y que el perdón es una herramienta que está disponible para devolvernos a una vida de realización en Dios. Siempre supe que tenía que escribir a mi manera sobre los temas que considero preciosos. Sin embargo, era incapaz de romper tantas ataduras que me retenían. Tenía una vida que habría sido la envidia de la mayoría de la gente, pero dentro de mi hervía el descontento.

En medio de aquellos sucesos del verano de 1974, sentí que algo despertaba en mi interior. No pude ver la mano mística de la intervención Divina; solo pude tener esta visión más clara años después, cuando contemplé desde la distancia lo que había sido llevado a hacer. De hecho, muchos años después ayudé a escribir y a producir una película sobre la esencia de la experiencia que me ocurrió en Biloxi, titulada *El mejor de mis maestros*. Le di este título irónico porque ahora creo que fue mi padre, el hombre al que nunca conocí, quien me enseñó la gran lección que nos ofrece San Agustín: "El perdón es la remisión de los pecados. A través de él, lo que se había perdido y ha sido hallado es salvado de volver a perderse". Después de Biloxi no he vuelto a estar perdido.

Tal vez mi cita favorita sobre el perdón viene de Mark Twain: "El perdón es la fragancia que desprende la violeta sobre el talón que la pisa". Ciertamente, enviamos amor en respuesta al odio y nos convertimos en alquimistas espirituales. No perdoné a mi padre por su bien; lo hice tanto por el mío como por el suyo. Hoy puedo ver esto con una visión mucho más clara.

28

Al final del semestre de 1974 estoy acabando de enseñar dos cursos en la Universidad Saint John sobre técnicas de asesoría que funcionan y habilidades diagnósticas. He grabado todas estas conferencias a lo largo de los últimos tres años y he usado buena parte de este material en el primer borrador del libro de autoayuda que escribí hace unos meses. El manuscrito está en mi oficina mientras considero qué hacer para publicarlo en el mercado de masas. Soy un desconocido y los editores no han estado muy dispuestos a asumir riesgos conmigo, aunque soy autor de tres libros de texto y de una serie de artículos que han aparecido en publicaciones profesionales.

He hecho todos los esfuerzos para que mis clases nocturnas sean informativas y entretenidas. Vuelvo a pensar en mis días de estudiante y en lo perplejo que me sentía ante la incapacidad de la mayoría de los profesores de dar vida al material, de mantener a los alumnos entretenidos y expectantes. Me encanta enseñar y estar ante el público, y me gusta especialmente hacer que mi clase sea divertida, por eso inyecto humor con tanta frecuencia como puedo.

Cinco alumnos de mis clases de los martes y jueves por la tarde se acercan a mí animándome a hacer llegar este material a un público mucho más amplio y menos académico:

—Doctor Dyer, ¿querría por favor considerar la posibilidad de ofrecer una serie de conferencias públicas similares a las que da aquí en la universidad?

Estos alumnos están completando el programa del máster, y con frecuencia traen consigo a mi clase a sus amigos y familiares. Todos viven en la orilla norte de Long Island y me comentan que pueden garantizarme una buena cantidad de público si considero su petición. Ocurre que una de estos alumnos, Linda, trabaja como administradora del Centro de Asistencia Educativa en Port Washington, y me comenta que el edificio está libre los lunes por la noche. Ella puede ofrecer el local libre de coste si estoy dispuesto a enseñar un curso abierto al público.

Accedo y creo un título para este seminario de cuatro semanas: "Vivir una vida autorrealizada". Linda publica una breve descripción del curso en el Diario de Port Washington invitando al público a las cuatro conferencias en cuatro lunes por la noche consecutivos y que comienzan en febrero de 1975. Es la primera vez que voy a dar una conferencia para el público. El coste total de cada conferencia es de veinte dólares. Es la primera remuneración que recibo por hablar en público.

Llego a la primera presentación el lunes por la tarde a las siete y veo a veinticinco alumnos sentados en clase. Acabo ganando 500 dólares de dinero extra, que es una gran cantidad de dinero en un momento de crisis económica.

Doy las cuatro conferencias sobre temas como "Superar la culpa y la preocupación", "Adiós al enfado" y "Liberarse del pasado". Estos son los títulos de algunos capítulos del libro terminado, pero sin publicar, que tengo en mi despacho de la universidad.

Al final de la cuarta presentación, los alumnos me piden que extienda las clases otras cuatro semanas; les encantan estas conferencias de los lunes y no quieren que se acaben. También me cuentan que tienen muchos amigos interesados en apuntarse. Así que, el primer lunes de marzo, llego para dar mi clase siguiente y me encuentro el aula llena a rebosar. Hay sesenta personas apiñadas en clase, todas con sus billetes de veinte dólares en la mano. Mi serie de conferencias de los lunes es un éxito monumental en las comunidades del norte de Long Island.

En el plazo de un año tengo que irme del centro educativo debido a las limitaciones de espacio, y decido alquilar el auditorio de Schreiber High School en Campus Drive, Port Washington. Durante el año y medio siguiente, cada lunes por la noche el sitio está lleno a rebosar, y cuando se publica mi libro en marzo llegan a asistir 1.200 personas. Ahora estoy ganando más dinero con las conferencias que con el sueldo de profesor a tiempo completo en la universidad.

Mis conferencias de los lunes en Port Washington son un gran evento para la comunidad, y la gente empieza a acudir de toda el área metropolitana de Nueva York. No tardo en recibir en el correo una carta del señor Arthur Pine, un agente literario de Nueva York que me cuenta que su esposa, Harriett, es amiga íntima de alguien que ha asistido a las conferencias. La amiga de Harriett cuenta maravillas sobre el contenido y el estilo de presentación del profesor que ofrece estas clases a la comunidad, y ha sugerido a Artie que contacte conmigo para ver si quiero escribir un libro para el público en general usando el formato de las conferencias.

Tomo el teléfono y llamo a Artie, que está en su casa de Port Washington. Le cuento que tengo un manuscrito completo y que ha estado allí parado los últimos seis meses, por no saber qué hacer para contactar con un editor. Artie me escucha describir el libro y que está escrito en un lenguaje de sentido común para el público en general. Le encanta la idea y me invita a encontrarme con él la semana siguiente en su oficina de Manhattan.

Tomo el metro a la ciudad con el manuscrito completo en la mano, y paso una tarde deliciosa contándole mis ideas a Artie. Él me dice que no puede prometerme nada puesto que soy un desconocido, y en realidad este sería un primer libro porque los tres primeros fueron escritos para otro mercado. Artie se muestra escéptico, pero le llega mi entusiasmo y le encantan las opiniones delirantes de las amigas de su esposa que asisten a mis conferencias en Port Washington. Me dice que me llamará si es capaz de conseguirme una cita con una editorial de Nueva York.

Me voy, sabiendo que pronto tendré mi primer contrato para un libro. Simplemente lo sé.

AHORA PUEDO VER CON CLARIDAD

Ahora puedo ver que Linda y sus cuatro amigos que se acercaron a mí y me ofrecieron dar una serie de conferencias pagadas a la comunidad fueron ángeles enviados a mi vida con una misión fijada por la Divinidad. En el momento solo vi una nueva aventura divertida; desde la distancia y con una visión más clara, veo que esta experiencia me orientó en una dirección completamente nueva. Fue un primer paso hacia una mayor confianza en mí mismo. Pronto aprendí que podía quedarme en la profesión de profesor, que me encantaba, sin tener lo que consideraba restricciones, como responder ante los administradores o el bajo sueldo de quienes se dedican a enseñar. Podía enseñar cualquier tema que eligiera en mis propios términos, y descubrí que esta también podía ser una manera lucrativa de ganarme la vida.

Durante décadas he animado a todos a creer que es posible ganarse el sustento haciendo lo que más le gusta a uno. Si te mantienes en tu propósito y te comprometes a hacer lo que te hace dichoso, la mente universal cooperará contigo para llevar eso a su fructificación. Aparecerán las personas adecuadas, los obstáculos quedarán barridos, se materializarán las circunstancias necesarias y la guía estará allí. Como nos recuerda el antiguo proverbio budista: "Cuando el alumno está preparado, aparece el maestro". Asimismo, cuando el maestro está preparado, ¡aparecen los alumnos! La clave aquí es la palabra *preparado*.

Si hace casi cuarenta años hubiera decidido que no podía hacer estas cosas, que probablemente no funcionaría, que la gente no se presentaría, que era demasiado complicado, o que iba a ganar muy poco dinero, simplemente no habría estado preparado. Aquellos cinco estudiantes y la disponibilidad del centro de enseñanza me fueron enviados como maestros. Mi disposición a ver la oportunidad y aprovecharla me impulsó en la dirección de decir: "Sí, voy a por ello". Si no hubiera dicho sí a esta sugerencia, toda mi vida se habría desplegado de otra manera. Podría haber sido profesor universitario durante los treinta años siguientes, porque no habría visto de primera mano que podía seguir enseñando y haciendo lo que más me gusta, *y* ganarme muy bien la vida con ello. No hubiera conocido al hombre que iba a ser mi agente literario, e iba a guiarme dentro del mundo de las publicaciones.

Ahora, desde este punto de vista, sé que los profesores están omnipresentes a cada momento de nuestra vida. Estos profesores no siempre son personas; a veces llegan como lo que parece ser una configuración de coincidencias, o una carta inesperada en el buzón, o una entrevista en televisión. A lo largo de estos años he aprendido a no buscar profesores, sino más bien a estar preparado y a permanecer en un estado de gratitud por todo.

Antes he mencionado la cita de Thoreau que indica que si sigues tus sueños: "Te encontrarás con un éxito inesperado en algún momento". Interpreto que esto significa que en realidad el éxito te perseguirá si te mantienes alineado con la visión más elevada que tienes para ti mismo. Este proceso de alineamiento es clave. Mantente conectado con tu Fuente creativa y obtendrás el poder de esa Fuente, porque tú y Dios sois uno. Al aprovechar aquella ocasión en el EAC en 1974, abrí una puerta a una gran sala de baile de potencialidad ilimitada que de otro modo no habría visto.

Vuelvo a pensar en las noches de los lunes, cuando enseñaba mi propio curso, y me recuerdan las clases que ofrecía a mis amigos marinos en Guam cuando tenía veintiún años. La pura alegría que sentí al seguir mi vocación, y al alinearme con Dios, me alejó de dejar que mi vida fuera guiada por lo que otros pensaran que era mejor para mí.

Cuando alguno de mis ocho hijos parecía preguntarse qué dirección seguir en su vida, a menudo he citado a la enigmática escritora Virginia Wolf: "Organiza las piezas que se presenten en tu camino". ¡Qué gran consejo! Toma las piezas que se presentan para ti, y disponlas de tal modo que vivas sin temor, y la mente Divina universal se ocupará de los detalles por ti.

La asombrosa mano del destino, que sabía a qué me había comprometido para esta encarnación, estaba dirigiendo mis asuntos en 1974-75. Me envió a Europa para ayudarme a definir mi misión y me sacó de Turquía para que pudiera comprobar el poder de mi intención para conseguir cualquier cosa. Me envió a Biloxi para liberarme de esos impedimentos internos a mi propia grandeza, y me hizo consciente de mi potencial para ser independiente, así como de las personas que me iban a guiar y dirigir.

En 1974 estaba mirando dos puertas que podía atravesar: una aseguraba mi estancamiento, la otra me abría a horizontes inimaginables. Y el otoño de 1975 iba a ofrecerme otra oportunidad más de organizar las piezas que me iban llegando rápida y furiosamente.

29

Acabo de completar mi cuarto año de docencia en la Universidad Saint John en la primavera de 1975. También he firmado un acuerdo con Artie Pine para que me represente a cambio de recibir el 15 por ciento de mis ganancias como escritor. Artie ha usado una conexión que tiene con la editorial T.Y. Crowell, y tengo la oportunidad de presentar mi manuscrito completo a un editor experto para ver si les interesa. Como dice Artie: "Ve allí y véndeles la idea de que te publiquen el libro".

Llego a la cita en el corazón de Manhattan y una secretaria me dice que espere en una oficina externa. Pasa una hora y por fin me escoltan al despacho del señor Paul Fargis. Él se disculpa profusamente por haberme hecho esperar y comienza la entrevista preguntándome por mi manuscrito y cuáles son mis planes de publicación.

Sin embargo, hay algo que no está bien. He tenido una práctica privada de terapia en Long Island durante más de cuatro años, y he hecho terapia individual cinco días por semana en mi despacho de casa, viendo hasta treinta clientes por semana. Por tanto, soy experto en sentir cuándo una persona está profundamente problematizada, y eso es lo que estoy sintiendo ahora en esta entrevista. Paul exuda ansiedad y estrés: parece que hubiera estado despierto toda la noche y está tratando de enmascarar sus verdaderos sentimientos y acabar esta entrevista, aunque fue concertada por Artie hace varias semanas.

Cambio de inmediato a la modalidad terapéutica y le pregunto qué está pasando, porque le podría ayudar. Paul se abre y me cuenta un asunto personal con el que está lidiando, y nos pasamos las tres horas siguientes hablando de ello. Cuando acabamos, vuelve a disculparse, nos damos la mano y salgo. Me voy con el manuscrito bajo el brazo; el tema no ha vuelto a surgir tras los primeros momentos de nuestra presentación. Vuelvo a casa en metro.

Cuando me llama Artie, ansioso por saber cómo me ha ido en T.Y. Crowell, le cuento brevemente lo ocurrido. Se pone furioso de manera amistosa y se molesta por lo que él considera mi actitud ingenua. No puede creer que haya dejado escapar esta oportunidad, que es de las que se presentan una vez en la vida. Artie había concertado esta entrevista a través de un contacto en la compañía, y no piensa que podrá conseguirme otra. Esta era mi oportunidad dorada y no he sabido aprovecharla.

Sin embargo, la mañana siguiente, a las diez de la mañana, Artie llama desde su despacho de Manhattan, fuera de sí de contento. Paul Fargis acaba de decirle:

—No me importa lo que haya en ese libro del doctor Dyer, quiero ficharle como autor.

Ofrece un adelanto casi equivalente a mi salario anual en la universidad. Estallo de alegría. Firmo un contrato con Funk & Wagnalls, un subsidiario de T.Y. Crowell, ¡y también doblo mis ingresos!

AHORA PUEDO VER CON CLARIDAD

Sin que fuera consciente de ello, se me ofreció una de las mayores oportunidades que se han presentado en mi vida. Tuve opción de dejar que el ego dominara y llevara la batuta en aquel primer encuentro con un editor de Nueva York. Mi ego habría ignorado la tensión evidente bajo la que se hallaba Paul y habría seguido adelante a toda máquina con sus objetivos. Yo habría intentado vender a este editor todas las razones por las qué debería considerar la publicación de mi libro; esa habría sido la elección del ego. El ego trata de ganar y de atraer tanta atención hacia uno mismo como sea posible.

A lo largo de los años he aprendido que el mantra interno del ego siempre es alguna variante de: *¿Qué hay en esto para mí? Cuida de mí, soy la persona más importante del mundo.* Con este tipo de diálogo interno funcionando sin parar, el ego domina la mayoría de las interacciones, con resultados muy poco satisfactorios. Desde este punto de vista puedo ver, con una visión más clara, que se nos están dando continuamente oportunidades de domesticar este aspecto de nosotros.

La otra opción que tuve en el despacho de Paul aquel día de 1975 fue una maravillosa oportunidad de domesticar mi ego poniéndolo en segundo lugar. La elección que se presentó aquel día era ignorar los impulsos de mi ego y escuchar el mantra interno de mi yo superior. Este mantra pregunta: *¿Cómo puedo servir?*, en lugar de: *¿Qué consigo yo con esto?* Esta fue una gran lección para mí, no solo aquel día, sino para todos mis futuros escritos y enseñanzas.

Nuestra naturaleza original es amor, bondad, amabilidad y servicio a los demás. Este es el aspecto que tiene Dios y así es como actúa: sin pedir nunca nada, siempre sirviendo y proporcionándonos aire fresco, agua, alimento, flora y fauna. Lo da todo gratuitamente. Cuando ignoramos nuestro ego y escuchamos a nuestro yo superior, nos alineamos con la Fuente de nuestro ser, Dios, y en consecuencia participamos también de su poder.

Cuando nos expresamos desde una actitud de *¿Cómo puedo servir?*, como hice inconscientemente en la oficina de Paul, la Fuente universal parece reconocerse en esa energía, y responde directamente: *¿Cómo puedo yo servirte a ti?* Esto fue lo que me ocurrió: sin yo saberlo, el simple acto de conectar con otro ser humano necesitado trajo a mi vida todo un nuevo mundo de abundancia ilimitada.

Varios superventas de enorme éxito salieron de ese contrato de edición, y mi vida se orientó hacia un camino muy distinto del que había seguido. Domesticar las incesantes peticiones de atención del ego y el interés propio ha sido un gran tema en mis escritos, mis charlas, y especialmente en mi propia vida.

Siento que en aquellos días de 1975 se me repartió una mano de cartas Divinas. Un encuentro fatídico y allí estaba yo, un profesor desconocido de treinta y cinco años invitado a entrar en un despacho con una fuerza invisible susurrándome: *Elige, o bien escuchas a tu ego preguntar: "¿Qué voy a sacar de esto?" o escuchas la voz del yo superior preguntar: "¿Cómo puedo servir?".* Esta fue una de las grandes lecciones que tuve que aprender, y estoy muy agradecido de que mi yo superior, a quien antes apenas escuchaba, fuera capaz de ahogar los arranques, generalmente victoriosos, del ego.

Puedo ver con claridad que domesticar este yo que se pavonea y vocifera ha sido un reto de por vida, y aquel día en el despacho de Paul tuve la oportunidad de iniciar el viaje. Me siento eternamente agradecido a todos los participantes que se unieron a mí para emprender esta odisea.

30

Durante el semestre del otoño de 1975, estoy a rebosar. Tengo multitud de tareas en diversos comités de la universidad, un horario de clases completo, varios estudiantes de doctorado que atender y una práctica terapéutica a tiempo completo. Las noches de los lunes se han convertido en un evento, y cientos de personas acuden a las clases que doy en Port Washington sobre cómo vivir una vida autorrealizada. *Tus zonas erróneas* se va a publicar dentro de unos meses, de modo que estoy en las primeras etapas de la corrección del libro. Me encanta trabajar con Paul Fargis: es muy habilidoso y me guía muy bien durante la corrección del primer libro del que he sido autor en solitario.

Mi práctica terapéutica privada ha crecido tanto que ya no acepto nuevos clientes. Los días que no voy a la universidad tengo programadas sesiones desde las 7:30 de la mañana hasta más allá de las 9:00 de la noche. Con exámenes que puntuar, disertaciones que supervisar, comités a los que asistir y muchos estudiantes que aconsejar, me siento exitoso pero aplastado.

Antes de mis clases nocturnas, mis días en la universidad son más que caóticos. Mi despacho hierve de estudiantes que necesitan verme *ahora,* con una legión de preocupaciones, y mi secretaria, Mary, me pide continuamente que hable con alguien que ha llamado por teléfono.

Está programado que dentro de un par de horas me presente ante un aula llena de estudiantes, junto con muchos visitantes no invitados que quieren acudir a mis clases. Oigo a Mary preguntar a varios de mis colegas que también ofrecen horas de oficina:

—¿Ha visto alguien al doctor Dyer? ¡Debe haber cien personas que quieren verle, ¡y he mirado en todas partes!

En medio de tanto ruido y confusión —cuando los tentáculos de la algarabía parecen tirar de mí en todas las direcciones amenazando con desmembrarme— escapo. Voy por las escaleras de atrás de Marillac Hall, salgo fuera y tomo una respiración profunda. Camino unos momentos por Utopia Parkway y entro en el parque, donde voy a un lugar aislado detrás de un grupo de árboles y me siento sobre una gran roca.

A cinco minutos de distancia, mi despacho está a rebosar de gente, y todos quieren un trozo de mí. Sonrío internamente ante el enigma que estoy viviendo mientras cierro los ojos y escucho los ruidos de la naturaleza. Siento el sol en la cara, y me baño en la energía sanadora que parece traer a mi estómago atacado por la ansiedad. Oigo los sonidos de los pájaros, de los grillos, de los perros del parque, y del viento que mueve las ramas y se va por encima de mí. Abro lentamente los ojos, apreciando los colores brillantes que danzan entre los árboles conforme la magnificencia de la transformación otoñal se despliega ante mí sin el menor esfuerzo.

Apenas paso quince minutos en el punto que atesoro, disfrutando de una breve escapada de la energía caótica de mi despacho, y ya estoy listo para volver. Refrescado, vuelvo a la universidad sintiéndome como una persona nueva. La pesadez se ha ido; siento como si nada pudiera alterarme. Sé que estoy volviendo al torbellino, pero ya no me parece turbulento. Vuelvo a subir por las escaleras de atrás, entro en el tercer piso a través de esta puerta que apenas se usa, y camino hasta la oficina sintiéndome totalmente en paz.

Los alumnos que están esperando para verme parecen distintos que cuando, pasando desapercibido, me fui hace veinte minutos. Doy la bienvenida a cada uno de ellos a mi despacho y con agrado les ayudo a resolver sus preocupaciones por sus notas, trabajos y otros requisitos universitarios que parecen interponerse en su deseo de completar los grados. Mis colegas que necesitan mi atención ya no se sienten como si se estuvieran entrometiendo; ahora puedo gestionar con calma todas las llamadas telefónicas. Las dos horas siguientes transcurren con rapidez, y atiendo un montón de detalles de una manera relativamente libre de estrés.

Pienso que ese pequeño punto del parque es mi lugar de serenidad, y convierto en un hábito visitarlo casi a diario en medio del caos que caracteriza mis horas de oficina. Atesoro el tiempo que paso en este enclave tranquilo y la paz a la que allí accedo, contento y envidioso de las criaturas que no parecen tener que estar en lugares asignados. Envidio especialmente a los pájaros que lo sobrevuelan, elevándose en el viento y olvidándose de todo el caos que hay allí abajo en la tierra. Pero me doy cuenta de que he descubierto que yo también tengo un lugar de libertad dentro de mí. Puedo elevarme por encima de todo y mirar al tumulto con una visión más clara, simplemente accediendo a mis imaginaciones de águila volando.

AHORA PUEDO VER CON CLARIDAD

Ahora, al mirar atrás al significado de mi espacio de serenidad, veo la importancia del papel que desempeñó en 1975 ese pequeño lugar de escape en el parque. Esto fue antes de mi verdadera inmersión en el dichoso mundo de la meditación; no obstante, siento que de un modo misterioso fui guiado a ese lugar cercano a la universidad para introducirme a la idea del silencio como antídoto del estrés. Han pasado casi cuatro décadas desde que me sentaba en aquella roca del parque, pero puedo verla perfectamente estando hoy aquí sentado. Puedo ver, oler, oír y sentir ese lugar de serenidad al que me retiraba tantos años atrás.

La meditación iba a convertirse en una actividad extremadamente importante en mi vida; estaba destinado a involucrarme profundamente en el antiguo arte del centramiento. Profesores orientales me mostraron cómo enseñar a otros a practicar *japa*, una antigua forma de meditación que usa como mantra el nombre de Dios para alcanzar estados exaltados de conciencia. Iba a quedar expuesto a la magia de ser un practicante de la Meditación Transcendental, e iba a ser instruido en esta práctica por algunas autoridades de renombre mundial. También estaba destinado a crear mi propia versión de la meditación y a escribir un libro para ofrecer guía específica sobre cómo convertirla en una práctica diaria. Tenía todo esto por delante, muy por delante de mí.

Sin embargo, ahora puedo ver con claridad el trabajo de una inteligencia Divina que estaba al tanto de mi destino, que obviamente en aquel tiempo estaba oscurecido para mí. La Divina inteligencia actuaba aquellos días en los que me sentía empujado a salir de la oficina e ir al parque. Miro atrás, a la asombrosa energía que me impulsaba a ir a aquel lugar los días emocionalmente tormentosos, como una poderosa experiencia que dirigía el curso de mi vida. Mi punto de serenidad, donde bebía la encantadora belleza que se me ofrecía, y que en aquel tiempo me parecía una manera genial de soltar presión y dejar a un lado la ansiedad. Pero, desde la distancia, veo que aquel día particular se me hizo una señal para que diera un giro de ciento ochenta grados a una vida llena de presiones innecesarias.

A menudo he citado al filósofo, científico y matemático francés Blaise Pascal que dijo: "Todos los problemas del hombre se derivan de no ser capaz de sentarse serenamente en una habitación solo". Aunque he considerado cuidadosamente sus palabras en muchas ocasiones, no calaron de verdad hasta que experimenté que mis problemas se disolvían al sentarme solo en mi lugar de serenidad. Se me dio la oportunidad de conocer de primera mano la verdad de estos sentimientos, y me siento eternamente agradecido a la mano Divina que me impulsó a ir a aquel lugar sagrado, donde me retiraba con frecuencia. Se me estaban dando unas lecciones introductorias al logro de la paz interna en circunstancias que vuelven locos a otros. Iba a aprender a ser un profesor de esta sabiduría para generaciones de nuevos meditadores y practicantes de yoga.

Una de las grandes verdades que he tenido la bendición de recibir y enseñar vino varias décadas después de mis estancias en el punto de serenidad. Se ha convertido en mi marca comercial y está impresa en todos mis cuadernos. Dice simplemente: *Cuando cambias tu manera de mirar las cosas, las cosas a las que miras cambian.* Cuando estaba involucrado en tantas actividades, tratando de encontrar claridad en medio del torbellino que definía mi vida, mis escapadas me revelaron esta verdad de manera inapelable.

Después de pasar una pequeña cantidad de tiempo en la naturaleza, libre de las distracciones humanas y permaneciendo en un espacio de silencio interno, era capaz de volver a aquella ajetreada oficina y cambiar mi manera de mirar las cosas. Y, claro, las cosas a las que miraba cambiaban. Mis alumnos eran jóvenes necesitados, no personas que me causaban estrés. Mis colegas eran compañeros amistosos, no la fuente de más cosas que hacer. Las llamadas de teléfono ya no eran interrupciones, sino parte de un trabajo que hacía voluntariamente. Todo el lugar parecía ser un proyecto emocionante y rebosante de energía, y no una fuga de energía que me insensibilizaba.

A día de hoy, cuando leo esta observación sobre cambiar la manera de mirar las cosas, a menudo vuelvo mentalmente a aquellos pacíficos retiros en el parque adyacente a la universidad. Fueron la inauguración que me llevó a convertirme en profesor de la poderosa idea de que unos momentos de quietud en la naturaleza pueden producir un cambio radical en las circunstancias más desagradables. Y, sin duda, estaba a punto de embarcarme en una nueva carrera profesional de enseñar a otros a vivir desde un lugar de paz, y a cambiar la manera de mirar las cosas.

31

He completado mis tareas y responsabilidades del semestre de otoño en la universidad y he trabajado casi a tiempo completo en corregir y reescribir *Tus zonas erróneas*. Paul Fargis, mi editor en la editorial T.Y. Crowell de Nueva York, acaba de decirme:

—Tu libro se publicará en marzo y también vamos a poder publicarlo por fascículos en una revista nacional. ¡Felicidades!

Mi libro se está convirtiendo en una guía para cortar con toda una vida de burocracia emocional. No lo he escrito porque tengo una formación educativa avanzada, sino *a pesar de* ella. Confío en lo que verdaderamente funciona para ayudar a la gente a introducir cambios permanentes en su vida porque he trabajado con mucha gente de todos los grupos de edad, y de una amplia variedad de procedencias e influencias culturales.

Durante los últimos cuatro años, en mi práctica privada, he ayudado a cientos de clientes a aprender a gestionar sus vidas de maneras más saludables y productivas. Han venido a mí tratando de superar problemas emocionales, y en la mayoría de los casos lo han conseguido con planteamientos de sentido común. Siento que puedo ser más útil a los lectores de *Tus zonas erróneas* si evito la ruta más psicológica que suele ser la base de la formación de mis estudiantes de doctorado. Quiero que este libro sea tan simple y aterrizado como sea posible. Tengo mucha fe en la grandeza innata de cada cual.

Oigo a Buckminster Fuller dar una conferencia en la que declara:

—Todo el mundo nace siendo un genio, pero el proceso de vivir los *des-genializa.*

Y no puedo quitarme esta idea de la cabeza. Quiero que la gente confíe en su propia magnificencia. Mi experiencia haciendo terapia con clientes y mi exposición al doctor Maslow me han convencido de que todo el mundo es un genio. En cada sesión de terapia creo estar frente a un genio que por desgracia se ha permitido *des-genializarse.* Mi libro propone implementar estas ideas sin todas las excusas que proveen los planteamientos psicológicos teóricos.

Comento muy brevemente los problemas de mis clientes tal como ellos los ven. La mayor parte de mi atención se dirige a ayudarles a pensar de otra manera con respecto a sí mismos y sus vidas. Llamo a este libro *Tus zonas erróneas* porque trata de enseñar a la gente a transcender errores en su forma de pensar. Mucha gente no cree que tenga elección; sienten que sus problemas les han sido impuestos por factores externos sobre los que no tienen ningún control. Veo esto como un error. Ofrezco repetidamente a mis clientes herramientas para permitirles descubrir que ellos son la suma total de sus elecciones. Al principio se resisten, quieren culpar, y yo les señalo que eso es una elección. Les digo que hacer eso no solo es una locura, también conlleva un error en su forma de pensar: esa es su zona errónea.

Cambiar tu manera de pensar, asumir la responsabilidad por todas las cosas de tu vida y conquistar el pensamiento erróneo. Practico una especie de terapia racional emotiva suave, y veo que mis clientes hacen cambios colosales en relativamente pocas sesiones. Abraham Maslow y Albert Ellis han sido grandes maestros: su trabajo impacta en mi práctica privada, en mis escritos y en mi vida personal.

A lo largo del proceso de edición de mi manuscrito original, que fue escrito hace un año, insisto en que mi mensaje sea simple y directo. Es sentido común más que teoría psicológica pedante, y ha sido muy útil para ayudar a la gente a superar los errores de pensamiento que les han causado alteraciones emocionales y vidas insatisfechas. Me resisto a los esfuerzos de mi editor por profesionalizar el manuscrito con el estilo de escritura APA, o haciendo interminables referencias a investigaciones establecidas.

Ya es marzo de 1976. Recibo una copia en tapa dura de *Tus zonas erróneas* que llega por mensajero a mi oficina de la Universidad Saint John. Me siento conmovido más allá de mi capacidad de describir este sentimiento. Mi corazón se acelera de emoción mientras contemplo lo realizado: la visita a la tumba de mi padre en Mississippi; los cientos de clases y sesiones de terapia que he grabado; el impacto de los doctores Maslow y Ellis en mi vida. Estoy determinado a hacer un impacto enorme con los mensajes contenidos en las páginas de mi libro.

Recuerdo todas las horas de escritura, empezando cuando era mucho más joven, que me han llevado a este momento, en el que estoy sentado en mi oficina sosteniendo un libro que siento como el mayor tesoro que habría podido imaginar. Lo llevo conmigo a clase, pero no hablo de él a nadie. Esto es demasiado precioso, todavía es demasiado gratificante para compartirlo.

Recuerdo las palabras de Paul Fargis con relación a que mi libro iba a ser publicado por fascículos en una revista de distribución nacional. Efectivamente, el primero de seis fascículos de *Tus zonas erróneas* pronto aparece en *The National Enquirer*, una revista especializada en chismes sobre las celebridades que se vende en supermercados de todo el país. Se me dice que esta revista semanal tiene más de tres millones de lectores. Con todos los artículos que he escrito para publicaciones profesionales he alcanzado a una pequeña fracción de ese número. Siento que este es un público enorme y que los lectores se beneficiarán mucho más que los que leen las publicaciones profesionales.

Empiezo a recibir una gran cantidad de cartas de personas de todo el país que me piden consejo, y también me dicen que mi libro les está ayudando con los problemas familiares y en sus relaciones de pareja. Recibir esta atención de toda la nación es un territorio nuevo para mí, y comienzo a responder a las cartas.

Como resultado de la popularidad de *Tus zonas erróneas,* mi teléfono de la universidad también recibe más llamadas que nunca. Una de estas llamadas es de un administrador de la universidad que me advierte por manchar la reputación de la misma al aparecer en una publicación tan desacreditada. Se me dice que como estrella emergente, con libros de texto publicados y artículos en diarios, no debería permitir que continúe la publicación por fascículos. El progreso de mi carrera profesional podría verse en peligro, y también cualquier consideración de conseguir un *puesto fijo*, unas palabras que llego a despreciar. A los treinta y cinco años de edad, la idea de quedarme en el mismo lugar el resto de mi vida, haciendo lo mismo, es un pensamiento muy poco apetecible.

No solo me niego a detener la venta por fascículos de *Tus zonas erróneas,* sino que espero con orgullo cada nuevo fascículo de mi libro, que está siendo leído por millones de personas. Siento con fuerza que muchos de estos lectores encontrarán modos de mejorar sus vidas al aprender a superar los pensamientos autoderrotistas y erróneos. Elijo ignorar los comentarios críticos y no presto atención a las amenazas vacías que me dirigen desde los escalafones superiores de la administración.

Mis colegas me toman un poco el pelo por la venta en fascículos en esta "revista de chismes", pero no me importa. Me siento feliz sabiendo que estoy marcando una diferencia para algunas personas necesitadas, y que el libro que he escrito está siendo leído por un público mucho más amplio que la pequeña cantidad de gente interesada en las publicaciones académicas.

AHORA PUEDO VER CON CLARIDAD

Al mirar atrás, a cuando estaba en el proceso de juntar el paquete final de mi primer libro en solitario, recuerdo lo fuerte que era la presión por producir un libro que pudiera soportar cualquier insinuación de críticas académicas. *Tus zonas erróneas* está lleno de sugerencias para que el lector gestione las críticas por sí mismo. Precisamente, lo que yo estaba enseñando era a independizarse de la buena opinión de los demás y a liberarse de la necesidad de aprobación. Este era uno de los desórdenes neuróticos más comunes que yo había ayudado a los clientes a superar durante años, y ahora yo era el receptor de los esfuerzos de otros para asegurar la aprobación de mi libro.

Mi editor quería que el estilo fuera más erudito, con estudios de casos y referencias anotadas. Recuerdo que pensé en el señor Joachim Ries y en su insistencia en que escribiera con un estilo seco, ilegible y carente de interés cuando estaba en primer año de universidad, y cómo me resistí a esos esfuerzos entonces, incluso a expensas de recibir una calificación final insatisfactoria. Tenía muy claro que no iba a dejar que se me volvieran a imponer fuerzas externas y normas escritas por académicos. Paul Fargis me apoyó en esto, creo que en gran medida porque había comprobado de primera mano que los métodos sobre los que estaba escribiendo habían sido eficaces para ayudarle.

Esa llamada interna a resistirme a los esfuerzos de otros por dictarme cómo debería ser a nivel personal, y en particular cómo escritor, han tenido un lugar destacado en mi desarrollo como orador y escritor. Cada vez que pensaba en ceder y cambiar el estilo basado en el sentido común de *Tus zonas erróneas* por un formato más "profesionalmente aceptable", oía una voz dentro de mí que decía: *Tú sabes lo que funciona; quieres ayudar a la gente a mejorar, no tener buen aspecto en una colección de eruditos desconocidos. Sigue tu curso: haz que sea simple y habla directamente al lector. Funciona en tu consulta, también funcionará aquí.* Desde la distancia y con una visión más clara, veo esto como una guía Divina, una inteligencia invisible que me mantenía en el camino que sabía adecuado para mí. Se trataba de ser yo mismo y reconocer que nadie puede hacer eso por mí. Oía esta lección en voz alta porque necesitaba experimentarla directamente para poder enseñarla.

Había leído la mayoría de la literatura de autoayuda existente en 1975, y no quería escribir otro libro como los de Dale Carnegie o Norman Vincent Peale. Quería crear mi propio género usando un método que había sido eficaz para tantos clientes que venían a mi consulta profesional. Sabía en mi alma que cuando la gente deja de pensar erróneamente y empieza a asumir la total responsabilidad por las cosas de su vida, es posible un cambio verdadero y permanente. Yo era la prueba viviente de ello, y esta experiencia de mantener mi posición, de no conformarme ni escribir como todos los demás, me permitió firmar el libro que quería escribir. Tenía mi nombre en él, e iba a reflejar lo que yo creía, pasara lo que pasara.

Miro atrás al pequeño furor que se creó en la universidad por el hecho de que mi libro se vendiera por fascículos en los supermercados y ahora puedo ver lo importante que fue para mí negarme a moverme de mi postura firme en este asunto. A los veinte años, cuando estaba en la Marina, había afirmado que *yo soy un profesor*. No puse ninguna restricción a esta declaración. En mi mente yo era un profesor, y cuánta más gente recibiera mi mensaje de autoempoderamiento, más eficaz sería como profesor. En aquel tiempo seguía una lógica simple: escribe para una audiencia académica y para conseguir reconocimiento profesional, y llegarás a unos cientos de personas. Escribe para la audiencia más amplia posible en una revista y llega a millones de personas, todas las cuales se beneficiarán más de tu enseñanza. No había que darle muchas vueltas.

Mi misión consistía en llegar a tanta gente como pudiera, de modo que estaba en el cielo con la venta de mi libro por fascículos. No buscaba prestigio. Quería enseñar y quería que la gente comprara el libro porque sabía en el fondo de mi corazón que mi tiempo en el mundo académico se acortaba por momentos. Sentí que esto era un descanso afortunado que me ofrecía la Fuente universal, que tenía planes mucho más grandes para mí de los que yo podía ver en aquel tiempo.

Sentí que *Tus zonas erróneas* era un modo de llegar a todos, y quería hacer llegar a todo el mundo el mensaje que Buckminster Fuller había expresado con estas palabras:

> No olvides nunca que eres único. No olvides nunca que si no hubiera necesidad de que tú, con toda tu singularidad, estés en esta tierra, no estarías aquí. Y no olvides nunca, por más abrumadores que parezcan los problemas y desafíos de la vida, que una persona puede marcar la diferencia en el mundo. De hecho, todos los cambios importantes en el mundo se producen por una persona. De modo que sé esa persona.

Quería enseñar a otros a abrazar la conciencia de ser esa persona. Y más que eso, sentía un profundo anhelo dentro de mí de ser yo mismo esa persona, y sabía internamente que no podía ser una persona autorrealizada si tenía miedo de lo que alguien pensara de mí.

32

Es abril de 1976 y estoy alquilando una casa en la avenida Kime, en West Babylon, Nueva York. Continúo con mi ajetreada consulta privada, junto con mis tareas didácticas en Saint John. También tengo el cien por cien de determinación de llevar al mundo el mensaje de *Tus zonas erróneas*.

He comprado 2.000 copias, que representan aproximadamente un tercio de la primera tirada, directamente al editor. A pocas manzanas de mi casa he distinguido las letras de una emisora de radio en un edificio, la WBAB. No tengo ni idea del tipo de formato que emite esta emisora, de modo que camino hasta allí un viernes por la noche y doy a la recepcionista una copia de *Tus zonas erróneas*. Le cuento que acabo de publicar este libro, que vivo a dos manzanas de distancia, y que si alguna vez están interesados en entrevistar a un autor local, estaré encantado de ser su invitado.

Al día siguiente recibo una llamada del director de la emisora, que había visto mi libro y mi número de teléfono sobre el escritorio de la recepcionista. Me invita a estar en las ondas aquel mismo día porque un invitado que tenían programado ha cancelado de repente. Acepto de inmediato.

Aquel sábado por la mañana paso una hora deliciosa siendo entrevistado por el disc jockey local. Es mi primera intervención en un medio y estoy enganchado. Tomamos algunas llamadas de teléfono y hablo de improviso de mi planteamiento de sentido común para crearse una vida alegre. Los teléfonos se encienden, todas las líneas están ocupadas y todos los oyentes quieren saber dónde pueden comprar el libro. Les doy la dirección de una librería local en Huntington, a la que me dirijo en cuanto acaba el programa. Pido al director que acepte diez libros en consigna, puesto que el editor todavía no los ha enviado. El director de la librería accede; ahora soy escritor y también distribuidor. En tres días la librería vende los diez libros. Alerto al editor para que se asegure de que las tiendas de Long Island esté bien abastecidas, puesto que ahora voy a venir a la WBAB con regularidad.

He descubierto mi propio plan de marketing: puedo visitar voluntariamente pequeñas emisoras de radio, hacer entrevistas, y generar interés por mi libro. Mi editor no está tan animado con respecto al marketing y la promoción de *Tus zonas erróneas*, pero yo desbordo de entusiasmo. Después de mi entrevista en la WBAB, puedo verme haciendo exactamente lo mismo no solo aquí, en Long Island, sino por todo el país. Las posibilidades me parecen ilimitadas. Siento que estoy siendo empujado en esta nueva dirección. Tendré que desprenderme de muchas de las obligaciones que tengo con los clientes en mi consulta, y en particular de mis responsabilidades como profesor asociado en la universidad.

El lunes 5 de abril llego a Schreiber High School, en Port Washington, para dar mi conferencia semanal. El público se ha enterado de que mi libro estará a la venta después de la charla, y mi esposa y yo descargamos 500 copias del coche. El lugar está a rebosar: se han presentado más de 1.200 personas, y vendemos las quinientas copias casi de inmediato. ¡Estoy más que anonadado! Está ocurriendo algo muy emocionante, sé que estoy en algo fenomenal.

Las palabras *yo soy un profesor* se encienden en mi pantalla interna. Puedo hacer esto por mi cuenta. Puedo asumir la responsabilidad de todos los aspectos de esta empresa. Puedo convertirme en mi propia librería si fuera necesario. Puedo comercializarme si la división de comercialización no está interesada. Puedo distribuir mi propio libro. Y, lo más significativo, puedo generar entusiasmo en los compradores potenciales: no vendiendo mi libro, sino amando lo que digo y vendiendo ese amor. Si les gusta lo que digo, y si yo, la persona que les está hablando, les gusto, automáticamente querrán comprar lo que he escrito.

Alguien que asiste con regularidad a las conferencias de los lunes en Port Washington me ha recomendado como invitado potencial a los anfitriones de un programa de radio que dura toda la noche en la emisora

WMCA. Candy Jones, la famosa modelo de la Segunda Guerra Mundial que está casada con una personalidad de la radio llamada Long John Nebel, me telefonea para preguntarme:

—¿Estarías dispuesto a venir a la emisora y a quedarte al programa que dura toda la noche?

Por supuesto, le digo que sí.

Llego a las 11:30 de la noche, y Candy, Long John y yo nos involucramos en un debate de alta energía. Aceptamos las llamadas de los oyentes, y comienzo a dar consejos a todo tipo de seres humanos en el área metropolitana de Nueva York. Conductores de camión, personas con insomnio, viudas solitarias, fanáticos desquiciados a la última hora de la noche, el teléfono se vuelve loco. Antes de irme a casa a las seis de la madrugada, me piden que vuelva la semana siguiente.

Tanto Long John Nebel como Candy dan a *Tus zonas erróneas* una publicidad enorme y emiten anuncios para decir a sus oyentes que salgan a comprar este importante libro, y que pidan que las librerías locales lo tengan a la venta.

Vuelvo a la semana siguiente para presentar el programa junto con Long John, pues Candy está ocupada en otras cosas. A Long John le han diagnosticado un cáncer de próstata avanzado y obviamente tiene mucho dolor; se sienta sobre una almohada diseñada especialmente para aliviar la incomodidad. Me deja solo ante el micrófono junto con la persona que responde y filtra las llamadas.

Me siento emocionado de estar en una de las mayores emisoras de la mayor ciudad de Estados Unidos, con cinco horas por delante para responder llamadas y hablar a la gente de mi libro recién publicado. Cuando me voy, los teléfonos han estado sonando toda la noche y se me dice que mis apariciones en WMCA están obteniendo evaluaciones excepcionalmente elevadas. Me convierto en un habitual del programa de radio de Long John y Candy, y cada vez que voy, mis libros se agotan en todas las librerías del área metropolitana de Nueva York.

Descubro que estoy siendo invitado a participar como invitado en una amplia variedad de programas de radio. Mis apariciones siempre son espontáneas, no planeadas. Sin embargo, a pesar del brillo interno de la emoción que siento al ser capaz de llegar a tanta gente y ver que aumentan las ventas de mi libro, siento que estoy siendo empujado en otra dirección. Estar despierto toda la noche y hablar en la radio es una cosa, pero después ver clientes todo el día, o ir a la universidad fresco y preparado para encontrarme con mis alumnos, asistir a los comités, y enseñar un horario de clases completo no es la mejor receta para una vida larga y saludable.

Ahora es mayo, y *Tus zonas erróneas* ha estado a la venta desde hace dos meses. He sido incapaz de transmitir mi entusiasmo por el libro a los poderes fácticos en T.Y. Crowell, aunque Paul se muestra extremadamente colaborador con todos mis esfuerzos por conseguirle el reconocimiento que ambos sentimos que merece. Tengo la intención de realizar un recorrido por toda la nación, aunque me han dejado claro que el editor no dispone de fondos para esta iniciativa.

Tus zonas erróneas ha sido designado un libro de "lista". Esta designación significa que está programado para aparecer en la lista de novedades de primavera, y si se vende la primera tirada de unos 6.000 libros, se le considerará un éxito... y será el final de la historia en lo que atañe al editor. Yo tengo una visión muy distinta, lo que significa que he sido designado como un autor novato, muy motivado y emocionado, ingenuo y sin experiencia con respecto a las costumbres de las grandes editoriales de Nueva York.

Sé lo que me siento impulsado a hacer, y no puedo alimentar ninguna otra visión. Informo a todos los clientes de mi consulta privada de que voy a cerrarla a final de mes, pues soy incapaz de seguir al ritmo que he venido llevando.

Mis clientes se sienten decepcionados; sin embargo, saben desde que empezaron conmigo que mi consulta no consiste en comprar un amigo. Creo en la terapia breve, que hace énfasis en encontrar soluciones prácticas a los pensamientos y conductas de autosabotaje. Mi actitud es: *Ven a mis sesiones de terapia y vete habiendo adquirido nuevas habilidades. No vamos a pasar interminables horas examinando tus traumas infantiles.* Ese no es mi estilo. Puede ser muy valioso involucrarse en un psicoanálisis a largo plazo, pero no conmigo.

El 30 de mayo cierro mi consulta, y me libero de la necesidad de estar en un lugar específico varios días a la semana. Puedo respirar con más facilidad, pero todavía me quedan más ataduras que cortar antes de poder hacer lo que siento que me está llamando con incesante insistencia.

AHORA PUEDO VER CON CLARIDAD

Cuando uno tiene una imagen interna de su intención firmemente asentada en la imaginación, las oportunidades de realizar su *dharma* se presentan por doquier. Miro atrás a mis acciones en 1976, cuando *Tus zonas erróneas* acababa de ser publicado, y puedo ver con claridad que el universo me estaba alineando con las personas y las circunstancias que necesitaba para permitirme continuar en la dirección que estaba siguiendo, aunque no tenía ni idea del aspecto que podría tener el destino final. He aprendido a practicar este tipo de conciencia incluso en actividades rutinarias, como encontrar una plaza de parking. Las plazas de parking aparecen con más frecuencia cuando dirijo mi intención interna a *encontrar un lugar donde aparcar*, en lugar de a *nunca suele haber plazas libres por aquí a estas horas*.

La visión interna que dice sí a la vida y está abierta a todas las posibilidades te impulsa a mirar con una visión más intensa, a anticipar que las cosas van a funcionar, y a aprovechar el menor indicio de que estás siendo guiado. Todo esto tiene que ver con el alineamiento, sobre el que he escrito mucho desde que se publicó *Tus zonas erróneas*. Entonces no lo sabía, pero al aferrarme firmemente a una imagen interna, me estaba alineando con la mente Divina —de la que soy un fragmento— y permitiendo que este gran Tao me ofreciera experiencias en el mundo físico compatibles con mi destino Divino.

Cuando empezaba a prestar más atención, podía ver que se manifestaban sincronicidades mágicas. En aquel tiempo lo atribuía a la buena suerte o a extrañas coincidencias. Ahora puedo ver con más claridad y sé más. Debo haber pasado junto al cartel de la WBAB mil veces antes de mirarlo con ojos nuevos y más despiertos. El maestro siempre estuvo allí, pero hizo falta un nuevo alineamiento para que yo pudiera verlo como una oportunidad dorada.

Fui guiado a llamar a esa puerta, y había una conexión invisible entre yo, la recepcionista, el director de la emisora, el invitado que canceló, las personas involucradas en la necesidad de ese invitado de cancelar, el disc jockey y así sucesivamente hasta el infinito. Lo mismo es válido para todas las personas que me llevaron a la emisora WMCA, y todo lo demás que está ocurriendo en mi vida hasta este mismo momento.

La clave para ver con más claridad es el *alineamiento*. Al mantener un deseo ardiente mediante una imagen que es como una llama interna, impermeable a cualquier distracción, empecé a mirar cada circunstancia externa como un presagio. Lo que me empujaba entonces no era la suerte; era que estaba dispuesto a aferrarme a una visión interna hasta que se convirtió en una intención, y a continuación a seguir humildemente mis instintos y decir sí a cada oportunidad que se presentó. Al mostrarme activo e intrépido, estaba permitiendo que se abrieran puertas que habrían permanecido cerradas o, todavía peor, que habrían pasado desapercibidas.

Ahora me doy cuenta de que no quiero ignorar ni el menor pensamiento pasajero con relación a la idea que quiero realizar. Los pensamientos son comunicaciones de la mente Divina, donde todo se origina, incluidos nuestros pensamientos. Veo que el deseo ardiente que experimentaba dentro de mí no tenía nada que ver con llegar a ser rico o famoso, ni siquiera con vender muchos libros. Era el conocimiento interno de que esta era mi vocación. Tenía que responder a la llamada, pues de otro modo me habría sentido muerto por dentro, preguntándome por qué me sentía tan insatisfecho. Al decir sí a la llamada, supe qué hacer. Sabía que tenía que cerrar la consulta y liberarme. Sabía que podía ser eficaz en los medios de comunicación porque se me habían dado todas esas oportunidades de estar en la radio. Cada vez que decía sí a otra entrevista, o a quedarme despierto toda la noche, parecía abrirse mágicamente otra puerta más, con nuevos paisajes que explorar.

En el *Tao Te Ching,* Lao-Tsé habla de la importancia de pensar pequeño, no grande: "Un viaje de mil millas comienza con un solo paso". Si entonces hubiera pensado a lo grande, habría pasado de largo la pequeña emisora WBAB que estaba a dos manzanas de mi casa. Sin embargo, el simple hecho de llamar a la puerta de una emisora con solo diez vatios de capacidad de emisión llevó a mucho más. Lo que veo con claridad es que los pasos de bebé llevan a dar un segundo paso. La fuerza del universo que dirige a todos y todas las cosas me estaba apremiando a dar pequeños pasos. Grandes cosas comenzaron con un solo paso.

Siempre me ha encantado la película *Coal Miner's Daughter* [Quiero ser libre], la historia de Loretta Lynn, la cantante de country de Butcher Hollow, Kentucky, que se convirtió en leyenda. Fue de emisora en emisora de radio pregonando incansablemente sus discos con la esperanza de que pusieran uno en las ondas. Y me encanta la conocida cita de mi amigo Joe Girard, que yo mismo he vivido: "El ascensor que lleva al éxito está estropeado. Vas a tener que usar las escaleras… e ir paso a paso".

Me siento agradecido de haber tenido el conocimiento interno para estar dispuesto a dar ese primer paso.

33

Acabo de completar el semestre de primavera en la Universidad Saint John, y estoy contemplando qué hacer en el verano de 1976 y más allá, He ido a la universidad o he enseñado cursos universitarios cada verano desde 1962. Me han ofrecido un programa de clases completo para enseñar a partir de la próxima semana, y debo comunicarles mi decisión dentro de pocos días.

Voy conduciendo hacia el oeste por la autopista de Long Island, dirigiéndome a la universidad para entregar algunas notas finales de los alumnos de grado que he supervisado el último semestre. He venido haciendo una serie de programas de radio en diversas emisoras de Nueva York, y las ventas de mi libro han dejado de crecer pero se mantienen constantes. De repente, me siento abrumado por la emoción. Recuerdo el miedo que pasé hace cinco años cuando me planteaba la decisión de irme de Detroit y venir a la Gran Manzana. Veo la cara calmada de la doctora Peters mientras recuerdo el consejo que me dio en aquel momento.

Aquí estoy otra vez, teniendo que decidir entre dos opciones: una que ofrece seguridad y la otra lo desconocido. He escrito un capítulo en *Tus zonas erróneas* titulado "Explorar lo desconocido", que incluye el poema de Robert Frost "El camino que no se ha tomado". Ayer por la noche, en el programa de radio con Long John Nebel, cité las últimas líneas del poema de Frost:

*Dos caminos divergían en un bosque, y yo
tomé el menos transitado,
y eso ha marcada la diferencia.*

De repente, sin previo aviso, me inunda una claridad que no he experimentado desde que hablé con Millie Peters en Detroit en 1971. Me siento abrumado por la lucidez que siento. No hay conflicto. Me detengo en el arcén de la autopista; las lágrimas corren por mis mejillas. Tengo la sensación inequívoca de haber sido arropado por un amoroso espíritu guía.

Esto es lo que el doctor Maslow llama una *experiencia cumbre*, término que describe un estado extático que es especialmente alegre y tiene una esencia mística/espiritual inefable. Según Maslow, estos son los momentos, que pueden durar desde unos segundos a minutos, durante los cuales sentimos los niveles más elevados de felicidad, armonía y apertura a nuevas posibilidades. En una ocasión los llamó "episodios sobrenaturales de conciencia ensalzada". Estoy en este estado sobrenatural ahora mismo, aquí mismo, en la autopista de Long Island. He sido dirigido a tomar el camino menos transitado, y sé lo que voy a hacer; no, lo que *debo hacer absolutamente*.

No llamo a mi esposa ni a mi hija; no busco consejo. He visto la luz en este asunto y no tengo que obsesionarme con ello ni un día más, ni una hora más. *Veo* con "V" mayúscula. Ya es un trato hecho. Vuelvo a la autopista, entro en el parking de Marillac Hall, voy al segundo piso y le digo a la secretaria de la decana que quiero hablar con ella. Le aseguró que no le robaré más que unos minutos. Le digo animadamente que dejo la universidad al final del semestre, es decir, dentro de tres días.

Ella me dice que tal vez pueda descansar este verano para ver este asunto con más claridad.

—Por favor, vuelve a considerarlo —me dice—. Tienes la posibilidad de labrarte un gran futuro aquí. Eres una estrella en alza y estar asociado a la universidad será una gran ventaja para ti.

Estoy de acuerdo con que este es un movimiento arriesgado en tiempos de gran incertidumbre, y que perderé los beneficios que el puesto de profesor conlleva: atención médica después de la jubilación, ahorro de impuestos y un trabajo seguro. Escucho con atención, pero ya he vislumbrado mi futuro y lo he visto ahora como si fuera un hecho presente. Digo a la decana que conozco los riesgos, que los he sopesado con cuidado y que dejo mi trabajo. La emoción me vivifica.

Salgo del despacho de la decana y subo un tramo de escaleras hasta mi oficina. Llamo a mi esposa e hija, y ambas se llenan de entusiasmo y de alegría por mí. Se lo digo al jefe del departamento, el doctor Bob Doyle, y se queda conmocionado, pero me apoya. Me dice la locura que es renunciar a tanta seguridad por un sueño que podría no salir bien. Me recuerda las posibles consecuencias económicas, no tener unos ingresos garantizados ni los beneficios, especialmente porque tengo que tener en cuenta a mi familia. No hay modo de disuadirme. Vuelvo a pensar en la experiencia sobrenatural de pura alegría que me ha sobrevenido hace solo una hora, sentado en el coche junto a miles de trabajadores que conducían de camino a casa o al trabajo. Yo ya no voy a ir a trabajar; por fin voy a estar a mi aire. Todo lo que haga a partir de aquí será en mis propios términos.

Mis colegas me felicitan, y mi secretaria se echa a llorar, diciéndome cuánto le ha gustado trabajar para mí estos últimos cinco años. Limpio mi escritorio, envío las notas finales, bajo los tres tramos de escaleras y voy a mi lugar de serenidad en el parque, a pocas manzanas.

Entro en un profundo estado meditativo de silencio. No pido nada. No pido ayuda... ni guía... nada. Paso los últimos treinta minutos de mi carrera como profesor de la Universidad Saint John sentado sobre una roca, escuchando los pájaros y el viento que cimbrea las ramas. Estoy en un estado de asombro. Doy gracias por lo que sea que me sobrevino hace un par de horas, y me otorgó tanta gracia luminosa y claridad. Por primera vez en mi vida, a la edad de treinta y seis años, soy autónomo, y me siento sobrepasado y asombrado por las posibilidades que se abren ante mí.

AHORA PUEDO VER CON CLARIDAD

El momento cuántico que experimenté en la autopista de Long Island, y las acciones siguientes que comenzaron casi de inmediato, han retenido su viveza hasta el día de hoy. He escrito que estos momentos cuánticos son experiencias cumbre que tienen el potencial de elevar nuestra conciencia a un estado donde establecemos contacto consciente con nuestro yo superior, y somos propulsados al instante en una nueva dirección. Estas epifanías y comprensiones repentinas han sido el tema de muchos de mis escritos porque he llegado a verlas como visitas de un reino más elevado. Antes describí que la experiencia en la tumba de mi padre fue uno de estos momentos cuánticos, o lo que el doctor Maslow llama momentos casi sobrenaturales de comprensión que a menudo transforman nuestra vida.

Estos momentos cuánticos tienen cuatro características que he descrito en mi película y en mi libro titulados *El cambio*. En primer lugar, *siempre son sorprendentes*. El momento de comprensión que tuve en mi coche mientras iba a trabajar pareció surgir de la nada. En segundo lugar, *son vívidos*. Incluso hoy, tantos años después, sé con precisión la ropa que llevaba puesta ese día, y puedo describir el color del interior de mi Oldsmobile Cutlass. Puedo ver las señales de tráfico de la autopista, los coches pasando, y puedo oler los humos del interminable flujo de vehículos. En tercer lugar, *los momentos cuánticos siempre son benevolentes*. Puedo recordar lo completamente dichoso que me sentí cuando me envolvió esa nube angélica. Se me puso la piel de gallina, o lo que mi hija llama "sentir cosquillas". En cuarto lugar, *son duraderos*. ¿Necesito decir más? Casi cuarenta años después recuerdo este evento como si hubiera ocurrido hace una hora.

Algo indefinible me ocurrió aquel día de junio de 1976, y me ayudó a hacer un cambio incómodo en mi vida. Ha ocurrido en varias ocasiones cuando estaba al límite, preguntándome qué dirección seguir. Confío en estos momentos de experiencias cumbre, y no solo confío en ellos, sino que los invito a mi vida. Cuanto más confío en mi propósito, más capaz soy de acceder a esta energía vívida y emocionalmente cargada. Está claro que los momentos como el que experimenté el día que dejé la universidad son componentes para vivir una vida de mayor autorrealización.

A medida que los individuos empiezan a alinearse con su intención original y viven su vida con un propósito, invitan a la guía más elevada. He sabido que el único modo de acceder a la ayuda de los maestros ascendidos es llegar a ser como ellos, de modo que puedan reconocerse a sí mismos. No sirve de nada rezar para conseguir guía y ayuda si estamos viviendo una vida centrada en el ego.

En aquel momento lo único que quería era compartir la magia que sentía al tocar las vidas de tantas personas a través de los programas de radio a los que la gente podía llamar, y el correo que recibía de todo el país gracias a los fascículos de mi libro en una publicación de distribución nacional. No me impulsaba el ego, pero tampoco tenía ni idea de que podría estar recibiendo algún tipo de inexplicable consejo espiritual desde los cielos. Estaba alineándome con la mente Divina que es responsable de toda la creación porque estaba enfocado en servir más que en recibir.

Puedo ver que justo estaba empezando a vivir desde una nueva conciencia al hacerme más como los que se dedican a servir al amor Divino. Ellos se ven a sí mismos en esa energía, y pueden guiarnos y nos guiarán a un camino de más realización en Dios.

Desde esta perspectiva de mirar atrás, siento que he estado en algún tipo de programa de entrenamiento de los maestros ascendidos. Tuve que pasar un largo periodo en manos de mi falso yo —es decir, de mi ego—, pero cuando fui capaz de librarme de sus garras, pude sentir la diferencia. Me olvidé de mí mismo y me enfoqué en conectar y en servir porque me sentía bien haciéndolo, sin prestar atención a los beneficios materiales que pudieran llegarme.

Una epifanía espiritual que todavía soy incapaz de explicar del todo inauguró la renuncia a mi puesto de profesor, y me llevó a tomar el camino no solo "menos transitado", sino que "nunca había sido transitado" por mí. Todavía no sabía que *Tus zonas erróneas* iba a ser el primero de los cuarenta y un libros que he escrito a lo largo de los treinta y ocho años siguientes, o que estaba destinado a impactar en la vida de millones de personas de todo el planeta. Estoy seguro de que la mente una Divina, el gran Tao, Dios —o cualquiera que sea la etiqueta que le pongamos— era plenamente consciente del *dharma* que había aceptado y que había acordado llevar a cabo, y debe haber sabido que no podría hacerlo desde la comodidad y la seguridad del puesto de profesor en una gran universidad de Nueva York.

En el sexto capítulo de *Tus zonas erróneas* declaré que "solo los inseguros buscan seguridad", y abrí ese capítulo con la siguiente cita de Albert Einstein: "Lo más hermoso que podemos experimentar es lo misterioso. Es la verdadera fuente de todo arte y ciencia". Estaba a punto de embarcarme en un viaje para enseñar estas ideas a quienes se esforzaban por alcanzar esa seguridad siempre elusiva. Estoy seguro de que los seres ascendidos que me supervisaban y guiaban mi camino eran conscientes de esta gran inseguridad y sabían que era imperativo que empezara a practicar lo que predicaba en lugar de limitarme a hablar de ello.

34

Estoy al teléfono con el vicepresidente de la editorial T.Y. Crowell, para preguntarle cómo van las ventas de mi libro. Después de la consulta, me dice:

—Cuando tu libro se agote, pasaremos a la lista del verano. Deberías considerarlo un éxito para ser tu primer libro.

Siento básicamente que *Tus zonas erróneas* morirá en el viñedo antes de tener la oportunidad de madurar, y me convierto en una molestia gigantesca para todos los poderes establecidos en la sede de mi editor. Hablo con la gente de publicidad y me dicen que no tienen presupuesto para promocionar mi libro. Hablo con la gente de marketing, y me dicen que no hay un plan de marketing para mi obra. Llamo a los responsables de distribuir a las librerías y nadie me devuelve la llamada. Todo parece estar parado.

Estoy en medio de una especie de atasco que es muy nuevo para mí. Todo es demasiado grande: demasiados departamentos que no se comunican, y a continuación se culpan unos a otros por la ineficiencia. Estoy ansioso por hacer que ocurra algo que esté de acuerdo con mi visión para mí mismo y para este libro. Sin embargo, parezco encontrar obstáculos con toda la gente con la que me encuentro. Decido tomar el asunto en mis propias manos. Pienso que si el libro se agota mientras todavía está en la lista de primavera, se verán obligados a hacer una segunda impresión.

Con una llamada telefónica, me convierto en una librería: Wayne Dyer Books, West Babylon, Nueva York. Llamo como dueño de una librería y compro todas las copias que quedan de la primera edición para que las envíen a mi tienda (mi garaje). Dos días después, llamo al mismo vicepresidente y le pido que por favor revise el estatus de mi libro. Él está exasperado conmigo, puesto que he sido un incordio persistente para él al menos dos veces por semana desde que se publicó mi obra hace tres meses.

El vicepresidente consulta sus registros para informarme, esperando que sea el mismo que cuando hablamos hace pocos días. Vuelve y me cuenta que el libro debe estar tomando impulso porque toda la tirada se ha vendido sin derecho a devolución. Le pregunto qué va a hacer al respecto, y presiona el botón para encargar otra impresión. Sin embargo, esta vez es considerablemente menor, tal vez 2.500 libros.

Ahora tengo más de 4.000 libros en el garaje; una semana después compro lo que queda de la reimpresión. Mi editor se ve obligado a encargar una tercera tirada y ahora está empezando a prestar atención. Entre tanto, sigo haciendo programas de radio y vendiendo mis libros en las conferencias de los lunes por la noche en Port Washington.

Empiezo a visitar todas las librerías que puedo en el área metropolitana de Nueva York. Llevo copias de *Tus zonas erróneas* y les pido que hagan acopio del título en depósito. A continuación, cuando salgo en alguna emisora local, menciono los nombres de las librerías que tienen mi libro. Hago anuncios comerciales de mi libro cuando acepto una llamada en los programas de radio, y digo a los oyentes dónde pueden comprarlo, lo que deja muy contentos a los libreros. Cuando vuelvo a visitar varias de las librerías que han acordado vender mi libro, ya no tengo que desempeñar el papel de distribuidor y cobrador, porque ahora están comprando *Tus zonas erróneas* por los canales habituales.

Me he convertido en mi propia librería, estoy implementando mi propio plan de marketing, y también me encargo de la distribución. Paul Fargis, que también está atrapado en la enorme burocracia de las editoriales de Nueva York, es consciente de lo que estoy haciendo, y me habla de escribir otro libro que sea la continuación de este. Siento que es prematuro, solo estoy en las primeras etapas de mis esfuerzos por compartir el mensaje de *Tus zonas erróneas* con el mundo. Digo a Paul que el año que viene escribiré el siguiente libro.

Ahora estoy preparando mi propio plan de publicidad, pues he hablado con la jefa de publicidad de T.Y. Crowell y ella también está un poco tensa porque la molesto continuamente. Me perciben como un autor nuevo que no entiende cómo funciona el negocio editorial de Nueva York, y también como alguien que no sabe cuál es su lugar. Pregunto cómo podría hacer que el libro pudiera comprarse en todo el país. Se me dice que solo hay un modo de llegar a todo el país a través de los medios, y es aparecer en los programas de la televisión nacional, como *The Tonight Show, The Phil Donahue Show, The Today Show,* y así sucesivamente.

Me asignan una joven llamada Donna Gould, que trabaja en el departamento de publicidad. A Donna le encanta el libro y le encanta trabajar conmigo, pero está limitada por el hecho de que no se ha asignado dinero a la publicidad de *Tus zonas erróneas.* No puedo viajar porque no tengo los gastos cubiertos. Y nadie en estos programas nacionales está mínimamente interesado en entrevistar a un psicólogo desconocido, especialmente con un primer libro. Donna es joven y está llena de energía, pero no puede invalidar el sistema dentro del cual trabaja.

Escribo una carta larga y apasionada a la directora de publicidad informándole de que conozco otra manera de llegar a toda América a través de los medios, y es que yo mismo vaya a ellos directamente. No quiero financiación; pagaré mis gastos. Haré un recorrido por mi cuenta por el país. Iré a los mercados pequeños a llevar libros, que distribuiré y comercializaré tal como he venido haciendo en el área de los tres estados durante los últimos meses.

Mi editor nunca se ha encontrado con un autor como yo. Tratan de disuadirme, pero esa llama interna es un deseo ardiente: me dice que me olvide de todas las resistencias que encuentre, y que escuche y siga las llamadas internas que no pueden ser silenciadas. Debo hacer esto por mi cuenta. Basta de luchar y quejarme de los obstáculos burocráticos; voy a hacer esto a mi manera, y sé que voy a ser guiado a lo largo de todo el camino. Estallo de entusiasmo.

Donna Gould accede a trabajar conmigo desde casa; es un ángel. Me dice que, si me presento en una ciudad de mediano tamaño como Columbus, Ohio, ella hará las llamadas para ver con qué periódicos y programas de radio y televisión puede concertar entrevistas. Yo le pagaré lo que pueda por sus servicios, pero en esencia ella hace esto porque cree en mí y en mi mensaje.

Es mediados de 1976. Mi hija, Tracy, tiene ocho años; le hablo de una aventura asombrosa en la que vamos a visitar ciudades de todo el país al norte, sur, este y oeste. Ella quiere venir. Mi esposa también. En breve ponemos el equipaje en el coche, que está cargado de libros para distribuir, y mi esposa y yo llevamos a Tracy y a su amiga Robin a esta aventura por el país.

Voy a visitar todos los lugares que estén dispuestos a recibirme como invitado en sus medios de comunicación, y Donna concertará las entrevistas cuando sea posible. Mi plan es hacer varios programas de radio y anunciar en las emisoras que mi libro está disponible en librerías específicas que he explorado con anterioridad. Después del programa me dirijo a esas librerías. A menudo mi esposa les ha llamado para decir que quiere comprar el libro que está comentando en la radio este autor fascinante. Ellos ya han recibido varias peticiones y cuando llego a las librerías con una docena de libros están dispuestos a aceptarlos en depósito.

Mis días están llenos de conducción, de registrarme en hoteles y de ir de emisora en emisora después de encontrar su ubicación en un mapa muy usado. Es normal que me quede varios días en una ciudad y que haga entre doce y catorce entrevistas diarias, y a menudo me quedo despierto toda la noche haciendo programas nocturnos a los que la gente llama por teléfono. Donna es increíblemente eficiente. Cuantas más entrevistas hago, más corre la voz de que puedo hacer entrevistas interesantes. Me he convertido en un terapeuta en los medios de comunicación, y no escasean las emisoras dispuestas a tenerme como invitado en sus programas.

Vamos cruzando el país y hago una gran cantidad de entrevistas en cada ciudad donde nos detenemos. Mi editor está empezando a notar que aumentan las ventas a medida que le van llegando órdenes con regularidad. *Tus zonas erróneas* se reimprime por cuarta vez, y Donna por fin consigue obtener permiso para trabajar conmigo durante el día desde su oficina en T.Y. Crowell. Han dado algo de dinero al departamento de publicidad para mi libro. Y entonces recibo esa fatídica llamada de Howard Papush, de *The Tonight Show*.

En septiembre, mi agente, Artie Pine, y mi editor, Paul Fargis, me dicen que, el domingo siguiente, *Tus zonas erróneas* hará su primera aparición en la lista de superventas del *New York Times*. Para mí, esto equivale a ser un actor que recibe el Oscar.

AHORA PUEDO VER CON CLARIDAD

Cuando miro atrás a mi frustración con mi editor de Nueva York, ahora puedo ver que su indiferencia fue una gran bendición. Me dieron la maravillosa oportunidad de tomar las riendas de mi vida en mis propias manos, y por tanto no podía culpar a nadie cuando las cosas no iban como yo quería. Había estado practicando esta lección toda mi vida, pero aquí se me presentó a lo grande.

Cuando me dijeron que en esencia mi libro se dirigía hacia el olvido si permitía que otros se encargaran de toda esta operación, tuve elección. Pude decir: "De acuerdo, parece que es así como funcionan las grandes editoriales de Nueva York. Yo solo soy un pequeño diente de una gran rueda, y aceptaré lo que ellos decidan que va a ocurrir". Había tenido un éxito limitado, y podía decir gracias y dejar que todo se disipara.

Mi segunda opción era negarme a permitir que la opinión de alguien se interpusiera en el camino de lo que había en mi imaginación, y asumir la total responsabilidad de todos los aspectos de este viaje que estaba emprendiendo. En la carta que escribí al director de publicidad incluí una cita muy especial que siempre me ha encantado: "Cuando Alejandro Magno visitó al maestro espiritual de su tiempo, Diógenes, y le preguntó si podía hacer algo por él, Diógenes replicó: 'Solo apártate un poco y deja que me dé el sol'".

No estaba pidiendo a T.Y. Crowell que pagara mis gastos, ni siquiera que me ofreciera ayuda para concertar las entrevistas. Solo quería estar seguro de que ellos no se convertirían en un obstáculo siendo recalcitrantes y reteniendo la producción de libros y su distribución porque yo estaba moviéndome fuera del patrón de vuelo que ellos habían establecido para sus autores.

Sentía una convicción interna sobre lo que tenía intención de hacer. Sabía que no podía limitarme a quedarme parado y permitir que mis sueños se disiparan porque otros, que tenían más experiencia, creían que sabían más y que conocían el camino. Yo les pedí por favor que se hicieran a un lado, que permitieran que me diera el sol y que me permitieran ser guiado por mi propia visión.

En mi carta también empleé otra de mis observaciones favoritas del filósofo alemán Friedrich Nietzsche: "Tú tienes tu manera. Yo tengo la mía. En cuanto a la manera justa, la manera correcta y la única manera, no existe una sola manera de hacer nada".

Lo que ahora veo con claridad con respecto a aquellas interacciones que tuve con mi editor sobre como hacer el marketing, la distribución y la publicidad de *Tus zonas erróneas* es que se me ofreció una oportunidad de primera de empezar mi nueva carrera de escritor confiando en mí mismo por encima de todo. Estaba ante una gran experiencia de aprendizaje.

En el momento me sentí un poco frustrado por no obtener la cooperación que deseaba, pero no consideré ni por un momento la posibilidad de abandonar la visión interna que ardía con fulgor en mi imaginación. En lugar de hacer de todo ello un gran problema, o incluso de culpar al sistema por no ser mi aliado, fui directamente a la imagen que había sembrado en mi mente y decidí hacer de ello una empresa alegre y divertida. Me lo pasaba en grande en el área de Nueva York haciendo que todo el proyecto cobrara vida, y no vi ninguna razón por la que no fuera a funcionar en todos los rincones del país (y también del mundo) si mantenía mi visión y seguía mis impulsos internos.

No tenía todas las respuestas en cuanto a los pasos que se deben dar para convertir un libro en un gran éxito, pero hice lo que había aprendido de mi inmersión en la investigación sobre la autorrealización de Abraham Maslow y, después de asesorar a cientos de clientes, era imperativo que yo fuera independiente de las buenas y de las malas opiniones de otros. Como observó en una ocasión mi amiga Maya Angelou: "Un pájaro no canta porque tenga una respuesta, canta porque tiene una canción".

Lo que es claro para mí a día de hoy es que debo ignorar las opiniones y consejos de otros cuando interfieren con mi conocimiento interno. Me basta con saber que tengo una canción, y por Dios, tengo intención de cantarla.

35

Mi mundo ha cambiado drásticamente desde que tomé la decisión de hacer las cosas por mi cuenta y de ser escritor. Estoy en 1977 y he pasado el último año trabajando a tiempo completo para promocionar *Tus zonas erróneas*.

Cada tres semanas más o menos vuelo a la Costa Oeste para estar en *The Tonight Show,* presentado por Johnny Carson, lo que ha creado una audiencia nacional para mi libro. A mi amigo Howard Papush le encanta mi sentido común y las historias que cuento, y continúa reservándome un lugar en el "rincón del autor", al final del programa de noventa minutos. Suelo salir en pantalla los lunes por la noche, con anfitriones invitados tan diversos como Bill Cosby, Bob Newhart, Vincent Price, Joan Rivers, Don Rickles y otros personajes célebres. Las reacciones y las evaluaciones del público siempre mejoran cuando salgo yo, y me siento bendecido de tener la oportunidad de participar con regularidad.

Gracias a esta exposición nacional, ahora recibo invitaciones de los programas de televisión a los que hace unos meses no les interesaba un profesor llamado Wayne Dyer. Recientemente he estado en *The Phil Donahue Show, The Today Show, The Merv Griffin Show, The Mike Douglas Show* y *Good Morning America*, entre otros. He estado viajando por el país en un recorrido financiado por el editor, y estoy poniendo anuncios en programas locales de ciudades de todo Estados Unidos y Canadá.

Siempre me ha encantado estar frente al público y ofrecer charlas interesantes y educativas, de modo que también estoy encantado de tener programadas muchas conferencias. Me pagan tarifas con las que no había soñado; por una charla de dos horas gano el equivalente a tres meses como profesor de universidad. Ahora mi agente, Artie Pine, programa mis conferencias, y tengo más solicitudes de las que puedo atender. Viajo por Norteamérica hablando ante grandes audiencias en iglesias, universidades, reuniones corporativas y seminarios públicos. Conforme crece la demanda de mis servicios, Artie eleva las tarifas de mis conferencias. Me cuesta creer que la gente esté dispuesta a pagar miles de dólares para oírme decir lo que decía casi gratis hace solo unos meses.

Ahora han pasado catorce meses desde la publicación de *Tus zonas erróneas*. Cada semana mi editor pone un anuncio en *The New York Times* mostrando la cantidad de copias del libro que se han impreso. Desde la primera impresión de unos 6.000 libros, el número se ha disparado hasta alcanzar los 250.000 en los que está ahora. *Tus zonas erróneas* se ha convertido en un fenómeno. Es un éxito de ventas internacional traducido a distintos idiomas para satisfacer la demanda en Europa, Sudamérica, Asia y Australia.

En una llamada conjunta con Artie Pine y Paul Fargis, me dicen que tienen dos noticias que me van a dejar alucinado. La primera es que *Tus zonas erróneas* aparecerá en el primer lugar de la lista de superventas de *The New York Times* el 8 de mayo de 1977, el día de la madre; es el libro más vendido del país. La segunda es igualmente emocionante: *Tus zonas erróneas* ha sido puesto a subasta entre todas las editoriales que publican libros de tapa blanda. La oferta ha superado con mucho el millón de dólares, y Avon Books va a presentarlo como su número uno en otoño de este año.

Acaban de informarme de que soy el autor del libro más vendido del país, ¡y además acabo de convertirme en millonario! Desbordo de alegría. Cuelgo el teléfono en mi pequeña casa alquilada de Long Island, me sujeto la cabeza con las manos y dejo que las lágrimas rueden por mis mejillas.

Solo he seguido mi visión y he avanzado confiadamente en la dirección de mi sueño, esforzándome por vivir la vida que había imaginado. Es lo que leo en la pared del Thoreau Lyceum, en Concord, Massachusetts, cuando lo visito y me tumbo en la cama donde dormía Henry David Thoreau en el siglo XIX. Este gran maestro, que me ayudó a superar tantos obstáculos cuando iba al instituto, tenía mucha razón. Me he encontrado con un éxito totalmente inesperado en las horas comunes. Me abruma la emoción.

Llamo a mi madre a Detroit para darle la noticia. Ella la recibe con el mismo shock extático que yo siento. Me recuerda el poema titulado "Wayne", que escribió para mí en 1970, cuando recibí mi doctorado. Lo recita al pie de la letra:

Una madre solo puede guiar...
Y luego hacerse a un lado, yo sabía
que no podía decir: "Así es como
deberías ir".

Porque no podía prever
qué caminos te atraerían
a alturas no imaginadas
que yo tal vez nunca conocería.

Sin embargo, en mi corazón,
siempre me di cuenta
de que tocarías una estrella...
¡No me sorprende!

Llora de alegría mientras me recuerda en broma que mi libro es un éxito tan enorme porque ella mecanografió el manuscrito antes de que se lo diera al editor. Esta preciosa mujer, que sacrificó tanto para conseguir que su familia rota volviera a juntarse después de ser abandonada por mi padre biológico, que trabajó cada día de su vida sin queja, es la madre de un autor millonario que ha escrito el libro más popular de Estados Unidos. Antes de colgar dice:

—¡Mi hijo el doctor! Honestamente, no estoy sorprendida, Wayne. Tú siempre mirabas a las estrellas. Te quiero tanto.

Cuelgo el teléfono y digo una profunda oración de gratitud por esta enorme bendición que ha llegado a mi vida. Me siento humilde ante el hecho de venir de unos orígenes de tanta escasez, y rezo para que la abundancia externa no me haga egoísta. Contraigo el compromiso de asegurarme de que mis dos hermanos y mi madre nunca lleven la carga de pagar una hipoteca.

En verano, *Tus zonas erróneas* está en el número uno de la lista de libros más vendidos en Australia, Holanda, Suecia y Noruega. Accedo a visitar esos países para hacer una gira publicitaria.

Estoy en Australia, y la edición de tapa blanda de mi libro aparece apilada en todas las librerías que visito. Mientras estoy haciendo una entrevista en una emisora de radio, nos interrumpe el anuncio de que Elvis Presley acaba de ser encontrado muerto, presumiblemente por una sobredosis de drogas. Es el 16 de agosto de 1977. Digo una oración silenciosa por "la leyenda" y su familia, mientras la emisora inicia de inmediato un programa conmemorativo.

Durante mi gira, la música de Elvis está por todas partes, en cada emisora. En prácticamente todas las entrevistas subsiguientes me piden que comente su muerte. Hablo de la zona errónea de la adicción y se me pide que lea el último capítulo de *Tus zonas erróneas,* titulado "Retrato de una persona que ha eliminado todas las zonas erróneas". Durante este tiempo empiezo a pensar en escribir un segundo libro sobre cómo salir del hábito de sentirse víctima que nos sabotea, y puede, en último término, destruir a una persona.

Paso dos semanas en una gira por todas las grandes ciudades de Australia, haciendo una serie interminable de entrevistas para periódicos, revistas, y emisoras de radio y televisión. Es un calendario agotador en el que trabajo sin parar entre diez y doce horas diarias, desde Perth hasta Adelaida, Brisbane, Melbourne y Sydney. Cuando me voy del país*, Tus zonas erróneas* es el número uno en ventas, y tengo una serie de invitaciones para volver a dar conferencias en el futuro.

AHORA PUEDO VER CON CLARIDAD

Lo que hoy destaca con más claridad al revivir aquellos gloriosos momentos en que alcancé un estatus tan exaltado en el mundo editorial es el mayor de mis miedos. Tenía que ver con la incertidumbre económica cuando tomé la decisión de dejar la universidad y hacerme autónomo. Me encantaba el sentimiento de libertad que tanto nutría mi alma; sin embargo, mi cabeza estaba llena de miedo por las preocupaciones económicas.

Crecí en una era de pobreza muy severa. Mi padres soportaron la Gran Depresión y el dinero siempre era una gran preocupación. Crecí con una mentalidad de escasez, y en gran medida me pusieron en casas de acogida porque no había suficiente dinero para atender las necesidades más básicas. Mi madre, que tenía tres hijos a los veinticuatro años, trabajó primero atendiendo el mostrador de un todo a cien, y después como secretaria. Mi padre, que en más de una ocasión entró en la cárcel por robar, abandonó sus responsabilidades parentales y desapareció. Yo trabajé desde los nueve años. El dinero era un gran problema dondequiera que viviera. La falta de dinero y el miedo a no tenerlo —y los recuerdos de pasar hambre y no tener suficiente comida— estaban impresos con mucho énfasis en mi mente subconsciente.

En consecuencia, hacerme autónomo a los treinta y seis años, con una familia que mantener y sin ningún ingreso garantizado, fue algo monumental para mí. Me encantaba la idea de ser mi propio jefe, pero tenía miedo de no poder proveer para mi familia y para mí mismo. Ahora, al mirar atrás a este movimiento arriesgado, lo que me parece muy claro es la importancia de sentir el miedo —reconocerlo en lugar de pretender que no está ahí— y a continuación hacer lo que mi corazón y mi alma me decían que tenía que hacer. Estaba dispuesto a alinear mi cuerpo y mis acciones con mi yo superior, que ya no podía soportar vivir una mentira. Mientras viajaba por el país, y después por el mundo, haciendo lo que sabía que era mi propósito divino, todo empezó a encajar en su lugar.

Cuando esa llamada de Artie y Paul anunció mi nuevo estatus de millonario, con una capacidad de ganar dinero ilimitada, me di cuenta de una verdad muy importante. Es algo que dijo Patanjali hace unos 2.300 años. Este gran maestro espiritual dio un consejo que resonó en mí en 1977. Dijo: "Cuando te inspira un gran propósito, algún proyecto extraordinario, todos tus pensamientos rompen sus cadenas, tu mente transciende las limitaciones, tu conciencia se expande en todas direcciones, y te encuentras en un mundo nuevo, genial y maravilloso". Y después añadió: "Las fuerzas, facultades y talentos durmientes cobran vida, y descubres que eres una persona mucho más grandiosa de lo que jamás hubieras soñado".

Me encanta este pasaje, especialmente la parte sobre las fuerzas durmientes. Son fuerzas que a menudo pensamos que están muertas y son inaccesibles, pero él dijo que cuando nos inspira un gran propósito y nos ponemos en acción, cobran vida para ayudarnos. Me di cuenta de que había crecido y vivido toda mi vida con muchas preocupaciones y temores con respecto al dinero, y de que dominaban buena parte de mis pensamientos. El dicho de Patanjali era verdad para mí de manera muy notable.

Mientras perseguía mi sueño —permaneciendo *en-Espíritu*; es decir, *inspirado*— gané más dinero el primer año como autónomo que durante los treinta y cinco anteriores. De algún modo, ahora lo veo con mucha claridad: cuando nos mantenemos en nuestro propósito y nos negamos a sentirnos descorazonados, aceptando nuestros miedos y haciendo igualmente lo que tenemos que hacer, esas fuerzas que parecen dormir cobran vida y nos muestran que somos más grandes de lo que jamás podríamos soñar. Descubrimos que somos uno con la Fuente del ser, y como Jesús dijo con tanta perfección: "Con Dios todas las cosas son posibles".

Estar con Dios significa desplegar nuestro propósito y actuar siempre desde el amor. Ahora veo muy claramente que mi resolución de seguir mi llamada más íntima y de hacerlo desde el mantra interno de *¿Cómo puedo servir?*, más que desde *¿Qué voy a conseguir yo con esto?*, es lo que disipó mi preocupación sobre una catástrofe económica.

Durante todos esos años en los que hablé a la gente en los medios de comunicación, la idea de hacerme rico no podía estar más lejos de mi mente. Que mi libro apareciera en la lista de superventas del *New York Times* fue una gran sorpresa para mí. El dinero que empecé a ganar fue en verdad inesperado. La psicología de la autorrealización de Abraham Maslow me había enseñado a mantenerme desapegado del resultado. Él decía con frecuencia que las personas autorrealizadas hacen lo que hacen porque siguen su corazón, la llamada de su alma, no por el lucro que puedan conseguir. Mi camino consistía en hacer lo que sentía tan profundamente dentro de mí. Toda la abundancia que apareció fue una conmoción alucinante, aunque agradable.

Esto es lo que ha quedado claro para mí a día de hoy: sigue tu corazón, mantente alineado con la Fuente de tu ser —el amor— y deja que el universo se encargue de los detalles.

36

He aceptado una invitación para hacer una gira publicitaria en Holanda, donde ha ocurrido algo imprevisible. Willeke Alberti, una cantante/actriz muy conocida en los Países Bajos, aparentemente ha salido en un programa de televisión diciendo a los espectadores que ha leído un libro que ha producido un cambio radical en su vida. El libro es *Tus zonas erróneas*, que en holandés se titula *Niet Morgen Maar Nu*, que significa "no mañana, sino ahora". Willeke ha hecho un ruego apasionado a los telespectadores para que lean y apliquen los consejos simples y de sentido común que se ofrecen en lo que para ella ha sido un libro transformador. Al día siguiente, la demanda del libro supera lo que el editor holandés ha visto nunca.

Vuelo a Amsterdam, donde hablo con esta mujer fascinante que es responsable de convertirme repentinamente en una sensación en Holanda y Bélgica. Las librerías no pueden servir todos los libros que se les piden. Aparezco en programas de entrevistas, en programas de entretenimiento nocturnos, y en un programa de juegos de la televisión nacional; y hago entrevistas en un montón de revistas y periódicos.

Willeke me dice que le han tocado mucho las palabras de *Niet Morgen Maar Nu,* y que le encantaría apoyar cualquier proyecto que pueda presentar en el futuro. He hecho una amiga en un país que no había visitado antes. Es un personaje célebre que habla un idioma que no entiendo, y está dispuesta a ser la embajadora del tipo de enseñanzas que promociono en un libro publicado al otro lado del mar, en Estados Unidos. Este libro se está vendiendo por cientos de miles en un país que tiene una población total de catorce millones de habitantes.

Retorno a Estados Unidos y me encuentro con Artie Pine y Paul Fargis en T.Y. Crowell para comentar algunas ideas sobre mi nuevo libro. Desde que cancelaron mi entrevista en la radio el verano pasado en Sydney, he estado pensando en la prematura muerte de Elvis. Quiero escribir sobre algo que parece impactar de un modo u otro en todas las personas con las que hablo. He visto en mi consulta terapéutica que, aunque las personas son capaces de cambiar sus pautas de pensamiento autoderrotistas y de corregir sus hábitos de pensamiento erróneos, todavía se sienten víctimas de muchos factores externos que les parecen irresolubles.

Presento a Paul un esquema en el que detallo métodos nuevos y asombrosamente poco convencionales para librarse de las presiones y manipulaciones dirigidas continuamente hacia casi todos. Quiero enseñar a la gente a dejar de sentirse víctimas en todas sus interacciones; a funcionar desde la fuerza en lugar de desde la debilidad en el trato con los miembros de su familia, las figuras de autoridad y los demonios internos que les sacan continuamente de su bienestar. Me parece que el propio Elvis se dejó dominar por un entorno de manipuladores que se preocupaban principalmente de sus propios intereses. ¿Cómo llegó su vida a descontrolarse tanto? ¿Por qué no fue capaz de resistirse a las maquinaciones de sus manipuladores? ¿Quién estaba allí para ayudarle a salir de las conductas de autosabotaje?

Quiero escribir un libro que use el mismo planteamiento de sentido común que ha cautivado a tanta gente de todo el mundo en *Tus zonas erróneas*. Quiero enseñar a la gente a evitar la trampa del victimismo que se llevó la vida de Elvis, y que actúa sistemáticamente como un cáncer progresivo en las vidas de incontables hombres y mujeres. Llamo a este proyecto de libro *Mueve tus propios hilos* [Evite ser utilizado].

Recibo un buen anticipo de mi editor, algo limitado debido a ciertos legalismos presentes en el contrato original que firmé con ellos. Mi agente, Artie Pine, intenta sin conseguirlo que el editor ofrezca un anticipo económico sustancial que vaya más allá de lo que pide el contrato, debido al enorme e inesperado éxito de *Tus zonas erróneas*. Artie lo tiene muy claro y quiere presionar el editor. Yo asumo una postura muy distinta e insisto en que dé un paso atrás y honre lo que acordamos inicialmente cuando estábamos emocionados por tener un contrato para el libro, hace solo dieciocho meses.

Estoy más que contento. No necesito más dinero; ahora tengo una casa preciosa en Fort Lauderdale, Florida, donde resido. Me emociona la idea de escribir un segundo libro y saber que será publicado. Insisto en que Artie olvide su exigencia de que el editor rompa el contrato original. No quiero conflictos en ninguna parte, no quiero resentimientos. Esto no tiene que ver con el dinero, y no quiero que el dinero se convierta en un problema, ni ahora ni nunca.

Al empezar a escribir el nuevo libro, recuerdo haber leído en voz alta la Declaración de Independencia en una clase de civismo que daba en el instituto Pershing, en Detroit. Este grupo de alumnos del último año estudiaban la Declaración de Independencia línea por línea, y después comentaban lo que dice y qué tenía que ver con ellos en la década de los 60, casi doscientos años después.

Hubo una línea concreta que fue la que produjo más controversia:

Toda la experiencia ha demostrado que la humanidad está más dispuesta a padecer, mientras los males sean tolerables, que a hacer justicia aboliendo las formas a las que está acostumbrada.

Antes de escribir la primera palabra de *Evite ser utilizado* decido que esta será la primera cita que dará comienzo al libro, porque revela el tema que quiero abordar.

Escribo a diario durante tres meses, enfocándome siempre en ayudar al lector a "hacerse justicia a sí mismo" al elegir no ser víctima de nadie ni de ningún sistema, en ninguna circunstancia. Cuando aparece la edición de *Evite ser utilizado* en tapa dura, me siento tan emocionado como hace dos años, cuando sostuve *Tus zonas erróneas* y lo acaricié como si fuera un niño recién nacido.

De nuevo siento el compromiso de llevar este mensaje al mundo; pero esta vez no tengo que batallar con nadie en la editorial. Donna Gould me ha sido asignada como publicista a tiempo completo. Elijo hacer una gira por todo el país para presentar el libro, solo que esta vez no tengo que conducir ni preocuparme por las reservas de hotel, ni por ceñirme a un presupuesto muy apretado. Alguien se ocupa de mis billetes de avión y hoteles. Me dan todo lo que pido sin dudar.

Evite ser utilizado asciende inmediatamente a lo más alto de la lista de superventas del *New York Times*. Todavía aparezco con frecuencia en *The Tonight Show*, y ahora me han invitado a grabar una entrevista en el programa de Dinah Shore, *Dinah!*, que se emite en horario diurno.

En Los Ángeles me reciben las personas más bondadosas, dulces y generosas que he conocido en mis encuentros con la gente del espectáculo. Dinah me pide que haga una aparición semanal regular en su programa, que se emite en la televisión nacional. Me sugiere que presente situaciones comunes de victimización y que los actores y actrices representen diversos métodos para lidiar con este tipo de situaciones tan extendidas. Acudo allí una vez al mes, y en cada visita grabamos cuatro programas que se emitirán semanalmente. Entre tanto, me hago amigo de esta mujer que personifica la autorrealización, la señora Dinah Shore.

Semana a semana veo que Dinah muestra una bondad extraordinaria hacia toda la gente del estudio. A la señora que vacía las cubos de basura se le ofrece la misma dignidad que a las estrellas y conocidos políticos que vienen al programa. Me siento muy impresionado por esta superestrella de múltiples talentos que abraza a todos con amor y bondad en su corazón. Me siento honrado de ser un invitado regular en su programa y me siento todavía más honrado de observar y aprender de alguien que parece haber domesticado su ego. Ella es mi amiga y una gran profesora... Estoy muy agradecido.

AHORA PUEDO VER CON CLARIDAD

Uno de los grandes descubrimientos de mi vida salió de mi experiencia en Holanda con Willeke Alberti, tal vez la estrella del mundo del espectáculo más conocida de aquel hermoso país.

En el *Tao Te Ching*, Lao Tsé enuncia un principio paradójico cuando dice que el gran Tao (Dios) no hace nada y no deja nada sin hacer. A medida que he ido contemplando esta declaración aparentemente contradictoria, puedo ver, aunque no explicar, la sabiduría inherente a las palabras de Lao Tsé. Podría estar mirando todo el día y toda la noche durante un milenio, y mis sentidos no podrían experimentar a Dios haciendo nada. No puedo ver, oír, oler, saborear ni tocar a Dios, sin embargo, está operando algo que no deja nada sin hacer. Eso es lo que ocurre cuando me alineo con el gran Tao y vivo mi *dharma* en esa alianza.

No hay nada que pueda hacer por toda la gente de Europa, Asia, Sudamérica, y todos los demás habitantes del planeta, que me gustaría que oyeran mi mensaje de autoempoderamiento. *Pero se está haciendo.* No tengo ni idea de quien fue la persona que puso una copia de *Niet Morgen*

Maar Nu en manos de Willeke Alberti, ni qué le inspiró a hablar de forma tan apasionada sobre él en la televisión nacional. Yo no hice nada, y tal como se suponía que iba a ocurrir, nada quedó sin hacer.

Está claro que en el universo hay una fuerza invisible que lo gestiona todo. No hay excepciones. Esta fuerza, que está en mí y en todas las personas y cosas vivas, nos conecta a todos. Cuando permanezco en armonía con esta fuerza, que en realidad es puro amor incondicional, no deja nada sin hacer al no hacer nada. Los Beatles tenían razón cuando dijeron "Let it be".

Desde aquella visita inicial a Holanda, la preciosa Willeke Alberti ha hecho lo mismo una y otra vez a medida que mis libros se publicaban en holandés. Ella es una compañera del alma que recorre el mismo camino que yo, y es misteriosamente delicioso darle la mano para recorrer este camino juntos, aunque estemos separados geográfica y lingüísticamente. Está claro que esta fuerza interna nos ayuda a todos si nos mantenemos fieles a nuestra verdadera vocación. Willeke es un ejemplo de entre miles de aliados comprometidos con el mismo propósito de transformar nuestro planeta en un lugar de amor Divino. En este proceso yo solo soy un mensajero. No soy dueño de las palabras que escribo; solo permito que vengan a través de mí, y el gran Tao se ocupa de los detalles.

Mirando atrás con una comprensión clara, ahora puedo ver que la evolución que supuso *Evite ser utilizado* era una necesidad para mí. Desde mis primeras memorias, recuerdo la frustración, e incluso un profundo resentimiento, por las reglas tontas que me imponían las personas que me decían que tenía que hacer las cosas a su manera, lo cual generalmente significaba que yo iba a ser una víctima. En mi consulta terapéutica había visto pruebas de esto en prácticamente todos mis clientes. Mi deseo de hablar y escribir sobre las trampas del victimismo diario venía de una conciencia interna que me decía: *no tiene por qué ser así*. La persona puede acumular el coraje de plantarse ante los que intentan reemplazar su conocimiento de lo que está bien con sus voluntades, o sus políticas, o sus regulaciones.

Ahora puedo ver que, cuando lidiaba con figuras de autoridad, a menudo me expresaba desde el ego. Y para ser totalmente honesto, algunas veces permití que mi ego desempeñara un papel dominante en mi vida en 1978, cuando los focos del estrellato empezaban a brillar sobre mí con mis dos superventas nacionales, una carrera prometedora como personaje de la televisión, y empezaba a recibir reconocimiento dondequiera que iba.

Mi asociación con Dinah Shore, una persona sin ego, me ayudó; pude ver con rapidez que yo no era mejor que nadie. Con Dinah como modelo, me fue fácil elegir ser humilde y bondadoso en todos mis tratos con la gente, y deshacerme de cualquier actitud arrogante que pudiera estar formándose. Allí estaba yo cada semana, con una superestrella monumental: una mujer cuyo currículo estelar era interminable. No solo había tenido un gran éxito en muchos programas de televisión, también era una estrella de cine, tenía grabados más de cuarenta álbumes y una lista de canciones de éxito que se remontaba al año que yo nací. Dinah Shore también era miembro honorario del Salón de la Fama LPGA y una filántropa muy querida, con demasiados premios como para enumerarlos.

Al mirar atrás, puedo ver que ella fue un gran ejemplo para mí. Hablaba bien de todo el mundo y nunca permitía que su estatus de personaje célebre inflara su ego. Allí estaba yo, un recién llegado a la prominencia, que estaba empezando a asumir una actitud basada en el ego e indigna de una persona cuya misión es servir a los demás. El estrellato y el reconocimiento recién hallados tenían que ser un efecto secundario, irrelevante para mi misión. Recuerdo vívidamente que esta magnífica superestrella trataba a todo el mundo con amor y respeto.

Me siento muy agradecido por la presencia de Dinah en mi vida. Cada semana, mientras aparecía como invitado en su programa de televisión durante casi dos años, se me recordaba que conservara la humildad, que pensara primero en los demás y que me expresara siempre desde un lugar de amor. A lo largo de los años, desde el deceso de Dinah en 1994, he recordado su semblante amoroso y su sensacional sonrisa, así como su radical sentido de la humildad, lo que me recuerda que he de emular estas cualidades que ella vivió con tanta autenticidad.

Gracias, dulce Dinah. Me siento muy bendecido de haberte conocido. Sé que soy uno más de una legión de hombres que estábamos enamorados de ti a distancia. Las últimas dos líneas del famoso poema de John Keats "Oda a una urna griega", siempre me recuerdan a ti.

La belleza es verdad; la verdad, belleza. Esto es todo.
Ya sabéis en la tierra todo lo que necesitáis saber.

Gracias, Dinah, por ofrecerme un modelo de cómo ser humilde ante tantas tentaciones del ego que acompañan a la fama. ¡Tu belleza interna es mi verdad!

37

Es el ocho de mayo de 1978, y voy a coger el tren a Nueva York para cenar con Artie Pine. Durante el último año he venido dando conferencias en distintos lugares del país, incluyendo empresas, universidades, seminarios públicos, y las Iglesias de la Unidad y de la Ciencia de la Mente. Artie ha elevado considerablemente los precios de mis conferencias, y sin embargo la cantidad de público sigue creciendo.

Me siento orgulloso de hablar desde el corazón durante horas seguidas sin subirme a un podio ni tener notas. De algún modo, soy un actor cómico frustrado, y paso buena parte del tiempo de mis conferencias haciendo que el público se ría todo lo posible. Este es un lugar natural para mí. Me encanta vivir la afirmación personal que he venido usando los últimos dieciocho años: *yo soy un profesor*.

Hace cuatro meses conté este chiste a Artie:

Un alumno pregunta a su profesor de canto:

—¿Cómo se llega al Carnegie Hall?

La respuesta inmediata del profesor es:

—Practica, practica, practica.

Conté a mi agente lo emocionante que sería dar una conferencia en el Carnegie Hall, estar de pie solo en el enorme escenario donde tantas leyendas han hablado y actuado ante una audiencia a rebosar. Le dije que este era uno de mis sueños, pero sabía que solo era una fantasía.

Para mi sorpresa, Artie me dijo que un responsable de reservar las actuaciones en el Carnegie Hall era amigo suyo: si realmente quería hacerlo, él preguntaría por los detalles y el coste de alquilar para una noche un local tan prestigioso. En una ocasión me había dicho a mí mismo: *Si puedo hacerlo aquí, puedo hacerlo en cualquier parte.* ¡Por supuesto que quiero hacerlo! De modo que Artie llamó a su amigo y se hicieron los preparativos. Si las entradas no cubren los costes, tendré que pagar el alquiler de mi bolsillo. Esto es la Gran Manzana. Y este es el mayor teatro de la ciudad.

Ahora estamos sentados en el restaurante favorito de Artie, el *Russian Tea Room*. Estoy a punto de tachar un elemento de lo que más adelante llamaré "mi lista de cosas por hacer antes de morir". He alquilado el Carnegie Hall para esta noche, dos días antes de cumplir treinta y ocho años. Digo a mi agente que en los contratos de mis conferencias ya no quiero que ponga una nota que diga: *No se pueden grabar las charlas del doctor Dyer.* Le explico que esto viola mi sensación de por qué hago este trabajo y doy conferencias por todo el mundo. Quiero que oiga estas charlas cuanta más gente mejor. No se trata de ganar dinero, se trata de extender el mensaje a la mayor cantidad de público posible. Quiero que la gente grabe estos mensajes, que reproduzcan mis cintas, y que envíen sus grabaciones a todas partes.

Artie presenta objeciones, pues siente que eso me costará algunas ventas de los programas grabados; después de todo, él es mi agente y siente que es su trabajo proteger mi economía. Pero accede a borrar esta cláusula en mi contrato con el Carnegie Hall y en todos los contratos futuros.

Acabamos de cenar y caminamos unas manzanas hasta el Carnegie Hall. Miro a la marquesina y veo mi nombre bajo los focos de este estupendo edificio que ha acogido a tantos gigantes de la industria del espectáculo. Camino por la cavernosa parte de atrás del escenario hasta mi vestuario y me siento. Estoy asombrado y muy emocionado, y me pregunto si la enormidad de la ocasión hará que me quede sin palabras cuando se abran las cortinas y esté delante del público.

Hago una meditación silenciosa de gratitud durante veinte minutos, y salgo a contemplar la escena que tengo delante. El patio principal tiene unos techos muy altos, y hay muchos balcones alrededor del escenario. Este es el teatro más prestigioso del país, con cabida para 2.804 personas en cinco niveles. No puedo ver ni un asiento vacío, y en cuanto comienzo a hablar, pierdo el nerviosismo. Hablo durante dos horas y media sin parar, y siento humildad ante la larga ovación de gala del público puesto en pie. No ha habido ninguna nota que diga que la conferencia no podía ser grabada.

Al comienzo del año escribí estas palabras: "Tengo dos grandes objetivos que me gustaría cumplir antes del final de año". Ya he realizado mi fantasía de hablar en el Carnegie Hall, que era uno de mis dos objetivos, y, como dice el viejo chiste, llegué aquí gracias a que practiqué, practiqué y practiqué. El segundo objetivo para este año es terminar un maratón. ¿Por qué? En parte se debe a una experiencia que tuve hace unos años, cuando enseñaba un curso de verano en Wayne State University.

En el marco de una tarea escolar había un grupo de alumnos graduados sentados frente a la clase; simulaban un aula universitaria. El alumno que hacía el papel de profesor tenía el cinturón por debajo del estómago, retratando a un profesor con exceso de peso y un vientre prominente. No podía entender por qué toda la clase retenía la risa y me miraba con mansedumbre. De repente, me di cuenta de que era una imitación amable de mi persona. Por primera vez caí en la cuenta de que tenía exceso de peso. ¿Cómo me había ocurrido? Pude reírme junto con toda la clase y, cuando volví a casa, capté que aquel había sido uno de los momentos más significativos de mi vida.

En aquel mismo momento tomé la decisión de ponerme en forma. Me puse las zapatillas de deporte y salí al exterior, tratando de correr alrededor de la manzana. Después de unos quinientos metros estaba jadeando y no podía respirar bien. Me dolían el pecho y las piernas, y caminé lentamente de vuelta a casa. A la noche siguiente hice lo mismo, y esta vez pude recorrer seiscientos metros antes de colapsar agotado.

Estaba determinado a correr un kilómetro y medio en el plazo de cuatro días. El tercer día recorrí unos novecientos metros, y me di cuenta de que ya no estaba tan cansado o sin aliento como antes. Para el final del cuarto día fui capaz de correr lentamente el kilómetro y medio. ¡Ya estaba en marcha! Descubrí lo empoderador que es realizar este tipo de progresos. ¡Estaba enganchado!

Ahora sigo un programa de ejercicio al que me adhiero sin vacilación. A los dos meses de empezar llegué a correr trece kilómetros al día. He corrido obsesivamente cada día desde aquella primera conmoción que sentí al verme retratado como un profesor rechoncho con el cinturón por debajo del estómago.

Hice lo mismo que había hecho para llegar al Carnegie Hall: practicar, practicar y practicar. Durante casi dos años he corrido trece kilómetros al día, y ni siquiera he considerado la posibilidad de tomarme un día libre. Dondequiera que estuviese en el mundo, he encontrado el momento y el lugar para correr.

Me encanta este tiempo que paso en soledad. Despejo la cabeza y siento la alegría de notar el viento en la cara. Cuando corro, soy uno con la naturaleza, y me asombra lo que mi cuerpo es capaz de hacer ahora. He bajado de peso hasta los ochenta y cinco kilos, tengo muy poca grasa corporal, y me siento mejor de lo que me he sentido en mucho tiempo, puesto que estuve en el equipo de atletismo del instituto hace veinte años.

Tengo la intención de entrenarme corriendo veintinueve kilómetros cada vez que salga y de completar unas ochenta horas de entrenamiento por semana. Hoy es el 22 de octubre, y me he apuntado para correr el maratón de la Ciudad de los Lagos en Minneapolis, Minnesota. Es una fresca mañana de octubre y estoy en la línea de salida para correr los cuarenta y dos kilómetros del maratón. Es una intención en mi imaginación, y no hay absolutamente nada que pueda impedirme completar esta misión.

Correr cada día se ha convertido en parte de mi vida, y este maratón va a ser mi máximo logro. No me importa el tiempo que tarde ni a qué velocidad vaya, y no quiero compararme con los otros 2.000 corredores que hay hoy aquí. Tengo una confianza absoluta en que acabaré esta carrera y alcanzaré el segundo objetivo que me propuse en enero.

Mientras corro, oigo a la gente hablar de la muralla invisible con la que se encuentran los corredores, que suele aparecer en torno a los 32 kilómetros. Sigo adelante porque no quiero que mi imagen interna de mí mismo cruzando feliz y orgulloso la línea de llegada quede contaminada por sus comentarios. Acabo la carrera de cuarenta y dos kilómetros en poco más de tres horas y media. Estoy extasiado y doy gracias en silencio a aquel alumno que sin darse cuenta me llamó a despertar cuando me retrató como un profesor rechoncho.

AHORA PUEDO VER CON CLARIDAD

Mirando atrás, veo lo importantes que fueron estos dos elementos de mi "lista de cosas por hacer antes de morir" en el desarrollo que iba a seguir el trabajo de mi vida. Cuando establecí la intención de correr un maratón completo sin pararme ni caminar, nunca había corrido más de trece kilómetros seguidos en mi vida. Y un maratón me parecía la cumbre de mis logros atléticos. Recordé las palabras de Maslow: "Las personas autorrealizadas deben llegar a ser lo que pueden ser". Estaba hablando del ardiente deseo interno de maximizar el potencial de uno, tal como uno lo defina.

Me había permitido perder la buena forma física hacia los treinta y tantos. Renuncié al ejercicio físico intenso cuando empecé a enseñar e inicié mi consulta privada. Sin embargo, no me veía a mí mismo como me veían los demás. El joven que me imitó en clase fue uno de los mayores maestros que se han cruzado en mi camino. Hasta el día de hoy puedo verle pasearse por la clase, representando a su profesor como un hombre de vientre prominente. Ese fue un momento cuántico en mi vida.

En lugar de ver esa escena como una crítica y sentirme ofendido, veo que todos los participantes, y especialmente mi imitador, eran ángeles enviados para guiarme. Es muy probable que me salvaran la vida. En aquel tiempo estaba avanzando en una dirección peligrosa: comía un exceso de grasas, bebía cerveza, era sedentario, soportaba un matrimonio que se estaba viniendo abajo y tenía un estilo de vida poco saludable porque me sentía empujado en muchas direcciones distintas, tanto personal como profesionalmente.

Aquel joven que me imitó me ayudó a iniciar un camino de automejoramiento en muchos sentidos. Inicié un periodo de veintinueve años en los que corrí al menos trece kilómetros diarios, y seis maratones más. Además, empecé a cambiar mis hábitos dietéticos, y bajé unos quince kilos de peso, quedándome cerca de lo que había pesado cuando estaba en el instituto; y he permanecido ahí desde entonces.

A día de hoy también veo con claridad el poder de una intención con la que puedo conectar: no un deseo o una esperanza, sino la *intención* de manifestar un nuevo concepto de mí mismo. Cuando decidí correr un maratón, ya me vi cruzando triunfante la línea de llegada. Por tanto, actué a partir de la idea como si ya fuera un hecho. Esto me impulsó a salir cada día y a asumir el reto de vivir en consonancia con la idea que tenía en mi imaginación, puesto que para mí ya era cosa hecha.

Profesores misteriosos, disfrazados de molestos imitadores, encendieron en mí el poder inherente a una intención; algo que ahora veo como una valiosa lección en aquella experiencia de 1978. De hecho, estoy convencido de que algunos de nuestros maestros más influyentes aparecen en nuestra vida disfrazados de personas que no nos gustan, e incluso despreciamos. Después de todos estos años y de los incontables kilómetros que he corrido, me siento agradecido a la mente Divina que aquel día envió a un alumno para imitarme y retratarme.

Mi actuación en el Carnegie Hall fue otro momento de gran aprendizaje. Tuve que superar las dudas internas sobre si era capaz de alcanzar mi propio nivel de grandeza en mis conferencias públicas. Mi intención de hablar en el primer escenario del país me llevó a darme cuenta de lo poderosa que puede ser una idea establecida intencionalmente en la imaginación. Hoy sé que todo lo que se manifiesta en la realidad física comienza con un pensamiento, y cuando el pensamiento está atado a una intención, es prácticamente una garantía de que va a ocurrir. El Carnegie Hall era un reto personal para mí; quería saber que podía hacerlo.

La conversación que tuve con Artie durante la cena, justo antes de la actuación, sobre permitir que el público grabara mis palabras, también fue un punto de inflexión en mi vida. Tenía muchas ganas de vivir la definición de Maslow de que la persona autorrealizada se desapega del resultado. No quería que el dinero determinara cómo conducía mi vida. Mi propósito nunca fue ganar dinero; consistía en enseñar y llegar a la gente a un nivel nuevo. Me encogía por dentro cuando se decía al público que no podía grabar mi presentación. Que la grabación de un miembro del público pudiera interferir con las futuras ventas de mis programas de audio me parecía totalmente irrelevante. Realizar esta declaración aquella noche volvió a alinearme con mi alma. Quiero que todo el mundo oiga mi mensaje, no solo los que lo pueden pagar.

Asimismo, cuando Artie me decía que mis libros estaban siendo pirateados en países del extranjero y que no estaba recibiendo los derechos de autor, me negaba a perseguir esas ediciones robadas. Quiero que la gente de China, de Sudamérica, de Europa Oriental y de cualquier otro lugar de pobreza descontrolada sea capaz de leer lo que he escrito. Podrían sentirse inspirados por un autor que una vez vivió en la misma escasez paralizante, pero fue capaz de transcenderla.

Aquellas dos intenciones que me propuse el día de Año Nuevo de 1978 fueron las bases de una vida de escritura dedicada al increíble poder de la intención, que es el derecho de nacimiento de cada persona si elige cambiar su manera de mirar las cosas.

Como me enseñó Lao Tsé muchos años después: "Si corriges tu mente, el resto de tu vida encajará en su lugar". Yo corregí mi mente y empecé a verme capaz de lograr cualquier cosa en la que pusiera mi atención, y aprendí que a veces nuestros mayores maestros se presentan con disfraces inesperados.

38

Me han invitado a participar en un congreso de una semana de duración en Viena, Austria, patrocinado y producido por Young Presidents' Organization [Organización de jóvenes presidentes] (YPO). Los miembros de YPO son individuos que satisfacen ciertos requisitos de edad y que son responsables del funcionamiento de una corporación o división cualificada. En YPO participan organizaciones de todo el mundo. Acepto la invitación y dos días después de la presentación en el Carnegie Hall, mi esposa y yo volamos a Viena.

Para este congreso, YPO ha reunido a un grupo de oradores distinguidos, y me siento halagado de ser uno de ellos. Es una conferencia no remunerada que nos ofrece una semana maravillosa en Viena y sus alrededores, con la oportunidad de ser miembro de un impresionante grupo de personalidades muy conocidas, entre las que se incluye al actual vicepresidente de Estados Unidos, Walter Mondale.

Al llegar, me entero de que voy a estar en un panel que se dirigirá a seiscientos miembros del YPO. Cuando oigo quién presentará conmigo, me quedo sin palabras por un tiempo. Me sentaré junto a, y seré considerado un compañero de, el doctor Viktor Frankl. Tal vez, de todas las personas vivas a día de hoy, él es a quien más admiro. Pienso en mis días de estudiante de doctorado en los que tomé cursos de *logoterapia*, un tipo de terapia creada por el doctor Frankl a partir de sus experiencias como superviviente del Holocausto en diversos campos de exterminio nazis, incluyendo Auschwitz y Dachau. Hace cuatro años, cuando visité Dachau, vi a este héroe mío en el ojo de mi mente durante el día que pasé en el campo de concentración.

Leí su famoso libro *El hombre en busca de sentido* cuando era estudiante de máster y doctorado, y pasó a ser una lectura obligatoria en todos los cursos para graduados que enseñé en la Universidad Saint John. Recuerdo que él escribió que incluso en la situación más absurda, dolorosa y deshumanizada, la vida puede tener significado. Y él dijo al mundo que "a un hombre se le puede arrebatar todo menos una cosa: la última de las libertades humanas es elegir la propia actitud ante cualquier conjunto de circunstancias, elegir el camino que uno va a seguir".

Y aquí estoy, he sido invitado a ser un orador en esta prestigiosa conferencia debido al éxito de un par de insignificantes libros de autoayuda, y voy a compartir el escenario con un hombre que estuvo prisionero en varios campos de exterminio nazis, sobrevivió para contar su historia, y después escribió un texto clásico, que yo estudié y usé cuando enseñaba en Saint John's.

Me siento tan humilde, tan inadecuado, tan increíblemente bendecido de poder conocer a este gran hombre, y además voy a ser considerado un cuasicolega y un copresentador ante un grupo de jóvenes presidentes aquí en Viena, donde nació este guía con corazón de león. Siento que debe haber una razón para disfrutar de la oportunidad inesperada de estar en el mismo panel que Viktor Frankl. Cuando abro mi copia de *Tus zonas erróneas*, me doy cuenta de que las primeras palabras del libro están inspiradas en *El hombre en busca de sentido:* "La esencia de la grandeza es la capacidad de elegir la realización personal en circunstancias en las que otros eligen la locura".

Mañana por la tarde voy a estar sobre el escenario con el doctor Frankl, a quien he citado cientos de veces en mis conferencias. Visité los horribles campos de exterminio donde los nazis le encarcelaron como trabajador esclavo, recordándome a mí mismo que en medio de estas terribles circunstancias, este neurólogo y psiquiatra, sometido a la mayor deshumanización a manos de otros hombres, fue capaz de encontrar belleza y significado. He escrito ensayos sobre la idea central de su logoterapia que, tal como escribió, en parte se le ocurrió mientras los guardas le gritaban y le pegaban con las culatas de los rifles: "Un pensamiento me transfiguró: por primera vez en mi vida vi la verdad que tantos poetas han cantado, y que tantos pensadores han proclamado como la sabiduría final. La verdad de que el amor es el objetivo más elevado y último al que el hombre puede aspirar".

Conozco al doctor Frankl justo antes de salir al escenario a hablar a este distinguido grupo de presidentes corporativos. Es cálido, divertido, y habla con un fuerte acento austríaco. Le digo que admiro mucho sus escritos y que *El hombre en busca de sentido* ha sido una lectura obligatoria para mis alumnos graduados. También le digo que mis dos éxitos de ventas actuales se han inspirado en él y en mis maestros, el doctor Fritz Redl y el doctor Abraham Maslow. Me deleita enterarme de que conoce a Redl personalmente, y que estuvo asociado con Abraham Maslow antes de su deceso hace ocho años. Estoy más que emocionado de saber que conoce la versión alemana de *Tus zonas erróneas*, titulado *Der Wunde Punkt*, y que lo ha leído.

En respuesta a mis comentarios sobre haber sobrevivido a un tratamiento tan horrible en los diversos campos de exterminio, donde estuvo encarcelado durante casi tres años, y en su fascinante conferencia a la multitud de asistentes embelesados, Viktor Frankl dice: "Cuando ya no somos capaces de cambiar una situación, estamos ante el desafío de cambiarnos a nosotros mismos". Cuenta que le daban una taza de agua sucia, con la cabeza de un pez flotando sobre ella como proteína, y ese era su único alimento durante el día, y que hallaba belleza en la ofrenda repulsiva de sus captores. Hace énfasis en que se recordaba que había de *elegir cambiarse a sí mismo*. Habla elocuentemente de que muchos de sus compañeros prisioneros morían, no solo por las horribles condiciones higiénicas, sino también por rendirse y perder el sentido del propósito o el significado.

Cuando hablo al público, obviamente me siento fuera de lugar junto a este maestro que está sentado en el mismo panel y ha vivido y demostrado su maestría de aquello sobre lo que, en comparación, yo solo he escrito como un amateur. Cuando acaba la sesión, paso una hora hablando con este hombre notable. Me siento muy impresionado por su gran sentido del humor y por el amor que parece emanar de él, incluso cuando habla del terrible tratamiento recibido de sus captores. Sé que su esposa pereció en el campo de concentración de Bergen-Belsen y que su madre fue asesinada en las cámaras de gas de Auschwitz. También perdió a todos los miembros de su familia inmediata, aparte de su hermana Stella, que escapó del internamiento en un campo por haber emigrado a Australia.

Me da un consejo para aplicarlo a mi propia vida y a todos mis futuros escritos. Él habla con claridad, diciendo que el sufrimiento forma parte de la condición humana, de la que nadie escapa, y que puede ser más desesperante para algunos que para otros. Sin embargo, dice mirándome directamente: "Debes enseñar a la gente a encontrar sentido a su sufrimiento, y al hacerlo serán capaces de convertir sus tragedias personales en triunfos". Esta, explica, es la esencia de la logoterapia. "Si tus clientes o tus lectores no pueden encontrar significado, en último término perecerán".

Me voy de Viena cambiado. Escribiré y hablaré desde la perspectiva que el doctor Frankl me ha ofrecido aquí, en este congreso, y hago voto ante mí mismo de vivir una vida mucho más centrada en el significado. Me siento inspirado por el contacto con este gran hombre, y en el congreso compro otra copia de *El hombre en busca de sentido* para leerlo en el avión de camino a casa.

Abro el libro y veo: "Nosotros, los que vivimos en los campos de concentración, podemos recordar a los hombres que caminaron entre las barracas reconfortando a otros, regalando su último pedazo de pan". Y a continuación leo una cita de Nietzsche que guardo en mi memoria mientras contemplo escribir el siguiente libro y dar la siguiente charla: "Quien tenga un *por qué* para vivir puede soportar casi cualquier *cómo*". Estoy comprometido a vivir y enseñar desde el significado. El *cómo* vivir desempeñará un papel secundario, mientras que el *por qué* vivir será mucho más dominante en mi trabajo.

AHORA PUEDO VER CON CLARIDAD

La primera vez que me encontré con el trabajo de Viktor Frankl fue en una entrevista filmada que habló a mi alma. Escuché con los oídos, pero oí con el corazón. Mientras el doctor Frankl hablaba de la importancia del significado en la vida de cada cual, sentí que estaba escuchando una versión más elevada de mí mismo, porque sus palabras resonaban en algo profundo dentro de mí. Siempre quería ir más allá de lo que me parecían preocupaciones sin importancia y de las reglas creadas por nuestra cultura, hechas para intentar encajar y ser como todos los demás.

Mientras veía esta entrevista, el doctor Frankl habló de que sus compañeros en los campos de concentración renunciaban a la vida y morían, incapaces de encontrar una belleza que les sostuviera en las circunstancias más horrorosas. El significado, dijo, lo era todo. Animó a los oyentes a buscar su propia manera de experimentar y de confiar en el *significado último*, al que uno puede, o no, llamar Dios. Indicó que en los campos de concentración, los que se aferraban a una visión del futuro eran los que parecían tener una mayor probabilidad de sobrevivir a aquella prueba. Tanto si la visión era una tarea significativa que tenían por delante, o el retorno a sus seres queridos, era más probable que sobrevivieran a su sufrimiento.

En cuanto vi al doctor Frankl, sentí una especie de alineamiento con él que no había sentido con ningún otro escritor. Hoy no me cabe duda de que hubo algún tipo de conexión entre nosotros. No fue accidental que quince años después de devorar *El hombre en busca de sentido*, me pusieran en el mismo panel con este hombre con quien sentía tanto parentesco espiritual.

Cuando leí por primera vez los relatos del doctor Frankl sobre los malos tratos recibidos en Auschwitz, Dachau y Theresienstadt, en Bohemia, el sufrimiento abrumaba las palabras que estaba leyendo, y supe que algún día visitaría esos lugares horribles. Supe de manera misteriosa que conocería a este hombre que hablaba de manera tan persuasiva de la capacidad innata que tenemos los humanos de transcender el mal y de descubrir significado, cuando la locura grita desde todas partes. Ahora puedo ver con claridad que estaba destinado a conocer a este hombre en persona; algo invisible e indescriptible nos conectaba. El encuentro que mantuvimos aquel día en Viena, en mayo de 1978, produjo un cambio en mis escritos y en mi vida.

En aquel tiempo me estaba alejando de la psicología tradicional como fundamento de mis enseñanzas y de mi exploración. Me encantaba el planteamiento de sentido común que impregnaba mis dos primeros libros, y apreciaba los elogios del doctor Frankl por escribir sucintamente y en un lenguaje comprensible. Pero lo que se agitaba dentro de mí era la esencia del *significado* en un sentido más amplio: explorar el significado último de nuestra conexión con un poder superior.

Cuando conocí a Viktor Frankl, algo dentro de mí le reconoció como si nos hubiéramos encontrado antes y nos conociéramos. Comoquiera que me pusieran en aquel panel con uno de mis héroes, desde esta perspectiva puedo ver que la fuerza que nos juntó aquella tarde causó un cambio en mi vida y en mis escritos. Empecé a hacer énfasis en conceptos como la espiritualidad, la conciencia superior, el amor Divino, y lo más importante: el *significado*. Ahora puedo ver con claridad que estaba empezando a explorar el mundo que está más allá del ego.

39

Es primavera de 1980, una nueva década. Tanto *Tus zonas erróneas* como *Evite ser utilizado* han tenido mucho éxito. Ahora ambos libros llevan casi cuatro años en la lista de los más vendidos del *New York Times*.

Cuando T.Y. Crowell aceptó mi manuscrito original en 1975, lo hicieron sin expectativas de que fuera a venderse tan bien. Después del éxito fenomenal de *Tus zonas erróneas*, mi agente, Artie Pine, se sintió decepcionado cuando el editor se negó a renegociar el contrato original. Yo insistí en que honráramos nuestro compromiso sin quejas, y ahora el contrato para los dos libros con T.Y. Crowell había concluido.

Artie se ha dirigido a Simon & Schuster, un clásico del mundo editorial de Nueva York. Acaba de llamarme para decir: "He llegado a un acuerdo con un nuevo editor, y me han ofrecido un anticipo que está alineado con lo que yo creo que te mereces". Cuando me dice que ha llegado a un acuerdo para dos libros que incluye un anticipo garantizado de un millón y medio de dólares, me siento emocionado. Ni siquiera puedo imaginar que voy a estar en una situación económica tan desahogada. Me siento más que bendecido.

Cada día que no estoy viajando o haciendo publicidad para *Evite ser utilizado,* escribo el libro que he venido imaginando desde que me encontré con el doctor Frankl en Viena. Este nuevo libro para Simon & Schuster se titulará *El cielo es el límite*, y explicará los pasos específicos que se han de dar para alcanzar el estado que Abraham Maslow denomina autorrealización, que descubrí hace doce años. Todavía siento un parentesco especial con este hombre que falleció el mismo día en que yo recibí el doctorado, en junio de 1970.

El doctor Maslow solía decir que solo un reducido número de personas alcanzan el estado de autorrealización, porque la mayoría se quedan atascadas persiguiendo y satisfaciendo sus necesidades inferiores: *fisiológicas, seguridad, amor y pertenencia, y estima*. Visualizó estas necesidades inferiores en la base de la pirámide a la que llamó "la jerarquía de necesidades". Describió la punta de la pirámide como un reino exaltado donde solo unos pocos llegan a explorar su sentido del propósito y el significado.

Difiero drásticamente del doctor Maslow en este punto. Siento que la autorrealización es el derecho de nacimiento de toda persona. Lo veo como nuestra naturaleza original, dañada por la cultura limitante que describió Buckminster Fuller hace unos años. Mi encuentro con el doctor Frankl ha reforzado este concepto, y sé que no soy el único que lo creo. Esta idea es muy evidente en Juan 14:12, donde Jesús proclama que los creyentes harán cosas aún más grandes que él.

Estoy escribiendo *El cielo es el límite* con un estilo similar al de mis dos libros anteriores, enfocándome en identificar los rasgos sobresalientes de lo que Maslow llamó "la gente ejemplar". He identificado treinta y siete de estos rasgos de personalidad, y escribo desde el punto de vista de que podemos —como Viktor Frankl afirmó brillantemente— cambiarnos a nosotros mismos y hacer nuevas elecciones frente a las circunstancias que no pueden ser alteradas, incluyendo nuestro pasado y nuestra historia personal. Me estoy alejando de escribir sobre el cómo y estoy entrando en el mundo del significado, ofreciendo a los lectores un modo de acceder al propósito de Frankl, y a la cumbre de la jerarquía de necesidades y de la autorrealización de Maslow.

Mi nuevo editor en Simon & Schuster es Michael Korda, que ha trabajado en una serie de superventas, y él mismo ha escrito algunos. Michael vuela a Florida y pasamos un día caminando por la playa y comentando los planes de promoción para *El cielo es el límite*. A continuación entrego con orgullo el manuscrito que ha dominado mi vida durante los últimos meses.

Michael y yo hablamos con frecuencia, y me dice que el libro está bien. Solo necesita algún ajuste adicional, de modo que ha contratado a un corrector externo para retocarlo. Esta es una experiencia nueva para mí; antes hacía mis propias correcciones basándome en las sugerencias que se me ofrecían. No obstante, confío en el proceso con el nuevo editor, que ha invertido mucho en este libro al garantizar un millón y medio de dólares a cuenta de los futuros derechos de autor.

Pasan los meses y no me dicen nada. Siento que vuelvo a estar en la misma situación que con John Vriend hace una década, esperando que otra persona haga el trabajo para completar mi libro. Transcurridos seis meses, llamo a Michael Korda e insisto en que su corrector me envíe lo que tenga completado.

Varias semanas después, por fin recibo por correo un paquete con la primera mitad de mi manuscrito reescrita por este corrector externo. Estoy anonadado. No reconozco el libro que envié. Esta persona se ha tomado la libertad de decidir que mi estilo de escritura no está a la altura. Ha tomado mis ideas y simplemente ha escrito su propia versión; básicamente ha dejado a un lado mi versión original. Su escritura no está mal; simplemente no es la mía. No me reconozco a mí mismo en lo que ha escrito.

He creado dos de los libros que más se han vendido en la década de los 70 con mi estilo aterrizado y lleno de sentido común, y ahora afronto el mismo dilema que cuando empecé la universidad; se me está diciendo que escriba usando un estilo más culto y literario, que encaja mejor con la marca Simon & Schuster. Le digo a Michael que esto es inaceptable, independientemente de cuánto dinero me ofrezcan. Él me asegura que todo se va a resolver de manera amistosa.

Espero otros dos meses y todavía este corrector fantasma, o más bien reescritor, no ha dicho ni palabra. Llamo a Michael Korda y le doy un ultimátum: quiero que me devuelva mi manuscrito. Revisaré lo que se ha reescrito y yo mismo haré la corrección final. Llega todo el paquete, y desde la última vez que lo vi no se ha corregido nada más.

Repaso todo el libro, dejando algunas de las correcciones y de la reescritura, aunque no estoy contento con cómo se lee. Tomo la segunda parte del libro, a la que el corrector desconocido ni siquiera ha llegado después de ocho meses, y yo mismo completo el proceso de corrección y lo entrego. No me siento totalmente satisfecho con la versión final que va a ir a imprenta, pero lo permito debido a la presión de tenerlo publicado para fin de año.

No me siento nada feliz conmigo mismo por permitir que me engatusen para aceptar una versión corregida de lo que considero una obra maestra de la escritura. El corrector desconocido, contratado para arreglar mi manuscrito, hizo un buen trabajo. Sin embargo, ha incluido ejemplos de su propia experiencia y los ha insertado como si los hubiera escrito yo. Ahora he publicado un libro excelente, pero no puedo apoyarlo al cien por cien porque tengo la sensación de que otra persona ha escrito los primeros cuatro capítulos, aunque todo se me atribuye a mí. Amo este libro y estoy resentido a partes iguales. Puedo reconocer la segunda mitad y el apéndice porque en esencia permanecen intactos, pero la primera mitad tiene un sabor distinto que me resulta un poco repelente.

Me he entregado —en cuerpo, mente y espíritu— a la escritura de este libro, sudando la producción de las más de setecientas páginas durante casi un año. Necesitaba una reducción de tamaño, pero es la primera vez desde que estaba en primero en la universidad que alguien de fuera me dice que escriba con un estilo más literario y aceptable. Decido aquí y ahora que nunca volveré a permitir que mis escritos se reescriban, ni por dinero ni por prestigio ni para agradar a alguien.

AHORA PUEDO VER CON CLARIDAD

La lección que encerraba la corrección de *El cielo es el límite* se resume en una frase: *Ten cuidado con los que pretenden saber más*. No me interesaba ganar ningún concurso literario, ni quería imitar el estilo literario de alguien. Quería escribir con un lenguaje simple y directo para producir un libro que ayudara a los lectores a alcanzar su máximo potencial de autorrealización.

Ahora estoy seguro de que permitir que otras voces dictasen el aspecto que debía tener mi libro tuvo un efecto contaminante en la energía asociada con *El cielo es el límite*. Cuando tuve el producto acabado entre las manos, la sensación fue muy distinta de la que me habían producido mis libros anteriores. Las entrevistas que hice para este libro no suscitaban la misma atención electrificante que provocaban mis primeros escritos.

Ahora puedo ver con claridad que dejar que parte de la autenticidad de lo que estaba creando quedara teñida por adiciones indeseadas e innecesarias impactó en todo lo relacionado con el libro. Mis ganas de promoverlo se redujeron, aunque fuera a nivel subconsciente. Cuando lo abría por una de las páginas excesivamente corregidas, sentía en mí una corriente de vejación, como una invisible nube negra. Me decía a mí mismo: *no lo escribí así, y sin embargo lleva puesto mi nombre*.

La dedicatoria del libro dice: "Al recuerdo de Abraham Maslow, el explorador original en el estudio del potencial humano para la grandeza". Este iba a ser mi tributo a mi mentor, al inspirador de mi corazón. De algún modo sentí que había decepcionado tanto al doctor Maslow como al doctor Frankl al ceder ante las presiones que soporté debido a la gran cantidad de dinero que me habían adelantado. La idea de tener que capitular porque me habían pagado mucho agitó el disgusto dentro de mí.

Ahora puedo ver con claridad que esta fue una lección importante para mí. En los treinta y cinco libros que he publicado desde 1980, nunca he permitido que la aportación de alguien se imponga a la mía. Sin embargo, como resultado de la experiencia con *El cielo es el límite*, encontré a una mujer que se convirtió en mi correctora personal. Si no hubiera tenido la experiencia de sentirme desacreditado, no habría tenido el deseo de encontrar, entrenar y trabajar en armonía con mi amiga y correctora Joanna Pyle durante estos últimos treinta y tres años. Hoy es como la otra mitad de mí en lo relativo a mis escritos. Ella sabe lo que pienso y cómo editar profesionalmente cada manuscrito que creo. A partir de esa experiencia desagradable pude atraer hacia mí a un alma gemela literaria que toma mis garabatos y me hace parecer un escritor pulido sin necesidad de introducir sus preferencias.

Esta fue una gran lección para mí. Me enseñó a tener cuidado, mucho cuidado, con los que iban a entrar en mi vida para decidir por mí el aspecto que debería tener mi trabajo. Ahora miro atrás y me doy cuenta de que la energía en torno a este libro estaba manchada, de alguna manera misteriosa, por el hecho de que no permanecí en mi presencia *Yo soy* ni insistí en la verdad de mi corazón.

Han pasado más de treinta años desde la publicación de *El cielo es el límite* y es el único de mis libros que no ha llegado a recuperar el anticipo contra los derechos de autor que me pagaron en el momento de su publicación.

40

Son las diez de la mañana del 15 de octubre de 1982. Estoy en la pequeña ciudad de Maratón, en Grecia, junto con otras 1.500 personas de todo el mundo, para correr el maratón clásico de Atenas. Se suponía que la carrera iba a empezar a las siete de la mañana, pero, debido a cierta desorganización, vamos a empezar a las diez. Eso significa que vamos a correr los cuarenta y dos kilómetros del maratón a través de Atenas durante las horas de más calor del día. Aún así, al comenzar la carrera confío en que voy a hacer mi mejor tiempo. Este es mi quinto maratón desde el primero que corrí hace cuatro años.

Conforme progresa la carrera, gran parte del recorrido es cuesta arriba, y siento más calor por momentos. Al llegar a la marca de treinta y tres kilómetros, estoy en un punto de agotamiento físico que nunca he experimentado antes. Tiemblo y vomito bilis verde. A mi alrededor los corredores se van cayendo, y son recogidos y llevados a los puestos de primeros auxilios en ambulancias.

Debido a que llegamos tarde a Atenas, tenemos que correr en un carril entre filas de coches. Nunca había soportado tanto humo. Los supervisores de la carrera tratan de meterme en una ambulancia; sin embargo, no concibo la idea de haber volado hasta Grecia para lograr algo con lo que había soñado y no acabarlo.

Mientras estoy tumbado a un lado de la carretera, completamente agotado por el calor del día, me ocurre algo que solo puedo describir como un milagro. Ha aparecido un ser invisible que viene a mí en sueños, y ocasionalmente cuando estoy despierto y necesito guía. Todo lo que puedo decir de ella es que tiene unos ojos radiantes que parecen sonreírme cuando me habla. Esta visitante sobrenatural y metafísica me habla directamente mientras estoy tumbado en la calle. Me dice que soy fuerte y que acabaré esta carrera, y que ella me va a guiar todo el recorrido.

Dejo de enfocarme en lo que está mal y en lo que me molesta. Me olvido del tráfico, del calor, del tiempo que he perdido vomitando en el suelo y de los humos. Mi compañera interna, esta mujer asombrosa que es algo más que un producto de mi imaginación, está allí mismo, dándome las manos y usando sus brillantes ojos azules para convencerme de que yo soy mucho más que un cuerpo cansado. Soy espíritu, y este espíritu puede hacer cualquier cosa porque no está restringido por el tiempo, el espacio y la forma física. Me quedan nueve kilómetros por completar, pero ahora puedo verme cruzando la línea de llegada. Ya no tengo calambres en las piernas ni el estómago revuelto por la deshidratación. He recuperado la energía y de repente me siento muy fuerte. Es un milagro.

Entro en el antiguo estadio olímpico y doy la vuelta final para completar los cuarenta y dos kilómetros. Levanto los brazos y en broma grito "conquistamos". La leyenda dice que estas fueron las palabras que pronunció el antiguo corredor Filípides cuando partió desde las llanuras de Maratón para anunciar la victoria de los griegos sobre los persas, y se supone que al llegar cayó muerto de agotamiento.

En ese momento, con intensa emoción, me doy cuenta de que debo escribir sobre la compañera femenina interna que parece ser la responsable de mi victoria. Al volver a Estados Unidos me encuentro con Artie Pine y le cuento:

—Tengo la visión de una mujer muy sabia que viene a visitarme en mis sueños. Quiero escribir una historia sobre ella y lo que me transmite constantemente.

Artie es muy escéptico con respecto a este tipo de temas sobre visitantes fantasmas, y me implora que en su lugar piense en escribir un libro que capitalice sobre mis temas anteriores, mi éxito como orador y mis apariciones en televisión.

Explico a mi esposa que me siento atraído a escribir sobre una mujer que vive en mi imaginación y a la que he dado el nombre de "Eykis" en honor a nuestra hija Skye, que nació hace poco más de un año. Al invertir las letras del nombre de nuestra hija e insertar la letra "i" para el yo superior, apareció el nombre de Eykis.

AHORA PUEDO VER CON CLARIDAD

Informo a Michael Korda, mi editor en Simon & Schuster, de que voy a escribir un relato de ficción en la línea de *Juan Salvador Gaviota*, que se publicó hace doce años. Voy a usar a mi guía interna, Eykis, como protagonista de la historia. Ella residirá en un planeta ficticio donde la vida se basa solo en la realidad. Esto significa que no puede haber pensamientos erróneos, porque lo que piensan las personas de este planeta está restringido a lo que es, más que por lo que a ellos les gustaría que fuese.

Mi agente, mi editor y casi todos los demás me aconsejan que renuncie a esta idea de escribir ficción y me limite a lo que ha tenido éxito hasta ahora: escribir libros de autoayuda basados en mi formación en psicología y terapia. Pero estoy enganchado a esta idea de escribir un relato de ficción y lo titulo *Los regalos de Eykis*. Imagino que Eykis visitará nuestro mundo, donde abunda el pensamiento en zonas erróneas, y nos transmitirá los secretos para vivir una vida autorrealizada desde su visión del mundo basada solo en la realidad.

Desde mi experiencia de correr el maratón griego, no puedo quitarme de encima la idea de que Eykis no es solo un producto de mi imaginación; ella es una guía espiritual que puede hablarme y guiarme en tiempos difíciles. Confío en esta guía invisible, y siento su presencia cada vez más a medida que anticipo la escritura de una fábula basada en sus enseñanzas.

Yo estaba allí, en el suelo en Atenas. Y vi que sacaban a la gente en masa. Yo también iba a ser uno de los desertores porque mi cuerpo se había quedado sin fuerzas. Recuerdo el momento en que la energía de Eykis me envolvió y me permitió transcender al instante las limitaciones de mi cuerpo agotado y desvitalizado. Corrí los últimos diez kilómetros con la ayuda de alguien o algo que no podía explicar, pero que era muy real para mí. Voy a escribir esta fábula, y confiaré en que Eykis me guíe en esta nueva empresa.

Tengo que dar una conferencia en Honolulú para una convención nacional el mes que viene, y hago planes para pasar tiempo escribiendo este relato de ficción en la playa de Waikiki. Reúno el material de escritura y me dirijo a Hawái con la firme convicción de que, cuando vuelva a casa, habré completado el primer borrador.

Durante las dos semanas siguientes en Honolulú, cada día me dirijo a mi lugar favorito, inserto mi silla de playa en la arena, saco el cuaderno y el bolígrafo, y escribo. La historia se despliega casi sin esfuerzo. Cada día de escritura siento como si alguien moviera mi bolígrafo por la página, y yo dejo que ocurra. No tengo un índice, no tengo ni idea de cómo se va a desplegar esta historia, me limito a escribir y escribir. Lleno muchas hojas de papel sentado en la playa, observando las gaviotas, los niños, y simplemente *permitiendo*.

Dos semanas después hago el equipaje y vuelo a la isla de Maui. Mi esposa se reúne aquí conmigo para pasar juntos las dos últimas semanas de mi estancia, y trae con ella a nuestra hija Skye, que ahora tiene quince meses. Encuentro un lugar sombrío en la playa y, usando la misma silla, continúo escribiendo a diario. En la tercera parte de *Los regalos de Eykis*, el personaje principal abandona su "extraño pero maravilloso mundo" y viene a la Tierra a compartir sus dones con nosotros y enseñarnos a vivir desde una perspectiva autorrealizada. La historia fluye sin esfuerzo, y entrego el manuscrito a Simon & Schuster. Aunque no les emociona la idea de que haga un libro de ficción, mi editor me da mucho apoyo.

Ahora salto a la publicación del libro a finales de 1983. Estoy ansioso por contar al mundo los mensajes contenidos en *Los regalos de Eykis*, e inicio la campaña para que este libro esté presente en todas las librerías de Estados Unidos y Canadá. Compro miles de libros y los envío pagando yo los gastos. Mi trabajo a tiempo completo consiste en hablar al mundo de Eykis y de sus regalos. Me encanta volver a tomar este proyecto en mis propias manos, tal como hice con *Tus zonas erróneas* hace siete años. No me preocupan las ventas ni que el libro entre en las listas de los más vendidos. Me lo paso en grande corriendo la voz sobre algo que me encanta.

Eykis me habla todo el tiempo en mi imaginación. Siento su energía femenina a mi alrededor, llevándome serenamente pero con firmeza hacia un planteamiento más espiritual de esta vida en la Tierra. No hablo mucho de Eykis como el verdadero espíritu que guía mi vida, pero ella es muy real para mí.

Después de comprar decenas de miles de copias de *Los regalos de Eykis* y de distribuirlos entre personas de todo el mundo, sé que voy a avanzar en mi escritura. Veo este libro como una película importante en el futuro, y doy gracias por la presencia de Eykis en mi vida. He escrito y publicado mi única historia de ficción, y me siento bendecido más allá de mi capacidad para describirlo.

Mientras escribía el último capítulo del libro, concebimos a nuestra hija Sommer en Hawái. No me cabe la menor duda de que Eykis es real. Me está llevando a adentrarme cada vez más en el reino espiritual y me infunde su energía yin del cerebro derecho.

AHORA PUEDO VER CON CLARIDAD

Mi experiencia de estar tumbado en el suelo de Atenas mientras corría el maratón en 1982 fue otro momento cuántico, un punto de inflexión importante en mi vida. Esta fue la primera vez que realmente vi y sentí la presencia de una energía sobrenatural, y que me permití ir más allá de mi ser físico y ser guiado. Era como si ya no estuviera constreñido por las limitaciones de mi cuerpo cansado. Eykis pareció tomar el mando por mí en aquel momento de crisis. Y digo *crisis* porque la idea de volver a casa sabiendo que no había cumplido mi objetivo de correr el maratón me resultaba insoportable. Yo estaba viviendo lo que Maslow describió como una persona que debe ser lo que puede ser. Abandonar no era una opción, pero mi cuerpo estaba completamente agotado.

Ahora puedo ver con claridad que en toda esta experiencia del ser humano hay mucho más de lo que se mide con nuestros logros físicos. Sé que hay una reserva de fuerza interna a la que se puede recurrir en momentos cruciales; y lo que es todavía más asombroso, hay una guía Divina que está a nuestro alcance si estamos dispuestos a creer en ella y a permitir que trabaje con nosotros.

Actualmente sé que en el universo todo está conectado con todo lo demás por hilos espirituales invisibles, por así decirlo. Sé que tengo a mi disposición una guía espiritual, y que siempre está allí si decido invocarla. Eykis es una personificación de la guía Divina. Desde que puse nombre a mi amiga espiritual desencarnada, ella se me ha aparecido en numerosas ocasiones a lo largo de los años siguientes. He llegado a confiar en la disponibilidad de la ayuda y de la guía angélica.

Recuerdo el asombro que sentí al entrar en el antiguo estadio olímpico. Una hora antes estaba tan enfermo que me apremiaban a meterme en una ambulancia; esto es algo que habían hecho casi dos tercios de los corredores debido al intenso calor, a que el recorrido era cuesta arriba y a los humos del tráfico que caracterizaron esta carrera. Sin embargo, recobré nuevas fuerzas y al final me sentí más fuerte de lo que me había sentido en cualquier momento del recorrido.

Escribir *Los regalos de Eykis* fue una experiencia mágica para mí: una de mis primeras experiencias de escritura automática. Cada día, mientras me sentaba en las playas de Honolulú y Maui, sentía la presencia de esta energía yin a la que llamo Eykis. Me sentía relajado, pacífico, y confiaba en que todo lo que necesitaba decir en este relato iba a estar allí. Fue lo que ahora llamo "escritura canalizada": yo era el instrumento, y las palabras aparecían de manera mística en la hoja de papel. Mi mano se movía muy rápido y sin esfuerzo. Recuerdo que llegué a sentir calambres en la mano porque las ideas y palabras venían muy rápido. Después de escribir durante varias horas, comentaba a mi esposa que cada día en la playa me estaba ocurriendo algo parecido a la verdadera magia.

Hoy puedo ver con claridad que esta fue mi introducción a la idea de que, en realidad, toda escritura es canalizada desde el mundo de lo invisible. Como dijo Jesús, "Es el espíritu el que da vida", y las palabras que aparecen de la nada sobre la página son el resultado de la danza de la creación. Ahora sé que Dios escribe todos los libros, y que las palabras que aparecen sobre la página no son propiedad de nadie. Sé con seguridad que el proceso creativo es algo que me llega de un reino superior, y que Eykis simbolizó para mí un modo de alinearme con esta energía a la que llamo Dios. Cuando soy capaz de hacerlo, tengo las mismas habilidades que el Creador y "todo es posible".

Al enviar copias de *Los regalos de Eykis* a cientos de personas de todo el país, incluí una carta que decía: "Se va a hacer una película de Eykis". No dije "algún día"; lo dije como si ya fuera un hecho consumado. Esta fue mi primera incursión en la idea de vivir desde el final e incorporar el sentimiento de que el deseo ya está cumplido, enunciando algo en el momento presente como si ya estuviera realizado. De hecho, a día de hoy, hay un guion cinematográfico titulado *Los regalos de Eykis*, e incluso hay un director asignado. La idea de convertir este libro en película, que en aquel momento solo era una idea, ahora se ha convertido en una realidad en el mundo físico.

Eykis apareció primero en mis sueños, después en mis momentos de meditación aquietada, y por fin como una fuerza que guió mi vida cuando necesité experimentar directamente los extraordinarios poderes que pueden manifestarse cuando me siento más desesperado, siempre que esté dispuesto a rendirme y a permitir un milagro. Esto es lo que ocurrió en mi experiencia en Grecia en 1982. A partir de ese día, supe que hay mucho más en mi humanidad de lo que capto a través de mis sentidos y/o de los datos científicamente verificables. Eykis se me mostró cuando me desprendí de toda duda y permití que la ayuda Divina me llevara hasta la línea de llegada.

41

En el verano de 1985, cada vez comparto más las responsabilidades de ser padre de una serie de niños de diversas edades. Tengo 45 años y soy el padre de tres niñas pequeñas, además de tres hijos mayores. Mi esposa Marcelene y yo hemos tenido tres bebés en los últimos cuatro años. Mi hija Tracy tiene ahora 18 años; y tenemos dos preadolescentes que criar. Esta es una responsabilidad impresionante. Por un lado, pienso que he de satisfacer las necesidades básicas de mis hijos según la jerarquía de Maslow; es decir, alimentarlos, vestirlos y proveerles de un lugar seguro para crecer. Pero, por otra parte, también estoy aquí para ayudarles a alcanzar sus necesidades más elevadas en ese pequeño compartimento situado en la punta de la pirámide llamado autorrealización.

En mis numerosas conferencias del último año he venido preguntando al público:

—¿Qué queréis realmente para vuestros hijos?

La idea de escribir un libro sobre comportamientos parentales orientados específicamente a criar niños sin límites, que puedan convertirse en adultos autorrealizados, se ha convertido en un tema intrigante. La crianza es el lugar donde podría tener lugar esta transformación.

Me parece que muchos padres están empujando a sus hijos en la dirección opuesta de la cumbre de la pirámide de Maslow. A muchos niños se les enseña a obedecer las exigencias del ego: ganar a toda costa, acumular y poseer cuanto más mejor, definir sus vidas en función de cómo se comparan con otros, ganar todo el dinero que puedan, y asignar un valor económico a todo lo que hagan. Los resultados de este tipo de presiones sobre los niños se muestran en desórdenes de personalidad, obesidad, enfermedad física, ansiedad y estrés, además de inestabilidad emocional.

Mi agente, Artie Pine, acaba de firmar un contrato para dos futuros libros con otro prestigioso editor de Nueva York, William Morrow and Company. Al comentar este nuevo contrato con mi esposa y con Artie, les digo:

—Me siento obligado a escribir un libro extenso sobre cómo educar a los niños para que se conviertan en personas autorrealizadas.

Sigo explorando esta idea al describir que he descubierto que, cuando los padres dicen lo que quieren para sus hijos, a menudo no concuerda con su manera de criarlos.

Tengo miles de respuestas a mis preguntas en un archivo enorme que está organizado en diez categorías que abarcan lo que los padres dicen querer para sus hijos. A partir de este archivo me propongo crear el esquema para un libro. Cuando Artie y yo se lo presentamos al nuevo editor, están emocionados y me dan el visto bueno. En esta ocasión evito recibir un gran anticipo por el libro. No quiero que el dinero esté presente mientras escribo; no quiero repetir la experiencia que viví en Simon & Schuster.

Me dedico totalmente a escribir este nuevo libro. Decido titularlo usando la misma pregunta que he presentado a los miles de asistentes a mis conferencias durante el último año: *¿Qué quieres realmente para tus hijos?* [La felicidad de nuestros hijos]. Me siento fascinado por las respuestas que encuentro en mi archivo. Nadie dice: *Quiero que mis hijos sean ricos, que sean mejores que los demás, que triunfen en todo lo que hagan, que consigan un buen trabajo, que obtengan las mejores notas, que vayan a las mejores escuelas, que tengan buena imagen ante sus pares.* Sin embargo, así es como parecen criarlos.

Escribo muchas horas cada día, y soy consciente de que todo lo hago y digo como padre. Marcie y yo tenemos largas conversaciones sobre lo que realmente queremos para nuestros seis hijos, y a menudo modificamos nuestras intervenciones parentales para que reflejen con más claridad lo que queremos para ellos. Estamos decididos a poner en práctica la idea de criar hijos que sientan que tienen un propósito y que vivan al máximo nivel de felicidad. Observo a mi hijo e hijas en sus hábitos diarios y me siento asombrado ante su milagrosa manera de interactuar entre ellos, con nosotros, y con su mundo.

Quiero que mis hijos disfruten de la vida, que se valoren, que corran riesgos, que confíen en sí mismos, que estén libres de estrés y ansiedad, que tengan vidas pacíficas, que celebren sus momentos presentes, que disfruten una vida de bienestar, que sean creativos, y sobre todo que satisfagan sus necesidades más elevadas y tengan un sentido del propósito. Estas cualidades harán de ellos personas autorrealizadas, y estos van a ser los títulos de los capítulos de este gran proyecto que se ha apoderado completamente de mi vida. Escribo y observo: mis niños y mi esposa son profesores magistrales. Llenan mi corazón de alegría y mi manuscrito de ideas sobre cómo criar a los niños para que vivan en lo más alto de la pirámide.

El manuscrito crece cada día. Parece que no puedo parar de escribir. Una vez más, estoy experimentando, con perplejo asombro, la escritura automática. Eykis está conmigo cada día de este viaje fabuloso. Cada día cuento a mi esposa lo que escribo y lo fascinado que estoy por cómo me llega esta información. Tengo un copiloto angélico que está conduciendo todo el proyecto desde su distancia celestial. Nunca he escrito con tanta facilidad.

Desde hace mucho he contemplado cómo sería que los niños crecieran en un entorno donde solo se hiciera énfasis en su bienestar total, y las exigencias del ego se dejaran a un lado. Este libro está dedicado a la idea que aprendí de Buckminster Fuller: que todos nacemos genios y es la vida la que trunca nuestra genialidad. Mi objetivo al escribir *La felicidad de nuestros hijos* es explicar que los padres pueden crear un entorno vital que no trunque la genialidad de los niños.

Recuerdo que el doctor Maslow resaltaba que la autorrealización es un estado de conciencia que solo está al alcance de unas pocas personas selectas, a las que se podría llamar genios. Estas son las personas que estudió: Albert Einstein, Jesús de Nazaret, Lao-Tsé y también líderes contemporáneos de otros campos. Con mis disculpas al doctor Maslow, yo asumo la posición de que este estado exaltado en la cumbre de la jerarquía de necesidades no está solo a disposición de las almas avanzadas que ganaron la lotería cuando fueron concebidas. La cumbre de la pirámide es nuestro derecho de nacimiento.

Los niños a los que se les anima a autorrealizarse, y que disponen de un modelo, sabrán que nadie es superior a cualquier otro, y que estos reinos superiores están ahí para todos nosotros. Es un lugar donde las personas son independientes; se sienten cómodas estando solas; están centradas en la realidad; y se aceptan profundamente a sí mismas, a los demás y al mundo. Como padres, lo que en verdad queremos para nuestros hijos es que tengan vidas felices y realizadas... y en esto estoy inmerso cada día.

He estado escribiendo día y noche durante casi un año. Las palabras vienen rápidas y furiosas, fluyendo libremente como el agua de un grifo que no para de fluir porque la cañería está rota. No puedo tapar la fuga; nunca he conocido tal intensidad en mi escritura. La inspiración viene en medio de la noche, por la tarde, y también a la hora de acostarse. He escrito más de mil páginas. Sé que tendré que recortar significativamente este manuscrito, pero dejaré eso a mi nueva correctora, Joanna, que ahora trabaja conmigo a tiempo completo.

AHORA PUEDO VER CON CLARIDAD

Escribir sobre cómo criar niños para que se conviertan en adultos sin límites y autorrealizados fue una progresión natural para mí en 1985. Estaba haciendo un cambio portentoso en mi vida, que se reflejaba en mis escritos y conferencias. Estaba en las primeras etapas de un despertar espiritual. Buena parte de esto tenía que ver con mi nuevo matrimonio y la presencia continua de más y más hijos que llegaban a nuestra familia; en 1989 teníamos cinco niños pequeños nacidos en la década de los 80. No era accidental que estuviera siendo dirigido a escribir sobre la paternidad a medida que aterrizaban en mi regazo más responsabilidades parentales.

He sido profesor a muchos niveles, desde la escuela elemental hasta la escuela de posgrado, y siempre he sabido que la mejor manera de aprender y entender algo es enseñarlo. Lo mismo sucedió con la paternidad.

La lección esencial que quería transmitir al escribir este tomo sobre la paternidad estaba relacionada con la confianza en uno mismo. He dicho miles de veces: "Los padres no son para apoyarse en ellos; son para hacer que apoyarse no sea necesario". Este es el mensaje que siempre trataba de expresar a mis clientes en las sesiones de terapia. *Aprende a confiar en ti mismo. Asume total responsabilidad por todo lo que llegue a tu vida y, como ha enseñado el doctor Viktor Frankl, siempre tienes elección con respecto a cómo reaccionas ante cualquier cosa que la vida te ofrezca.*

Conforme mi familia crecía, ahora puedo ver con claridad que estos jóvenes seres Divinos eran mis maestros. Sí, no cabe duda, cuando el alumno está preparado, ¡los maestros aparecen! Por otra parte, la energía mística a la que llamaba Eykis dirigía el curso de mi vida como hombre, como profesor y como escritor profesional.

Aquí viene otra historia interesante. Uno de mis primeros clientes en la Universidad Saint John, en mis primeros años como profesor universitario en la década de los 70, fue una mujer llamada Suzi Kaufman, que era madre de un niño llamado Raun a quien le habían diagnosticado autismo infantil. También era cuñada de mi primer alumno doctoral, Steven Kaufman.

Durante el curso de las muchas sesiones de asesoría que compartimos, Suzi relató que su hijo pequeño se mostraba completamente inalcanzable. Ella y su marido, Barry Neil Kaufman no ahorraban esfuerzos ni gastos para hacer que Raun fuera examinado por expertos en autismo de todo el mundo. La respuesta siempre era la misma: "Es incurable. Él es inalcanzable. No sabemos por qué y no se puede hacer nada".

De modo que Suzi y Barry diseñaron su propio programa para tratar a su hijo. Contrataron estudiantes y les entrenaron en un método que ellos mismos crearon, que en esencia consistía en rodear a Raun de amor incondicional en un entorno seguro y contenido. Durante veinticuatro horas al día, siete días a la semana, y durante meses, Raun recibió continuamente respuestas amorosas.

Suzi me describió los síntomas de Raun, que eran balancearse adelante y atrás y permanecer distante, casi como si estuviera despierto pero en estado de coma. Después de este programa para llegar a su hijo, un día los ojos de Raun parpadearon y Barry dijo:

—He mirado a mi hijo con ojos nuevos.

En 1976 Barry empezó a escribir un libro titulado *Son-Rise*,[3] que detallaba todo el proceso que habían desarrollado, y cómo en último término fueron capaces de ver que Raun volvía a ellos, dejando atrás el diagnóstico de "incurable". Varios años después, el libro se convirtió en una película de televisión protagonizada por James Farentino.

Ahora saltamos a 1985, mientras estaba escribiendo sobre la paternidad. Nuestra hija Serena había nacido en mayo, y en el plazo de un año empezó a exhibir algunos de los síntomas que tenía Raun. Recordé inmediatamente mis sesiones con Suzi y todo lo que ella y su esposo habían hecho quince años antes.

---

3. *Son-Rise* [Emerger del hijo], que suena muy parecido a *Sunrise* [Salida del sol]. (N. del t.)

Organicé un encuentro familiar con Marcie y nuestros hijos, y detallé con precisión cómo íbamos a tratar a Serena basándome en lo que había aprendido quince años antes. La rodeamos de amor: Marcie literalmente llevaba a nuestra niña cerca de su corazón casi veinticuatro horas al día. Tanto sus padres como sus hermanos le decíamos una y otra vez que la amábamos, que no tenía nada que temer y que si quería balancearse adelante y atrás, se convertiría en la campeona del mundo del balanceo. No había ni juicios ni enfado, solo amor. Había funcionado para los Kaufman a comienzos de los años 70 y funcionó para nuestra Serena en un plazo de tiempo relativamente corto.

Una vez más, no hay accidentes en ninguna parte. Las sesiones de asesoramiento con Suzi beneficiaron a mi hija que nació quince años después. Sin saberlo, ella me enseñó lo que tenía que hacer como padre.

A medida que acababa de escribir *La felicidad de nuestros hijos*, empecé a introducir muchas referencias a necesidades más elevadas, al despertar espiritual y a Dios. Estos temas no habían aparecido en ninguno de mis cuatro libros anteriores. El nacimiento de mis hijas, casarme con una mujer espiritualmente despierta, y mi propio desarrollo como profesor que examinaba a diario los principios espirituales, me estaban empujando en una nueva dirección. Estaba dirigiéndome hacia lo místico y lo misterioso: el reino de la conciencia superior. A día de hoy, tengo claro que yo era receptivo a la influencia de los maestros ascendidos, que me estaban invitando a ir más allá de aquello que había explorado y sobre lo que escribía.

Ver a mi bebé haciendo lo que me habían descrito quince años antes, y saber exactamente lo que tenía que hacer y aplicarlo con éxito, me hizo sentir "cosquillas". Sabía que estaba siendo dirigido por una fuerza mucho mayor que yo. Sabía que estaba a punto de embarcarme en una nueva aventura que casi no tenía nada que ver con lo que había escrito y dicho hasta ese momento.

Todos los factores estaban ensamblándose a la vez: el nacimiento de tantos bebés a mis cuarenta y tantos años; la presencia sentida de una guía espiritual a la que llamaba Eykis; mi esposa, que era un modelo de conciencia espiritual en sus prácticas maternales; y lo más significativo, la llamada interna que me llevaba a hablar de Dios, de milagros y del despertar espiritual. Había dejado deliberadamente todos estos temas fuera de mis anteriores escritos, pero ahora me estaban llamando de un modo que no podía ignorar. Yo no lo controlaba, ¡ello me controlaba a mí!

42

El 9 de octubre de 1987 mi esposa da a luz a nuestro séptimo hijo, un niño al que ponemos el nombre de Sands Jay Dyer. Estos dos últimos años he viajado mucho haciendo giras para presentar la versión en tapa dura y en tapa blanda de mi libro sobre la paternidad, *La felicidad de nuestros hijos*. Siento que mi esposa está asumiendo un nuevo propósito y dirección, aunque no soy capaz de definirlos con claridad.

Recibo muchas peticiones de todo el país para hablar en servicios religiosos, y durante los últimos años he venido dando muchas charlas en iglesias multiconfesionales de orientación humanista. Parece que los mensajes de mis libros resuenan en los miembros de estas iglesias, y las congregaciones tienen muchas ganas de asistir a mis seminarios y charlas en los servicios del domingo por la mañana. En una Iglesia de la Unidad o de la Ciencia Religiosa es tan probable que el sermón hable de los escritos de Ralph Waldo Emerson, de Abraham Lincoln, de Buda o de Lao-Tsé, como de las enseñanzas directas de Jesús. Estas iglesias cristianas hacen énfasis en la espiritualidad y en una vida dedicada a la realización de Dios, en lugar de en el dogma religioso tradicional. Las personas de todas las orientaciones religiosas siempre son bien recibidas.

Me emociona que me consideren un maestro espiritual. Esto es nuevo para mí, puesto que en gran medida he evitado pertenecer a una religión específica. Me veo a mí mismo como una persona global y no tengo el menor interés en excluir a nadie. Me siento honrado de dar charlas "tipo sermón" en los servicios religiosos, y de ser asociado con personajes como Emerson, Thoreau, Leo Buscaglia, Neville y otros maestros trascendentalitas. Cuantas más charlas doy en estas congregaciones espirituales, más quiero escribir sobre la transformación personal y espiritual. Siento que estoy siendo empujado en una nueva dirección, y no soy yo quien empuja. Algo mucho más grande que mi pequeño yo parece estar tomando las riendas de mi vida.

Hasta ahora he publicado cinco libros y todos han tenido mucho éxito, y Artie Pine tiene algunas ideas sobre cómo capitalizar este éxito comercial escribiendo dos nuevos libros que está seguro serán muy lucrativos tanto para mí como para mi editor. Sugiere que escriba un libro de autoayuda sobre cómo usar mis principios de sentido común para ganar dinero más eficazmente, y después un segundo libro que cuente a la gente cómo tener una estupenda vida sexual usando las ideas sin límites sobre las que antes he escrito. Gracias a las apariciones en radio y televisión de la doctora Ruth Westheimer, se ha iniciado una nueva era en la que se habla más libre y francamente sobre el sexo.

Mi agente y mi editor sienten que tendremos libros superventas si escribo sobre el dinero y el sexo, y todos los participantes cosecharán la bonanza económica. Como me dice Artie:

—Tu editor está dispuesto a firmar un contrato para dos libros que te ofrecerán una fortuna. Yo les he dado la idea para estos libros. Simplemente da el sí y yo finalizaré el trato.

Escucho con cuidado la propuesta de Artie y le digo inmediatamente que de ninguna manera estoy interesado en aceptarla. Le explico que las charlas que he venido dando en congregaciones espirituales durante el último año me han llevado a sentirme fascinado con la idea de que, si los individuos cambian su manera de pensar, serán capaces de alcanzar una especie de realización de Dios. Quiero escribir un libro que se titule *Lo verás cuando lo creas* [La fuerza de creer], en contraste con la frase común "solo me lo creeré cuando lo vea".

Reitero a mi agente que nuestras creencias colectivas determinan lo que acabamos viendo. Me emociona esta idea de escribir una guía espiritual para alcanzar la propia transformación personal. Estas ideas han estado germinando dentro de mí durante este periodo en el que me he convertido en un maestro espiritual destacado, sin hacer nada conscientemente para que esto se produzca.

El enfado de Artie es palpable por teléfono. Me pregunta de qué estoy hablando cuando digo "Lo verás cuando lo creas". Trato de decirle que todo esto tiene que ver con entrar en el mundo del Espíritu. Y el "lo" de la frase anterior es cualquier cosa a la que las personas dediquen atención en su imaginación, que llegará a ser observable en el mundo físico debido al poder de la mente para crear aquello en lo que cree.

Le cuento que tengo siete conceptos compuestos de una única palabra que la persona media no entiende de manera inmediata. Se puede acceder al estado de realización de Dios mediante una explicación clara de estos conceptos y de cómo operan en la vida. Con cada palabra/concepto haré un capítulo, y daré ejemplos para hacer que de conceptos imprecisos pasen a ser algo que el lector pueda poner en práctica al momento. Le leo las siete palabras: *Transformación, Pensamiento, Unidad, Abundancia, Desapego, Sincronicidad y Perdón*.

A continuación leo una declaración del Presidente John Quincy Adams que he llevado conmigo durante el último año, y que he usado en la mayoría de mis charlas, especialmente en las presentaciones que he hecho en iglesias:

John Quincy Adams está bien, pero la casa en la que ahora habita se está quedando en ruinas. Sus cimientos se tambalean. El paso del tiempo y las estaciones casi la han destruido. Su techo está muy estropeado. Sus paredes agrietadas tiemblan cada vez que sopla el viento. Pienso que John Quincy Adams va a tener que trasladarse pronto. Pero él mismo está bien, muy bien.

Artie se siente más que frustrado conmigo y me responde con su maravilloso estilo de agente literario de Nueva York:

—¿De qué leches estás hablando, Wayne? No tengo ni idea de qué quieres escribir. Aceptemos el trato que he preparado para ti. Sería una locura rechazarlo: es más dinero del que has podido soñar en tu vida.

Le digo que lo siento, pero no puedo dejar que el dinero, ni el estatus, ni ninguna otra persona o cosa me diga sobre qué tengo que escribir o hablar. No soy la doctora Ruth, y no quiero pretender que estoy interesado en decir a la gente cómo ganar dinero. Le digo a Artie que voy a escribir mi próximo libro sobre el concepto de que *creer es ver*, en lugar de ver es creer.

William Morrow accede a ser el editor de mi próximo libro, pero no ofrece ningún anticipo contra los derechos de autor. Tanto Artie como mi editor me dicen una y otra vez que el gran público no está interesado en leer libros sobre espiritualidad y la conciencia superior. Me dicen que estoy desperdiciando mi tiempo y mis esfuerzos, y que no hay posibilidad de que un libro con un título tan confuso y unos conceptos tan amorfos pueda tener tanto éxito como mis libros anteriores.

No me dejo impresionar. Sé sobre qué quiero escribir y siento la presencia de algo Divino susurrándome que he hecho la elección correcta.

AHORA PUEDO VER CON CLARIDAD

Al mirar atrás, veo con mucha claridad que algo estaba influyendo en mí para que hiciera un gran cambio en mis escritos y charlas, y también en mi vida. Había escrito cinco superventas, todos ellos desde la perspectiva psicológica sobre cómo vivir una vida más satisfactoria y con más confianza en uno mismo. Sin embargo, me resultó muy fácil rechazar una oferta excepcionalmente lucrativa para continuar escribiendo libros populares del género autoayuda que atraerían a un público más amplio. Estaba renunciando a varios millones de dólares de ingresos garantizados por algo que no habría sido particularmente difícil de lograr para mí.

Dadas las circunstancias que afrontaba en 1987, rechazar este chollo no era algo previsible. Tenía una gran familia de siete hijos que alimentar, incluyendo el bebé recién llegado. Cuatro de mis hijos tenían menos de seis años, y también tenía hijos mayores que asistían a colegios privados o iban a la universidad. Cuando miro atrás a mi decisión de rechazar esta asombrosa oferta, todavía puedo sentir lo fácil que fue para mí. No lo dudé ni un momento, ni llamé para volver a hablarlo con nadie. Mi "no, gracias" vino de un profundo conocimiento interno de que no podía ir en la dirección que me ofrecían estas tentaciones del ego.

Estoy sorprendido cuando comparo el índice de mis libros anteriores con el de *La fuerza de creer*, que escribí entre noviembre de 1987 y junio de 1989. En este último libro, la palabra *Dios* aparece diez veces; el término *espiritual*, doce; y *conciencia superior*, diecisiete. El examen de los cinco libros que había escrito antes, y de mis tres libros de texto, revela el total de una única mención en todos esos índices. Esa mención de las *necesidades espirituales* aparece en la definición de la autorrealización que da Maslow en mi libro sobre la paternidad. Pasé de una única referencia a palabras como *Dios*, *espiritual* y *conciencia superior* en todos mis libros anteriores a treinta y nueve en este libro.

¿Qué me estaba alejando de escribir libros de orientación psicológica para dedicarme a un libro sobre la espiritualidad, la conciencia superior y —lo que me parecía más dramático— sobre Dios? Esto no formaba parte de ningún plan que yo tuviera cuando empecé a escribir para el gran público.

En este momento crucial de mi vida, algo estaba influyendo en mí para que dejara de pensar en ganar dinero, o en tener más fama, o en masajear mi ego, y pensara en permitirme crecer. Había evitado usar cualquier término espiritual o relativo a la conciencia superior en mis primeros escritos porque pensaba que sonaban demasiado a religión y fuerzas sobrenaturales. Quería usar un lenguaje de sentido común y la idea de que el individuo no necesita esa intervención Divina inverificable para llevarle a una vida autorrealizada.

En 1987 ya estaba involucrado en las enseñanzas espirituales. Estaba leyendo y citando del *Bhagavad Gita* y del *Tao Te Ching*, así como del *Nuevo Testamento*. Me comunicaba con ministros espirituales de todo el país y daba charlas regularmente los domingos por la mañana a grandes audiencias en iglesias no confesionales. Mientras que antes no usaba las palabras *Dios, espiritual o conciencia superior* en mis escritos, ahora estaba muy metido en enseñanzas *metafísicas,* más que puramente *físicas*.

Había ido todo lo lejos posible en mi anterior enfoque en la terapia racional emotiva y en los principios de la autorrealización. Tenía unos cimientos basados en el mundo material de lo corpóreo; y ahora se me llamaba a mirar mucho más de cerca al mundo invisible del Espíritu. Me sumergí en el estudio de la física cuántica, de los grandes filósofos, de la sabiduría espiritual de Oriente y Occidente. Me sentí atraído a asistir a charlas y a escuchar grabaciones sobre temas como la unidad, la transformación, la sincronicidad y el desapego, y me enfoqué en ellos en *La fuerza de creer*.

Todo parecía avanzar muy, muy rápido cuando hice este cambio y empecé a escribir sobre la conciencia superior y la espiritualidad. Para mí Dios ya no era un concepto religioso, y cada día estaba más cerca de Él. Sentí que, en esencia, mis días de psicólogo habían terminado, y me emocionaba ser considerado un profesor de los principios espirituales. Empecé a negarme a dar charlas en empresas y escuelas, y casi todo el tiempo hablaba en iglesias de Estados Unidos y Canadá. Mis charlas públicas se enfocaron en alcanzar la realización de Dios y en ser capaz de crear milagros en la vida de cada día. Conceptos que antes había rechazado y criticado ahora formaban parte importante de mis escritos y charlas, y sabía que algo estaba dirigiendo este nuevo curso de mi vida.

Puse muchísimo esfuerzo en la creación de *La fuerza de creer*, que fue el primero de muchos libros que tuve el privilegio de escribir en el campo de la literatura espiritual de no ficción. Quería hacer un libro que ofreciera sugerencias específicas sobre cómo conectar con la parte invisible de nosotros mismos, y cómo aplicar al discurrir de la vida individual los mismos principios que gobiernan el universo. Mi correctora personal trabajó en estrecha colaboración conmigo, y también disfruté la bendición de tener una correctora de fama mundial —que antes solo había trabajado en libros de ficción— para la corrección final. Su nombre era Jeanne Bernkopf, y fue un ángel enviado para dar los últimos toques a mi primer libro en este nuevo campo de investigación.

Hice dos giras a nivel nacional y cientos de conferencias públicas —principalmente en lo que en aquel tiempo eran las iglesias Nueva Era— por todo el país. El público era tan receptivo que ahora veo con claridad que algo me llevaba a hablar y a escribir sobre el despertar espiritual. *La fuerza de creer* contenía un mensaje que el público en general quería explorar, tanto en Estados Unidos como en todo el mundo. Mi aprendizaje en el ámbito de la autoayuda y mi escritura y charlas de orientación psicológica se habían terminado. Había sido orientado hacia una nueva dirección para enseñar a conectar con algo que está más allá del cuerpo/mente y crear de verdad un cielo en la tierra.

Tanto Artie como mi editor estaban equivocados. *La fuerza de creer* demostró sin lugar a dudas que había un público para los libros sobre Dios y la conciencia superior en un formato no religioso. El libro debutó en la lista de los más vendidos del *New York Times* y fue bien recibido en todo el mundo.

Entonces no lo sabía, pero con el beneficio de poder mirar atrás, veo que estaba viviendo el título de este libro. Vi que todo fructificó porque primero creí en ello. Nada podía apartarme de mi visión, ni siquiera unas ganancias extraordinarias. Ahora está muy claro para mí que la mano de Dios y una hueste de maestros ascendidos estaban empujándome, amable pero persistentemente, para ser un maestro de la verdad espiritual. Estaban a punto de ocurrir milagros en mi vida que me ayudarían a mantenerme alineado con esta nueva dirección.

43

Es el catorce de febrero de 1989, el décimo aniversario de cuando Marcelene y yo nos conocimos. Ambos recordamos con amor y con humor aquel primer encuentro el día de San Valentín de 1979. Alguien había pegado un corazón rojo en mi camisa, y las primeras palabras que le dije a mi futura esposa respondieron a su pregunta sobre qué tenía en la camisa: "Me he puesto un corazón para ti".

He aceptado hacer una gira por Australia que incluye entre los oradores a Greg Rice, Cathy Lee Crosby y a mi querido amigo y colega Og Mandino. Mi esposa y nuestros dos hijos menores —Serena de tres años y medio y Sands de dieciocho meses— nos acompañan en este viaje. Estamos en el hotel Hilton de Brisbane. Mañana tengo que dar una conferencia ante miles de personas en la apertura de un gran seminario que durará todo el día.

Un ruido me despierta. Los números rojos del reloj digital que hay junto a la cama señalan que son las 4:05 de la madrugada, y veo que mi esposa está levantada y en proceso de reordenar los muebles y la disposición de las camas en nuestra habitación.

—Es muy tarde. ¿Qué demonios estás haciendo? ¿Estás despierta o sonámbula? —pregunto a Marcelene.

Parece estar sonámbula porque no me responde. Serena está dormida a mi lado, y Sands, que todavía es un bebé lactante, está en la misma cama que su madre. Marcie, caminando en estado de coma, coge a Serena y la pone en la cama con nuestro bebé y se acuesta a mi lado. Empieza a moverse y está totalmente determinada a hacerme el amor. El aspecto de su cara no se parece a nada que yo haya visto antes; me encuentro en un estado semiconsciente de shock y deleite.

Mi esposa ha estado embarazada o amamantando durante los últimos ocho años, y en consecuencia su ciclo menstrual se ha detenido completamente. Además, le han extirpado un ovario, de modo que concebir parece casi imposible. A pesar de todo, concebimos a nuestra hija menor, Saje. ¿Qué despertó a mi esposa en aquel preciso instante? ¿Qué causó esta conducta en una mujer que siempre estaba en control de sí misma? ¿Qué fuerza está operando aquí? ¿Quién está al cargo?

****

Unos meses después, estoy en Phoenix durante una gira para presentar *La fuerza de creer*. Voy a salir en el programa de la emisora de radio KTAR con Pat McMahon. He estado varias veces en su programa en las giras de la última década, y se ha convertido en un buen amigo. Y resulta que la invitada anterior a mí es otra de mis heroínas.

Resulta que la Madre Teresa está en Phoenix para apoyar la apertura de un nuevo refugio para los sin techo, donde ella ha dormido la noche anterior. Pat McMahon es un católico irlandés, un hombre espiritual, y está más que emocionado ante la perspectiva de entrevistar a esta santa. Le pregunta repetidamente si hay algo que pueda hacer por ella:

—¿Quieres que hable a los oyentes de tu ashram en Calcuta? ¿Puedo ayudarte a recaudar dinero para tu misión? ¿Algo? Madre Teresa, me gustaría hacer algo por ti, ya que tú haces tanto por tanta gente.

—Hay una cosa que puedes hacer por mí —acaba diciendo ella en su inglés roto—. Mañana por la mañana, levántate de la cama a las cuatro de la mañana y sal a las calles de Phoenix. Encuentra a alguien que crea estar solo y convéncele de que no lo está.

Sus palabras me conmueven profundamente. Confirman todo lo que he escrito en mi libro sobre la unidad, y la conciencia de que siempre estamos conectados con la Fuente de nuestro ser, independientemente de lo que nos digan nuestros sentidos, o de lo que parezcan indicar las circunstancias externas.

Soy consciente de que la energía de todo el estudio ha cambiado: la gente parece menos apresurada; el ambiente es de benevolencia, mientras que antes de que entrara esta preciosa y diminuta mujer, el ritmo era trepidante y frenético. Siento como si una ducha caliente se deslizara dentro de mí, son lo que suelo llamar "cosquillas". Y no soy el único que se siente así: Pat me cuenta que, cuando la Madre Teresa se sentó en el estudio frente a él, fue como si le hubiera bañado una ola de amor incondicional.

No puedo ver ni tocar la energía amorosa que todo el mundo parece sentir. Pero para mí está claro que esta mujer devota, que ha dedicado su vida a servir a los demás y a vivir en la conciencia Crística, ha conseguido por sí sola impactar drásticamente en el entorno que le rodea y en todos los que están en él.

Me siento muy bendecido de compartir esta experiencia. Refuerza la idea de que, en lo que percibimos como nuestra realidad, hay mucho más que lo que captamos a través de los sentidos. Esto no es algo que se pueda explicar, ni tampoco es algo en lo que crea porque lo estoy viendo. Esta es la experiencia a la que me refiero en el título del libro, y me siento muy orgulloso de que se haya escrito a través de mí. *Lo verás cuando te lo creas* [La fuerza de creer] lo dice todo.

AHORA PUEDO VER CON CLARIDAD

Lo ocurrido el día de San Valentín de 1989 fue una de las ocasiones más transcendentales que he experimentado. Las probabilidades en contra de que mi esposa se quedara embarazada eran increíblemente altas. Para mí, que Marcie despertara de su sueño profundo y que en un estado semiconsciente se dirigiera a participar en la danza de la creación, está más allá del ámbito de la razón. En nuestros más de veinte años juntos, esta fue la única vez que se comportó así. Para mí, fue una confirmación de que estaba actuando algo mucho más grande y más allá del mundo material.

Saje Eykis Dyer nació el 16 de noviembre de 1989, y obviamente ella desempeñó un papel invisible en su llegada a este plano de la existencia, conmigo como padre y Marcie como madre. Aquella mañana estuvo operando algo que no tiene explicación.

Mi hija pequeña es una de las jóvenes más determinadas que he conocido en mi vida. Esa determinación debió haber estado haciendo horas extra aquella madrugada en Brisbane. Tuvo que tocar el hombro de su madre y despertarla del sueño profundo. Tuvo que impulsarla a mover los muebles y a reordenar a sus futuros hermanos a fin de crear las condiciones necesarias para que ella llegara a este mundo desde su sitio en el reino infinito. Este era el único momento del que Saje disponía para venir a cumplir su *dharma*. En cualquier otro momento esa apertura habría desaparecido, y se habría presentado alguien distinto o, más probablemente, no habría venido nadie en absoluto.

El Día de la Madre de aquel año, escribí un verso a mi esposa titulado "Brisbane", que conmemora los increíbles sucesos ocurridos aquella mañana:

Brisbane
donde Dios nos fue revelado.

Solo nosotros dos y la magia y el asombro
de esa presencia.

Contra toda posibilidad…

Nuestra conexión con la eternidad salió reforzada,
fortalecida.

La paradoja siempre persiste…

Nosotros tenemos el control/no tenemos el control,
y estamos condenados a hacer elecciones.

De lo único que estoy seguro es de nuestro amor ensamblado
en la eternidad.

Las dos primeras líneas lo dicen todo. Este fue el momento en que la presencia de Dios se nos reveló verdaderamente a Marcie y a mí.

Hoy puedo ver con claridad que estuve involucrado en una intervención Divina al observar a mi esposa sonámbula moverse por la habitación, dirigida por una fuerza que yo nunca había observado de cerca y de manera tan personal. Esto fue un punto de inflexión para mí. Mis escritos futuros surgirían de este conocimiento directo de lo sagrado, de que había sido testigo en la concepción y subsiguiente nacimiento de nuestra hija Saje. A partir de ese momento supe verdaderamente que no hay accidentes en este mundo. Nosotros pensamos que tenemos el control, pero como observó Lao Tsé en una ocasión: "Nosotros no hacemos nada, solo se nos hace". Y Jesús también dijo: "Es el espíritu el que da vida". El espíritu estuvo operando en la habitación de aquel hotel de Brisbane en 1989.

Cada vez que miro con cuidado a Saje, pienso en el espíritu invisible que estaba acelerando el proceso de su llegada aquí —y como he dicho, sin apenas posibilidades— y entonces recuerdo: "Con Dios, todas las cosas son posibles". Cuando observo su infatigable persistencia y su inquebrantable determinación, recuerdo que estas deben haber estado actuando a lo grande cuando manipulaba los sucesos para asegurar su encarnación. Siempre he dado gracias a Dios por el precioso espíritu que es mi hija. Pero todavía me siento más agradecido por haber podido participar en algo a lo que solo puedo llamar "magia real", que iba a ser el título del libro que escribiría dentro de tres años. Había dejado permanentemente atrás el mundo de la psicología en mis escritos.

Ahora puedo ver con claridad que la persona que alcanza cierto nivel de realización de Dios es capaz de impactar en todos aquellos con los que se encuentra por su simple presencia en la misma habitación. Se dice que cuando Jesús entraba en un pueblo, su simple presencia elevaba la conciencia de todos sus habitantes.

Observé este mismo fenómeno en mayo de 1989 cuando la Madre Teresa entró en aquella emisora y todo el mundo parecía sentir el impacto de su santa presencia. Esto no es un curso de primero de psicología; esto es espiritualidad avanzada y el amor de Dios en acción. Entonces y allí mismo decidí que este tipo de presencia era algo a lo que yo iba a aspirar durante el resto de mi vida. Al observar cómo esta mujer afectaba al mundo a su alrededor, se me dio un modelo del impacto que me gustaría tener en los demás.

Me recordaba el modo en que la presencia amorosa de Dinah Shore parecía elevar a todos los que la rodeaban. Con la Madre Teresa, también estaba presente el elemento del impacto espiritual. Esta santa parecía hacer que todos los que la rodeaban quisieran ser más como Cristo, juzgar menos y pasar por alto y perdonar cualquier defecto; sentirse más cerca de Dios debido a las feromonas de amor que ella emitía con su simple presencia.

Años después, la mañana del seis de septiembre de 1997, estaba a punto de dirigirme a un gran grupo de gente en Sydney cuando me pasaron una nota para informarme de que la Madre Teresa había fallecido la noche anterior. Conté al público mi experiencia en Phoenix con esta santa, e indiqué que era muy propio de ella pasar desapercibida en un momento en que toda la atención del mundo estaba enfocada en el funeral de la Princesa Diana de Gales.

La Madre Teresa vivió su vida más allá del ego. No quería que se le atribuyera ningún mérito ni atención; se dedicaba plenamente a servir a los demás, y en especial a los más desfavorecidos. En una ocasión comentó que cada día veía a Jesús en todos sus inquietantes disfraces. Así es como vivía. Y así es como murió, en un momento en que toda la atención mediática estaba en otra parte.

La presencia Divina y santa de esta mujer fortalecía y potenciaba no solo la energía del entorno inmediato, sino también la de todos los que se encontraban en su presencia. Recuerdo haber pensado que podría volverme como ella si era capaz de vivir y ser solo una fracción de la bondad y divinidad que la Madre Teresa representaba. Era definitivamente una obradora de milagros, y me inspiraba mucho a parecerme más a ella. Sabía que tendría que pasar por una transformación radical en mi manera de vivir, particularmente a la hora de domesticar mi ego y enfocar más mi trabajo en el reino situado más allá de lo físico.

Ahora puedo ver con claridad que mi breve encuentro con la Madre Teresa, justo cuando estaba a punto de iniciar una gira nacional para presentar el libro *La fuerza de creer*, me empujó a mirar dentro del mundo de lo milagroso y a examinar las posibilidades de la verdadera magia. El tipo de magia que había visto que tenía lugar cuando esta mujer entraba en una emisora y hacía que todas las personas y cosas se sintieran alineadas con Dios.

44

En otoño de 1991 estoy en una nueva misión de vida. He estado leyendo mucho sobre maestros espirituales, antiguos y contemporáneos, que son capaces de realizar lo que se denominan "milagros" de todo tipo y descripción: hechos asombrosos como resucitar a los muertos, curar al instante minusvalías y deformidades, actos de alquimia, comunicación telepática, manifestaciones sobresalientes y sincronicidades. Creo con mucha fuerza que, si cualquier persona puede realizar este tipo de magia, todo el mundo puede. Esto es lo que quiero explorar.

Henry Miller dijo:

—No busques milagros. Tú *eres* el milagro.

No puedo quitarme esta idea de la cabeza. Voy a escribir sobre cómo enseñar a la gente a maximizar su potencial más elevado para realizar lo que llamamos milagros. Yo también estoy a punto de participar en mi propio acto asombroso y someterme a una transformación radical.

Veo al famoso ilusionista David Copperfield realizar impresionantes actos de magia en Las Vegas. Mientras estoy sentado allí, disfrutando del espectáculo, me llega la idea de que he estado inmerso en algo en lo que no hay humo, espejos y trucos para engañar al público. Hay magia real, y he estado en la periferia de este fenómeno durante los dos últimos años. Vuelvo a la habitación de mi hotel y me quedo despierto toda la noche escribiendo el esbozo de un libro sobre cómo hacer milagros en la vida de cada día. Lo voy a llamar *Tus zonas mágicas*, y no puedo esperar a comenzarlo.

Uno de mis mentores espirituales es Nisargadatta Maharaj, de India, que falleció hace una década. Mientras me preparo para escribir mi nuevo libro en casa, en Florida, soy llevado a leer y releer este consejo que dio a un devoto: "Si deseas alcanzar tu máximo potencial y cumplir el *dharma* para el que te encarnaste, tendrás que vivir una vida de sobriedad". Gradualmente me doy cuenta de que esta frase me habla a mí sobre mí, y que debo hacer una elección.

He estado corriendo un mínimo de trece kilómetros diarios durante casi quince años. Para mí, es tan normal correr varias horas al día como cepillarme los dientes antes de ir a la cama. Ahora, sentado en mi escritorio, trato de recordar un día en el que no haya tomado varias cervezas por la noche después de correr. Me remonto mentalmente a diez años atrás, y me doy cuenta de que el periodo es aún más largo que una década. Me golpea con fuerza que casi han transcurrido quince años en los que he consumido alcohol cada día, sin excepción. Es un hábito, y mi vida gira en torno a él. Permito que una escena reciente se despliegue en mi imaginación.

La semana pasada hice que mi esposa y nuestros seis hijos nos fuéramos de un restaurante porque le habían suspendido temporalmente la licencia para vender alcohol. Mi necesidad de tomar un par de cervezas se convirtió en la razón para molestar a otras siete personas. Me siento avergonzado de permitir que este hábito se haya convertido en una fuerza tan dominante en mi vida, y que a estas alturas se haya convertido en una obsesión diaria durante quince años.

Oigo las palabras de Nisargadatta resonando con fuerza en mis oídos. Si quiero alcanzar mi potencial más elevado y realizar la misión de mi vida, tengo que llevar una vida de sobriedad.

Me digo a mí mismo: "Estoy sobrio…, nunca me emborracho…, siempre paro después de dos o tres cervezas…, en realidad no tengo un problema". Pero sé que me estoy engañando. Han sido más de 5.000 días consecutivos poniendo alcohol en mi cuerpo. Hokekyo Sho dijo una vez en su texto sánscrito:

—Después de la tercera copa, el vino bebe al hombre.

Me pregunto qué diría de los 5.000 días consecutivos que he venido tomando tres cervezas. Me lo pienso con detenimiento. Ciertamente, la cerveza me bebe a mí.

Tomo la decisión allí mismo. Hago un acuerdo con Dios, con mi yo superior, de que esa noche no voy a beber cerveza. Voy a practicar la sobriedad total que Nisargadatta recomendó a uno de sus devotos en Bombay en la década de los 70, que también es cuando inicié este hábito diario de beber cerveza. Tal vez me estaba hablando a mí.

Nunca conocí a Nisargadatta, pero he estudiado su libro *Yo soy Eso* detenidamente. Cuando leo las transcripciones de sus diálogos con sus alumnos y devotos, siempre siento como si me estuviera hablando a mí. Este es otro de esos momentos cuánticos. En realidad, puedo verle conmigo ahora al recordar mi conducta grosera en el restaurante, donde me conduje de manera tan tosca y desconsiderada hacia mi esposa e hijos. Pido ayuda y apoyo para mi nuevo empeño. No cuento a nadie lo que me propongo.

Pasa esta noche y me sorprende lo fácil que ha sido. Siento que aquí está actuando la mano de un espíritu guía. No hago esto solo porque no quiero decepcionarme a mí mismo, a mi familia, ni a nadie más. Tampoco quiero decepcionar a Dios, a mi yo superior o la expresión individualizada de Dios, que es puro amor. Vine de la perfecta salud y bienestar, y tengo la intención de seguir alineado con ellos y mantener el alcohol fuera de mi cuerpo porque destruye células cerebrales, y por lo tanto mi bienestar. Tengo un socio de más categoría que yo en esta iniciativa, y me siento confiado, bendecido y verdaderamente inspirado para cambiar este hábito —un día cada vez— amando cada minuto del proceso.

Escribo furiosamente, y mi nuevo editor, HarperCollins, está emocionado con el manuscrito. Cada día soy más consciente de que en el fondo de nosotros hay un campo unificado de posibilidades ilimitadas. Me pregunto a mí mismo: *¿Quién soy yo para emprender esta tarea de hablar de los milagros?* Entonces detengo las dudas, y simplemente escucho y me permito ser dirigido, pues el Espíritu parece estar llamándome.

Mis primeras palabras en *Tus zonas mágicas* son una observación de san Francisco de Asís, un santo que conozco superficialmente y considero uno de los grandes ejemplos de alguien que hace milagros: "He sido impío en muchos sentidos; si Dios puede trabajar a través de mí, puede hacerlo a través de cualquiera". Estas palabras reflejan la humildad y la confianza que siento en torno a este venerable tema de la verdadera magia.

Ahora saltamos adelante, al otoño de 1992, y ya llevo todo un año sin tomar alcohol. Sé en mi corazón que esta decisión, apoyada por mi gurú Nisargadatta hace tiempo fallecido, me sitúa en este nuevo camino. Doy gracias a Dios, a san Francisco y a Nisargadatta por el precioso libro, con el arcoíris en la tapa y titulado *Tus zonas mágicas,* que tengo entre las manos. Estoy bendecido.

AHORA PUEDO VER CON CLARIDAD

Han pasado más de dos décadas desde que oí a Nisargadatta decir estas palabras sobre la necesidad de un hombre de mantenerse completamente sobrio para cumplir su destino. Hoy puedo decir que aquellas palabras que oí en 1991 están entre las más transcendentales de mi vida. Nunca he sentido la tentación de revocar mi compromiso con la sobriedad desde aquel extraordinario momento cuántico.

Ahora puedo ver con claridad, al considerar mi decisión de romper con el hábito de quince años de consumir cerveza, que se debió a mi conciencia de no querer desagradar o decepcionar a mi yo superior, que está totalmente alineado con la Fuente de todo ser. Ahora puedo ver con claridad que romper con los hábitos autosaboteadores no es difícil cuando me invisto de mi yo más alto y realizado en Dios.

Entonces sabía que tenía "promesas que cumplir, y millas que recorrer antes de dormir", como escribió Robert Frost en su famoso poema *Stopping by Woods on a Snowy Evening*. No obstante, también sabía que si continuaba con mi hábito de beber alcohol cada noche, eso no me permitiría cumplir las promesas que hice cuando vine a este mundo desde el espíritu. Tenía toda la intención de cumplir la promesa que había hecho a mi creador, a esa infinita inteligencia de bienestar en la que tuve mi origen y a la que en último término retornaré.

Una vez que tomé la decisión —contemplando el aspecto que tendría mi futuro, y en particular mi cerebro, cuando ya no siguiera destruyendo células cerebrales mediante el consumo de alcohol—, la verdadera magia empezó a aparecer en mi vida.

Recibí una llamada de Michael Jackson en la que invitaba a las diez personas de mi familia a pasar cinco días con él en su rancho Neverland, en California. Durante las tres horas que pasé solo con Michael en la cumbre de una montaña, lo único que quería saber de mí era: ¿Existe realmente la verdadera magia? ¿Cómo podemos acceder a ella?

Conocí e hice equipo con Deepak Chopra. Fuimos a dar conferencias juntos por todo el mundo, incluyendo Inglaterra, Grecia y Australia; y en la Esfinge y las Grandes Pirámides de Egipto, en El Cairo. Ambos estábamos abiertos a la idea no solo de convertirnos en obradores de milagros, sino de enseñar a otros a conectar con su propio potencial único e ilimitado para la grandeza.

Ahora puedo ver con claridad que todas esas experiencias de verdadera magia vinieron del único momento cuántico en el que un gran espíritu iluminado me habló y puso en marcha las ruedas para que tomara una enorme decisión que tendría consecuencias para el resto de mi vida. Un día, la posibilidad de renunciar a mi hábito de beber cerveza a diario parecía una imposibilidad, y al siguiente una instrucción de mi maestro más respetado que era fácil de cumplir.

Ahora contemplo la vergüenza que sentí por haber sido tan desconsiderado con mi familia en nombre del deseo desordenado de una sustancia que estaba destruyendo mi capacidad de alcanzar un estado más evolucionado e iluminado, y puedo ver que estaba operando una fuerza divina.

Conozco muy bien la máxima budista de que cuando el alumno está preparado, aparece el maestro. Los maestros habían estado allí todo el tiempo. Había leído y releído a Nisargadatta muchas veces antes. Sin embargo, aquel día, debido al alineamiento de mi propio autorepudio —junto con el deseo de escribir sobre milagros desde mi contacto con la Madre Teresa, las palabras de mi gurú hace largo tiempo fallecido y mi intención de ser mejor persona—, yo, el estudiante, estaba preparado.

Mantuve la preparación mediante la abolición sistemática de tantos hábitos insalubres y nada espirituales que había adquirido, reemplazándolos por la reverencia hacia el servicio a los demás y el intento de vivir una vida de realización en Dios como profesor. Ya no era solo un profesor de principios psicológicos para vivir una vida autorrealizada, sino un maestro que fue y está siendo guiado por una corte de maestros ascendidos para intentar enseñar a otros cómo encontrar lo sagrado en sí mismos y en todas las personas con las que se encuentran.

Mi decisión de dejar el alcohol atrás fue una de las cosas más poderosas que he hecho nunca, y todo se produjo porque me dijeron que ya no podía destruir unas pocas células cerebrales cada día y esperar realizar el *dharma* que había acordado. Miro atrás a los sucesos de aquel día de 1991, y a toda la vergüenza y decepción que sentía, como los mayores dones que se me han concedido nunca. Fui capaz de vislumbrar el futuro y verme como un maestro espiritual sobrio, o bien como un hombre adicto a mi hábito autolimitante y destructor del cerebro. Entonces, y ahora, implemento mi nueva visión sin esfuerzo.

45

Es la primavera de 1994 y he estado de gira por el país promocionando las ediciones en tapa dura y blanda de *Tus zonas mágicas*. Mi editor me pide otro libro de seguimiento, y pienso en un día muy especial, hace diez años, en que Ken Keyes Junior y su esposa Penny vinieron a visitarme. Aparcaron el coche justo ante la puerta de nuestra casa en Boca Ratón, Florida, y observé a una mujer joven recoger con una silla de ruedas al hombre que estaba sentado en el asiento del pasajero y traerlo a nuestra casa. A continuación pasé una de las noches más memorables de mi vida.

Había sido admirador de Ken Keyes Junior durante más de una década. Leí y releí su libro clásico publicado en 1972 y titulado *Handbook to Higher Consciousness* [Manual para la conciencia superior], sin darme cuenta de que era tetrapléjico. Ken había estado paralizado durante casi cuarenta años debido a que contrajo la polio en 1946, poco después de licenciarse del servicio militar a la conclusión de la Segunda Guerra Mundial. Solo lo mencionó en un libro muy al principio, en el que escribió: "Mi realidad es que estoy demasiado ocupado e involucrado en mis actividades vitales para tener tiempo de preocuparme de sentirme cohibido por estar en una silla de ruedas. Actualmente veo mi supuesta dificultad como otro regalo que la vida me ha ofrecido".

Durante la década de los 80, leí y comenté en mis conferencias su enton-ces reciente libro *El centésimo mono*, que distribuí entre mi público durante varios meses. El libro detalla que es posible implementar la conciencia superior para impedir una guerra nuclear; se enfoca en la idea de que los humanos estamos conectados a un nivel espiritual y, debido a esta interconexión, cada pensamiento individual impacta en todos los demás individuos.

Ken y Penny estaban tan emocionados de conocerme como yo de tenerlos en casa. Mis libros habían agraciado las listas de superventas durante casi diez años, y mis numerosas actuaciones en la televisión nacional me habían dado mucho reconocimiento. El libro de Ken había sido muy importante para mí y para muchos en el camino espiritual; sin embargo, no había llegado al gran público del modo que yo creía que merecía.

Mientras Ken, Penny, Marcelene y yo estábamos sentados alrededor de la mesa de la cocina, él volvía una y otra vez a hablar de la conciencia superior. Me dijo: "Te animo a explorar el mundo de la conciencia superior. Tú tienes una gran voz, y si escribes sobre ello, el planeta entero te escuchará". Pasamos mucho tiempo comentando las posibilidades de transformar nuestro mundo mediante la implementación de principios espirituales. Esta área de escritura era relativamente nueva para mí, puesto que hacía poco que me había apartado de una perspectiva puramente psicológica.

Cuando Penny y Ken se fueron, tomé algunas notas sobre lo que habíamos hablado. Detallé cuatro llaves de acceso a la conciencia superior surgidas de la intensa e inspiradora conversación de aquella noche. Tomé nota mentalmente para incorporar estas cuatro claves en mis conferencias, y tal vez un día escribiría sobre ellas. Eran: *relega la duda, cultiva el testigo, aquieta el diálogo interno* y *libera del ego al yo superior*. Pasé la década siguiente haciendo de estas ideas el núcleo central de mis presentaciones.

Pienso en aquella noche gloriosa y estimulante que pasé hace unos diez años con Ken Keyes y su esposa Penny mientras considero cuál va a ser mi siguiente libro. He venido hablando sobre la capacidad que todos poseemos de crear verdadera magia en nuestra vida, y ahora me preocupa la idea de escribir sobre la sacralidad que está en la esencia misma de cada uno de nosotros.

Todos somos sagrados —partes de Dios— y para mí ya no se trata tanto de hacer milagros, sino de reconocer a Dios dentro de nosotros. Se trata de vivir más allá del ego, que en realidad es el falso yo. Todos venimos de Dios, y por lo tanto debemos ser sagrados: una parte de aquello de donde venimos. Por desgracia, mucha gente invierte el orden de las letras de *sagrado* [sacred] y vive *atemorizada* [scared][4]. Escribo un esbozo y se lo

---

4. Referido al original inglés. (N. del t.)

presento a mis editores en HarperCollins. Están encantados con este nuevo libro al que llamo *Your Sacred Self [Tu yo sagrado]*.

Han pasado tres años desde la última vez que estuve en modalidad escritura. Estoy muy contento cuando puedo sentarme en mi escritorio y escribir sin interrupción. Ahora mi familia está viviendo en una nueva casa preciosa que mi esposa y yo hemos diseñado y construido en Boca Ratón, Florida. Tenemos cinco hijas y un hijo viviendo con nosotros de edades entre los cinco y los dieciocho años. De modo que me despierto cada mañana sobre las tres de la madrugada y voy a mi oficina local, donde puedo estar en un entorno pacífico sin sufrir interrupciones.

Las palabras parecen llegar sin esfuerzo a medida que relleno una página tras otra. Me entero de que mi amigo y maestro espiritual Ken Keyes ha tenido un problema de riñón, y mantengo su foto y el *Handbook for Higher Consciousness* a la vista mientras permito que *Tu yo sagrado* llegue a través de mí. Escribo un capítulo sobre cada una de las cuatro llaves hacia la conciencia superior que Ken y yo comentamos detenidamente hace una década en mi cocina.

Estoy casi obsesionado con descubrir maneras de superar ese gran obstáculo, que es nuestro ego, para llegar a conocer nuestro yo sagrado. Escribo extensamente sobre los pasos específicos que hemos de dar para pasar de una identidad basada en el ego —con su enfoque en la competición, el miedo y las apariencias externas— a la conciencia superior en forma de paz, verdad, amor y pureza. Cada capítulo sobre la transcendencia del ego parece fluir a las páginas que escribo cada mañana mientras Marcie y nuestros hijos están muy dormidos a unos kilómetros de distancia.

Tu yo sagrado concluye con un ensayo titulado "Hacia un mundo sin ego", inspirado en aquel día glorioso que pasé con Ken Keyes junior y en nuestro debate del fenómeno del centésimo mono. Esta fue su visión, la que le motivó a animarme a convertirme en el portavoz de la conciencia superior. Doy gracias a Ken, que falleció el 20 de diciembre de un fallo renal, y acabo con una cita de otro de mis maestros espirituales, Nisargadatta Maharaj: "Mi postura es clara; produce para distribuir, alimenta a otros antes de comer tú, da antes de tomar, piensa en los demás antes de pensar en ti mismo. Solo una sociedad desinteresada, basada en el compartir, puede ser estable y feliz. Esta es la única solución práctica. Si no la quieres, entonces lucha".

Pronuncio una oración silenciosa en agradecimiento por la presencia de estas dos almas iluminadas en mi vida.

AHORA PUEDO VER CON CLARIDAD

Recuerdo muy bien el día en que Ken y Penny llegaron a casa, y sé que fue una cita Divina. La energía de aquellas horas que pasamos juntos permaneció conmigo durante una década, inspirándome a escribir *Tu yo sagrado*. Durante aquella noche estuve cara a cara con un hombre que estaba viviendo aquello sobre lo que había escrito en su *Handbook to Higher Consciousness* doce años antes. Pero, más importante que lo que hablamos aquella noche —que se iba a convertir en la fuerza impulsora de un libro importante sobre el descubrimiento de nuestra sacralidad— fue lo que capté en aquellas dos personas enternecedoras.

Ken Keyes estaba atrapado en un cuerpo disfuncional en muchos sentidos. Su parálisis había dado lugar a una tetraplejia, que era lo suficientemente severa como para no poder darse la vuelta en la cama, y requirió ayuda para cuidar de su cuerpo durante más de cuatro décadas. Sin embargo, lo que me resultó más revelador aquella noche fue que este hombre, que había escrito un clásico sobre la conciencia superior, lo hizo sin prestar atención alguna a su cuerpo físico. No solo sabía que todos somos seres espirituales teniendo una experiencia humana, sino que él lo estaba viviendo, porque, en esencia, su cuerpo era inoperable.

Hoy puedo ver con claridad la importancia del mundo interno en contraste con el externo. El interno es invisible, informe, y no se preocupa por los datos que se nos revelan a través de los sentidos. En este reino meditativo interno es donde accedo a una gran parte de mi propia energía creativa.

A menudo hablo y escribo sobre la presencia *Yo soy* dentro de cada uno de nosotros, y cómo vivir una vida dirigida espiritualmente ignorando la ilusión de nuestros yoes corpóreos. "Lo que es real es eso que nunca cambia" es una afirmación que he repetido miles de veces. Ese *yo* que es el fantasma dentro de la máquina es real; la máquina misma está cambiando constantemente, y por lo tanto no es real. Pero yo no he tenido que poner a prueba este principio. Ken Keyes vivió y enseñó desde el único lugar donde él estaba completo: su presencia interna *Yo soy*. Nunca se quejaba; simplemente entró dentro y nos ofreció un manual sobre cómo alcanzar la plenitud espiritual, sin tener en cuenta nuestras circunstancias en el mundo físico.

Tenía que ver a Ken y a Penny muy de cerca, en lo personal. La imagen de esta mujer recogiendo al hombre con el que se había casado y hacién-

dolo desde un lugar de puro amor incondicional se grabó permanentemente en mi memoria. Y la imagen de este hombre sentado allí, sin poder
usar las manos y con las piernas colgando, y hablándome de la importancia de que yo escribiera sobre lo que él estaba viviendo, arde con fulgor en
mi pantalla interna.

En una ocasión Benjamín Franklin observó: "Aunque es posible que no
seamos capaces de controlar todo lo que nos ocurre, podemos controlar
lo que ocurre dentro de nosotros". Nadie personificaba mejor esta verdad
que mi amigo y colega Ken Keyes. Su presencia en mi vida me inspiró no
solo a escribir un libro sobre nuestro yo sagrado, sino a trabajar todavía
más duro en domesticar mi propio ego.

Recuerdo que hablé con mi amiga Elisabeth Kübler-Ross sobre Ken y su
impacto en mis escritos. Ella me contó algo que más adelante apareció en
su libro *Death: The Final Stage of Growth* [La muerte, la última etapa del
crecimiento]:

> Las personas más hermosas son las que han conocido la derrota,
> las que han conocido el sufrimiento, la lucha, la pérdida, y han en-
> contrado su camino para salir de las profundidades. Estas personas
> tienen un aprecio, una sensibilidad, y una comprensión de la vida
> que las llena de compasión, amabilidad y de un profundo amor. Las
> personas más hermosas no ocurren sin más.

Con estas palabras estaba describiendo a Ken. Ahora puedo ver con claridad que la sorprendente cita Divina de aquel día con Ken Keyes ocurrió
para impactar a lo grande en mí y en mis escritos. Te quiero, Ken. Gracias
por tu inspiración. Eres verdaderamente una de esas personas preciosas
de las que habló Elisabeth.

46

El día después de la Navidad de 1995, leí un artículo en el periódico sobre Kaye O'Bara, una mujer que había estado cuidando a su hija Edwarda veinticuatro horas al día, siete días a la semana, durante los últimos veinticinco años.

Edwarda entró en un coma diabético el 3 de enero de 1970, cuando tenía dieciséis años. Sus últimas palabras fueron:

—Prométeme que no me abandonarás, mamá.

Kaye O'Bara, sosteniendo la mano de su hija, dijo:

—Por supuesto que no. Nunca te abandonaré, cariño, te lo prometo.

¡Y una promesa es una promesa!

La promesa de Kaye a su hija adolescente ha conllevado un tipo de autosacrificio que pocas personas se ven llamadas a emprender: Edwarda necesita ser alimentada cada dos horas durante las veinticuatro horas del día. Además, hay que comprobar su sangre cada cuatro horas, y se le tiene que administrar una inyección de insulina seis veces al día. Kaye no ha dormido en una cama durante el último cuarto de siglo y ha cuidado de su hija en todo momento.

Esta historia del periódico atrapa mi alma y me siento obligado a reunir al resto de la familia para que la oigan. Les digo:

—Quiero que cada uno de vosotros venga a la cocina y escuche esta historia que os voy a leer. Y quiero que, como familia, hagamos algo por esta mujer y su hija.

Mi familia se echa a llorar al escuchar la prueba a la que la familia O'Bara está sometida y los sacrificios que está haciendo esta mujer santa que vive a solo sesenta o setenta kilómetros de nosotros en el Sur de Florida. Kaye O'Bara, que ha sacrificado todas sus preocupaciones personales al servicio a su hija, es un ejemplo viviente de la realización de Dios. Me recuerda mucho la asombrosa energía que proyectaba la Madre Teresa en la emisora de Phoenix cuando me encontré con ella hace seis años.

Escribo una breve carta a Kaye contándole que es mi heroína, y le envío junto con la carta una copia de *Tus zonas mágicas*, puesto que el libro explora la idea de ser capaz de hacer milagros en la vida de cada día. Pongo la carta y el libro en un paquete, junto con una donación y una tarjeta firmada por mi esposa e hijos, y se lo envío a Kaye en Miami, junto con una oración silenciosa para ella y su hija, que ahora tiene cuarenta y un años.

En enero me traslado a la costa occidental de Florida. Planeo escribir un nuevo libro sobre la manifestación, y volveré a casa los fines de semana. Mantengo a Kaye y a su hija en mis oraciones, pero me centro en escribir. Estoy inmerso en la idea de la manifestación, y siento que, de algún modo, estoy canalizando información sobre los principios espirituales que nos capacitan para atraer lo que deseamos a nuestra vida.

Después de un largo día de escritura e investigación, enciendo la televisión para ver las noticias de la noche. Deborah Norville, que me ha entrevistado varias veces a lo largo de los últimos años, está anunciando que su programa *Inside Edition* va a presentar la historia de una mujer que ha estado cuidando de su hija en coma durante más de veintiséis años. Cuando empieza el programa, veo a Kaye O'Bara leyendo *Tus zonas mágicas* a Edwarda, ¡el libro que yo le envié hace menos de dos semanas! Observo asombrado mientras veo a Kaye leer las primeras palabras del Capítulo uno a su hija: "Este es un libro sobre milagros".

No salgo de mi asombro ante la sincronicidad que ha ocurrido aquí. Estoy viendo la televisión —algo que apenas hago—, mirando un programa que nunca he visto, y ahí está Kaye leyendo a su hija un libro que le envié porque me sentí profundamente conmovido por el amor incondicional de esta mujer. Y, como guinda, el título del capítulo que estoy escribiendo para mi nuevo libro, *Construye tu destino*, es "Conectar con la Fuente Divina mediante el Amor Incondicional".

Tomo la decisión de que conectaré con Kaye cuando vuelva a casa después de este tiempo que me he tomado para escribir. Cuando vuelvo a Boca Ratón, veo una nota de agradecimiento de Kaye O'Bara en lo más alto de la pila de cartas que han llegado en mi ausencia. La llamo inmediatamente y quedo con ella para visitarla al día siguiente con mi esposa.

Cuando Marcelene y yo llegamos a la modesta casa de Kaye, nos saluda una mujer llena de vida, totalmente comprometida con el servicio a su hija en coma, y libre de autocompasión. Cuando entramos en la habitación de Edwarda, tanto Marcie como yo sentimos que estamos en un espacio sagrado. Tomo su mano y siento como si pudiera oírme cuando le hablo. Después de una hora, digo en voz alta que estamos a punto de irnos, y aparece en su rostro una pequeña lágrima, y ella parece agitada e inquieta. Cuando le digo que volveremos, casi instantáneamente Edwarda parece más pacífica, como si supiera que estamos allí en la habitación con ella.

Siento una conexión muy fuerte con estas dos mujeres. Sé que Edwarda está conectando conmigo de algún modo que no puedo explicar. He estado escribiendo sobre espacios sagrados, verdadera magia, y ahora sobre los principios espirituales involucrados en la manifestación. Sé que no es accidental que esté aquí, en este espacio sagrado, donde el amor incondicional ha estado omnipresente durante el último cuarto de siglo.

Convierto en un hábito visitar el hogar de las O'Bara cuando puedo, y me entero de la enorme carga económica que soporta la familia, los extraordinarios gastos que conlleva que Kaye cumpla su promesa a Edwarda de no abandonarla nunca. Sigo preguntándome qué puedo hacer para ayudar a estas personas preciosas que están viviendo desde un lugar de conciencia superior, cuando yo solo escribo sobre ella. Sé que mi esposa y yo hemos sido enviados a ellas. En este universo no hay accidentes, y este caso no es una excepción.

Varias semanas después, una mañana, mi hijo Sands, de nueve años, sale corriendo de su habitación después de ducharse. De un modo un tanto histérico anuncia:

—Mamá, papá, acabo de ver a Edwarda en la ducha. Estaba despierta y me sonreía. En serio, era ella, ¡y he salido corriendo para contároslo todo lo más rápido que he podido! Sands está histérico. Él, junto con todos nuestros hijos, ha estado en casa de Edwarda y ha observado a Marcie y a mí interactuar con ella en estado de coma.

Cuando cuento a Kaye lo que ha visto mi hijo pequeño, me dice que ella puede sentir cuando Edwarda sale de su cuerpo. Edwarda también se ha aparecido —siendo algo más que una aparición— a otras personas de todo el mundo. Me siento escéptico, pero sé que Jesús dijo que todas las cosas son posibles para los creyentes, y eso no excluye nada. Me recuerdo a mí mismo que, cuando entro en la habitación de Edwarda y hablo con ella, siempre tengo una sensación de tranquilidad y noto una ligera fragancia de rosas.

Tomo la decisión de aliviar la carga económica que pesa sobre Kaye en todo momento, y quiero contar su increíble historia al mundo. Siento que ayudará a otros a conectar con su corazón y a extender la compasión y el amor en sus vidas donde y cuando puedan. Voy a dejar momentáneamente de escribir otras cosas para contar la historia de Edwarda y la devoción de su madre hacia ella, y daré a Kaye los beneficios y los derechos de autor. Esta será la primera vez en mi vida que dedico toda la energía de mis escritos a algo que beneficiará a otro ser humano sin aportarme ninguna remuneración económica. Una mujer que ha estado más de veintiséis años en coma me ha dado un regalo. Estoy bendecido.

Mi esposa y yo estamos solos con Edwarda en su habitación varias veces cada semana mientras me preparo para escribir esta asombrosa historia a fin de publicarla. Aunque Edwarda está en estado de coma, siempre sentimos una presencia más elevada en la habitación. Después de visitarla, nunca me voy sin la sensación de que ella es plenamente consciente de mi presencia.

Además, cuanto más aprendo sobre cómo era Edwarda antes del inicio del coma hace veinticinco años, más creo que es una persona extremadamente espiritual. Era bondadosa con todos, nunca juzgaba, y solo decía cosas amorosas incluso a los que solían estar en el lado opuesto de su sistema de valores. Su hermana la describe como una niña de paz, y ella irradiaba esa paz a todos los que se encontraba.

Cuando pregunto a su madre qué sentido tiene la vida de Edwarda estando tumbada e incapaz de moverse ni de decir palabra, Kaye replica:

—Ella da verdadero sentido a todas nuestras vidas. Podrías pensar que estoy loca, pero yo creo que está haciendo el trabajo del Señor.

Llevo a cabo muchas horas de entrevistas con Kaye, y con el santo doctor que las atiende, que ha trabajado incesantemente sin recibir ningún pago. Reúno todo el historial médico, las grabaciones de nuestras entrevistas y dedico cada momento a escribir la historia casi increíble del amor incondicional de una madre, y lo que puede enseñarnos.

Promesa de amor [A Promise Is a Promise] será publicado por Hay House. Pido a Marcelene que incluya un capítulo desde el punto de vista de una madre, puesto que es la dedicada progenitora de siete hijos.

AHORA PUEDO VER CON CLARIDAD

La presencia de Kaye y Edwarda O'Bara en mi vida fue otro de los grandes regalos que se me otorgaron. Cuando miro atrás, a todo lo ocurrido para facilitar esta nueva relación, puedo ver que ocurrieron muchos sucesos sincrónicos para traerme este regalo. El trabajo de un poder superior coordinó toda esta iniciativa.

Había estado escribiendo libros enfocados en la espiritualidad, en obrar milagros y en conectar con lo sagrado que es inherente a todos los seres. Sin embargo, una cosa es escribir libros sobre la conciencia superior y la espiritualidad, y otra muy distinta es vivirlas día tras día. Edwarda y Kaye fueron de gran importancia en mi transición de ser capaz de escribir sobre la espiritualidad y la realización de Dios a ser capaz de practicar y vivir estas enseñanzas.

La demostración de servicio amoroso incondicional por parte de Kaye O'Bara hacia su hija durante un cuarto de siglo —evitando toda preocupación personal, y sacrificando hasta los placeres más simples, como dormir en una cama o comprarse algo— demuestra la realización de Dios en acción. Era hora de que yo empezara a vivir aquello de lo que hasta ahora me había limitado a hablar en mis escritos y conferencias.

Estas son algunas de las palabras de Marcelene en *Promesa de amor*:

Cuando Wayne oyó sobre su situación económica, me dijo dándolo por hecho:
—Voy a escribir un libro sobre Kaye y Edwarda. Todos los beneficios van a ir a Kaye. ¿Qué piensas de esto?
Miré a los ojos azules de este hombre querido y bondadoso, y vi su resolución. Personalmente, le he visto evolucionar a lo largo de los años hasta convertirse en el maestro espiritual que todos amamos, y vi esto como su mayor acto de servicio hasta ese momento. No solo iba a escribir el libro, también lo promocionaría en todo el mundo sin recibir nada.

Veo con claridad que Edwarda y Kaye estaban en el camino de mi vida para ofrecerme la oportunidad de vivir como vive Dios, de alinearme con la pura energía de dar sin pedir nada a cambio. Así es como funciona Dios. Así es como vivieron y trabajaron los grandes maestros ascendidos. Preguntando solo: *¿Cómo puedo servir?*, en lugar de *¿Qué hay aquí para mí?*

Algunos de los meses más satisfactorios de mi vida los pasé escribiendo *Promesa de amor*. Las "coincidencias" que ocurrieron sin duda son de un orden superior. Empezando por leer en las noticias esta historia sobre el amor incondicional, el hecho de que vivieran cerca de mí, ver a Kaye leyendo *Tus zonas mágicas* a su hija en la televisión nacional, ir a su casa, y tantas otras aparentes coincidencias formaban parte de la promesa de una gran Fuente de amor llamada Dios, que me llamaba a vivir desde un lugar de servicio a los demás. Cada día me siento agradecido a Kaye y Edwarda O'Bara por este precioso regalo.

Antes de que Kaye muriera, me dijo que yo era un ángel que le había sido enviado por Dios para ayudarla en el trabajo que había definido su vida. Yo le dije muchas veces que era al revés: ella y Edwarda eran ángeles enviados a mi vida para enseñarme de primera mano el significado de las palabras de uno de mis poetas favoritos, Rabindranath Tagore:

Dormía y soñé que la vida era alegría.
Desperté y vi que la vida era servicio.
Serví y me di cuenta de que el servicio era alegría.

47

Es enero de 1997, y acabo de dar los últimos toques a *Construye tu destino*. Esta idea de manifestar cosas me ha intrigado desde que empecé a escribir y a dar conferencias desde una perspectiva espiritual hace más de ocho años. Esta intriga viene de mi fascinación con las obras de Jesús, de quien se dice que, mirando al cielo y ordenando que apareciera la comida, fue capaz de convertir cinco panes y dos peces en un banquete que alimentó a cinco mil personas.

He oído hablar de maestros ascendidos que están vivos a día de hoy y son capaces de manifestar la ceniza sagrada llamada *vibhuti* y otros objetos materiales a partir de sus pensamientos, sin espejos ni humo. En el fondo de mí sé que todos somos Divinos porque venimos de lo Divino. También sé que cuando nos alineamos plenamente con nuestra naturaleza original, somos uno con la Fuente creativa del universo, y por lo tanto adquirimos los mismos poderes que el Creador. La capacidad de manifestar al instante desde nuestros pensamientos es rara, porque muy pocos humanos han conseguido ignorar las demandas y tentaciones de nuestro falso yo, de nuestro ego.

He estado escribiendo sobre los principios específicos que se han de aplicar para ser capaz de reducir el retraso temporal entre tener un pensamiento y su manifestación en la realidad física. Estos principios me han llegado directamente durante los últimos dos años de meditación Japa, que practico dos veces al día desde que recibí esta carta de Shri Guruji:

Querido Wayne:
El propósito de esta meditación es acabar con el sufrimiento de los seres humanos a través de la manifestación de sus deseos. Antes de desarrollar y ofrecer la técnica, recé con Siva y Nandi. Nunca permitiría que fuera mal empleada, esa es la razón por la que te he elegido a ti.

Este maestro espiritual de la India me ha seleccionado para que aprenda la antigua técnica de meditación Japa para la manifestación, que fue concebida hace más de dos mil años por el padre de la meditación, Patanjali.

La palabra Japa se traduce literalmente como "decir repetidamente el nombre de Dios". Estoy cautivado por esta técnica que acaba de llegarme por correo, junto con una grabación e instrucciones sobre cómo practicarla. El paquete viene de un distinguido maestro espiritual indio que tiene varios nombres, entre los que se incluyen Guruji, Dattatreya Siva Baba, y doctor Pillai. Es un erudito místico que enseña estudios indios en la Universidad de Pittsburgh, cuando no está viajando por el mundo para enseñar al tiempo que practica esta meditación.

Hace dos años, cuando llegaron a casa la carta y las instrucciones de Shri Guruji, emprendí una práctica seria a fin de prepararme para enseñar Japa en mis eventos públicos en todo el mundo. Contacté con mi editor y organicé la creación de un CD de *Meditaciones para Manifestar*, que demuestra esta antigua técnica. Gente de todo el mundo se sintió cautivada por la verdadera magia de esta práctica.

Al repetir el sonido del nombre de Dios como mantra interno y poner la atención en lo que uno quiere atraer a su vida, estos sonidos Divinos actúan como un vehículo para traer el deseo a la manifestación física. Como Guruji me recordó en su carta y en las subsiguientes explicaciones que me dio en persona, todo comienza en Dios. Así, para iniciar algo, necesitamos el sonido del nombre de Dios. En las primeras líneas del Evangelio de Juan se dice: "Al principio era la palabra, y la palabra estaba con Dios, y la palabra era Dios".

Miro el manuscrito que he escrito, que incluye un capítulo sobre "Meditar en el Sonido de Creación", y me siento asombrado de ser capaz de usar esta técnica Japa para crear todo un libro con nueve principios delineados específicamente en el orden justo. No tenía un esquema inicial y, al escribir el primer principio, no tenía ni idea de cuáles serían los demás.

Confié totalmente en el poder del nombre Divino, que usé como mantra interno mientras escribía *Construye tu destino*. Y he sido capaz de manifestar nueve principios espirituales, y de escribir un capítulo completo sobre cada uno de ellos casi sin esfuerzo.

He leído los sutras de Patanjali y aplicado esta antigua sabiduría a todas las áreas de mi vida. Ahora la meditación regular forma parte de mi cotidianidad, y dedico tiempo a dominar la técnica Japa. La uso de muchas formas, y me ocurren pequeños milagros cuando uso estos sonidos divinos. Soy capaz de eliminar la fatiga y cualquier síntoma de enfermedad haciendo Japa con regularidad, y cantando continuamente el nombre de Dios encuentro que puedo participar de manera directa en el acto de crear y manifestar.

Siento una enorme gratitud hacia Shri Guruji por depositar su fe en mí, sabiendo que nunca permitiré que esta antigua técnica para manifestar sea mal utilizada o ensuciada en modo alguno. No estoy seguro de por qué me ha elegido para enseñar Japa, pero me siento como si de algún modo todo esto hubiera sido orquestado por Dios Mismo. Para mí es una tarea sagrada. Mi cabeza nada en un éxtasis de dicha, y tengo la sensación de estar tendiendo un puente entre el mundo físico y lo Divino, de donde vienen todas las partículas físicas.

Miro al manuscrito completado de *Construye tu destino* y me pregunto cómo se han transmitido estos principios de manera tan grácil. Saco el bolígrafo y escribo la dedicatoria: "Shri Guruji, gracias por la inspiración para explorar el mundo de la manifestación. Namaste".

Sin duda, el Espíritu está llamando a mi vida. Me siento alineado no solo con este gran maestro que me ha elegido para esta tarea resplandeciente, también con Patanjali y, sí, con la Fuente creativa de todo —la única Fuente Divina—, con Dios. "Y la palabra era Dios", repito una y otra vez varias veces al día.

Además de ser profesor, ahora también soy un meditador confirmado.

AHORA PUEDO VER CON CLARIDAD

Algo indefinible estaba actuando en 1995 cuando Shri Guruji, ahora conocido como Dattatreya Siva Baba, se sintió motivado a escribirme y enviarme las cintas de audio y las instrucciones para que aprendiera Japa y me convirtiera en un maestro de esta práctica. Esta decisión espontánea de Guruji me inspiró a aprender, y en último término a enseñar, las meditaciones Japa a través del CD titulado *Meditations for Manifesting* [Meditaciones para manifestar]. Dos años después también me impulsó a canalizar y escribir un libro sobre la manifestación, y ocho años después de recibir la carta de Guruji escribí mi propio libro sobre la meditación titulado *Getting in the Gap*.

Este precioso hombre espiritual indio ha sido una de las personas que más me han influido. Antes de Guruji chapoteaba en prácticas meditativas, pero nunca las consideré como una disciplina. Cuando empecé con el arte de la meditación Japa y vi los asombrosos resultados que ocurrían, decidí hacer de la meditación parte de mi vida cotidiana, tanto por la mañana como por la noche.

Mientras escribía *Construye tu destino*, repetía el sonido AH y ponía la atención en recibir guía para cada uno de sus nueve principios. Después de largas sesiones de repetir este sonido y visualizarme recibiendo lo que necesitaba, vi mi bolígrafo moverse por las páginas sin esfuerzo, como si estuviera en manos de una fuerza invisible.

En mis conferencias explicaba la teoría y la historia que está detrás de esta provocativa práctica de meditación y después pedía al público que cantara el sonido de Dios —*aum*— mientras ponían su atención individual en lo que les gustaría manifestar en su vida. Los resultados eran asombrosos. Describí muchos de ellos en mi libro *Getting in the Gap*.

Está muy claro que este ser sublime me fue enviado para que pudiera continuar a la siguiente etapa de mi *dharma* personal. Una práctica de meditación era vital para mí, sin embargo no estaba cerca de adoptar ninguna hasta que Guruji decidió hacerme receptor de esta conciencia espiritual. De algún modo, él sabía que me tomaría la práctica de Japa en serio y la incorporaría a mis conferencias y presentaciones en los medios.

Resulta que Guruji había rezado a dos de sus santos más sagrados, Siva y Nandi, pidiéndoles guía sobre quién debería ser la persona de Occidente que introdujera este método de meditación, que tiene más de dos mil años de antigüedad, al público global. Me siento honrado de haber sido elegido para una iniciativa tan venerable.

Dos años después de haber empezado a enseñar Japa, me encontré cara a cara con este hombre espiritual. Tras una conferencia que di ante un gran seminario en Los Ángeles, fui invitado a una casa y se me dijo que a Guruji le gustaría encontrarse allí conmigo. Esperé en una habitación privada durante unos treinta minutos, y entonces este gran gurú entró en la habitación, vestido de blanco, y se sentó frente a mí. Ninguno de nosotros dijo una palabra durante casi una hora. Ambos nos quedamos allí sin decir nada, sin embargo, el amor que había entre nosotros es lo que él describe como Gracia Luz en su página web:

> Gracia Luz es la luz de Dios. Es invisible a los ojos humanos, pero visible para los sabios, profetas, mesías, ángeles y otros seres superiores. La Gracia Luz tiene una increíble inteligencia y energía para conocer y hacer todas las cosas. Es el todopoderoso poder de Dios. Una vez que se transmite, la Gracia Luz hará su trabajo de manera milagrosa. Transformará el cuerpo, la mente y el alma.

Sentí esta Gracia Luz que Guruji describe mientras estábamos sentados allí en silencio en nuestro primer encuentro. Después de un largo periodo de silencio, una lágrima salió de mi ojo y resbaló por mi mejilla. Nos abrazamos y nos dijimos mutuamente gracias. Apenas se dijeron más palabras, pero sentí que nos habíamos comunicado a través de la Gracia. Salí de aquella casa y me di cuenta de que, de algún modo, todo esto había sido preparado por una fuerza celestial a la que siempre me sentiría agradecido.

Algo dentro de este hombre supo que le habían instruido para que contactara conmigo y me iniciara en el camino de ir hacia dentro. Japa ha sido un regalo de Dios para mí y para los millones de personas que han emprendido esta práctica como resultado de mis escritos y conferencias públicas. Ahora puedo ver con claridad a qué se refería Lao Tsé con: "Tú no haces nada, a ti se te hace".

En aquel momento no lo sabía, pero estaba a punto de introducir un cambio en el trabajo que había venido a hacer aquí, y la práctica de Japa y el encuentro con Guruji fueron absolutamente esenciales para el despliegue de este nuevo curso de mi vida. Me esperaba una audiencia mucho mayor. Obviamente necesitaba tener un procedimiento que me trajera paz interna al instante, y el verdadero conocimiento de que "todas las cosas son posibles".

¡Gracias! ¡Gracias! Gracias, Guruji, por estar dispuesto a traerme esta fenomenal enseñanza y por confiar en que nunca abusaría de ella en ningún sentido.

48

Es la primavera de 1998 y he pasado la mayor parte del último año escribiendo un libro de ensayos basado en la sabiduría de los sesenta maestros más influyentes que han agraciado mi vida. Llamo a este compendio *La sabiduría de todos los tiempos*, y puedo imaginar que los futuros profesores de inglés y filosofía lo usarán para llevar estas ideas estimulantes a las vidas de los jóvenes.

Siendo en primer lugar y sobre todo un profesor, recuerdo con ternura a una promoción del instituto a la que enseñé en los años 60. Siempre he sentido intensamente que la poesía, la filosofía y la literatura espiritual no tienen que ser algo seco: deben cobrar vida, especialmente en las mentes jóvenes e inquisitivas. Mis alumnos de aquella clase aprendieron a aplicar la antigua sabiduría a sus vidas contemporáneas estudiando a algunos de nuestros grandes maestros. Casi cuarenta años después, sigo enseñando la sabiduría que se encuentra en los grandes ensayos. Cuando considero que voy a escribir mis ensayos sobre estas enseñanzas, me pregunto: *¿Qué tienen que decirnos a día de hoy nuestros eruditos ancestrales, a los que considero los más sabios y espiritualmente avanzados?*

En este compendio de sesenta ensayos, que dará al lector la oportunidad de recibir guía de los grandes sabios que nos han precedido, y de reconocer su propio potencial de grandeza, están Jesús, Buda, William Blake, Emily Dickinson, Walt Whitman, Mahatma Gandhi, Rabindranath Tagore, Paramahansa Yogananda, y la Madre Teresa. Nuestros antecesores no eran pedantes ni escribían buscado el reconocimiento profesional; escribieron desde la pasión y con el deseo de elevar el espíritu humano más allá de las pequeñas preocupaciones del ego.

Ha sido un año gratificante: como estar de vuelta en la universidad estudiando a los grandes maestros que vivieron antes, pero sin preocuparme de escribir un trabajo para el final del trimestre ni de tener que hacer un examen para conseguir el aprobado. También visualizo llevar estas antiguas palabras de sabiduría a un público mucho más amplio para impactar en la conciencia de nuestro país y del mundo.

Un día me llega en el correo una carta de Niki Vettel, que se presenta como productora ejecutiva de varios programas especiales para la PBS, la televisión pública. Escribe: "Me gustaría saber si podrías estar interesado en crear un programa para la PBS basado en dos de tus libros más recientes. Me encantaría trabajar contigo en la creación de dicho programa, y también me encantaría producirlo".

Me siento fascinado por su carta y la indagación telefónica subsiguiente sobre mi interés en crear un programa que sería retransmitido a toda la nación a fin de recabar fondos para la televisión pública. Unos pocos días antes he recibido otra carta del también autor Leo Buscaglia, que me anima a llevar mis mensajes de espiritualidad y conciencia superior a las audiencias de televisión.

Como resultado de mis conversaciones con Niki acordamos grabar dos programas especiales, uno basado en mi reciente libro *Construye tu destino*, y un segundo programa sobre mi nuevo libro, *La sabiduría de todos los tiempos*. Parece haber una llamada para que todo esto se haga: las cartas no solicitadas de Leo y Niki, junto con mi deseo de impactar en más gente de manera espiritualmente iluminada. Sé que solo una de cada diez personas compra libros, pero prácticamente todo el mundo ve la televisión en su casa. Estoy emocionado ante la perspectiva de llevar estos mensajes de la conciencia superior a un público totalmente nuevo.

A medida que nos aproximamos a la fecha límite de producción, Niki me pregunta nerviosa si puede hablar conmigo. Resulta que le preocupa que no tengamos suficiente dinero para terminar estos programas especiales en el plazo acordado, y se pregunta si yo estaría dispuesto a hacer lo que se denomina "un préstamo puente", poniendo ahora un dinero que me reembolsarían más adelante. Creo en mi capacidad de hacer que este programa sea un éxito para la PBS y para todos los implicados, y accedo a proveer la ayuda económica si es necesaria. ¡El proyecto sigue adelante!

Grabamos mi primer programa para la televisión pública en el Boca Ratón Resort and Club y reunimos una audiencia para la grabación. Grabo el primer programa, *Cómo conseguir lo que realmente, realmente, realmente quieres*. Tomo un descanso de una hora y a continuación grabo *Mejora tu vida usando la sabiduría de todos los tiempos*. Mi hija de dieciséis años, Skye, canta una preciosa versión a capela del clásico espiritual *Amazing Grace* para el segundo programa.

Pocas semanas después de completar la grabación de los dos primeros programas, y mientras están siendo preparados para su retransmisión, recibo la notificación de que el doce de junio falleció mi colega el doctor Leo Buscaglia. Él fue un explorador y mostró cómo dar conferencias interesantes, entretenidas y provocadoras en televisión. Hago voto ante mí mismo de estar a la altura de la fe que Leo depositó en mí cuando me animó no solo a apoyar su causa favorita, la retransmisión pública, sino también a alcanzar a un público mucho más amplio a través de la televisión.

Se me recuerda el compromiso que contraje hace más de veinte años con mi primer libro para el gran público, *Tus zonas erróneas*. Ahora estoy en el mismo punto. Decido que visitaré cada emisora de la PBS que me reciba en todo el país. Voy a convertirme en un portavoz no solo de mi propio trabajo, sino también de la causa de la televisión pública. Me encanta la programación de la PBS: todos mis hijos han crecido con *Barrio Sésamo*, su fabuloso programa infantil. Y me encanta que no haya violencia en las retransmisiones diarias de la PBS y que tampoco emitan anuncios; siento que el encaje es perfecto.

Estoy preparado para volver a viajar y llevar la atención del país a estas presentaciones. Aquí veo un potencial de transformación, y me siento agradecido por la oportunidad de que mis mensajes de espiritualidad lleguen a las salas de estar de la gente en cada estado de la unión.

AHORA PUEDO VER CON CLARIDAD

Aquella consulta de Niki Vettel a comienzos de 1998 supuso un importante punto de inflexión en mi vida personal y profesional. Fue mi lanzamiento a una nueva manera de llegar a gran cantidad de gente. Durante mi primer encuentro con Niki, recordé la fascinación que sentía de niño con el Obispo Fulton Sheen. Mientras todos mis amigos que tenían aparatos de televisión veían la comedia *The Milton Berle Show,* yo me sentaba transfigurado, escuchando atentamente al Obispo Sheen hablarme directamente del poder de mi mente para crear el tipo de vida que quería.

Me encantaba su programa de los martes por la noche: era una charla bien construida, entretenida e informativa que captaba la atención de los espectadores cuando la televisión estaba en su infancia. Yo confiaba en poder hacer lo mismo y en conseguir que mis programas funcionaran para todos los implicados, ¡y también en disponer de ayuda divina!

Recuerdo el comentario de Milton Berle cuando descubrió que el obispo había ganado un Premio Emmy, mientras que su popular comedia había pasado desapercibida en el reparto de premios. Berle dijo: él tiene mejores guionistas: Mateo, Marcos, Lucas y Juan. Tal vez yo también podría contar con estos mismos guionistas en mis presentaciones.

Emprendí esta nueva aventura con el mismo fervor y compromiso que me inspiró a viajar veintidós años antes, cuando se publicó *Tus zonas erróneas*. Después de completar los dos primeros programas, empecé a hacer presentaciones con regularidad para recabar fondos en estaciones locales de la PBS. Quedó claro, tanto para Niki como para mí, que cuando podía ir a un estudio local y dirigirme al público durante los descansos, el dinero recaudado aumentaba drásticamente. Tenía visiones de hacer exactamente lo que había hecho en las décadas de los 70 y los 80 con la publicación de cada uno de mis libros; asumí toda la responsabilidad de todos los aspectos relacionados con el éxito de estos programas.

La primera prioridad de los ejecutivos de la PBS era recaudar fondos. Si el programa recaudaba dinero porque los espectadores llamaban para contribuir, el programa se retransmitía una y otra vez. Mi primer objetivo era elevar la conciencia de la gente de todo el mundo. Tener más espectadores significaba que había más personas que se sentían inspiradas a apoyar económicamente a la PBS. Ambos, la PBS y yo, podíamos alcanzar nuestros objetivos más elevados.

A las pocas semanas de la retransmisión de los dos primeros programas, recuperé lo invertido en su grabación. En el plazo de un año estábamos en conversaciones con la PBS para grabar dos programas más, que iban a grabarse en Concord, Massachusetts, el hogar de mis dos mentores espirituales más queridos: Ralph Waldo Emerson y Henry David Thoreau.

Ahora Niki Vettel, mi amigo Reid Tracy, el director general de mi nuevo editor, Hay House, y yo éramos un equipo. En cada periodo de promoción yo salía de gira, yendo de emisora en emisora, con frecuencia pagándome los gastos, tal como había ocurrido un cuarto de siglo antes, cuando viajaba por el país porque era la única manera de llegar a toda la gente en aquellos tiempos. Siento un intenso deseo de realizar los anhelos que arden dentro de mí. Nadie puede hacerlo por mí, y no puedo encontrar excusas aceptables para participar en un proyecto fracasado.

Muchos ejecutivos de Nueva York y Washington me habían dicho que el tipo de programación asociado con mis presentaciones no predecía el éxito económico. Me habían hablado y mostrado las estadísticas de un gran número de programas que por desgracia habían fracasado. Se producían y después se retransmitían, y con pocas notables excepciones —como la de Leo Buscaglia (conocido afectuosamente como doctor Amor)— se dejaban de lado después de una o dos retransmisiones.

Yo solía ver a Leo en televisión cuando se dirigía al público para solicitar donaciones, y quería saltar dentro de la pantalla y abrazar a aquel hombre. Su secreto era el *entusiasmo*, que en el original griego se traduce como "tener a Dios dentro". Yo sabía que también podía comunicar mis ideas con pasión y entusiasmo. Sabía que la gente miraría y apoyaría sus emisoras locales de la televisión pública si podía conseguir que este material cobrara vida dentro de ellos, si podía conectar con el Dios interno de los espectadores, por así decirlo.

Diseñé un plan para que contribuir no supusiera una gran carga económica, y llegué a un acuerdo con Reid, de Hay House, para ofrecer una estupenda variedad de regalos de agradecimiento para quien diera un dólar al día a la televisión pública. Ahora, cuando miro atrás a mi transición de escritor/orador a personaje de la televisión, puedo ver con más claridad que nunca que ese deseo ardiente es el que me llevó a realizar esta transformación. En las listas de cosas que no estaba dispuesto a hacer no había nada que me impidiera convertir mi sueño de futuro en un hecho presente.

A lo largo de los diez años siguientes grabé más de doscientas apariciones para recabar fondos en prácticamente todas las emisoras de la PBS del país. Una visita suponía pasar cuatro horas en la televisión mientras se emitía el programa, y después hablar de la misión de la televisión pública y ofrecer una variedad de regalos de agradecimiento, que comprendían los libros y las grabaciones de audio y vídeo asociados con el programa. Mi energía era infatigable, y estaba llegando a millones de personas que de otro modo no habrían estado expuestas a las ideas sobre la conciencia superior. Con cada nuevo libro, Reid, Niki y yo diseñábamos un nuevo programa con una nueva serie de regalos de agradecimiento, y entonces me dirigía a hacer más apariciones en televisiones locales, muchas de las cuales ya había visitado diez o doce veces antes.

Mirando atrás a los diez programas especiales de la televisión pública que llevan mi nombre y mi mensaje evolutivo, me siento orgulloso de decir que he tenido el privilegio de que a menudo se refirieran a mí como el "Señor PBS". La cantidad de dinero recaudada para la televisión pública de Estados Unidos no se mide en miles, cientos de miles ni en millones de dólares, sino en cientos de millones. Siento que fui llamado a realizar este trabajo, y estaba siendo preparado para ello cuando era aquel niño que se sentaba ante nuestro pequeño aparato en blanco y negro y veía el programa *Life is Worth Living* [La vida merece la pena] del Obispo Fulton J. Sheen. La fascinación que sentí entonces generó algo dentro de mí que murmuraba emocionado: *yo podría hacer esto. Sé que podría.* Estos impulsos internos son obra de fuerzas angélicas que siempre han estado allí, invitándome a abrirme a paisajes más vastos y de mayor alcance.

Leo Buscaglia fue uno de mis ángeles, como también lo fue Niki Vettel. Su decisión de escribirme y animarme a montar un programa piloto, y su determinación incansable para producir los diez programas especiales para la PBS, también estaban dirigidas por una energía celestial invisible. Cuando leí la primera carta de Niki hablándome de la posibilidad de aparecer en mi propio programa de televisión, pensé: *sabía que esto estaba en camino, sabía que es mi destino.* Por entonces, tanto mi esposa como mi agente me oyeron decir que esto era algo de lo que había sido consciente desde mi juventud, cuando la televisión estaba en su infancia como medio de entretenimiento.

Ahora puedo ver con mucha claridad que mi afirmación interna cuando tenía diecinueve años de que *yo soy un profesor* significó mucho más que un aula y una escuela. Tenía un mensaje de autoempoderamiento y de ascendencia espiritual que llevar al mundo. El Obispo Fulton Sheen, Leo Buscaglia, Niki Vettel y Reid Tracy eran instigadores angélicos que me acompañaban en el proceso de llevar a su fructificación esta visión que había tenido desde las primeras veces que miraba la televisión.

Las dos listas mentales que llevaba conmigo están más claras ahora que entonces. En una lista están todas las cosas que *estoy dispuesto* a hacer para conseguir que mi sueño de futuro se convierta en un hecho presente. En la segunda lista está todo lo que *no estoy dispuesto* a hacer, y esa lista siempre está en blanco. Cuando me propusieron los dos primeros programas, Niki me preguntó si estaba dispuesto a volar a Fresno, California, lo que implicaba tres vuelos en cada sentido, y a pagar mis gastos para estar en el estudio donde se iba a producir el primer programa. Gracias a mis dos listas mentales, accedí de todo corazón. Esa fue la primera de más de doscientas visitas a emisoras para llevar a los hogares americanos el mensaje que está tan cerca de mi corazón.

Todos tenemos un destino, un *dharma* que cumplir, y hay incontables oportunidades, personas y circunstancias que salen a la superficie a lo largo de nuestra vida para iluminar nuestro camino. Los incidentes y las personas crean pequeñas chispas que nos llevan a reconocer: *Esto es para mí, esto es importante; esta es la razón por la que estoy aquí.* Esas chispas son señales para prestar atención y sentirse asombrado sabiendo que están siendo encendidas por la misma Fuente Divina que es responsable de toda la creación.

Siempre he tenido ganas de decir sí a la vida, creyendo que cuando confío en mí mismo, estoy confiando en la sabiduría que me creó. Esa chispa interna es Dios hablándome, y simplemente me niego a ignorarla. Sé que, si la siento y enciende algo dentro de mí, el proceso de encendido es lo invisible, la Fuente, la esencia misma de toda la creación, y confío en ella al máximo. Esto es lo que lanzó mi carrera en la televisión pública, no una racha de suerte ni alguna coincidencia inexplicable. Fue decir sí a estos pensamientos que ardían dentro de mí, y negarme a dejar que se extinguieran hasta verlos realizados.

49

En octubre del 2000, accedo a llevar a un pequeño grupo de gente a la ciudad de Asís, en Italia. Es el lugar donde nació san Francisco de Asís, un hombre que se ha convertido en una fuerza vital para mí a lo largo de los últimos años. He estado trabajando en un nuevo libro, *La fuerza del espíritu: Hay una solución espiritual para cada problema*, basado en la famosa oración de San Francisco, y he vuelto a Asís para dar los últimos toques al manuscrito.

Me siento atraído a este lugar y quiero escribir aquí porque siento que San Francisco no solo está dirigiendo mi escritura, sino todos los aspectos de mi vida. Las palabras e ideas para este nuevo libro han sido muy accesibles, y he sentido una especie de energía de orden Divino y extremadamente pacífica desde que decidí que este iba a ser mi siguiente proyecto de escritura.

Temprano por la mañana salgo a dar largos paseos solo por el campo, lejos de todos los turistas que también quieren estar cerca de este hombre de Dios que vivió hace unos ochocientos años y dejó tantas impresiones duraderas. He leído sobre los milagros que se atribuyen al que nació con el nombre de Pietro di Bernardone, y deseo estar en la naturaleza y meditar en la energía de esta ciudad Divina y bien preservada. Siento esta energía conmigo, como parece haberme acompañado cada día a lo largo del último año cuando escribía.

Mientras consideraba aceptar la oferta para ser el guía de este pequeño grupo de gente en una gira por Asís, tomé la decisión al oírme decir a mi esposa:

—Volvamos a Asís y meditemos juntos en la capilla Porciúncula que visitamos hace seis años.

Marcie y yo habíamos visitado esta ciudad por primera vez en 1994 con tres de nuestros hijos, y desde entonces ambos expresamos el deseo de volver y meditar juntos en la pequeña capilla Porciúncula, un espacio sagrado que acoge a quienes buscan la paz de la mente, el cuerpo y el espíritu. Ahora está situada dentro de la Basílica de Santa María de los Ángeles, rodeada de arquitectura moderna, con frescos preciosos en todas las paredes y cúpulas. La capilla conmemora la asombrosa vida de este hombrecillo que tocó las vidas de tanta gente; aquí fue donde Francesco entendió con claridad su vocación, y gracias a la inspiración Divina fundó la orden franciscana. Aquí es donde vivió y murió.

En el pasillo de nuestra casa, dentro de un marco precioso, cuelga una imagen de la oración de San Francisco que una mujer me dio en una de mis conferencias. Ella diseñó y creó este cuadro, y al dármelo me dijo que el mensaje de esta oración sería muy importante para mí. A lo largo de la última década lo he leído por lo menos una vez al día. Hace mucho tiempo que me lo sé de memoria:

Oh, Señor, hazme un instrumento de tu paz.
Donde hay odio, que lleve yo el amor;
donde haya ofensa, que lleve yo el perdón;
donde haya duda, que lleve yo la fe;
donde haya desesperación, que lleve yo esperanza;
donde haya tinieblas, que lleve yo luz;
y donde haya tristeza, alegría.

Oh, Divino Maestro, haz que yo no busque tanto
ser consolado, como consolar;
ser comprendido, como comprender;
ser amado, como amar.
Porque es dando como recibimos;
perdonando como somos perdonados;
y muriendo como resucitamos a la Vida Eterna.
Amén.

Cada vez que la leo o recito, me digo a mí mismo: *Esto no es una oración, es una tecnología. Habla de ser un alquimista que convierte el odio en amor, la duda en fe, la desesperación en esperanza y la tristeza en alegría.* Durante los últimos meses esta oración ha cobrado vida para mí, porque cada uno de los siete últimos capítulos del libro que estoy completando llevan por título cada una de sus primeras siete líneas. Siento que san Francisco ha estado a mi lado animándome a escribir en lenguaje moderno lo que enseñó en los siglos XII y XIII.

Marcie y yo entramos en la capilla Porciúncula y nos sentamos a ambos lados del pasillo, dándonos la mano mientras meditamos. Está ocurriendo algo muy extraño. Ambos podemos sentirlo. Una nube de energía nos envuelve. Apenas puedo respirar, la sensación es abrumadora. Se me pone la piel de gallina, como si la energía discurriera por todo mi cuerpo. Al salir de este lugar santo, ambos nos miramos sin ser capaces de hablar. Nos sentimos tocados en el alma.

Al día siguiente visitamos San Damiano para ver el hogar donde predicó Santa Clara como devota franciscana, viviendo su voto de castidad y pobreza. Asciendo por la escalera circular hasta el tercer nivel, donde un joven llamado John Graybill II, que tiene aparatos en las piernas debido a su distrofia muscular, me informa de que no puede seguir subiendo. La escalera es demasiado estrecha, y no puede extender la pierna lo suficiente hacia ninguno de los lados para dar el siguiente paso. Él es miembro de nuestro grupo y me pregunta qué hacer, puesto que no puede ascender ni descender.

Le digo que ponga los brazos alrededor de mi cuello; yo le llevaré a la espalda. Simplemente me olvido de que me han dicho que correr cada día durante un cuarto de siglo y el jugar al tenis han creado suficiente deterioro en mi rodilla como para que pronto me convierta en candidato a una operación. No pienso en mi rodilla, en la que los huesos están tocándose, ni en que me he olvidado del pequeño aparato que uso para apoyarme.

Doy tres o cuatro pasos hacia arriba con John a la espalda y de repente siento que mi rodilla se debilita por momentos. Estoy a punto de colapsar bajo el peso de John y de sus aparatos sobre mi cuerpo. Entro en pánico. Detrás de mí hay una fila de gente. Empiezo a descender con John encima de mí, y de repente veo una aparición de Francesco. Él me mira directamente sin decir nada. Extiende las dos manos y las mueve hacia arriba, indicándome que me ponga de pie. Me enderezo y, de repente, estallo de energía. Empiezo a erguirme con John a la espalda y luego empiezo a trotar escaleras arriba. Me pongo a correr con una energía inagotable. ¡Siento que mi rodilla nunca ha estado tan fuerte!

Llego arriba, donde mi esposa y la mayor parte del resto de nuestro grupo está esperando para visitar la pequeña habitación de Santa Clara, la fundadora de las clarisas. Con una expresión sorprendida en la cara, Marcie me pregunta:

—¿Qué ha ocurrido?

Le cuento que acabo de experimentar un auténtico milagro. Vi a san Francisco y él me puso de pie.

Marcie dice:

—Pero todos los demás están sin aliento, y tú vas corriendo con John a la espalda, y esta mañana te has olvidado de ponerte el soporte para la rodilla.

Le digo que no puedo explicarlo. Estoy plenamente energizado y siento que mis piernas están curadas. Pido a todos los que me rodean que por favor me excusen.

Camino hasta el borde del balcón en el tercer nivel de este antiguo edificio, junto las manos y vuelvo a mirar afuera para intentar volver a ver la aparición de san Francisco. Hace solo pocas semanas tuve que salir de la cancha de tenis porque me había hecho daño en la rodilla, y me dijeron que probablemente necesitaría una operación de reemplazo. ¡Ahora la siento más fuerte que nunca! Mientras pronuncio una oración silenciosa de gratitud, una mujer llamada Patricia Eagan toma una foto mía inclinado sobre el balcón dando gracias a san Francisco. Tomo la mano de mi esposa y bajo sin esfuerzo la escalera de caracol después de decir una oración en el humilde habitáculo de Santa Clara, aquí en San Damiano. Damos un largo paseo por el campo, y camino sin ningún dolor en la rodilla por primera vez en años.

La dicha me abruma, y siento mucha humildad en esta segunda visita a Asís. He estado leyendo y contemplando la oración de san Francisco durante casi una década. Ahora él ha entrado en mi vida y se ha mostrado a mí durante unos segundos.

Más tarde, sentado en el hotel, doy los últimos toques a *La fuerza del espíritu: Hay una solución espiritual para cada problema*. Sé que el espíritu de este hombre de Asís, que vivió hace casi 800 años aquí mismo, en este dichoso pueblo italiano, está guiando y dirigiendo mi vida de un modo que desafía toda descripción. Me siento profundamente amado, y muy bendecido de haber participado en esta experiencia milagrosa.

AHORA PUEDO VER CON CLARIDAD

Desde que hice el cambio a enseñar espiritualidad y conciencia superior, Francesco di Pietro di Bernardone, es decir san Francisco de Asís, ha sido una fuerza importante en mi vida. Este hombre santo ha ocupado un lugar único en mi corazón durante algún tiempo. Creo que todo empezó cuando colgué el precioso regalo del cuadro enmarcado con la oración de san Francisco en la pared de nuestra casa. Según han pasado los días y los años después de colgarlo allí, debo haber recitado la oración miles de veces. Creo que san Francisco desempeñó algún papel Divino al poner la oración en mis manos a comienzos de la década de los 80.

He visto todas las películas que se han hecho sobre san Francisco, y tengo una pequeña biblioteca de libros escritos sobre él. Hace algunos años, en una regresión a una vida pasada, me vi viviendo como, o con, san Francisco. Cuando salí de ese estado hipnótico, tuve una visión muy clara de cómo gestionar una crisis vital que se resolvió en cuestión de minutos al volver al momento presente.

Cuando miro atrás a la influencia de san Francisco en mi vida, todo esto me parece fascinante. No fui criado en la tradición católica, pero, de algún modo, me siento increíblemente atraído hacia la historia de vida de este hombre y su profunda devoción a sus creencias, junto con su conexión espiritual con Jesús que le produjo los estigmas en los últimos años de su vida. Algo estaba presionándome enormemente para que fuera a Asís y lo experimentara de primera mano. Fue un conocimiento interno de que, de algún modo, este hombre y su historia de vida estaban vinculados con la mía.

Siempre me ha conmovido la capacidad de san Francisco de conectar pacífica y amorosamente con los animales, en especial con los pájaros que se reunían sin temor a su alrededor. Me encantaba su compasión por todos, incluyendo aquellos a los que temía personalmente, como sus amigos leprosos. Ahora puedo ver con claridad que Francesco había vivido a la altura de lo que Patanjali dijo en sus yoga sutras más de mil años antes del nacimiento del santo. "Cuando eres firme", dijo Patanjali —lo que significa que nunca te lo saltas— "en abstenerte de tener pensamientos dañinos hacia otros, todas las criaturas vivientes dejarán de sentir enemistad en tu presencia". Francesco era de tal pureza que su persistencia domaba hasta los animales más salvajes. Él era pura conciencia Crística, y todo lo que leí sobre él me hizo desear ser como él de tantas maneras como pudiera.

Mirando atrás al momento en que se me curó la rodilla en el castillo de San Damiano, puedo ver con mucha más claridad por qué y cómo se produjo esta curación. Durante un largo periodo dejé que mi ego lo explicase, diciéndome a mí mismo que esto me había ocurrido porque yo era un conocido maestro espiritual que amaba a san Francisco y esta curación había sido un regalo para mí. Ahora sé algo más.

Los maestros ascendidos vienen a nosotros con guía y ayuda, no debido a nuestras oraciones para que intervengan, ni a nuestra prominencia; vienen a nosotros cuando pueden reconocerse en nosotros. Ese momento ocurrió cuando pude poner mi ego a un lado y ofrecí espontáneamente ayuda a un hombre frágil que estaba necesitado, sin pensar en el problema que eso podría representar para mí. Actué del modo en que actuaría un maestro ascendido como san Francisco. Él, un ser de amor incondicional, en ese momento se reconoció a sí mismo en mí y se manifestó. En su presencia, la lesión de mi rodilla fue perdonada. Como dice su oración: "Donde haya lesión, perdón". Aquel día en San Damiano aprendí una gran lección: los milagros ocurren cuando pensamos y actuamos como lo hace Dios. Ahora veo con claridad que esto significa servir sin vacilación, ignorar las exigencias del ego y no pedir nada a cambio.

Al año siguiente, *La fuerza del espíritu: Hay una solución espiritual para cada problema* estaba recién publicado y disponible para el público, y en la portada aparecía la foto que tomó Patricia Eagan después de ese momento milagroso. Sostuve —con lágrimas de aprecio por toda la sabiduría que contenía para vivir una vida espiritual iluminada— el libro que había escrito parcialmente en Asís, basado en las enseñanzas del hombre que creció allí y se convirtió en un santo viviente antes de su muerte en 1226.

Decidí hacer una gira masiva para promocionar el libro, compartir las enseñanzas de Francesco y ayudar a elevar la conciencia de nuestro problematizado mundo. Volé a San Diego para iniciar la gira de ocho semanas que estaba programada para empezar en septiembre. El programa de la televisión pública basado en las enseñanzas de la oración de san Francisco que había grabado en Concord, Massachusetts, se iba a emitir al mismo tiempo que mi gira nacional.

Después de todo un día de entrevistas programadas en los medios de San Diego, me desperté con una llamada de mi hija Tracy, que me dijo que encendiera el televisor. Nuestro país estaba siendo atacado y los edificios del World Trade Center de Nueva York estaban incendiados y en peligro de colapsar.

Eran las 6:15 de la mañana. En el suelo de la habitación de mi hotel había una copia del periódico *USA Today* del 11 de septiembre de 2001. En medio del caos que se me mostraba por la televisión, abrí el periódico, y vi un anuncio casi a toda página de mi libro recién publicado. El titular anunciaba en negrita: *Hay una solución espiritual para cada problema*. Pensé en la paradoja de que un anuncio así apareciera en un periódico de tirada nacional este día, cuando parecíamos inmersos en un gran problema que nos afectaba a todos; no solo a nuestro país, sino al planeta entero.

Miro atrás sabiendo que la aparición del anuncio ese día, proclamando que hay una solución espiritual para cada problema, no fue accidental. No *hay* accidentes ni coincidencias: tenemos que trabajar juntos para encontrar una solución espiritual al odio que promueve actos tan mezquinos y malvados. La falta de humanidad del hombre con el hombre solo se resolverá cuando imitemos la vida y la enseñanza de san Francisco de Asís. Ahora puedo ver con claridad que mis inexplicables sentimientos de conexión con este hombre eran y son expresiones de una Fuente Divina que ahora trata de ser conocida en nuestro mundo.

Cada día, cuando hago yoga, o cuando nado en el mar, o cuando doy largos paseos, inhalo y exhalo gratitud por mi rodilla curada. Sonrío cuando la imagen de san Francisco cruza mi pantalla interna, y le imagino allí, extendiendo los brazos para indicarme que me levante. Y ahora puedo ver con claridad que lo que me ocurrió a mí individualmente está siendo ofrecido a través de mí al mundo.

50

Es la primavera de 2003. Tengo sesenta y dos años y estoy afrontando el primer asalto de una larga y profunda tristeza. Duermo muchas horas, parece que no estoy motivado para hacer nada y he perdido al menos once kilos. No tengo ganas de comer y tengo que obligarme a salir y continuar con mi práctica diaria de correr. Las personas cercanas a menudo me preguntan si estoy sufriendo algún tipo de enfermedad de la que no quiero hablar. Sé que estoy deprimido.

Hace dos años sufrí un ligero ataque al corazón. Una angiografía reveló que tenía bloqueado el 99 por ciento de una de las arterias que salen al corazón, y que puede haber sido parte de mi anatomía desde que nací. Mi corazón está fuerte y el daño es mínimo. Han insertado un pequeño tubo en la arteria bloqueada; he vuelto a hacer ejercicio con normalidad y a mi rutina laboral con bastante rapidez.

Hoy tengo un corazón saludable de acuerdo con todos los exámenes médicos; sin embargo, en otro sentido, también está muy roto. Mi esposa y yo nos separamos hace casi dos años. Ella está en una relación con un hombre al que ama mucho, y, en esencia, yo estoy en estado de shock.

Nunca imaginé que a los sesenta y dos años experimentaría los efectos emocionales de una separación. Ya he pasado por esto antes, y pensaba que en esta etapa de mi vida todo eso había quedado atrás. Marcelene y yo tenemos siete hijos preciosos, y ambos les queremos mucho. Aquí no hace falta asignar a nadie. Asumo plena responsabilidad por mi papel en la ruptura de este matrimonio. Simplemente parece que no puedo salir de este canguelo. Mis amigos médicos me apremian a que tome antidepresivos. Cuando mi médico familiar me receta uno de estos medicamentos, rompo la receta después de leer los efectos secundarios potenciales de este tipo de terapia.

Varios de mis hijos están preocupados por mi salud y tratan de ayudarme hablando conmigo. A menudo sugieren amorosamente: "Pareces tan deprimido…, tal vez deberías intentar escribir para que te traiga paz mental". Me siento muy agradecido por su preocupación, y al mismo tiempo Marcie y yo estamos haciendo todo lo posible por mantener a los niños alejados de la ansiedad que ambos sentimos por la separación.

Hace más o menos un año, mientras leía el libro de Carlos Castaneda *El poder del silencio*, me encontré con unas palabras que rasgaron una cuerda muy profunda en mí. Copié la frase e hice que la imprimieran en una tarjeta para poder llevarla conmigo. En cuanto leí aquellas palabras, supe la dirección que iba a seguir mi escritura; sin embargo, esta separación y semiruptura de nuestra familia me han impedido pensar en un proyecto tan gigantesco como planificar y escribir todo un libro.

Hoy saco la tarjeta plastificada del bolsillo de mi camisa y leo suavemente las palabras de Castaneda para mí mismo: "En el universo hay una fuerza inconmensurable e indescriptible a la que los brujos llaman *intento,* y absolutamente todo lo que existe en la totalidad del cosmos está unido al *intento* a través de un vínculo conector". Me cautiva esta idea de que la intención no es algo que nosotros hagamos, sino una energía con la que estamos conectados.

Vuelvo a poner la tarjeta en mi bolsillo, sintiendo el impacto de estas palabras. Todos estamos conectados con un campo indescriptible e invisible llamado intento; todo lo que tengo que hacer para curarme es limpiarme del entumecimiento que siento, y mi vínculo de conexión con esta gran Fuente volverá a estar intacto.

Empiezo a ver que he estado regodeándome en mi ego, y estoy lleno de una profunda tristeza porque me he retirado a un nivel de conciencia ordinario. He perdido temporalmente la conexión con Dios, con el campo que Castaneda llama intento. Tengo una epifanía en ese mismo momento. Voy a seguir el consejo de mis hijos y voy a empezar a hacer lo que más me gusta: escribir. Limpiaré mi vínculo de conexión con el intento, y escribiré un libro que ayudará a millones de personas a hacer lo mismo.

Había pensado en la intención como algo que yo hago; una actitud de determinación y voluntad indómita. Pero, de repente, reconozco que esa es la definición del ego, que necesita que se le atribuya el mérito de introducir grandes cambios en la vida de uno. Ahora pienso en el intento como en un campo con el que siempre estoy conectado, aunque con un vínculo seriamente corroído. Llamo a Reid Tracy, de Hay House y le digo que voy a escribir un libro sobre el poder de la intención, basado en las ideas contenidas en la tarjeta plastificada que siempre llevo conmigo.

Paso la mayor parte del año siguiente escribiendo cada día; en el proceso, salgo de la tristeza que me ha envuelto durante los dos últimos años. Descubro que mi estado de abatimiento por mi nuevo estatus marital de "separado" está cambiando el estilo de mi escritura. Siento más compasión por mí mismo como resultado de hacer activamente lo que me da un propósito, que es escribir. Esta compasión se refleja en mi escritura, que fluye de un modo completamente nuevo.

Tengo un pequeño marco sobre el escritorio que miro cada día al empezar a escribir. Dice:

Buenos días,
esto es Dios.
Voy a gestionar
todos tus
problemas hoy.
No necesitaré
tu ayuda, de modo que ten
un día milagroso.

Siento que quien está escribiendo aquí es la presencia de Dios, el campo del intento, si lo prefieres. Me doy cuenta de que, en realidad, el dolor de la separación de mi esposa está haciendo de mí un escritor más tierno y empático. Me doy cuenta de que las conferencias públicas son un poco más suaves, más vinculadas con la bondad y el amor, más que con ser ingenioso y tal vez un poco duro de corazón. Mi corazón roto se está curando; mi relación con Marcie y su nuevo amor ha mejorado significativamente.

Pasamos a la primavera siguiente. Han pasado tres años desde el shock de la separación, y mi nuevo libro, *El poder de la intención*, está a punto de ser publicado. He contactado con Niki Vettel y ella será la productora ejecutiva de mi nuevo programa especial para la PBS que se va a filmar en Emerson College, Boston.

Cuando sostengo *El poder de la intención* en mis manos, tomo conciencia de que mi profunda tristeza me ha permitido escribir desde un nuevo lugar de compasión y empatía. Considero que he necesitado tocar fondo para avanzar a la siguiente etapa de mi misión Divina. Aquí no hay accidentes, y me doy cuenta de ello. Necesitaba este empujón para entender y escribir este libro altamente espiritual sobre aprender a cocrear la propia vida.

La intención no es algo que *yo* haya hecho, ni siquiera la escritura del libro. Es un esfuerzo conjunto con la Fuente creativa de todas las cosas, que los grandes brujos llaman intento. Sé que la intención no es algo que hago mediante una rígida determinación de que ocurra algo; es lo que ocurre cuando limpio las partes corroídas de mi vínculo de conexión con el campo del intento. Ahí es cuando la intención empieza a activarse. Mientras tengo este libro entre las manos, sé que Dios escribe todos los libros, construye todos los puentes y da todos los discursos. Puedo convertirme en un vínculo sin corrosión con la Fuente de todo; el campo desde el que todas las cosas son motivadas por la intención.

AHORA PUEDO VER CON CLARIDAD

En la época en que mi esposa y yo nos separamos —después de veinte años de estar juntos y en el proceso de criar siete hijos— pensé que mi mundo había llegado a su fin. A pesar de toda mi formación y mi experiencia de vida, y de mis numerosos libros sobre el autoempoderamiento, el impacto emocional de nuestra separación me dejó completamente debilitado. Sin embargo, cuando miro el significado de este suceso desde la distancia, puedo ver con claridad que este episodio traumático me elevó, convirtiéndome en una persona más compasiva y consciente. Prácticamente todos los avances espirituales que hacemos en la vida vienen precedidos por algún tipo de caída. Esa caída de vivir en medio de la melancolía me forzó a encontrar un camino para salir y subir más alto.

Miro a nuestra separación (que continúa a día de hoy, aunque nunca hemos firmado los papeles de divorcio) como un regalo. Un regalo por el que expreso mi gratitud cada día. Hoy Marcie y yo estamos más cerca que nunca. Todos nuestros hijos sienten el amor que nos tenemos uno por el otro y por cada uno de ellos. Con frecuencia pasamos tiempo juntos en familia, y entre nosotros solo hay amor y respeto mutuo.

El libro que escribí mientras me sentía tan triste por la separación fue, con mucho, el mejor recibido desde la publicación de *Tus zonas erróneas* veintiocho años antes. He recibido más cartas, y más gente me ha dicho que *El poder de la intención* le ha cambiado la vida para mejor, que en cualquiera de los otros cuarenta y un libros de los que soy autor desde 1971. Las personas me dicen: "Hay algo en cómo describes la intención que realmente me habló. En verdad ha cambiado mi vida".

Escribí este libro desde un lugar de humildad casi radical, y la compasión rezuma prácticamente en cada página. Mi caída me obligó a ascender y a escribir desde un lugar de mucha mayor realización de Dios; un lugar en el que podía sentir auténtica empatía por todos los que quieren limpiar su vínculo de conexión con la Fuente Divina de la corrosión que les hace vivir en niveles de conciencia ordinarios.

El programa especial de la televisión pública que grabé sobre *El poder de la intención* fue el que más éxito tuvo para recaudar fondos para la PBS. Las ideas de esta conferencia, que están tomadas de mi libro, parecían resonar con audiencias de todo el país. El programa se retransmitió miles de veces, con frecuencia en las horas de mayor audiencia. Está claro que la desolación y la depresión que estaba atravesando cuando escribía impactaron positivamente en millones de personas. De no haber tenido la oportunidad de pasar por esta tristeza y escribir para salir de ella, este libro no habría tenido lugar.

He llegado a entender que siempre debería esforzarme por estar en un estado de gratitud, no solo por las cosas agradables que se presentan, sino también por las cosas que parecen tan devastadoras. Una lección dura, pero una lección que ahora aplico con regularidad desde que vi los enormes avances espirituales que he sido capaz de hacer por lo que entonces pensé que era el final de mi felicidad.

El día que decidí que iba a escribir un libro basado en una breve cita de las enseñanzas de Carlos Castaneda, que había estado llevando conmigo durante más de un año, también recibí una carta de mi maestro espiritual y gurú, Shri Guruji. El hombre que era responsable de haberme enseñado la meditación Japa una década antes se enteró de mi separación y el abatimiento subsiguiente, y me envió una carta con una frase que ha estado grabada en la pared de mi sagrado espacio de escritura hasta el día de hoy. Dice: "Querido Wayne: El sol brilla detrás de las nubes".

Esta fue la chispa que me hizo abandonar mi fiesta de la pena y seguir adelante con mi *dharma*. Las nubes representan todos los problemas que están siempre presentes en nuestra vida. El sol detrás de las nubes es Dios: el campo de intención, la mente Divina. Lo único que tenía que hacer era despejar esas nubes, y allí, brillando con fuerza, pude ver con claridad la Fuente de mi ser. Y las palabras de mi amiga, la difunta Elisabeth Kübler-Ross, resuenan con certeza en mí mientras escribo: "Si protegieras los cañones de las tormentas de viento, nunca verías la belleza que estas esculpen".

En último término, la época más triste y difícil de mi vida me permitió escribir un poderoso libro y producir un programa especial para la televisión pública, y ambos tocaron las vidas de millones de personas. Esa tormenta vital fue responsable de muchos avances espirituales que se fueron esculpiendo, y orientó mi vida hacia nuevas direcciones en los múltiples frentes que se extendían mucho más allá de mi persona pública.

Al mirar atrás, siento una profunda gratitud por todas las tormentas de mi vida, especialmente por el huracán de categoría cinco, que surgió para mantenerme en el camino de enseñar y vivir el amor Divino y la conciencia superior.

51

Acabo de dar una conferencia en la ciudad de Nueva York ante varios miles de personas en el seminario de Omega Institute; es el tres de abril de 2005. Estoy fuera de la sala del hotel, rodeado de personas que quieren autógrafos y sacarse fotos conmigo. Miro hacia arriba y mis ojos contemplan a una mujer africana increíblemente impactante en la parte posterior del círculo de gente que me rodea. Me doy cuenta de inmediato de que parece irradiar una energía espiritual muy elevada, es casi angélica.

A medida que la multitud empieza a dispersarse, me acerco a esta mujer y le pregunto:

—¿De dónde eres?

En un inglés muy roto me responde:

—Soy de Ruanda.

La noche anterior, en la habitación del hotel, he visto la película *Hotel Ruanda*. Le preguntó si está familiarizada con lo ocurrido en esa nación africana en 1994. Su amiga, que está ayudándola con el lenguaje, responde:

—Sí, doctor Dyer. Ella estuvo allí. Estuvo encerrada en un cuarto de baño durante noventa días con otras siete mujeres, y la historia de cómo sobrevivió a ese holocausto es una de las historias de coraje y fe más inspiradoras que nadie haya oído alguna vez.

Pido a la mujer ruandesa que escriba su nombre y que intercambie las direcciones de correo electrónico con mi hija Skye, que está a mi lado. Quiero saber más de esta mujer fascinante cuya energía radiante, casi celestial, me ha cautivado desde el primer momento en que le he puesto los ojos encima. Pasa una semana y pido a Skye que por favor le envíe un email pidiéndole que me llame a Maui, donde estoy dando los últimos toques a un nuevo libro titulado *Inspiración*.

Todavía no conozco el nombre de esta mujer sorprendente, pero algo dentro de mí ha tomado el mando y ha reemplazado a la lógica. Sé al instante que vamos a trabajar juntos en la misma misión. Siento una intensa necesidad de llamar a Reid Tracy y decirle:

—Acabo de conocer a una mujer notable que tiene una historia asombrosa que debe ser contada. Quiero que publiques el libro que todavía no ha escrito, y yo la incluiré en mi nuevo especial para la televisión pública para introducirla al mundo.

Reid me dice que está contento de publicar su historia y que encontrará a alguien que pueda trabajar con ella puesto que el inglés es su tercera lengua.

Por fin recibo un email de Skye en el que me dice que ha localizado a la señora de Ruanda. Tomo el teléfono e Immaculée Ilibagiza y yo hablamos durante varias horas. Me relata la historia de supervivencia más asombrosa que he oído nunca.

Se estima que más de un millón de hombres, mujeres y niños fueron masacrados a machetazos en este pequeño país, que tiene el tamaño aproximado del estado de Maryland. Las tribus Hutu y Tutsi habían vivido una al lado de la otra en lo que había sido un país pacífico, pero el conflicto surgió cuando asesinaron al presidente de Ruanda y los hutus declararon una "solución final" para los tutsis.

Immaculée se escondió en un cuarto de baño abarrotado, con otras siete mujeres, durante noventa días consecutivos. Durante aquella incesante pesadilla de asesinatos, llegó a pesar solo veintinueve kilos, y sus padres y dos de sus hermanos fueron asesinados sin piedad. Sin embargo, ella consiguió mantenerse con vida.

En el mismo momento en que nos conocimos, supe en un destello de intuición que estaba en presencia de una mujer singularmente Divina. Nuestras largas conversaciones me dieron un nueva perspectiva sobre el poder de la fe, y sé que Immaculée tiene un mensaje para toda la humanidad. Su historia tiene que ser contada, y algo en lo profundo de mí me está empujando para hacer que esto ocurra. Le pido que titule el libro *Left to tell* [Sobrevivir para contarlo: Descubrir a Dios en medio del holocausto ruandés], y le digo que consideraré un honor escribir el prólogo cuando lo tenga terminado.

Me comprometo a hacer todo lo posible para llevar al mundo la historia de esta heroína. Contacto con Niki Vettel y le informo de que quiero introducir a Immaculée al público americano en mi programa PBS sobre la inspiración, que se grabará en noviembre en San Francisco. Pido a Immaculée que mantenga su programa de actividades despejado para los próximos dos o tres años porque quiero que hable en cada una de mis conferencias públicas.

Cuantos más detalles escucho sobre la prueba que tuvo que soportar Immaculée en el holocausto de Ruanda en 1994, más empiezo a creer que estoy hablando con una persona que ha alcanzado un nivel extraordinario de conciencia superior iluminada. Cuando conversa en la mesa de la cena, todos los presentes se sienten atraídos magnéticamente hacia ella. Aquí está operando algo más que el carisma. Immaculée no solo habla del amor incondicional, sino que lo irradia hacia todos, incluso hacia los hutus que fueron responsables de masacrar a toda su familia en Ruanda. Ella vive en un nivel elevado de conciencia espiritual, y me siento bendecido de poder hacer todo lo posible por llevar a esta mujer extraordinaria y su historia al mundo.

****

Es el primero de octubre y dentro de cuarenta días voy a grabar un programa especial para la televisión pública. Immaculée trabaja cada día en su libro, y está muy nerviosa por tener que hablar por primera vez en televisión debido a su limitación con el lenguaje.

He estado inmerso en los increíbles desafíos que soportó en su determinación por sobrevivir. Solo un pequeño puñado de tutsis sobrevivieron al baño de sangre de cien días que dejó tantos cadáveres sobre los campos del que había sido un bucólico país de África Central.

Immaculée es una católica devota. Estando a pocos centímetros de ser asesinada a machetazos, usó su fe en Jesús para mantenerse con vida; de hecho, dice que realmente descubrió a Dios en medio de aquella abominable demostración de lo inhumano que puede ser el ser humano con sus semejantes.

Me siento inspirado a desafiarme a mí mismo, de manera menor, solo para apreciar mínimamente la lucha que experimentó Immaculée. Jesús, a quien tanto Immaculée como yo amamos incondicionalmente, pasó cuarenta días en el desierto al principio de su ministerio público. Para él, este fue un tiempo de pruebas y de preparación. Hoy voy a tomar mi primera clase de Bikram yoga: noventa minutos de intensa práctica de yoga en una habitación a cuarenta y tres grados centígrados. Palidece en comparación con lo que Jesús e Immaculée experimentaron, pero tengo 65 años y elijo ponerme a prueba y prepararme. Me he comprometido a repetir esta práctica durante cuarenta días seguidos. La palabra *yoga* significa "unión". Es decir, unión con Dios, la Fuente creativa de nuestro ser. La palabra *inspiración* significa estar "en-Espíritu". Es un modo de experimentar la unión con nuestra Fuente espiritual y mantenerse en-Espíritu. Todo esto tiene mucho sentido para mí.

Cuando llevo a Immaculée a la clase de Bikram yoga, me dice bromeando que es más duro que vivir en el pequeño cuarto de baño con otras siete mujeres. No obstante, el 10 de noviembre completo las cuarenta clases consecutivas de yoga caliente, y soy un yogui comprometido. Seguiré practicando esta antigua costumbre espiritual el resto de mi vida. Mis cuarenta días consecutivos me hacen sentir que puedo lograr cualquier cosa.

Una vez que el programa de tres horas para la televisión pública ya está bien introducido, traigo a Immaculée al escenario. Aunque su lenguaje es una pequeña barrera, ella hipnotiza completamente al público, que se pone de pie para ovacionarla. Todos los que la ven tienen la misma reacción que yo cuando nuestros ojos se cruzaron por primera vez hace siete meses. Me siento muy orgulloso de que comparta el escenario y los focos conmigo. Puedo escribir sobre la inspiración durante todo el día, pero esta mujer, con su amor incondicional y su perdón, es un ejemplo vivo de todo lo que significa vivir en Espíritu.

Ahora pasamos al lunes, seis de marzo de 2006. El nuevo programa especial *Inspiration: Your Ultimate Calling* ha sido emitido en la hora de máxima audiencia en prácticamente todas las ciudades de Estados Unidos que tienen una emisora de la televisión pública. Solo durante este mes, el programa va a ser retransmitido miles de veces. Immaculée tiene un gran éxito en todo el país: su historia de fe y supervivencia no deja indiferente a nadie.

Estoy hablando por teléfono con ella mientras mira la pantalla de su ordenador para ver que los dos libros más vendidos del país son *Inspiration* y *Left to Tell*. A la semana siguiente, Immaculée Ilibagiza se convierte en autora de superventas del *New York Times*. Estoy más que encantado. Me siento honrado de que este ser Divino haya aparecido en mi vida y me enseñe el inconcebible poder de la fe y del amor Divino en persona.

AHORA PUEDO VER CON CLARIDAD

Immaculée viajó conmigo a cada conferencia que di durante más de dos años y medio, y dondequiera que íbamos, el público se enamoraba de ella. Cuando miro atrás al impacto que ha tenido en mí, veo inmediatamente imágenes de la Madre Teresa y Viktor Frankl. Ella produce el mismo impacto en el público que la Madre Teresa: de algún modo, la sala se suaviza cuando habla Immaculée. Tiene esa misma cualidad de hacer que todos se sientan más en paz, casi como si irradiase una especie de neblina angelical que envuelve a quienes entran en contacto con ella.

Viktor Frankl también fue un superviviente del holocausto, y su deseo obsesivo de contar la historia al mundo alimentó su determinación de sobrevivir a los campos de exterminio nazis. En honor al doctor Frankl pedí a Immaculée que titulara su libro *Left to tell* [La que queda para contarlo]. El hecho de que una mujer tutsi fuera capaz de sobrevivir a aquel ataque masivo a machetazos contra todos los miembros de su tribu fue un milagro en sí mismo. Ella sintió que era su deber contar cada detalle de su calvario desgarrador.

La presencia de Immaculée en mi vida durante aquel tiempo fue otro de esos sucesos orquestados por un poder Divino. Hubo una conexión espiritual indefinible entre nosotros desde el mismo momento en que se cruzaron nuestras miradas. La intervención Divina estaba funcionando para que ella estuviera aquel día en aquel hotel, y fuera lo suficientemente curiosa como para quedarse a ver la firma de libros de un autor del que nunca había oído hablar. Nunca antes ni después me he sentido tan "poseído" para actuar a partir de una sensación interna. *Tenía* que localizarla. *Tenía* que ayudarla a publicar su libro. *Tenía* que incluirla en mi programa de televisión. *Tenía* que hacer que viajara conmigo para que el mundo pudiera ver un verdadero milagro; a mi ojos, una santa.

Lo que ahora puedo ver con claridad es que Immaculée fue dirigida a mi vida para que yo viera, muy de cerca, un ejemplo vivo de lo que todos podemos lograr cuando entramos dentro y nos rendimos a la Fuente Divina. Durante su confinamiento en aquel cuarto de baño ella llegó a ser una con Dios. Sabía que Dios estaba con ella, y llegó a ver una cruz de luz que la defendía, junto con sus compañeras, de una muerte segura. Cuanto más intensificaba su comunión con Él, los ángeles de amor y compasión parecían surgir de la nada. Mientras se escondía en el cuarto de baño, Immaculée era consciente de la masacre que se estaba produciendo en su país contra los tutsis porque podía oír las emisiones de radio a través de la ventana del baño. Sin embargo, en medio del alboroto, era capaz de perdonar a quienes la atormentaban, e incluso de enviarles amor.

Immaculée aportó una nueva conciencia de los milagros que pueden ocurrir cuando una persona se alinea al cien por cien con la Fuente de su ser. Mi deseo casi obsesivo de encontrarla, de ayudarla a contar su historia, de escribir el prólogo de su libro, de tenerla en mi programa especial para la televisión pública, y de llevarla conmigo a mis conferencias durante dos años y medio tenía que venir de una Fuente Divina. Ella es totalmente responsable de motivarme para emprender la práctica del yoga, que yo necesitaba desesperadamente y que sigo haciendo con regularidad como parte de mi práctica espiritual.

Left to tell es uno de los mayores éxitos de ventas que Hay House ha publicado, y el mensaje de esperanza, amor incondicional, perdón y pura fe de Immaculée continúa impactando en millones de personas de todo el mundo.

De mi pared cuelga esta breve nota:

> Queridísimo Wayne:
> ¡Eres el ser más hermoso del mundo! Te quiero con todo mi corazón. Solo puedo rezar para que Dios te devuelva mil veces las bendiciones y la alegría que tú das. Si supieras lo bendecida que me siento de conocerte. (Tenía que escribir esto en caso de que no me ponga lo suficientemente seria a la hora de expresar estos sentimientos).

Atesoro esta nota, y lo único que puedo decir es que yo mismo podría haberla escrito y dirigido a la preciosa alma que quedó para contarlo; lo mismo para ti, Immaculée.

52

Hoy es once de mayo de 2005, el día después de mi cumpleaños. Esta es la edad tradicional a la que se supone que uno se retira y pasa los días que le quedan sentado en un lugar idílico escuchando los cantos de los pájaros y mirándose el ombligo. Ahora se supone que mi trabajo está completado. Sin embargo, ¡ni siquiera puedo contemplar la idea de retirarme! ¿Retirarme a qué? ¿Retirarme *de* qué?

Siento un fuerte impulso interno de introducir un cambio significativo en mi vida como nunca antes. Cuando miro a mi alrededor a la montaña de cosas que he acumulado, tengo la extraña sensación de que todas estas cosas se han adueñado de mí. Es un sentimiento de vaciedad y me siento atrapado por él. Si elijo trasladarme, ¿cómo voy a llevar todo esto adonde vaya? Me siento en la silla de cuero azul donde he pasado incontables horas meditando a lo largo de los últimos años y pido guía.

Siento la llamada a hacer algo muy grande, algo que suponga un desafío mayor que cualquiera que haya afrontado antes. Pienso continuamente en Immaculée, quien atribuye su supervivencia a su fe —a su contacto consciente con Dios— y a cómo soportó pruebas físicas y emocionales más allá de lo que cualquiera pueda imaginar. Sé que no estoy siendo llamado a sufrir, como fue el destino de Immaculée, pero siento un impulso irreprimible de que ha llegado el momento de hacer un gran cambio en mi vida.

He estado yendo y viniendo de Florida durante los últimos cuatro años y sigo separado de mi esposa. No me siento feliz ni me parece saludable seguir tan cerca, y sé que ha llegado la hora de que vuelva a escribir. Sentado en mi silla azul, meditando, noto una figura familiar que se mueve repetidamente por mi pantalla interna activando pensamientos de haber releído el *Tao Te Ching,* los ochenta y un breves versos que ofrecen despertar espiritual a quienes estudian y viven sus enseñanzas.

Mi amigo Stuart Wilde me introdujo al texto, de 2.500 años de antigüedad, hace más de una década. Pero me doy cuenta de que el Tao ha estado surgiendo en muchos lugares de mi vida últimamente. Hace poco he acabado de leer el libro *A Million Little Pieces,* de James Frey, en el que el *Tao Te Ching* está muy presente. Estando en Las Vegas para dar una conferencia, me reúno con amigos en el restaurante Tao, donde toda la decoración, e incluso el menú, son temas taoístas. También recuerdo que Stuart me contó que en ese pequeño libro hay mucha sabiduría, y me animó a estudiarlo detenidamente, diciéndome con frecuencia que es el libro más sabio jamás escrito.

Ahora veo un hombre de apariencia asiática, informándome de que he sido llamado a empezar a vivir las enseñanzas del *Tao Te Ching*, y que esto me devolverá parte de mi salud y felicidad perdidas. Salgo de mi profunda meditación y tengo certeza con respecto a lo que tengo que hacer.

Recuerdo que mi salvaje y loco mentor y amigo, Stuart Wilde, me dijo que, en una ocasión, había dejado atrás todo lo que poseía simplemente cerrando la puerta de su casa y yéndose. Durante años pensé en la paradoja inherente a esa escena. Dejar todo atrás parece tan definitivo, y hay mucho apego a las cosas acumuladas a lo largo de toda una vida. Por otra parte, hay mucha libertad en que no haya nada que le retenga a uno: poder ir adelante sin cargas, ser tan libre como esos pájaros a los que se supone que tengo que escuchar ahora que he alcanzado la edad de la jubilación. Me siento dirigido a hacer este movimiento de dejarlo todo.

Tomo el teléfono y llamo a mi ayudante personal, Maya, que ha trabajado conmigo y para mí durante más de un cuarto de siglo. Le pido que vaya a mi apartamento en el jardín, que me ha servido de oficina y espacio de escritura durante casi tres décadas. Mientras sube por la acera le doy la llave y le digo: "Quiero que te deshagas de todas mis cosas y que pongas este lugar a la venta".

Maya está en shock. Me dice que debe haber unos 20.000 libros. ¿Qué debemos hacer con todos los muebles? ¿Con mi ropa? ¿Con mis zapatos? ¿Mis recuerdos enmarcados en las paredes? ¿Las fotografías? ¿La montaña de registros de Hacienda y de papeles personales? Le digo:

—Aquí está la llave; he terminado aquí. Voy a decir a mis hijos que pueden elegir lo que quieran. El resto, deshazte de ello. Regálalo todo.

Ella trata de hacerme entrar en razón, pero lo tengo muy claro. Voy a soltar todos mis apegos y me dirijo a mi rincón de escritura en Maui. Estoy siendo llamado a hacer algo con el *Tao Te Ching.* No estoy seguro de qué, pero sé que se me está diciendo que suelte y deje hacer a Dios.

Me alejo de todo. Maya se queda a cargo de mis cosas, y tengo una sensación increíblemente intensa de alivio y también de puro asombro. Recuerdo cómo me sentí cuando Stuart me dijo que lo había dejado todo atrás; sentí emoción en la boca del estómago, y ahora yo estoy haciendo lo mismo.

En diferentes momentos de esta transición pienso en algunas cosas que realmente podría querer. Ni siquiera tengo una copia de mi disertación doctoral. Bueno, no la he mirado en treinta y cinco años. ¿Y qué hay de mis pantalones y de mis zapatos favoritos, y de todas las estupendas camisas? Maya lo ha regalado todo a un grupo de gente que vive bajo un puente en un enclave para los sin techo. Recuerdo lo que he enseñado en tantos libros y conferencias: venimos de *ninguna parte* a *aquí-ahora* sin nada[5]. Y nos vamos de *aquí-ahora* a *ninguna parte* sin nada. Ninguna parte, aquí-ahora; todo es lo mismo. Es solo cuestión de espacio.

En Maui leo y estudio el *Tao Te Ching* cada día. Es un libro lleno de paradojas. *Haz menos. Consigue más. Piensa pequeño y logra grandes cosas. El Tao no hace nada y no deja nada sin hacer. Todos nosotros no estamos haciendo nada; se nos está haciendo. Dios está en todas partes. Dios no está en ninguna parte.* Sé que, de algún modo misterioso, he sido llamado por Lao-Tsé, el autor del Tao, para llevar los mensajes del *Tao Te Ching* al público del siglo XXI.

Hablo con Reid de Hay House y le informo de que voy a escribir ensayos individuales sobre cómo aplicar la sabiduría de cada uno de los ochenta y un versos del *Tao Te Ching.* Pero antes de poder escribirlos, debo sumergirme en cada uno de los versos. Explico mi plan a Reid, y me da un "adelante" entusiasta.

El primer día leeré el primer verso del *Tao Te Ching.* Después meditaré sobre él y le daré vueltas en mi mente durante cuatro días, y consultaré

---

5. Aquí el autor juega con los términos ingleses "ninguna parte", *nowhere,* y "aquí y ahora" *now-here.* (N. del t.)

con Lao-Tsé. Tengo varios retratos suyos en torno a mi espacio de escritura: en uno de ellos lleva puesta una simple túnica, en otro está de pie con un bastón y en el tercero está montado en un buey. Pero la imagen más reveladora de él es la que me llega cuando cierro los ojos en meditación. Después de contemplar y ponderar el significado del primer verso, despertaré el quinto día y escribiré un ensayo sobre cómo aplicar su sabiduría.

Tengo la intención de practicar este ritual de cuatro días y medio para cada uno de los ochenta y un versos; dedicaré todo el año 2006 a este proyecto. Esto es lo que me siento llamado a hacer. Todas las señales que me han llegado con respecto a Lao-Tsé y el Tao me dirigen hacia esta tarea emocionante. No solo voy a escribir sobre el *Tao Te Ching*, voy a hacerme taoísta y preguntar a Lao-Tsé en mis meditaciones qué debería decir de cada uno de los ochenta y un versos. Llamaré al libro *Cambie sus pensamientos y cambie su vida*.

Estoy en una misión taoísta. He dejado todo aquello a lo que estaba apegado para involucrarme en esta hercúlea tarea a una edad en la que todo el mundo me dice que debería ir más despacio y disfrutar. Desbordo de alegría y anticipación. Sé que la gran sabiduría de Lao-Tsé no está pasada de moda en lo más mínimo por haber sido escrita hace 2.500 años. La palabra *Tao* es la versión china de la palabra *Dios:* la energía invisible y sin nombre que es responsable de la totalidad de la vida.

De una persona que sabe que estoy emprendiendo este proyecto recibo un libro titulado *Jesus and Lao Tzu: The Parallel Sayings* [Jesús y Lao-Tsé: los dichos paralelos], editado por Martin Aronson. En un lado de la página están las palabras de Jesús, que caminó sobre la Tierra mucho después de Lao-Tsé; y al otro lado de la página están las palabras de Lao-Tsé, que expresa las mismas ideas aunque usando palabras ligeramente distintas. Esto es verdad antigua, sabiduría Divina, y estoy a punto de comenzar un nuevo y emocionante capítulo de mi vida. No solo soy un profesor, sino un alumno y maestro de la antigua sabiduría, y tengo como guía un mentor invisible de 2.500 años.

Contacto con Niki Vettel, le informo de mi nuevo proyecto y le pido que consulte con los ejecutivos de la televisión pública. Puedo visualizar hacer un programa que lleve las enseñanzas del *Tao Te Ching* a las salas de estar de Estados Unidos en horas de máxima audiencia. Este es un proyecto que podría impactar en millones de personas e iniciar un cambio transformador en nuestra conciencia colectiva.

Niki hace algunos acuerdos con el decorador del escenario que se montó para la película *Memorias de una Geisha*, y nos permiten usar este magnífico decorado para mi nuevo programa especial. El programa titulado *Cambie sus pensamientos y cambie su vida* cosecha un éxito inmediato. Las grandes enseñanzas de Lao-Tsé en el *Tao Te Ching* son retransmitidas en tiempo de máxima audiencia a millones de hogares, en todos los mercados grandes y pequeños de Estados Unidos. Y el libro que contiene los versos y los ensayos sube a lo más alto de la lista de éxitos de ventas del *New York Times*.

AHORA PUEDO VER CON CLARIDAD

Puedo recordar con claridad cristalina el momento cuántico en el que salí de aquella profunda meditación en mi silla de cuero azul, en mi oficina, el día después de mi sexagésimo quinto cumpleaños. Algo en lo que había estado pensando de manera vaga y nada inclinada a la acción se convirtió en mi realidad absoluta. El temor a hacer un cambio tan drástico y a soltar mis apegos a tantas cosas desapareció en un momento al que los budistas Zen suelen denominar *satori*, una palabra que significa "ver instantáneamente la verdadera naturaleza de uno". Toda duda quedó eliminada y fue reemplazada por la certeza sobre cuáles iban a ser los siguientes pasos de mi vida.

Cuando di a Maya las llaves de mi apartamento con todos sus contenidos, hablé desde un conocimiento interno, casi como si estuviera siendo dirigido a superar todas mis resistencias y hacer lo que se asocia con el movimiento de recuperación: *dejar ir y dejar hacer a Dios*. Estaba muy claro que tenía que soltar el fuerte tirón del ego y dejar al Espíritu, o al Tao invisible, hacer lo que sabe hacer perfectamente.

Ahora puedo ver con claridad que mi año de inmersión en el *Tao Te Ching* fue algo que tuve que experimentar de primera mano antes de poder seguir con el trabajo que estaba destinado a hacer. Aquel año de vivir el Tao, y después escribir un ensayo interpretativo orientado a cómo aplicar esta sabiduría infinita, fue sin duda el más sustancial y crítico de mi vida.

Ahora, mirando atrás con mucha más claridad y con el beneficio de una visión perfecta, puedo ver que la mente una y universal me estaba enviando muchas señales centradas en el Tao. Una y otra vez, cuando surgía una referencia al Tao en un libro, en la televisión, en una película, en un restaurante o durante una conversación telefónica, me detenía y tenía un "momento interno de ajá": *Sé que el Tao está presentándose una y otra vez; ¿me pregunto qué significa esto?*

Estaba leyendo *El Alquimista*, de Paulo Coelho, y él se refería una y otra vez a lo que denomina *presagios*, señales procedentes de la Fuente invisible del ser para que prestemos atención. En lugar de pensar en ello como en una coincidencia continuada, Coelho dice que escuches y te permitas ser guiado; y lo que es más importante, que te deshagas del temor. Cuando Stuart Wilde me contó que se le instruyó para que se fuera de su casa en Londres y lo dejara todo atrás, esa historia dejó en mí una huella indeleble. Supe que llegaría el día en que yo sería llamado a emprender ese viaje transcendental. Esa imagen de dejarlo todo atrás y seguir adelante con absoluta confianza nunca me abandonó.

De algún modo, la combinación de llegar a los sesenta y cinco años, que simboliza el final del tránsito por el mundo material, y la presencia continuada de señales relacionadas con el Tao —junto con aquella poderosa meditación— se configuraron para imprimir en mi pantalla interna el conocimiento de que tenía que actuar. Vivir el *Tao Te Ching* durante un año era como vivir una renovación completa de cuerpo, mente y espíritu. La palabra Tao es la fuerza oculta que trae al ser las diez mil cosas; es el sinónimo más cercano de Dios. Lao-Tsé enseña que adquirimos conciencia del amor, o de la naturaleza del Tao, al dejar de hacer énfasis en las condiciones físicas de nuestra vida.

Una y otra vez leí, interpreté y apliqué lo que enseña Lao-Tsé. Todo tiene que ver con soltar los apegos del plano físico. A medida que leía y después escribía, me descubrí dando cada vez más de mis cosas. Para mí no fue ninguna sorpresa que me sintiera inspirado a venir a Maui y a sumergirme en el *Tao Te Ching* por un deseo casi incontrolable de soltar mis apegos a todo lo que había acumulado durante las dos o tres décadas anteriores. Ese momento cuántico en mi vida inició un proyecto que iba a llevar la sabiduría del Tao a millones de personas de todo el mundo.

Cuando empecé a escribir los breves ensayos sobre cómo practicar el Tao en nuestros tiempos, experimenté una especie de escritura automática. En los años transcurridos desde que se publicó *Cambie sus pensamientos y cambie su vida* , he recibido cartas de muchos eruditos taoístas de todo el mundo, en particular de China, diciéndome lo bien que estos ensayos se alinean con su visión de lo que enseña el *Tao Te Ching*. Ahora puedo ver con claridad que mi destino era no solo escribir un libro sobre la sabiduría del Tao tal como es aplicable en el mundo contemporáneo, sino realizar un cambio personal hacia una manera de ser más centrada en el Tao.

Me descubrí a mí mismo comportándome de formas menos dirigidas por el ego y, de hecho, practicando una especie de humildad desinteresada, inspirada en las palabras de Lao-Tsé. Vivía con más suavidad y con una especie de contentamiento desapegado que antes no había sido un rasgo de mi carácter. Me descubrí escuchando más y hablando menos, y noté mucho más la sabiduría inherente a la naturaleza. Empecé a ver que mis apegos a los objetos, al estatus, a mi cultura e incluso a las personas cercanas me impedían ser libre en el gran camino del Tao. Me sentía más libre, y la gente lo notaba dondequiera que iba.

Ahora puedo ver con claridad que mi momento cuántico de *satori* repentino el once de mayo de 2005 tuvo un profundo efecto, y que no ocurrió para mí personalmente, como a mi ego le gustaría creer. El maestro del Tao dice en el verso 57: "Si quieres ser un gran líder, debes aprender a seguir el Tao. Deja de querer controlar. Abandona los planes fijos y los conceptos, y el mundo se gobernará a sí mismo". A medida que dejaba ir más y más, capté la verdad de este pasaje.

Estoy seguro de que ese *satori* después de mi sesenta y cinco cumpleaños—cuando se me impulsó a dejarlo todo e ir a Maui a estudiar, vivir y escribir sobre la gran sabiduría del Tao— fue orquestado por una Inteligencia Divina a la que escucho y en la que confío de un modo distinto que antes. Puedo ver con gran claridad que la última línea del verso 40 estuvo operando en ese momento cuántico: "Ser nace de no-ser".

El programa de televisión que entró en tantos hogares y el libro que interpretó el gran *Tao Te Ching,* y que fue leído por tanta gente, ahora son seres nacidos del no-ser. El no-ser tocó mi alma aquel día de mayo de 2005 y permitió que vinieran a ser un nuevo yo y una nueva enseñanza. Veo cada vez con más claridad, y me siento más y más asombrado.

53

La televisión pública emite mi programa especial en la primavera de 2008, lo que significa que millones de personas de Estados Unidos y Canadá están recibiendo la sabiduría de Lao-Tsé desde *el Tao Te Ching,* que tiene más de 2.500 años de antigüedad. No estoy preparado para asumir el riguroso proyecto de escribir un nuevo libro ni de crear otro especial para la televisión en el futuro inmediato, puesto que escribir *Cambie sus pensamientos y cambie su vida* ha sido una tarea formidable. He vivido literalmente cada uno de esos versos del Tao mientras escribía los 81 ensayos interpretando las palabras de mi antiguo mentor Lao-Tsé, y después he asumido la tarea de condensarlos en otro formato para la televisión. Estoy cansado pero estimulado por lo que este gran proyecto ha traído a mi vida.

Reid Tracy, el director general de Hay House, me pregunta:

—¿Te interesaría hacer una película basada en el trabajo que has producido? ¿Y crees que podrías asumir un papel estelar en esa película sin tener experiencia como actor?

Le digo que estoy interesado. La idea de hacer una película es algo que ha estado mucho tiempo en los recesos de mi imaginación. Y sí que tengo algo de experiencia como actor, representé a Julio César en una obra del instituto a los trece años.

Reid ha estado comunicándose con un joven brillante llamado Michael Goorjian, que es actor profesional y director de cine. De hecho, ha dirigido recientemente una película con Kirk Douglas. Michael ha leído un guion de Kristen Lazarian que presenta las historias entrelazadas de un ambicioso hombre de negocios, una madre de dos hijos que busca su manera de expresarse en el mundo y un director que está tratando de hacerse un nombre. En la película, estos tres personajes se juntan en Asilomar, un centro de retiros del Norte de California, donde Wayne Dyer está realizando una serie de entrevistas para su próximo libro. En este drama yo tengo que representarme a mí mismo, lo cual no debería ser un gran esfuerzo puesto que ya he venido haciéndolo durante sesenta y ocho años.

Antes de aceptar este proyecto, mi única duda surge del hecho de que he visto una cantidad considerable de películas basadas en libros de espiritualidad, y siempre me han decepcionado. Me han parecido obras de aficionados, en parte porque el autor trata de asumir el papel de un actor profesional. A menudo el guion parece flojo, las actuaciones poco pulidas, y la película entera acaba dando vergüenza.

Expreso tanto a Reid como a Michael que no quiero estar asociado a un producto final de apariencia torpe. Solo emprenderé este proyecto si todas las personas y cosas asociadas con él tienen el máximo calibre profesional. Insisto en que todos los actores y técnicos tengan el máximo talento. Si voy a participar en una película basada en los principios espirituales sobre los que he venido escribiendo en las últimas décadas, el proyecto final tiene que reflejar una destreza equiparable a los elevados ideales de la conciencia superior y la realización de Dios.

Dejo claro desde el principio que estoy dispuesto a hacer lo que se me pida para crear una película que supere la prueba del tiempo y tenga el potencial de generar un gran impacto en los espectadores. Esto significa que tiene que ser de tal calidad que establecerá una norma para los productores del futuro que opten por crear representaciones de escritos espirituales. Las personas que financian y dirigen este proyecto están de acuerdo.

Me encanta el guion, y después de largas charlas con el equipo de filmación, estoy convencido de que la película acabada será un producto que podré promocionar con orgullo y entusiasmo. Me siento honrado de tener a tantas personas sumamente habilidosas y competentes con las que trabajar en este proyecto mientras me dirijo a California para aprender sobre filmación de películas, actuación y edición cinematográfica. Ya estoy cerca de los setenta, y una vez más elijo el camino menos transitado y me sumerjo en una nueva tarea vocacional que puede ser un medio de llegar al público que no lee.

Había leído hacía poco que aproximadamente el diez por ciento de la población americana compra el 95 por ciento de los libros, y prácticamente el 90 por ciento de la población adulta nunca compra un libro. En cambio, casi el cien por cien de la población va al cine y ve películas en casa. Estas estadísticas me parecen alarmantes, pues sugieren que en el tiempo que he dedicado a escribir y producir libros sobre autodesarrollo y espiritualidad no he sido capaz de llegar a casi 90 de cada cien adultos. La idea de impactar positivamente en un porcentaje más amplio de la población que no ha sido tocada por la obra de mi vida me resulta emocionante.

Mi deseo es que diez millones de personas vean esta película llamada *El cambio*. Este número representa aproximadamente el 3,14 por ciento de la población de Estados Unidos y Canadá. Recuerdo el número 3,1416 de cuando me esforzaba con el álgebra y la geometría; es el número pi (π). Recuerdo haber oído que cuando este porcentaje de la población queda expuesto a una idea nueva o radical, se produce algo que en física se denomina *transición de fase*, y el mensaje se transmite al resto de la población para que empiecen a cambiar y a alinearse con los que ya forman parte de esa masa crítica recientemente alineada.

En los experimentos de física cuántica, cuando un número dado de electrones dentro de un átomo se alinean de una forma específica, y se alcanza la masa crítica, los demás electrones empiezan a alinearse automáticamente con los que forman el grupo experimental. Me encanta esta idea: si consigues que una gran cantidad de gente de una población cambie de conciencia hacia una mayor realización de Dios, entonces, independientemente de cualquier fuerza externa —como problemas políticos, estatus económico, porcentajes de desempleo, prácticas educativas, patrones climáticos, guerras, conflictos y más— la totalidad de la población acaba siendo llevada a un mayor alineamiento. Alcanzaremos esa masa crítica cuando un número suficiente de nosotros empiece a elegir la conciencia superior.

Siempre he sentido que los cambios radicales no se producirán gracias a los esfuerzos de los líderes políticos por cambiar el sistema, sino cuando un número suficiente de individuos dentro de ese sistema opten por cambiar su conciencia. Esto es lo que impactará en la conciencia colectiva, independientemente de lo que alguien pueda intentar imponer a la mayoría.

Me encanta esta idea de cambiar. El enfoque principal de esta película estará en cambiar; del *ego,* con sus énfasis en la ambición y las adquisiciones, al *significado,* cuyo principal deseo es servir a los demás y crear un mundo donde la realización de Dios sea una realidad universal, más que el ideal inalcanzable de unos pocos soñadores espirituales altamente evolucionados.

Portia de Rossi representará a uno de los principales personajes de la película. Hace unos meses Portia y su novia, Ellen DeGeneres, me han pedido que las case; la boda está programada para el 15 de agosto, justo en medio de la filmación de la película. Accedo muy contento, emocionado por ser la persona que las declarará legalmente casadas.

Llego a Asilomar para pasar las próximas semanas profundamente absorto en este fascinante nuevo mundo del cine. Me presentan a todo el equipo de producción, incluyendo a Portia y al resto de actores. Todas las personas asociadas con la creación de esta película están comprometidas al cien por cien con los objetivos que Michael Goorjian y yo enunciamos clara y enfáticamente en nuestro primer encuentro. Me siento un poco intimidado ante la perspectiva de estar en una película con estos actores experimentados y el equipo de dirección. Sigo recordándome que solo voy a representarme a mí mismo, pero sigue siendo una actuación.

El día antes del comienzo de la filmación, Michael se dispone a darme una única lección de actuación. Pasamos dos horas juntos, caminando por un escenario imaginario. Al final de la sesión confío en que puedo representar mi papel a un alto nivel. Sin embargo, cuando se comienza a filmar, me siento exasperado por las interminables repeticiones que se necesitan por diversas razones. Las sombras eran demasiado oscuras, el encargado del sonido ha captado el gorjeo de un pájaro, el director quiere otra toma por precaución, y así sucesivamente. Esto es muy distinto de cualquier cosa que yo haya hecho antes.

Cuando doy una charla presencial, me limito a caminar por el escenario y a improvisar durante las horas siguientes, hablando desde el corazón y contando historias en torno al punto que quiero establecer. Si toso, toso y sigo adelante. Si me tropiezo un poco, me estabilizo y sigo adelante. Si falla un micrófono o se produce algún tipo de alteración, se corrige y seguimos. En este plató no es así. Aunque es tedioso, también resulta emocionante, y me asombra la cantidad de tiempo, energía, experiencia y amor que se dedica al proceso de filmar una película.

El tercer día de filmación realizo mi propio cambio; es un momento cuántico para mí. Durante los dos últimos días he tratado de memorizar el texto y parecer natural, pero todo ello me parecía muy constreñido y artificial. He venido haciendo tal como se me dirigía, y los actores de la película me animaban, pero no me sentía como cuando salgo a un escenario o hago una entrevista en la televisión por mi cuenta.

De modo que Michael me dice:

—Wayne, olvídate del guion, olvídate de las líneas que has memorizado. Habla a las personas en tus escenas como si estuvieras hablándoles en una situación de la vida real. Lo que digas será exactamente lo que queremos para el producto final.

Suelto, y como he venido haciendo tantos años, dejo hacer a Dios. Lo entrego a un nivel más elevado de mí mismo —al Dios interno que sabe exactamente cómo ser— y navego así el resto de la película.

El día catorce de agosto, cuando llevamos filmada media película, Portia ha completado todas sus escenas. Vuelo a Los Ángeles para celebrar mi primera boda, y escribo y leo a Portia y Ellen una carta muy sentida. El quince de agosto, con paparazzi sobrevolando en helicópteros, la familia cercana se reúne en el sótano de la pareja, con todas las ventanas tapadas para disuadir a cualquier fotógrafo errante que quiera colarse en esta fiesta privada. Uno en matrimonio a estas dos personas tan increíblemente especiales.

A la mañana siguiente vuelo de vuelta a Asilomar y retomo el programa de entre doce y catorce horas diarias de filmación. A primeros de septiembre tenemos una última reunión con toda la filmación completada. Mi trabajo está hecho por ahora, y para el director y su equipo comienza el gran trabajo de editar y ensamblarlo todo en un producto final. Estoy muy agradecido a todas las personas dedicadas que han trabajado tantas horas para que esto fructifique. Me siento muy emocionado con esta película que transmite el mensaje de transcender la llamada del ego y anima a los espectadores, a través de una serie de historias entrelazadas, a encontrar su propio propósito.

Unos meses después tengo la oportunidad de comprobar las múltiples ediciones de la película. Ahora es un producto final titulado *De la ambición al significado*, y se planifica un gira para presentar la película al público en Nueva York, Chicago y Los Ángeles.

Viajo a estos tres estrenos con el productor ejecutivo, Reid Tracy; el director, Michael Goorjian, y una amiga del alma muy especial, Tiffany Saia. Todos estamos paseando en un autobús alquilado cuando tengo una epifanía con respecto al título de la película. Digo que me encanta la película, y me emocionan las reacciones del público y las ovaciones que nos dedican puestos en pie. Lo que me molesta es el título. Si tuviera que repetirlo, cambiaría el título porque suena demasiado como un documental o una conferencia en vivo. Reid comenta que será costoso cambiarlo, pero está dispuesto a incurrir en ese gasto adicional para darle este nuevo título, que todo el mundo está de acuerdo que indica mejor el contenido de la película.

Es marzo de 2009, y he añadido un nuevo título a mi currículo: estrella de cine. ¿Qué es esto sino un milagro?

AHORA PUEDO VER CON CLARIDAD

Al mirar atrás, a cómo se configuraron los sucesos para que me convirtiera en la fuerza impulsora de este proyecto de película, puedo ver con claridad que hubo algún tipo de mano Divina trabajando para hacer que pasara de la idea a la realidad física. Desde niño he sabido que las ideas "locas" que circulan por mi mente estaban destinadas a públicos cada vez más amplios. Tanto si escribía como si daba charlas, siempre he tenido conciencia de que debía compartir esto con tanta gente como fuera posible.

Una fuerza celestial, que cuidaba de nosotros, pareció dar una bendición silenciosa a todo este proyecto. El centro Asilomar está situado en ciento siete acres de playa dotada de diversidad ecológica en la península de Monterey, en Pacific Grove, California. Más de noventa miembros del equipo se reunieron en este precioso "refugio al lado del mar". Grandes cantidades de visitantes asisten allí a diversas funciones a lo largo del año, y esto es particularmente cierto en los meses de verano, cuando aparecimos en el recinto con grandes camiones de iluminación, equipos de sonido, y una gran cantidad de técnicos y personal de apoyo para filmar una película de este calibre. Cada día, de múltiples maneras, todo parecía ir encajando para nosotros.

En el momento de la filmación se estaba celebrando un gran congreso de personas de tendencia espiritual asociadas con las Iglesias de la Unidad y de la Ciencia Religiosa de todo Estados Unidos. Algunos de los asistentes me reconocieron y me pidieron si les daría alguna charla, puesto que la conferenciante programada se había visto obligada a cancelar. Cuando me presentaron, el público se sintió gratamente sorprendido de que pudiera darles una conferencia gratuita, con Ellen DeGeneres y Portia de Rossi sentadas en primera fila como famosas invitadas. Cuando necesitamos extras para muchas escenas de la película, los que habían estado en la charla se sintieron muy felices de devolvernos el favor.

Cuando necesitábamos que estuviera nublado, se nublaba mágicamente. Cuando necesitábamos que las nubes se dispersaran, parecían obedecer a algún director ejecutivo invisible y adaptarse a nuestras necesidades. Observábamos continuamente este tipo de minimilagros, y todos los participantes los comentábamos.

Ahora puedo ver con claridad que la filmación de esta película fue un encargo ordenado por lo Divino. Había venido dando charlas sobre los conceptos cuánticos de masa crítica, transición de fase, y el efecto del centésimo mono durante décadas. Ahora todo estaba ocurriendo a otra escala. Desde la distancia puedo ver que cuando hago lo que más me gusta, me alineo con quien *Yo soy* como ser infinito. Ese sentimiento de dicha interna que surge cuando hago lo que realmente sé que debo hacer es la realización de Dios. Cuando permanezco en este estado de dicha, todo se hace sin esfuerzo, y lo que es más significativo, el universo me apoya completamente.

La idea de crear un largometraje que pudiera ayudar a la gente a pasar de las exigencias del ego a una vida más espiritualmente significativa me entusiasmaba. Además, el pensamiento de llegar a toda esa gente que nunca lee libros y de crear una masa crítica mediante la cual este cambio ocurriera globalmente me emocionaba de un modo que no puedo expresar con palabras. Cuando hago con integridad lo que me conmueve y emociona, sé que estoy recorriendo el camino que tengo que seguir en esta vida.

Hacer esta película a los sesenta y ocho años no solo fue un nuevo proyecto para llenar mi tiempo o atraer fans. Como me entusiasmaba, era un mensaje de la Divina Fuente de mi ser, que me decía: "Debes hacer esto. Tu Yo superior lo está pidiendo. No puedes ignorarlo". Ahora veo con claridad que el entusiasmo es el indicador; y es algo que está en mí.

Cuando tuve esta idea firmemente establecida en mi imaginación y sentí el entusiasmo, supe que la mente Divina —que contiene la intención original que dio lugar a mi persona— me apoyaría completamente. Descubrí que cuando hago lo que me entusiasma, es como que entrego todo el proyecto a Dios, y observo el flujo interminable de sucesos sincrónicos que se despliegan con perfección. Todo el proyecto de hacer esta película fluyó sin esfuerzo porque había sido entregado a un poder superior que actuó en mí y en todos los participantes. Estábamos escuchando a nuestro yo superior, y esto puede identificarse porque todos sentimos y actuamos con entusiasmo.

Cuando miro atrás a como *El cambio* ha sido recibido y a los comentarios que ha provocado, veo con más claridad que el universo apoya las ideas que se presentan en la película. Ha sido emitido muchas veces en la televisión nacional y ha recibido excelentes críticas. Tiene su propia vida y continúa impactando a públicos de todo el mundo, puesto que ha sido traducida a docenas de lenguas extranjeras. Mi entusiasmo original visualizó que tendría diez millones de espectadores y que comenzaría una fase de transición hacia un planeta más espiritualmente despierto. Ahora puedo ver con claridad que esto está en camino, y tengo pleno apoyo en esta visión.

Miro atrás al día en que Ellen y Portia me preguntaron si estaría dispuesto a casarlas. Mientras me lo pedían con sinceridad, recordé muchas de las historias que he contado aquí: las imágenes de Rhoda, mi compañera de clase en primaria; Ray Dudley, mi mejor amigo en la Marina, siendo castigado por el color de su piel; los civiles de Guam, a los que se les negaban los privilegios por su origen étnico; y muchas, muchas más historias que no han salido en las páginas de este libro. Con mucha frecuencia me han llamado para defender diversas causas mucho antes de que sean aceptadas por las masas.

Respondí con entusiasmo a Ellen y Portia que sería un honor para mí poder casarlas. Me sentí honrado y emocionado más allá de toda medida por realizar la ceremonia de boda de estas dos personas tan bellas, que habían optado por decir al mundo que estaban enamoradas y que querían ser tratadas con el mismo respeto y derechos que otras dos personas cualesquiera, con independencia de su orientación sexual.

Nunca he podido comprender el trato desigual hacia ninguno de los hijos de Dios. Sé seguro que estoy aquí para enseñar una verdad fundamental que ha sido parte de mi experiencia de vida desde que aparecí en el planeta Tierra en 1940. Todos debemos esforzarnos por abstenernos de tener pensamientos dañinos hacia nosotros mismos y hacia otros, y negarnos a tener ningún juicio, crítica o condena hacia nadie, hacia ninguna parte de la creación de Dios. Ahora veo con claridad que esto forma parte de *El cambio* que propone la película.

No fue accidental que Portia —que fue la estrella de la película, junto con muchos otros actores y actrices soberbios y estelares— se uniera a este plató cinematográfico para ayudar a todo nuestro mundo a cambiar hacia una conciencia más amorosa y Divina. Ella lo hizo al presentarse públicamente y casarse con la mujer que amaba, que por cierto es una de las celebridades más libre de juicios y críticas que he tenido el placer de llamar amiga. De esto iba la película. De esto van Ellen y Portia.

Lo que en verdad ha definido mi vida es ayudar a hacer este cambio en el planeta. Esto fue un gran honor y un momento cuántico para mí, y no podría haber llegado en un momento más propicio, justo en medio de la filmación de una película titulada *El cambio*.

54

Después de varios meses de filmación, he vuelto a mi espacio de escritura en Maui, en otoño de 2008. Estoy trabajando en el tema de un nuevo libro que trata sobre cómo eliminar la tendencia a poner excusas. He compilado una lista de las excusas de uso más común que creo que impiden a la gente vivir a su nivel más alto de autorrealización. He oído estas excusas toda mi vida, y yo mismo las he empleado con frecuencia, cuando por un tiempo he seguido el camino de culpar en lugar de tomar responsabilidad.

También estoy leyendo un libro muy estimulante titulado *La biología de las creencias*, del doctor Bruce Lipton, un destacado biólogo celular. Me doy cuenta con interés de que escribe:

—He llegado a la conclusión de que no somos víctimas de nuestros genes, sino maestros de nuestros destinos [...] la primacía del ADN a la hora de controlar nuestra vida no es una verdad científica.

Estoy escuchando una entrevista en la CNN, y oigo que la persona entrevistada explica por qué se condujo como lo hizo. Dándolo por hecho, dice:

—No pude evitar actuar así; después de todo, está en mi ADN, y todo el mundo sabe que uno no puede cambiar su composición genética. Nacemos con ello.

Sé que yo mismo he expresado un sentimiento similar, en la creencia errónea de que son nuestros genes los que componen nuestra humanidad, y obviamente no pueden ser cambiados por nuestra mente ni por la fuerza de voluntad. Yo crecí en la era del determinismo genético, y hasta ahora nunca había considerado que podría haber sido programado para confiar en una excusa gigantesca cuando todas las demás se desmontaran.

Después de leer *La biología de las creencias*, animo a Reid Tracy, de Hay House, a publicar este libro extraordinario. Le digo que quiero que forme parte de mi próximo programa especial para la televisión pública, y quiero presentarlo al público como uno de los regalos que ofrezco para agradecer una donación hecha a una estación local de la emisora pública. Él está de acuerdo.

Me intriga la idea de que nuestras creencias pueden cambiar literalmente nuestros genes, y el doctor Lipton ofrece muchas evidencias científicas para sustentar esta idea revolucionaria. Si es posible cambiar toda nuestra impronta genética alterando nuestra forma de procesar la vida, también podemos erradicar todas las demás excusas tontas que empleamos. ¿Y si se nos criara para creer en una máxima de Jesús que yo suelo mencionar con frecuencia: "Con Dios, todas las cosas son posibles"? ¿Y si creyéramos que no necesitamos excusas?

He compilado una lista de las excusas más comunes que he oído a lo largo de los años como terapeuta, conferenciante, presentador en los medios de comunicación y padre de ocho hijos. Además, he creado el paradigma "Fuera excusas", compuesto por siete preguntas que uso con mis clientes para ayudarles a ver que todas las excusas que se suelen emplear en realidad son un modo de evitar la responsabilidad y quedarse en la mentalidad que tiende a culpar a otros. He recibido el acuerdo de los poderes fácticos de la televisión pública para grabar un programa especial de tres horas, en el que introduciré este paradigma que ha de ser usado en la vida de cada día. Sé que funciona. Cuando se usa con seriedad, he visto a personas dejar atrás una vida de hábitos arraigados, y lo he aplicado a mi propia vida para erradicar excusas que había usado desde niño.

Liberarnos de las dieciocho excusas típicas —*como va a ser muy difícil, es arriesgado, no me lo merezco, no puedo costearlo, no soy lo suficientemente listo, o me da demasiado miedo*—, que todos usamos para explicar nuestra incapacidad de hacer las cosas como nos gustaría, puede ser una experiencia que nos cambie la vida. El paradigma "Fuera excusas" debe usarse con regularidad. La superación de las excusas realmente grandes es lo que mantiene a la gente atascada en el mismo lugar de por vida, y es lo que me resulta más desafiante. Siento en lo profundo de mí que los hábitos autoderrotistas pueden ser eliminados, y me anima la idea de enseñar a otros a conseguirlo.

Actualmente la ciencia está informando al mundo de que es posible cambiar nuestras queridas creencias, como la supremacía de nuestra constitución genética y la existencia de memes duraderos instaurados con firmeza en la mente subconsciente. Escribo sobre cómo cambiar los hábitos de pensamiento autoderrotistas, y también lo aplico a mi propia vida. Recuerdo el experimento de la ampolla que se formó en el brazo de la mujer debido a la fuerza de su creencia, y también que fui capaz de curarme a mí mismo de un diagnóstico de quiste pilonidal usando mi mente. Ahora, en *La biología de las creencias*, he leído que es posible entrenar el poder de la mente para superar no solo predisposiciones genéticas, sino memes y virus mentales que han quedado establecidos en nuestro subconsciente desde la infancia.

Me desafío a mí mismo para librarme de todas las excusas y transformarme aplicando esta nueva conciencia a muchas de mis tendencias habituales. Escribo con furia y con renovados ánimos este nuevo libro *Excuses Begone!* [Fuera excusas], que también parece escribirse a sí mismo. Actúo como canal y me limito a dejar que este material llegue a través de mí.

Llevo el paradigma "Fuera excusas" conmigo a seminarios que imparto en todo el mundo. Saco a la gente al escenario, les introduzco al paradigma, y observo anonadado cómo se borran los viejos hábitos ante miles de personas. Un hombre enfadado, que estalla con facilidad, se compromete a recordar la Fuente de su ser, que es la amabilidad eterna. Una mujer deja de fumar en el momento y lo declara públicamente. Una joven tímida, de unos treinta años, cambia su programación inconsciente y se compromete con una vida de asertividad y con dejar de ser víctima. Una mujer que ha sufrido un trastorno alimentario durante más de veinte años, y que parece una refugiada de un campo de exterminio, me permite guiarla a través del paradigma, se compromete a tomar comidas saludables y decide abandonar sus excusas allí mismo. Ya no es una persona con un trastorno alimentario.

Saltando adelante, hasta junio de 2009, el programa "Fuera excusas" se retransmite por televisión a todo el país. Millones de personas de Estados Unidos y Canadá ven mi presentación de este material sobre cómo cambiar cualquier cosa de ellas mismas que no esté en armonía con cómo les gustaría ser, con independencia de lo arraigadas que estén sus conductas, hábitos, e incluso enfermedades. La respuesta es abrumadora. El libro asciende al número uno de la lista de superventas del *New York Times*, como también lo hace *La biología de las creencias*, del doctor Bruce Lipton.

Estoy dando conferencias por todo el mundo sobre cómo aplicar el paradigma *Fuera excusas,* cuando el universo me ofrece un regalo totalmente inesperado: una oportunidad de abandonar todas las excusas para lidiar con una situación que nunca jamás esperé ni pensé que fuera posible.

AHORA PUEDO VER CON CLARIDAD

Tres días después de la presentación nacional de mi programa especial para la televisión pública, el jueves 4 de junio de 2009, estaba en la consulta del doctor Kepler en Kihei, Maui, Hawái. Unos análisis de sangre que me hicieron durante un examen rutinario revelaron que tenía leucemia linfocítica crónica (CLL por sus siglas en inglés), una enfermedad de la sangre y del tuétano de los huesos. Me informaron que se creía que esta enfermedad es incurable y el pronóstico decía que poco a poco iría a peor.

Cuando miro atrás a mi primera reacción al diagnóstico de leucemia, me quedé en estado de shock. Me estaban diciendo que tenía que hacer un cambio radical en mi vida: empezaría a tener sudores nocturnos, hematomas frecuentes, elevados recuentos de hematíes y fatiga, entre otras cosas. Tenía que consultar con un oncólogo, y tal vez prepararme para la quimioterapia y trasplantes del tuétano de los huesos. Un grupo de médicos bien intencionados estaban rediseñando mi vida, y me estaban dando un montón de excusas que podría usar para explicar el deterioro de mi salud, mi falta de energía, y mi incapacidad de seguir adelante y realizar el trabajo de empoderar a la gente, y ayudarles a transformar el planeta en un hábitat más Divino.

El mismo día que recibí el informe con el diagnóstico de CLL, conocí a una enfermera que quería pedirme ayuda para su consulta de medicina alternativa. Estaba usando algunos de mis libros más recientes, particularmente *El poder de la intención*, con sus pacientes y había venido a Maui para ver si podía ayudarla. Cuando le conté que aquella misma mañana había recibido la noticia de mi leucemia, decidió ponerse a mi servicio.

Ahora puedo ver con claridad que nuestro encuentro, aquel día en el que yo iba caminando en estado de shock, no fue accidental. Pam McDonald se convirtió en mi enfermera, y me ayudó a rediseñar mis hábitos alimentarios para comer equilibrado y favorecer la curación de mi cuerpo. Pam escribió un libro muy importante titulado *The Perfect Gene Diet,* para el que después escribí el prólogo; presenté su investigación y su trabajo a muchos asistentes a mis seminarios durante los dos años siguientes. Ciertamente, este fue un encuentro Divino.

Había pasado más de un año escribiendo cada día, creando un libro que estaba destinado a ayudar a la gente a superar sus excusas más intransigentes. Estaba escribiendo sobre ser capaz de superar cualquier predisposición genética y reprogramar la mente subconsciente para superar la programación infantil arraigada a edades tempranas a fin de eliminar todas las excusas. Ahora me veía forzado a aplicar esta misma enseñanza a mi propio diagnóstico de leucemia. Al principio mismo de *Excuses Begone!*, digo: "En realidad, el título de este libro es una declaración para ti mismo, así como para el sistema de explicaciones que te has creado. ¡Mi intención es que desaparezcan todas las excusas!".

Una cita de Gandhi que siempre me ha sorprendido es: "Mi vida es mi mensaje". Y así ha sido también para mí: todo aquello sobre lo que he escrito ha salido de mis experiencias de vida. Aprender a superar dificultades, elevarme por encima de lo ordinario; asumir causas impopulares; cuestionar la autoridad; transcender el abandono; superar las adicciones, las luchas relacionales, los problemas parentales…, todo ello era lo que una Fuente suprema me iba presentando.

Durante los primeros meses, me permití comprar el protocolo sobre cómo tratar un cuerpo que tiene cáncer de sangre y de huesos: empecé a tener sudores nocturnos serios, noté más hematomas extraños, y me cansaba con facilidad. Renuncié a mi práctica de yoga durante casi un año entero, y cambié mi vida, habitualmente ajetreada e interesante, por otra de precaución e incluso miedo subconsciente. Leí toda la literatura que me enviaban sobre la CLL y adopté los mensajes de *"es incurable e irá a peor"* que tanto abundan en la literatura médica.

Allí estaba yo, hablando en televisión sobre no tener excusas para vivir una vida extraordinaria, y promocionando un libro escrito con la intención de enseñar a otros a deshacerse de todas las excusas, grandes o pequeñas. Aún así, de algún modo estaba adoptando inconscientemente mis propias excusas, en lugar de ver este diagnóstico de leucemia como un regalo para instaurar en mí la verdad que había estado investigando, y sobre la que había estado escribiendo, los dos años anteriores.

Había aceptado que podía, literalmente, cambiar mi información genética. Apoyaba la idea de que podía deshacer la programación temprana. Estaba enseñando estas ideas radicales en mis escritos, en una multitud de conferencias públicas, y en millones de pantallas de televisión. Pero, durante un breve momento o dos, olvidé que me habían puesto instantáneamente dentro de otra gran fábrica de excusas llamada: *tengo una enfermedad grave*. Ahora puedo ver con claridad que una verdad no queda fijada en nuestra conciencia hasta que la experimentamos directamente. En realidad, toda mi investigación, escritos, charlas y pontificación no significaban nada en términos de entender el mensaje de vivir una vida sin excusas. Esta leucemia fue un regalo, y como todo lo demás en mi vida, se presentó en el momento justo.

Para finales de 2009, y a lo largo de todo 2010 y más allá, empecé a usar este regalo que había recibido de un modo que era beneficioso tanto para mí mismo como para los que se ponían al alcance de mis enseñanzas. Trabajé con el paradigma de "Fuera excusas" sobre mí mismo y lo incluí en mis escritos y charlas.

Me planteé las siete preguntas, y estas fueron las breves respuestas que me di:

¿Es la excusa del cáncer verdadera? Nunca puedo estar seguro al cien por cien de que la leucemia tenga que ralentizarme ni de que vaya a empeorar. Así, la excusa puede ser verdad o no. De modo que decido no creer en algo que tiene las mismas posibilidades de ser falso que de ser verdad.

¿De dónde vino la excusa? De los interminables mensajes sobre el cáncer que abundan en la literatura médica. De una porción de la comunidad médica que se gana la vida con el cáncer. De Internet. De las cosas que he oído, y así sucesivamente. Pero la excusa no ha venido de mí ni de la Fuente de mi ser, que es bienestar eterno y amor Divino.

¿Cuál es la recompensa de usar esta excusa? Si uso la excusa de "estoy enfermo", puedo tomar una salida fácil: puedo evitar lidiar con mi propia incapacidad de sentirme bien y sanarme; puedo culpar a los alimentos, al aire, a mis padres, al agua, y al hecho de que todos nos vemos obligados a vivir en un mundo carcinogénico. Puedo recibir mucha simpatía y, por supuesto, puedo tener razón, que es la gigantesca recompensa del ego.

¿Qué aspecto tendría mi vida si no pudiera usar estas excusas? (Esta fue la que más me ayudó). Si fuera incapaz de creer que tengo que sentirme incapacitado en algún sentido debido al diagnóstico, me vería forzado a pensar pensamientos como: *soy todo lo fuerte que necesito ser para hacer cualquier cosa que elija. Tengo la capacidad interna y la conexión con Dios para curarme de cualquier cosa. Soy una persona vigorosa que posee toda la vivacidad y vitalidad para conseguir cualquier cosa en la que ponga mi intención.*

¿Puedo crear una razón racional para cambiar? Sí. Enfáticamente. Mi elección de vivir una vida sin la excusa de "estoy enfermo" tiene sentido para mí: es factible, me permitirá sentirme bien y estar conectado con Dios. Y con Dios, todas las cosas son posibles.

¿Puedo acceder a la Cooperación Universal al desprenderme de esta excusa? Sí, un millón de veces, sí.

¿Cómo refuerzo continuamente esta nueva forma de ser? He de crear un conocimiento interno que haga desaparecer toda duda. Vivir desde mi yo superior y respetar mi divinidad eterna. Mantener conversaciones regulares con mi mente subconsciente, y detenerme cuando esté a punto de esgrimir la excusa de la leucemia, sustituyéndola por una respuesta consciente que esté plenamente alineada con mi compromiso con vivir una vida saludable. Practicar más meditación y reducir el nivel de ruido en mi vida. Pasar más tiempo en el mar y en la naturaleza. Establecer la conexión con la Fuente de mi ser, la relación número uno en la vida. Trabajar con el paradigma regularmente.

Desde esta perspectiva de ver con más claridad, ahora es evidente para mí que mis escritos y mis charlas sobre vivir una vida sin excusas vinieron en el momento exacto en que Dios me dijo: "Aquí tienes una oportunidad de que te llegue este mensaje. Ahora practica sobre ti mismo lo que te he revelado, y continúa con tu compromiso de servir a otros de manera espectacular".

55

Es la primavera de 2011, y he vivido con mi diagnóstico de leucemia durante casi dos años. He sido paciente de dos oncólogos y me han hecho pruebas de sangre con regularidad para medir el recuento de hematíes. He estado siguiendo el protocolo de comidas marcado y monitorizado por mi amiga Pam McDonald, que es enfermera y experta en medicina alternativa. Me he mantenido alejado del Bikram yoga durante el último año por consejo de los médicos. He venido practicando el paradigma "Fuera excusas" a diario, y he incluido el diagnóstico de leucemia en mis conferencias para dar ejemplo de cómo estoy lidiando con esta situación de mi cuerpo. El programa de televisión *ABC World News* retransmitió a nivel nacional la noticia de que tengo un diagnóstico de leucemia el día siguiente al de Acción de Gracias del año pasado.

Me llega un mensaje de la doctora Rayna Piskova, una cirujana ocular que tiene su consulta en Madera, California. Me dice:

—Voy a hacer un segundo viaje a Brasil para ver a Juan de Dios. Me gustaría mucho que vinieras, no puedo hacer suficiente énfasis en lo importante que siento que esto es para ti.

Un hombre llamado Juan de Dios ha venido tratando a gente durante más de cuarenta años en Abadiania, Brasil. Millones de personas de todo el mundo han ido a ese pequeño pueblo para recibir tratamiento de este hombre simple que practica la cirugía sutil mediante unas entidades que entran en su cuerpo.

He oído hablar de Juan de Dios y de las milagrosas historias de curación que han salido de la Casa de Dom Inacio [Casa de San Ignacio] porque ocho años atrás mi esposa, Marcelene, visitó el lugar dos veces y le pidieron que asistiera a una de las sesiones de curación.

He pensado durante mucho tiempo que me encantaría visitar el lugar y experimentar de primera mano a este individuo único y los milagros sobre los que he leído. Juan de Dios deja una cosa muy clara:

—Yo no curo a nadie, Dios cura, y su bondad infinita permite a las entidades curar y consolar a mis hermanos. Yo solo soy un instrumento en las Divinas manos de Dios.

Muchos sienten escepticismo hacia este hombre que hace milagros en Brasil, pero yo he llegado a un punto en el que mi mente está abierta a todo.

Planeo unirme a Ranya en su viaje, pero decido no hacerlo porque los plazos de entrega de mis escritos no me dejan margen. Sin embargo, ella asume mi curación como una misión personal y hace complejos preparativos para que reciba una sesión de curación a distancia. Me cuenta que casi está poseída, totalmente convencida de que necesito experimentar la curación Divina que ofrece este hombre en la pequeña población de Abadiania. Me envía por FedEx hierbas bendecidas y agua bendita junto con algunas instrucciones. Me indica que tome las hierbas, que me vista todo de blanco, y que me fotografíen desde cuatro ángulos distintos para que Juan de Dios me vea.

Después de enviar las fotos por email, se me dice que la operación se llevará a cabo el 21 de abril de 2011, la fecha del 95 cumpleaños de mi madre. Me voy a dormir siguiendo sus instrucciones la noche del miércoles, duermo con ropa blanca, bebo el agua bendita y medito pacíficamente.

Por la mañana despierto con una llamada de teléfono de Rayna, que también se está sometiendo a una operación con Juan de Dios en Abadiania. Me informa de que tengo que volver a la cama y dormir durante las veinticuatro horas siguientes, y tratar esta curación remota como si un cirujano local acabara de extirparme la vejiga. Oigo los ruegos de Rayna, pero no los escucho. Me siento bien y no tengo recuerdo de que haya ocurrido nada durante la noche. Decido que voy a salir a dar mi paseo habitual de noventa minutos. Tal vez las entidades fueron incapaces de localizarme para realizar la curación porque Juan de Dios estaba en Brasil, con una diferencia horaria de siete horas. Salgo por la puerta y no camino más de quinientos metros antes de colapsar.

Necesito la ayuda de dos de mis hijos para volver a la habitación. Me ayudan a meterme en la cama y me quedo allí; duermo las veinticuatro horas siguientes, tal como Rayna me había dicho. Estoy fatigado y me siento excepcionalmente débil. A medida que pasa el día, voy teniendo síntomas como de gripe, toso con flemas y solo soy capaz de comer un poco de sopa. Sigo en este estado durante toda una semana. Ni ejercicio ni nadar ni caminar; simplemente desintoxicarme de algo invisible que no entiendo.

Rayna me dice por teléfono que el 28 de abril, jueves, precisamente una semana después de la cirugía, tengo que pasar por otro procedimiento remoto llamado la retirada de las suturas. No hay suturas, por supuesto, y no habría ninguna para curarse del cáncer de sangre. La noche del miércoles, el 27 de abril a las 11 (cuando eran las 6:00 a.m. en Brasil) tomo las hierbas benditas designadas, bebo el agua bendecida por Juan de Dios y me meto en la cama vestido de blanco. Me siento débil y un poco demacrado por no haber tomado ningún alimento sólido y haber estado enfermo toda la semana anterior. Despierto por la mañana sintiéndome como nunca antes.

Lo primero que descubro es que mi reloj de pulsera nuevo ha dejado de funcionar. Es extraño, porque es un instrumento de precisión y está garantizado que no funcionará mal ni se retrasará. Cuando salgo de la habitación para saludar a mis hijos, me abruma el profundo amor incondicional que siento por ellos. Les abrazo y les digo cuánto les quiero. Sands y Serena me preguntan:

—¿Papá, has estado tomando drogas? No tienes pupilas en los ojos y tu ojo izquierdo parece estar raspado.

Siento que soy puro amor. Mis plantas son puro amor. El mar está llamándome para que vaya a nadar en esa poción de amor líquido. Mis hijos me parecen ángeles. Me siento fuerte, hambriento y totalmente lleno de dicha. No tengo ni idea de lo que ha ocurrido en la habitación la pasada noche; lo único que sé con seguridad es que siento que el mundo y todos los que lo habitan son muy distintos de cualquier cosa que yo haya experimentado antes.

Estoy en éxtasis desde la experiencia de retirada de las suturas hace varios días. Una molesta demanda de litigio desaparece, y lo único que siento por este aparente adversario es amor. Camino y nado con energía renovada, y con una elevada sensación de empoderamiento que nunca antes he sentido, especialmente desde el diagnóstico de leucemia hace casi dos años.

55

Pasa poco más de una semana y es el diez de mayo de 2011, mi septuagésimo primer cumpleaños. Estoy en San Francisco para acabar de filmar una película titulada *El mejor de mis maestros*, que trata sobre cómo encontré la tumba de mi padre en Biloxi, Mississippi, y fui capaz de comunicar con él y perdonarle. Estoy en la suite de mi hotel, sentado en la cama, meditando a primera hora de la mañana. De repente, me abruma una sensación muy intensa de que necesito ser el instrumento de una corriente de amor incondicional.

Tomo un fajo de billetes de cincuenta dólares y salgo del Hotel San Francisco. Paso la mayor parte de mi cumpleaños transmitiendo amor y dinero a la gente sin techo. Les doy abrazos apasionados y escucho atentamente a hombres sin dientes y tan desaliñados como te puedas imaginar. Me acerco a señoras que escudriñan las basuras en Union Square para conseguir como premio un bote de soda vacío o una botella de plástico desechada. No noto la suciedad; solo veo el despliegue de Dios es esos ojos vacantes. Me siento enamorado de todos aquellos a los que toco.

Doy todo el dinero, vuelvo a la habitación del hotel y me siento en la cama llorando de gratitud por lo que he sido capaz de experimentar hoy. Este es el cumpleaños más memorable de mis setenta y un años.

Han pasado veinte días desde que me retiraron las suturas invisibles, y ahora es el dieciocho de mayo. Estoy sentado en mi silla de meditación y oigo una voz interna muy clara que me dice: *no vayas a caminar hoy. Ahora puedes hacer yoga*. Estoy en shock. He evitado la práctica del yoga con calor debido al consejo de varios expertos médicos durante casi un año. Me levanto de inmediato y me dirijo al estudio de yoga al que antes acudía con regularidad. Completo una sesión de noventa minutos, practicando todas y cada una de las asanas. Estoy un poco oxidado, pero totalmente encantado de poder hacer lo que tanto me gusta: 90 minutos de ejercicio intenso.

Estoy viviendo mi alegría, imbuido por la energía del amor Divino.

AHORA PUEDO VER CON CLARIDAD

En el último capítulo examiné brevemente la sexta cuestión del paradigma "Fuera excusas": *¿Puedo acceder a la cooperación universal al abandonar viejos hábitos?* A medida que reexamino los sucesos milagrosos que me han llevado a la curación con Juan de Dios y las entidades que trabajan a través de él, ahora puedo ver con claridad una verdad seminal.

318

Cuando cambiamos nuestras energías para vivir desde nuestra naturaleza original, y practicamos las cuatro virtudes cardinales delineadas por Lao-Tsé, que incluyen: *(1) reverencia hacia toda vida, (2) sinceridad natural, (3) amabilidad,* y *(4) actitud de ayuda,* nos alineamos con la Fuente de nuestro ser y recibimos la cooperación del universo. Estas cuatro virtudes no son un dogma externo, forman parte de nuestra naturaleza original.

Ahora puedo ver con claridad que mi experiencia con Juan de Dios y los resultados milagrosos que siguieron a aquellos extraños sucesos sucedieron en función de mi cambio hacia un lugar de mayor realización de Dios en mi vida. El mensaje familiar del Nuevo Testamento es: "Con Dios, todas las cosas son posibles". Esto no deja nada fuera, incluyendo la curación de una enfermedad incurable.

La insistencia de la doctora Rayna Piskova en que me encontrara con las entidades a través de Juan de Dios fue ciertamente una intervención Divina. Estaba conectada a mi observancia de las cuatro virtudes cardinales cuando hice el cambio para vivir desde la perspectiva de "Fuera excusas". Ahora puedo ver con mucha claridad que la presencia de la leucemia fue una oportunidad para que yo pudiera enseñar, a través de mi propio ejemplo, cómo vivir desde un lugar de amor Divino. Sé que la insistencia de Rayna en que yo pasara por esta experiencia estaba inspirada por una fuerza mayor que nosotros dos. Sé que esto es verdad, porque Rayna me confió que le resultaba imposible ignorar este ardiente deseo de que experimentara a las entidades sanadoras de primera mano.

Cinco meses después de mi experiencia de curación a distancia y de la vitalidad que recuperé con la cirugía espiritual remota, fui invitado al Instituto Omega en Rhinebeck, Nueva York, para asistir a un encuentro de cuatro días al que Juan de Dios acudió en persona. Unas 1.500 personas al día, vestidas de blanco, pasaron junto a él, y las entidades realizaron diversos tipos de cirugías espirituales.

Me pusieron en la fila junto con los demás, sin prioridad de ningún tipo. Cuando me detuve ante este hombre de Dios procedente de Brasil, yo era un individuo dentro de una larga cola de gente. Él levantó la mirada hacia mí y dijo en portugués: "Tú estás bien", tres palabras que me llenaron de lágrimas de gratitud y profunda emoción. Después, invitado por Juan de Dios, me senté en lo que se llama la "habitación corriente" y absorbí la energía amorosa que impregnaba el centro.

Debbie Ford, una vieja amiga y colega, se alojaba en la cabaña situada junto a la mía en el Instituto Omega. Había venido para recibir cirugía espiritual por un cáncer raro y debilitante con el que había convivido muchos años. Varias veces cada día, después de que fuera intervenida por las entidades, fui a su cabaña para hablar con ella sobre mi asombrosa experiencia de curación. Aunque estaba muy débil, vi en sus ojos la sensación de que le estaba ocurriendo algo verdaderamente milagroso, y me sentí muy feliz de que hubiéramos decidido hacer este viaje. (Aunque acabó sucumbiendo a la enfermedad en 2013, sentí que esta alma tan hermosa estaba siendo sanada en algún nivel).

La mañana después de haber oído las palabras de las entidades a través de Juan de Dios, me invitaron a dirigirme a todos los presentes en una carpa enorme. Mirando hacia el mar de color blanco, les conté mi experiencia y lo que me habían dicho el día anterior. Volví a compartir este regalo y a ayudar a más gente a trasladarse a un lugar de realización de Dios, donde pueden vincularse con la mente una de la Divinidad para enviar cooperación universal hacia su camino.

Durante mucho tiempo he creído lo que dice *Un curso de milagros* de que solo hay dos emociones: *miedo* y *amor*. Cuando estamos en el miedo, no hay sitio para el amor; cuando estamos en el amor, no hay lugar para el miedo. Al mirar con más claridad a la experiencia que tuve la mañana siguiente a la retirada de las suturas, me resulta obvio que aquellas Divinas entidades curativas pusieron una especie de amor encantador en mi conciencia, y al hacerlo no quedó lugar para el miedo. Nunca antes había conocido aquel sentimiento de amor por todos y por todo que empapaba mi ser. La palabra leucemia está tan cargada de presagios que debo haber interiorizado parte de la inquietud asociada con la idea de tener células cancerígenas corriendo por mi sangre.

El primer día después de la experiencia de la retirada de las suturas fui al frigorífico para tomar una cerveza sin alcohol, algo que había hecho cada día durante cierto tiempo. Aunque había dejado de beber alcohol muchos años antes, todavía disfrutaba del sabor de la cerveza sin alcohol. Pero, aquel día, algo me dijo que aquello no era lo que debía consumir. Abandoné un viejo hábito en aquel momento, y no he sentido la tentación de volver a poner esa bebida en mi cuerpo. La experiencia de curación remota me llevó a buscar maneras saludables de amarme y cuidar de mí, y por alguna razón que todavía desconozco, la cerveza sin alcohol ya no resonaba conmigo como un hábito saludable. Ahora sé seguro que esta experiencia fue orquestada por una fuerza mucho mayor que yo.

Siempre he afirmado que *yo soy un profesor*, y esta experiencia, junto con tantos otros sucesos asombrosos, me fue dada para que la usara como ejemplo a fin de servir y apoyar a otros. Ya no digo: "Tengo leucemia", como decía rutinariamente poco después de recibir el diagnóstico. Comienzo cada día con la declaración que dijeron las entidades cuando estuve ante Juan de Dios: "Estoy bien. De hecho, tengo una salud perfecta".

He aprendido a usar estas dos palabras, *Yo soy*, con gran reverencia. Este es el nombre que Dios revela a Moisés en Éxodo 3:14. No uso nada externo a mí para definir quién soy ni lo que hago. No determino mi estado de salud sobre la base de lo que señala un número en un informe médico. Por lo tanto, evito mirar este tipo de informes. Me siento fuerte, tomo comida sana, hago ejercicio a diario y tengo una práctica de meditación que me permite mantenerme en contacto consciente con Dios.

Lo que hoy veo con más claridad es que dispongo de ayuda Divina, y creo que esto es cierto para todos. Al eliminar el miedo, he permitido que el amor Divino llene mi conciencia. Y este amor, que he sentido tan personal y poderosamente desde aquel día de abril cuando experimenté el pleno impacto de la cirugía remota, ha sido mi curación.

No necesito mirar a ningún otro lugar para validar mis afirmaciones: *Yo estoy bien, disfruto de una salud perfecta*. Ahora puedo ver con claridad que mi propia presencia Yo soy, que es realmente quien soy, determina mi estado de salud. Mi trabajo es vivir cada día en un estado de gratitud por esta presencia *Yo soy*. Estoy aquí para enseñar a todos los que quieran escuchar que ellos también tienen esta invisible y Divina presencia *Yo soy* —es su esencia misma— y que deben confiar en ella y permanecer cada día en un exaltado estado de aprecio hacia ella.

Los sufíes nos dicen que cuando caminamos por el jardín y pisamos una espina, siempre debemos acordarnos de dar las gracias. Porque la espina de la leucemia me llevó más cerca de mi propia presencia *Yo soy*. Y a la Divina mente de Dios, que todo lo sabe, le ofrezco un sentido agradecimiento: ¡gracias, gracias, gracias!

56

Estoy leyendo un librito que está creando en mi conciencia el tipo de epifanía que me ocurrió hace cuarenta años, cuando leí por primera vez el libro del doctor Albert Ellis, *A Guide to Rational Living*. A lo largo de los veintisiete breves capítulos sigo sintiendo que me dice: *Aquí hay algo de gran importancia para ti, presta atención y toma notas*. Por ejemplo, me encantan estas palabras al comienzo del capítulo: "En toda creación, en toda eternidad, en todos los reinos de tu ser infinito, el hecho más maravilloso es el que se resalta en el primer capítulo de este libro: tú eres Dios, tú eres el Yo soy el que soy".

El libro es *El poder de la conciencia*, de Neville Goddard, que escribió diez libros bajo el seudónimo Neville. Es como si tuviera un imán: leo y me siento a reflexionar sobre algunas frases, y a continuación tomo notas. Trato de dejar de leerlo, pero sigue llamándome para que lo retome. He tenido esta experiencia muchas veces a lo largo de mi vida, y cuando ocurre, sé que está operando una fuerza que me dice que esto forma parte de mi plan de vida, de un *dharma* que no puedo ignorar.

Para noviembre de 2010 ya he escuchado muchas de las charlas de Neville y he acabado de leer por cuarta vez *El poder de la conciencia*. Compro ocho copias como regalo de Navidad para cada uno de mis hijos, animándoles a explorar esta idea radical de que "imaginar crea la realidad". Les pido que me cuenten qué les ha parecido el libro después de leerlo, y les ofrezco una de las citas más impactantes de Neville: "Asume que ya eres eso que buscas y esa asunción, aunque falsa, si la mantienes, se solidificará en un hecho". Cada uno de ellos responde con el mismo tono, que en esencia es: "Gracias, papá, he tratado de leerlo y he tenido que releerlo una y otra vez, y después lo he dejado. Es demasiado profundo, demasiado confuso".

Para mí, las palabras de Neville Goddard tienen el poder de electrificar, pues afirma con toda tranquilidad que nuestros pensamientos crean el mundo, en el sentido más literal. Casi me siento obligado a hacer que sus enseñanzas sean más accesibles y comprensibles para el mundo contemporáneo. Decido escribir un libro que se va a titular *Deseos cumplidos*, y crear el noveno programa especial para la televisión pública a fin de introducir estas poderosas ideas que han detonado en mí. Siento que podrían conducir a, y tal vez iniciar, una aceleración en el cambio de la conciencia colectiva.

Mi camino ha consistido en tomar algunas ideas abstractas, y a menudo complicadas, y hacerlas accesibles de manera comprensible y simplificada. Siento que esto es lo que el doctor Maslow me transmitió cuando murió: introducir a la persona media a los poderes ocultos de la autorrealización que yacen dormidos dentro de cada uno de nosotros. Neville falleció el primero de octubre de 1972, justo cuando yo iniciaba mi carrera de escritor. Ahora, cuarenta años después de su fallecimiento, sus numerosas charlas y libros están despertando al investigador dormido dentro de mí. Hasta este momento he escrito cuarenta libros, y las ideas que Neville ofrece se agitan dentro de mí como un ciclón que necesita ser expresado.

Comienzo una lectura detenida del Nuevo Testamento, prestando particular atención a las palabras de Jesús, que nos ofrecen la sabiduría Divina de que todos nosotros somos Dios. Nuestro yo superior es Dios; es nuestra pura esencia. Venimos de Dios y somos Dios; solo tenemos que superar los múltiples tipos de virus y enseñanzas religiosas que quieren hacernos creer que esto no tiene sentido y es blasfemo.

A continuación, me sumerjo en *Los discursos del Yo Soy* del maestro ascendido Saint Germain, y siento la emoción rugiendo dentro de mí al darme cuenta de que las dos palabras *Yo soy* son el nombre de Dios tal como nos informa el Éxodo, y que cada vez que las digo estoy repitiendo el nombre de Dios.

Leo *El poder de la conciencia* por quinta vez en menos de seis meses. Tengo ganas de poner estas enseñanzas a trabajar dentro de mi propia vida, de modo que me retiro cada día a mi espacio de escritura sagrado en

Maui y me fundo con ellas. Estoy viendo que el mayor regalo que se me ha dado nunca es el don de la imaginación. Al fijar en mi imaginación la declaración *Yo estoy realizado en Dios,* yo y toda la humanidad podríamos alcanzar cualquier objetivo. Esto solo requiere *asumir ahora el sentimiento del deseo ya realizado.* Me declaro a mí mismo que *Yo estoy bien, disfruto de perfecta salud,* y el universo responde enviándome la energía compatible con mi declaración *Yo soy,* firmemente alojada en mi imaginación.

Estoy viviendo en una conciencia extática. Mi mano se mueve sobre las páginas vacías y las llena desde no sé dónde ni cómo. Estoy siendo usado como un instrumento. Los capítulos continúan fluyendo y me encanta este sentimiento de escritura casi automática. Escribo sobre lo que considero que son las cinco enseñanzas más sobresalientes del trabajo de Neville; y también sobre el trabajo de Uell S. Andersen y las enseñanzas canalizadas de Saint Germain.

Entre tanto, ocurren milagros cada día. Hablo con mi productora Niki Vettel y disponemos de la plena bendición y del permiso de los poderes fácticos de la televisión pública para crear un programa especial de tres horas. Se retransmitirá a todo el país durante los próximos siete años, dando a millones de personas la oportunidad de descubrir lo que tanto me alegra compartir. Me niego a dejar que el miedo a las posibles críticas de quienes tienen otra visión de Dios me lleven a retener algo. Estudio las palabras de Jesús y sus numerosos pronunciamientos *Yo soy.* No me corto un pelo en la filmación de este noveno programa especial para la televisión pública.

En marzo de 2012 llega el nuevo programa especial, *Deseos cumplidos,* que se retransmite prácticamente en todas las estaciones de televisión de Estados Unidos y Canadá. Se recaudan más de dieciocho millones de dólares de las retransmisiones públicas en Estados Unidos, haciendo que la suma total recaudada desde 1998 ascienda a más de 200 millones de dólares, cuando comencé este viaje de visitar casi cada estación de la televisión pública.

El libro *Deseos cumplidos* salta al primer puesto de la lista de éxitos de ventas del *New York Times,* y recibo toneladas de cartas de millones de personas que me cuentan los múltiples milagros que han vivido en sus vidas al aplicar los mensajes espirituales de mi libro.

Elevo una oración silenciosa de gratitud por la brillantez de Neville. Él tomó el salmo 82:6 —"Vosotros sois Dioses"— como una verdad literal de la condición humana. Yo examiné todas las enseñanzas de Neville, en particular las que tratan sobre el poder de la conciencia, y estudié las palabras de Jesús, y *Los discursos del Yo Soy*, e hice todos los esfuerzos por mantener estos mensajes simples, comprensibles y aplicables en el ahora. Observo con gran orgullo y alegría la enorme respuesta positiva a estas enseñanzas: la conciencia de que Dios no es un concepto externo, sino una conciencia interna. Sabiendo que estamos fundidos con Dios, más allá del ego, la manifestación de nuestros deseos no solo es probable, sino que está garantizada.

Me siento tan bendecido y orgulloso de haber sentido el impulso interno de leer, releer, estudiar y poner en práctica las palabras de este profesor claro y carismático. Neville capta la pura lógica de los principios de la mente creativa como tal vez no lo haya logrado ninguna otra figura de su época. Su trabajo ha llegado a mí a lo largo de los dos últimos años con tanta insistencia que le presté atención, lo estudié con cuidado, y lo puse a disposición del público más amplio posible. Las enseñanzas de *Deseos cumplidos* conllevan el poder de hacer realidad el cielo sobre la tierra.

AHORA PUEDO VER CON CLARIDAD

Con frecuencia he citado el proverbio budista: "Cuando el alumno está preparado, aparece el maestro". Aunque esto no siempre es evidente en el momento, todas nuestras experiencias de vida, incluso las dolorosas, tienen un propósito verdadero y necesario en el viaje de nuestra alma. Hoy puedo ver con mucha claridad que las enseñanzas de Neville me impactaron en un momento que parece haber estado exquisitamente sintonizado con mi grado de preparación como alumno y profesor de los principios de la conciencia superior y de la espiritualidad.

En los primeros días de mi labor como escritor, como ya he indicado antes, nunca mencionaba las palabras *Dios, espiritualidad*, o *conciencia superior*. Esto se debía a que escribía desde el lugar de mi propia preparación. Los profesores que necesitaba en aquel tiempo estaban ayudándome a transmitir al público mi mensaje de motivación y autodesarrollo. A medida que mi grado de preparación aumentaba, también lo hacía la conciencia espiritual de los maestros que aparecían.

Al mirar atrás, puedo ver que toda mi carrera comenzó cuando era aquel niño en el orfanato. Puedo ver los cambios que han ocurrido a lo largo de mis años en el instituto, en el servicio militar, cuando era un alumno inquisitivo en la universidad, un joven profesor de instituto, un profesor universitario y a lo largo de más de cuatro décadas como escritor de muchos libros y conferenciante ante millones de personas de todo el mundo. Desde la distancia, miro todo ello y puedo ver las pautas desde mis primeros días hasta ahora, cuando tengo más de setenta años. Ha sido un largo viaje, y ahora puedo ver con claridad el motivo general. Cuando estaba en cada una de las posiciones, no era capaz de ver cómo cada paso llevaba a otro más elevado en la escalera que conduce a la realización de Dios.

Pasé de no usar nunca, y ni siquiera considerar, las palabras *Dios, conciencia superior* o *espiritualidad,* a introducir lentamente estas ideas en algunas ocasiones en mis escritos y charlas. Gradualmente fui cambiando y me abrí a considerar el significado de escribir sobre una relación con Dios, y a descubrir que el paso siguiente era ser más como Dios. De Neville Goddard y Saint Germain en *Los discursos del Yo Soy*, aprendí la sabiduría infinita de vivir desde el yo superior; *es decir, como un pedazo de Dios.* ¡Vaya, qué viaje!

Con el beneficio de poder mirar atrás ahora con toda claridad, me doy cuenta de que quince años antes de escribir *Deseos cumplidos*, escribí otro libro titulado *Construye tu destino*. Ese era mi grado de preparación en aquel tiempo. Estaba en las primeras etapas de mi transición de ser un escritor basado en la psicología y la motivación, a ser un alumno y profesor de la espiritualidad y la conciencia superior. En 1996 puse el foco en conseguir lo que uno quiera, resaltando que cuando aprendes los principios de la manifestación, puedes usar los nueve componentes clave de este proceso. Cada uno de estos nueve principios eran, y siguen siendo, esenciales para vivir una vida en la que seas capaz de atraer todo lo que quieras. Quince años después, he cambiado gradualmente hacia las áreas de la conciencia de Dios.

El tipo de manifestación que exploro en *Deseos cumplidos* se basa en mis investigaciones de trabajos como *Los discursos del Yo Soy*, y en particular las enseñanzas de Neville Goddard. No se trata de conseguir lo que quieres mediante la práctica de unos principios específicos. En *Deseos cumplidos* se explica que la espiritualidad no consiste en manifestar *lo que tú quieres*, sino de manifestar *lo que tú eres*. Ahora sé que todos mis deseos de conseguir cosas vienen de una conciencia de carencia. Puedo ver con claridad que ya soy pleno y completo, y que el proceso de manifestación consiste en devenir todo aquello que estoy destinado a ser, reclamando mi divinidad, mi conexión con la Fuente. La verdadera manifestación es vivir una vida realizada en Dios.

AHORA PUEDO VER CON CLARIDAD

Albergar día tras día pensamientos de paz y amor hacia todas las criaturas es el camino de conciencia que conduce a una paz abundante. Esto es lo que tenía que añadir a mi libro original sobre la manifestación, escrito quince años antes. Al pensar y actuar como la Fuente creativa, transciendo el deseo del ego de acumular más objetos físicos, y llego a entender que no manifiesto lo que quiero. Manifiesto lo que soy. Al mantenerme alineado con el Tao, o Dios, o la mente Divina, adquiero todo el poder de la Fuente creativa del universo. Es mi yo superior. Es Dios, y cuando vivo así, *Yo soy*.

Ahora también puedo ver con claridad que mi fascinación con las enseñanzas de Neville y *Los discursos del Yo Soy* me estaba siendo transmitida por una fuerza que quería que entendiera que solo estando alineado con la conciencia de Dios es posible atraer la guía espiritual de aquellos que han dejado este dominio terrenal. Al evitar el juicio, la crítica, la condena y todos los pensamientos de daño, los ángeles de la conciencia superior se reconocen a sí mismos en la persona construida en el amor puro, y el universo conspirará para abrir esas puertas a la abundancia y a la suprema felicidad que habían permanecido firmemente cerradas. Ahora puedo ver con claridad que cuanto más vive la persona en el amor Divino, más guía recibe de las Fuentes no físicas.

Ahora el mensaje ha quedado claro para mí. En la visión más elevada del alma, se agita un ángel que nos despierta, de modo que usa tu imaginación de tal modo que te mantengas plenamente alineado con el amor Divino. No es que estas poderosas enseñanzas, que en 2012 se convirtieron en el telón de fondo de *Deseos cumplidos*, fueran desconocidas o inaccesibles para mí quince o incluso cinco años antes; siempre es una cuestión de estar preparado. Me abrí más a la idea de que la guía espiritual está allí para mí, y de que Dios no es un concepto externo, sino que está en lo profundo de mí y de todos los que han vivido alguna vez.

El creador plantó un fragmento de sí mismo en la humanidad, una chispa de su naturaleza *Yo soy* que puede crecer hasta ser un fuego que me lleve a darme cuenta de que: *en mi esencia más básica, yo soy Dios*. A medida que aumentaba mi preparación para aceptar lo que antes había considerado un concepto radical, los profesores para los que yo estaba preparado empezaron a aparecer con asombrosa prontitud. Lo que resultaba oscuro y había descartado en una etapa anterior de mi vida, se volvió sensato e intensamente emocionante. Alimentado por mi entusiasmo, esto evolucionó dentro de mí hasta dar el libro y el programa especial de la televisión pública titulado *Deseos cumplidos*.

Durante la retransmisión de este programa especial, pude invitar al escenario a Anita Moorjani para que contara la asombrosa historia de su curación de un linfoma muy avanzado. La historia de Anita me llegó cuando me estaba preparando para recibir estas asombrosas enseñanzas. Esta maestra llegó a mi vida cuando fui capaz de ayudarle a publicar su libro, *Morir para ser yo*, y tuve el privilegio de escribir el prólogo.

Anita descubrió de primera mano que ella no estaba separada de Dios, y fue curada de los estragos de un cáncer tan avanzado que solo le daban unas horas de vida. Nadie en ese estado tan avanzado había sobrevivido antes, sin embargo Anita volvió, libre del cáncer, para enseñar a otros lo que había aprendido en su experiencia cercana a la muerte. Su historia ha tocado las vidas de millones de personas, y el libro se convirtió al instante en un éxito de ventas del *New York Times*. Ahora ella viaja por el mundo compartiendo con el público lo que aprendió y lo que sabe con seguridad: lo único que tenemos que hacer es atesorar nuestra propia magnificencia y saber en nuestros corazones que siempre estamos comprometidos con Dios. Y con Dios todo es posible.

Ahora puedo ver con claridad todas las circunstancias que tuvieron que encajar en su lugar para que yo pudiera saber de la fenomenal experiencia de Anita "en el otro lado". Mi insaciable deseo de localizarla en Hong Kong, de ayudarla a contar su historia, de conseguir que se publicara su libro y, después, de traerla a Estados Unidos para que apareciera en el especial de la televisión pública…, todo ello coreografiado por un poder superior. Millones de personas introdujeron un cambio en su desarrollo personal como resultado del libro de Anita y de su aparición en televisión. Necesitaban ver y oír a alguien que había experimentado el poder que reside dentro de todos nosotros y reforzar la idea de que todos somos Dios.

Me siento asombrado ante las exquisitas sincronicidades que se desplegaron en ese periodo. Es cierto que cuando nosotros, los estudiantes, estamos preparados, los maestros y las enseñanzas aparecen mágicamente.

57

Estamos a mediados de junio de 2011 y estoy de vuelta en Asís. Hace varios meses acordé con Reid Tracy, mi amigo íntimo y director general de Hay House —mi editor exclusivo durante los últimos doce años— promocionar este viaje al que llamamos *Experimentar lo milagroso*. El itinerario nos lleva a volar a los lugares sagrados de Asís, Lourdes y Medjugorje en un avión privado. En cada uno de estos tres lugares, donde han ocurrido milagros verificables, doy una charla de dos horas. Ciento sesenta y dos personas, el máximo número de asientos en nuestro avión alquilado, se han apuntado a este viaje, que es de esos que se hacen una vez en la vida.

Esta es mi tercera visita al hogar del santo que ha sido tan crucial en mi evolución espiritual a lo largo de los últimos veinte años, y mientras planeaba esta odisea espiritual sabía que tenía que volver aquí. Mi visión es vivir realmente los ideales que definieron la vida de san Francisco de Asís, que ha tenido una fuerza tan enorme en mi vida a lo largo de las últimas décadas.

Cuando me registro en el hotel, me ofrecen usar una túnica marrón, diseñada como las que llevan los monjes de la orden franciscana (y el mismo san Francisco llevó cuando fundó su orden espiritual hace más de 800 años). Me pongo la túnica y camino por las dependencias del hotel, aquí, en este pueblo de la Italia central, en estado de semiasombro por haber vuelto adonde viví aquel milagro de curación en la década de los 90. Recordándolo, me toco la rodilla y ofrezco en silencio una oración de gratitud al hombre cuyo rostro observé cuando me pidió que me levantara con John Graybill colgando de mi espalda, ofreciéndome una curación que ha hecho innecesario considerar la operación de rodilla.

Al día siguiente nuestro grupo (que incluye a tres de mis hijos) visita los numerosos lugares santos que dan testimonio de la influencia que una persona puede tener en la población mundial más de ocho siglos después de su deceso en 1226. En su vida, Francesco tuvo una profunda conexión con Jesucristo. Estaba convencido de que vivir en la conciencia crística podía traer perdón, amor, fe, esperanza, luz y alegría a un mundo en el que la gente esté dispuesta a soltar la revancha, el odio, la duda, la desesperación, la oscuridad y la tristeza.

Me siento profundamente conmovido cuando me dan permiso para dar una charla la noche siguiente en un lugar muy especial que nunca antes ha estado disponible para este tipo de evento: la Iglesia de San Pietro, en una abadía benedictina fundada en el siglo X. También se nos da permiso para traer una cámara de vídeo y grabar la charla. Sin duda Francesco está desempeñando un papel para que me permitan dar una charla aquí y dejar que se grabe.

Ocurre que la fecha de la charla coincide con el solsticio de verano: el martes 21 de junio. Aquella noche, a medida que cada uno entra silenciosamente en la iglesia, nos recibe un monje franciscano. Sonríe con aprobación mientras hablo de esta asombrosa estructura, que estaba aquí, en Asís, mientras Francesco y sus devotos trataban de corregir la corrupción que asolaba a la jerarquía católica en aquel tiempo.

Este es un entorno electrificante, aunque sereno y notablemente aquietado. Hay una estatua de Jesús en la cruz, y en unos momentos voy a hablar debajo de esta antigua escultura. Mientras espero en un anexo, siento un cosquilleo que no se parece a nada que haya experimentado nunca antes de dar una charla.

Previamente, cada uno de mis hijos: Serena, Sands y Saje ofrecen una amorosa introducción. A continuación cuento mi larga historia con san Francisco, y siento que estoy en un campo de energía supercargado. No puedo apartar la idea de que está aquí mismo conmigo.

Mientras me preparo para concluir la presentación de dos horas de duración, leo una historia de ficción profundamente conmovedora de Nikos Kazantakis que simplemente se titula *San Francisco*. Habla de la transformación de Francesco desde que era un joven soldado que casi muere en prisión hasta que se convierte en un renunciante que dio todo lo que poseía y dedicó su vida a reparar su iglesia y a vivir íntegramente el mensaje de Jesús. La historia se cuenta a través de los ojos del constante compañero de Francesco, el hermano Leo.

He leído esta novela cinco o seis veces, y siempre agita profundas emociones en mí. Ahora elijo leer un breve pasaje en el que Francesco afronta una de las cosas que más teme, un leproso, y Jesús le dice que le bese en la boca para erradicar su aprensión hacia los que están afligidos por la lepra.

Mientras leo la historia al grupo, de repente me embarga la emoción. Me quedo congelado sobre el escenario y soy incapaz de seguir hablando. Lloro incontrolablemente. He perdido el control de mí mismo. Siento como si otro ser se hubiera apoderado de mí. Por primera vez en mis más de cuarenta años de hablar en público, siento que no soy yo mismo. Yo no soy Wayne Dyer dando una charla que está siendo filmada para que forme parte de la película de un recorrido espiritual. Estoy fundido con este ser que ha estado dentro y fuera de mi vida, a veces en la periferia y otras en lo profundo de mi alma. Nos hacemos uno.

Las lágrimas me caen por el rostro, y siento que Francesco se ha fundido conmigo. No hay palabras para describir este sentimiento. Tengo las manos extendidas, y en la iglesia el público se pone de pie y extiende sus brazos hacia mí. Permanecen conmigo, y yo siento su abrazo amoroso aunque no haya contacto, ni siquiera movimiento. No hay aplauso. La charla ha terminado. Soy al mismo tiempo un náufrago emocional y un pedazo de Dios en éxtasis supremo.

Algunas personas se me acercan cuando salgo de la iglesia y me dicen que nunca han estado en un espacio tan cargado de energía, y que les ha dejado sin respiración. Sé que acaba de ocurrir algo muy dramático y poderoso. He experimentado la fusión de mi yo interno con un espíritu que desde hace mucho tiempo ha desempeñado un papel dominante en mi desarrollo personal y espiritual.

El grupo se dirige hacia un restaurante, pero yo soy incapaz de pensar en comer. Vuelvo en taxi a la habitación del hotel, donde medito durante dos horas. No tengo apetito. Me siento agotado, como si de algún modo hubiera pasado por un intenso proceso de desintoxicación. Me quedo despierto toda la noche, reviviendo lo que ha tenido lugar en la iglesia y tratando de resolver cómo yo, un experto orador profesional, puedo haber "perdido el hilo" tan descaradamente sobre el escenario.

AHORA PUEDO VER CON CLARIDAD

Hay una secuencia clara de sucesos y circunstancias que me llevaron a la experiencia en la iglesia de San Pietro de Asís, donde sentí que la presencia de san Francisco entraba en mi cuerpo y me dejaba mudo e inmóvil. Hasta ese día del solsticio de 2011, yo había escrito y hablado mucho sobre el concepto de unidad y sobre la fusión de las almas cuando se alcanza la realización de Dios. En cada uno de mis libros —empezando por *La fuerza de creer*, escrito más de veinte años antes, donde escribí todo un capítulo sobre la unidad— fui capaz de hablar de manera sensata de estos temas esotéricos. Ahora puedo ver con claridad que los numerosos libros que le siguieron fueron intentos de ampliar esta idea de que todos estamos conectados, y de que estar completamente fundido con otra contraparte espiritual es una posibilidad auténtica.

Pero mi visión más clara a día de hoy es una visión de mí mismo en aquel altar, en la asombrosa iglesia donde san Francisco estuvo una vez, en la magnífica ciudad de Asís. Fui llevado a un lugar donde pude experimentar la diferencia entre *escribir* sobre la unidad y *experimentarla* de primera mano. Es como la diferencia entre conocer a Dios a través de los escritos de otros y conocer a Dios estableciendo un contacto consciente con Él.

Era el momento de que yo pudiera ver el gran cuadro del viaje de mi vida, en el que he pasado de ser un joven escritor y orador sobre temas psicológicos, a un supuesto nivel de experiencia en asuntos espirituales, y en último término llego al conocimiento a través de mi experiencia personal con san Francisco. Fue realmente una cita con lo Divino ordenada por las fuerzas invisibles que manejan estos asuntos celestiales.

Es parecido al conocimiento absoluto que tengo a día de hoy de que los años que pasé en hogares de acogida y orfanatos durante la primera década de mi vida se me ofrecieron como la única manera de llegar a integrar plenamente la confianza en mí mismo. Miro a aquellos primeros años como el camino que fui llevado a atravesar, los primeros pasitos de bebé que necesitaba internalizar para que la confianza en mí mismo se implantara con firmeza en mi conciencia. Mis primeros escritos sobre la unidad y la interconexión espiritual de todas las almas fueron mis pasos tentativos hacia la realización última de ser capaz de experimentarla de primera mano.

San Francisco ha sido una figura destacada en el patrón general de mi vida, desde que era niño y me intrigaba la posibilidad de que hubiera un jardín secreto, hasta el día de hoy en que me he convertido en un influyente y muy reconocido maestro espiritual. A ojos del creador, yo tenía que tener algo más que un conocimiento superficial de Francesco de Asís; no solo tenía que llegar a saber *de* él, tenía que *convertirme* en él. Aquel día del solsticio de verano, supe más allá de toda duda que nos habíamos fundido momentáneamente.

Todos los presentes aquel día en la abadía también pudieron sentir la presencia de san Francisco. Y cuando vi fotos de mi persona tomadas en aquel momento por distintas cámaras, se distinguían unos orbes (anomalías visuales) enormes. De hecho, incluí una de esas fotos en una inserción publicada en *Deseos cumplidos*.

Mientras daba los últimos toques a este libro, recibí una carta de Brenda Babinski, que había estado entre el público en una charla que había dado poco antes en Canadá. Escribió para hablarme de una luz que me rodeaba cuando estaba en el escenario durante mi presentación:

> Entonces ocurrió algo todavía más extraño. Doctor Wayne, tú estabas hablando de san Franciso de Asís y ante mis ojos te transformaste. Tu cuerpo estaba vestido con una larga túnica y tus rasgos se transformaron, de modo que tú eras san Francisco de Asís. Solo duró un momento, pero fue poderoso, emotivo y muy, muy real.
>
> Y entonces ocurrió algo aún más extraño. Empezaste a hablar de Lao-Tsé, ¡y te transformaste en él! Una larga coleta te caía por la espalda y pude ver tu rostro completamente transformado en el de Lao-Tsé. Una vez más, solo duró un momento, pero la experiencia seguirá siempre conmigo.

Durante la mayor parte de mi vida, hasta hace poco, habría rechazado con firmeza este tipo de ocurrencias como algo no solo imposible, sino también ilusorio. Pero ahora veo con una visión mucho más clara. Ya había estado allí, en la abadía de san Pietro de Asís, en otra ocasión, antes de que este hombre santo viniera a mí: durante un milisegundo tuve una visión de él implorándome que me levantara, y en aquel momento se me curó una rodilla que los médicos no sabían tratar. Antes de eso, Francesco entró en el corazón de mi esposa y en el mío, y tocó nuestras almas cuando nos sentamos a meditar en la capilla donde había vivido y muerto. Aquel día del solsticio de 2011, sentí que me hacía uno con este ser Divino durante unos momentos preciosos, frente a una cámara de vídeo y a ciento sesenta y dos buscadores espirituales.

Francesco experimentó los estigmas durante los dos últimos años de su vida. Su devoción a la conciencia Crística era tal que llegó a ser uno con Jesús. Hoy veo con claridad que la verdadera esencia de vivir desde un lugar de amor Divino e incondicional consiste en hacerse uno con la Fuente de nuestro ser, pensando y actuando constantemente como Dios. Cuando nuestro ser se satura de puro amor, como me ocurrió en la tercera visita milagrosa a Asís —dando una charla sobre el impacto que este santo había tenido en mí, contando la historia de cómo Francesco había descubierto que Jesús había venido a él en forma de un leproso, y cómo había superado su miedo al besarle en la boca—, en ese momento, el amor Divino me unió con Francesco y nos hicimos uno.

Siempre me ha encantado la observación de la Madre Teresa cuando miraba a los ojos de aquellos que había sacado literalmente de las cloacas: "Cada uno de ellos es Jesús disfrazado". Sé que todos estamos conectados: todos somos uno.

El incondicional amor Divino puede ser tan empoderador que puede darnos las heridas de Cristo; puede permitirnos ver el despliegue de Dios en todos; y como aprendí en aquellos momentos mágicos en Asís que quedaron grabados en el DVD del programa llamado *Experiencing the Miraculous* [Experimentar lo milagroso], puede fundir en unidad las almas de lo que solo *parecen* ser dos seres separados.

Desde aquel día en la iglesia de san Pietro, he sentido conmigo a san Francisco en todo momento. Me siento humilde ante el mero pensamiento de haber podido fundirme con un ser así, aunque solo fuera por un momento..., pero es más probable que sea para toda la eternidad.

58

Me encuentro con 350 personas que han acordado venir conmigo a realizar un crucero por el mar Mediterráneo a bordo del fabuloso buque insignia de Celebrities Cruises, el *Equinox*, que tiene diecisiete pisos. Anuncio al grupo que daré cinco charlas de dos horas cada una en el mar, mientras viajamos de Roma a Santorini, Estambul, Atenas, Mykonos y Nápoles. Además, planeo dar una charla de una hora en la casa de la Virgen María, en Éfeso, Turquía. El tema de esta charla especial será: "En la estela de nuestros antecesores espirituales", que también es el tema de esta odisea.

Durante las dos semanas anteriores doy dos charlas públicas en Escocia e Inglaterra, donde dedico tiempo a prepararme para la fecha especial del 30 de septiembre de 2012. Ahí es cuando nos reuniremos en la casa de piedra adonde se cree que san Juan llevó a la madre de Jesús después de la crucifixión, y donde vivió hasta su ascensión. Ahora este hogar es un santuario católico y musulmán situado en el monte Koressos, cerca de Éfeso, Turquía. Daré la charla en el exterior de la casa de piedra donde cientos, sino miles, de visitantes estarán paseando. Contamos con un equipo de filmación para grabar el evento, tal como hemos venido grabando todas las charlas y visitas a estos lugares históricos del Mediterráneo.

He estado pensando en un santo que vivió en Turquía, no lejos de aquí: Mawlana Jalal al-Din Rumi. Fue un poeta, jurista, teólogo y, lo más significativo, un místico sufí. Y su vida se solapó con la de san Francisco de Asís (Rumi nació en 1207 y tenía diecinueve años cuando Francesco falleció en

1226). Aunque vivió en el siglo XIII, en 2007 se le describió como el poeta más popular de Estados Unidos.

He venido leyendo y citando a Rumi durante casi treinta años. Él se ha convertido en una figura muy significativa en mi vida, a la par de tantos otros maestros espirituales sobre los que he escrito en estas páginas. De hecho, casi me he sentido obsesionado con la vida de este hombre, al que se considera un santo tanto en el mundo musulmán como en el cristiano, pues su importancia transciende las fronteras nacionales y étnicas.

A comienzos de la década de los 80, poco después de la revolución en Irán, recibí una carta de una mujer llamada Mariam que vivía en Teherán. Ella había leído en su farsi nativo una edición recientemente publicada de *Tus zonas erróneas*, y trajo a mi conciencia las obras de Rumi. Desde entonces ha estado en continua comunicación conmigo a través de las cartas que me ha enviado desde su casa en Irán.

Han transcurrido casi tres décadas desde que Mariam conectó por primera vez conmigo después de enamorarse de las ideas que presenté en mis primeros libros. Aunque vive en un país que limita y desanima seriamente cualquier contacto con los estadounidenses, ella siente un profundo amor por mí y por las obras que he producido a lo largo de más de treinta años. Mariam tuvo polio de niña y no pudo estar de pie ni caminar desde los dos años hasta los seis. En un sueño, una Divina aparición femenina le instó a levantarse y caminar, y ella lo hizo, primero en el sueño y después en estado de vigilia.

Ella me envía los poemas de Rumi, y sueña con encontrarse algún día con el que denomina su "amor de Shams". Parece que ha desarrollado un tipo de relación conmigo como la que Rumi tenía con el gran maestro espiritual Shams de Tabriz, que inspiró buena parte de sus poemas. En 1244, a la edad de 37 años, Rumi conoció a su maestro Shams y este encuentro cambió su vida. El amor que hubo entre ellos durante los cuatro años en que fueron compañeros se consideraba Divino. Su amor por Shams y su duelo por la muerte del maestro (algunos dicen que producida por el propio hijo de Rumi) inspiraron una avalancha de poemas de amor que ha sido traducida a muchos idiomas y persiste hasta nuestros días.

Las cartas de Mariam, sus regalos, y las llamadas telefónicas ocasionales a lo largo de décadas hablan de una especie de alianza de amor sagrado entre nosotros que transciende la brecha cultural y global que nos separa. Su deseo más ferviente es que algún día nos podamos encontrar en persona, aunque esto siempre ha resultado imposible

AHORA PUEDO VER CON CLARIDAD

porque las leyes de su país le impiden obtener un visado para visitar Norteamérica.

La mañana del veintiocho de septiembre de 2012, nuestro grupo se prepara para dar una vuelta por la encantadora ciudad antigua de Estambul. No la he visitado desde que viví en Karamusel, en 1974, cuando me vi obligado a sobornar a un empleado para salir de Turquía debido a la guerra inminente con Gracia por la crisis de Chipre. Estoy a punto de montar en el autobús cuando una mujer con la cabeza cubierta se para delante de mí y me muestra una nota escrita a mano que dice: *La fuerza de creer*. Me pregunta:

—¿Sabes quién soy?

Cuando descubro que es Mariam, a ambos nos abruma la alegría. Resulta que ha podido pedir un visado para venir a Turquía y ha esperado toda la noche para conocerme en este puerto abarrotado, donde hay miles de visitantes.

Hay una persona de nuestro grupo que no ha podido venir al autobús por estar enferma, de modo que hay un sitio vacío. Mariam pasa todo el día conmigo y con mi hija Serena, y compartimos un adiós lacrimoso al final de nuestra visita a la increíble Mezquita Azul.

Regreso al barco y continúo los preparativos para mi charla en casa de la Virgen María en Éfeso. He estado totalmente sumergido en los trabajos de Rumi y Shams de Tabriz, y escojo los poemas y las historias que quiero incluir en mi presentación. Siento la presencia tanto de Rumi como de Shams, y de Mariam después de verla por primera vez después de tantos años de comunicación, especialmente relacionada con las enseñanzas de estos dos gigantes espirituales. Sus enseñanzas van mucho más allá de la religión; representan la esencia misma del amor Divino, que es donde me veo a mí mismo ahora. Un alumno y profesor de un tipo de amor que no cambia nunca, que nunca varía. Es el amor que Dios dirige a toda la humanidad.

Llego abordo de esta magnífica nave —literalmente una ciudad flotante— a Éfeso, y vuelvo a montar en un autobús. Nuestro grupo va a pasar todo un día en esta antigua ciudad, que oculta los restos neolíticos de un asentamiento de más de 8.000 años de antigüedad. También contiene la mayor colección de ruinas romanas del este del mar Mediterráneo. Es un lugar fascinante de ver y se nos recuerda que solo ha sido excavado un 15 por ciento.

Mientras camino a mi autobús, vuelvo a ver a Mariam. Ha cambiado sus planes de volver a Teherán y ha tomado un vuelo, un tren y un autobús para unirse a nosotros en esta visita a Éfeso. Por supuesto, también quiere asistir a mi charla sobre Rumi y Shams, puesto que buena parte ha sido recopilada a partir del material que ella me ha enviado durante casi treinta años. Pienso en el tiempo, los problemas y los gastos que Mariam ha tenido que asumir, la miro y veo la pura alegría que siente de finalmente cumplir el sueño de su vida de conocerme en persona.

Estoy en estado de shock y alegría. Tener como acompañantes a Mariam y a mi hija por la ciudad excavada de Éfeso es como un sueño, y ahora dar la charla sobre Rumi en la casa de la Virgen María será emocionante y también un reto. Esta mujer ha leído todas las obras de Rumi, incluyendo los seis volúmenes del *Masnavi,* un escrito espiritual que enseña a los sufíes a alcanzar un verdadero alineamiento con Dios.

Tomamos el autobús hasta la cima de la Montaña del Ruiseñor, donde está la casa de la Virgen María dentro de un parque natural. Los 350 miembros del grupo están sentados en la zona adyacente a la casa de piedra, cuya fundación se remonta al siglo I d.C. La leyenda cuenta que la Virgen María vino con el apóstol Juan a esta casa, donde vivió hasta su muerte.

Presento a Mariam al grupo, incluyendo los cientos de turistas que se han detenido para escuchar mi charla y observar la grabación de este suceso. Recito una serie de poemas de Rumi y Shams, y hablo del gran amor que había entre estos dos espíritus venerables. Cuento la historia de Mariam y mía, y todo lo que le ha costado estar a mi lado en el escenario. Recuerdo la historia que Mariam me contó de sus años como víctima de la polio, y de cómo una mujer bendita le dijo en su sueño que se levantara y caminara, aunque durante esos cuatro años ni siquiera podía estar de pie.

Recuerdo la visión de san Francisco que tuve en Asís, que apareció durante unos segundos y me instruyó que me levantara, curando allí mismo mi rodilla derecha. Miro a mi izquierda y veo la casa a la que vino la Virgen María, y recuerdo que se la menciona no solo en las obras poéticas de Rumi, sino también en el Corán.

Completo los setenta minutos de presentación grabada "En la estela de nuestros ancestros espirituales", particularmente Shams y Rumi, que hablaron de un tipo de amor curativo que va más allá de cualquier religión. Es el treinta de septiembre de 2012, el 805 cumpleaños de este hombre que se ha convertido en una fuerza Divina en mi vida, en gran medida gracias al amor que Mariam de Irán tiene por mí, y continúa teniendo hasta el día de hoy. Deseamos feliz cumpleaños a Rumi y vamos a encender una vela en la casa de la Virgen y a sentir la energía de amor que envuelve a todos los asistentes el día de hoy.

En los últimos meses he pasado una considerable cantidad de tiempo en Asís, Lourdes, Medugorje y ahora en Éfeso, todos ellos lugares de adoración donde se han registrado y documentado apariciones de la Madre de Jesús. Estoy dando esta charla el día del cumpleaños del hombre cuyas enseñanzas sobre el amor Divino han inspirado a millones de personas de todo el mundo, sin tener en cuenta su procedencia cultural o religiosa. Estoy con Mariam, que siendo una niña musulmana, fue curada de los efectos devastadores de la polio por una aparición espiritual. Todos los asistentes se sienten conmovidos por estas y muchas otras coincidencias.

Volvemos a montar en los autobuses después de una experiencia portentosa en casa de la Virgen. Retornamos al puerto, y me veo envuelto en lágrimas cuando Mariam me dice: "Ahora te llevaré conmigo para toda la eternidad". Me da un montón de regalos para mis hijos, y casi colapsa en mis brazos cuando le doy el abrazo de despedida.

AHORA PUEDO VER CON CLARIDAD

Tú que buscas a Dios, aparta, aparta
lo que buscas, tú eres, tú eres.
Si quieres buscar el rostro del Amado,
pule el espejo, mira dentro de ese espacio.

Estas palabras fueron escritas por Rumi para su maestro y gurú Shams de Tabriz. Al mirar atrás a aquel día tan impactante en Éfeso, creo que estas palabras, que leí antes de dar la charla en la casa de la Virgen María, simbolizan el lugar al que he sido guiado, no solo en este crucero por el Mediterráneo y en mi encuentro con Mariam, sino también para la totalidad de mi vida. Todo consiste en reconocer que Dios no es algo que vive aparte de nosotros. Si pulimos el espejo y miramos dentro de ese espacio, descubriremos que es Dios quien reside en eso que se refleja de vuelta.

En el 805 aniversario del nacimiento de Rumi, cuando hice mi presentación en el lugar sagrado, las tres semanas anteriores prácticamente no había hecho otra cosa que sumergirme en la vida y enseñanzas tanto de Mawlana Jalal ad-Din Rumi como de Shams de Tabriz. Ambos visitaban mi corazón y mi alma, de manera parecida a Ellis, Maslow, san Francisco, Lao-Tsé, y otros que habían estado en momentos anteriores en mi vida.

Que Mariam, quien me había introducido originalmente en Rumi y Shams treinta años antes, se presentase de manera tan inesperada y estuviera a mi lado mientras hablaba y recitaba la poesía de Rumi fue un designio Divino. Sentí que esto era especialmente significativo puesto que tuvo lugar en la última residencia terrenal de la Madre de Jesús, que Miriam sospechaba que podía haber contribuido de manera fundamental a su curación de la polio a los seis años de edad.

Hoy puedo ver con claridad que todas estas "coincidencias" que se configuraron en torno al cumpleaños de Rumi en Éfeso me dan a conocer el significado de las palabras que se le atribuyen como tributo a su maestro, a quien adoraba y amaba incondicionalmente. Para Rumi, el amor es el impulso de volver a unirse con el Espíritu, la divinidad, y el objetivo hacia el que se mueven todas las cosas. La ilusión es que estamos separados de nuestra Fuente Divina. Todos nuestros esfuerzos por amar, según Rumi, son por acercarnos más y más a eso que es nuestra verdadera naturaleza. Esta fue la lección esencial tanto de san Francisco como de Lao-Tsé: fundirse en la unidad con Dios. Abandonar las exigencias del ego, y vivir desde el amor Divino, un amor que no cambia nunca, que nunca varía, que es firme y nunca mengua, tal como son el amor de Jesús, Buda y de todos los Divinos maestros espirituales.

Ahora puedo ver con claridad que estaba siendo dirigido a ir aún más allá del conocimiento de que todos somos pedazos de Dios, y a sentir la irradiación interna que viene a nosotros cuando finalmente tenemos este conocimiento experiencial. Alcancé un nuevo nivel de intuición a partir de todo lo que estuve leyendo en las semanas anteriores al encuentro con Mariam y a la charla que di sobre las obras de los grandes maestros sufíes que transcendieron todas las identidades religiosas y culturales. Este mensaje esencial era, y es, que toda la materia del universo obedece a la ley del amor Divino, que es un movimiento para evolucionar y buscar la unidad con la divinidad desde la que ha emergido.

Estas líneas poéticas expresan la enseñanza de Rumi, y mi llamada al amor Divino:

Deambulé por las tierras de la Cristiandad de un extremo a otro buscando por todas partes, pero Él no estaba en la cruz.

Entré a los templos donde los indios adoran a sus ídolos
y los magos recitan oraciones al fuego, no encontré rastro de Él.

Cabalgando a toda velocidad, busqué por toda la Kaaba,
pero Él no estaba en ese santuario para jóvenes y viejos.

Entonces miré directamente dentro de mi propio corazón:
Allí, Le vi... Él estaba allí, y en ninguna otra parte.

El "Él" que Rumi vio fue su propio yo superior, Dios dentro de uno mismo. Pero, más allá del reconocimiento de nuestra propia presencia santa está la voluntad de ser un instrumento de este amor y de irradiarlo hacia todas las creaciones de Dios. Siento el desafío de amar a todos, tal como Shams desafió a Rumi a amar más allá de cualquier condición o restricción. Amar como Mariam me ha amado y ha amado mis enseñanzas durante tres décadas sin haberme visto nunca con los ojos físicos. Estas son las palabras que me escribió después de nuestros encuentros en Turquía:

> Todavía no he dejado de llorar por haber tenido que dejarte, en el camino de vuelta a casa, en el trabajo, día y noche. Las lágrimas fluyen de mis ojos dondequiera que voy, haga lo que haga. No hay nadie, ni siquiera tú, que pueda entender cómo me siento después de haber vuelto: solo yo, Dios y Molanaye Rumi... Tú me das las gracias, pero soy yo la que debería dártelas por llamarme al escenario y tener el honor de estar a tu lado y hablar de Molanaye Rumi...

> *Mordeh bodam zeneh zendeh shodam*
> *(Estaba muerto y reviví)*
> *Geryeh bodam khandeh shodam*
> *(Yo era lágrima y me convertí en risa)*
> *Dowlateh eshgh amado man dowlateh payandeh shodam*
> *(El reino del amor vino y yo me convertí en el reino eterno)*
> *Molanaye Rumi*

Wayne, siento que Rumi está entre nosotros, quiero decir no entre medio, sino dentro de ti y de mí, y hace que nos sintamos más cerca que en cualquier otro tiempo. Esto no es accidental. El amor es nuestro destino.

Al mirar atrás a los asombrosos sucesos que ocurrieron aquel día, recuerdo que Mariam me ha amado a lo largo de tres décadas: en medio del nacimiento de muchos hijos, en medio de la muerte de sus propios padres, en medio de la curación de sus enfermedades, en medio del extremismo político, en medio de las guerras y las separaciones forzosas, nunca ha flaqueado. Ella ha sido una mensajera de Dios que me ha traído a Rumi y a Shams de Tabriz, y que ha permitido que mi corazón se abra a una nueva clase de amor. No un amor humano, que cambia y varía; no un amor espiritual, que varía pero nunca cambia; sino un amor Divino, que nunca cambia ni nunca varía.

Con todas mis interminables horas de lectura y preparación para esa presentación en Éfeso, y aún así no sabía que Mariam aparecería en un embarcadero abarrotado cuando subía al autobús. Mientras me involucraba en mis preparaciones e investigación, no tenía ni idea de que estaría en casa de la Virgen María. Ni tampoco me daba cuenta de que estaría allí en el cumpleaños del maestro del amor Divino más querido del mundo.

Me siento aquí y escribo en un estado de estupefacción por todo lo ocurrido aquel día. Todo para enseñarme estas palabras de Rumi:

El amor ha venido y es como sangre en mis venas y en mi carne.
Me ha aniquilado y me ha llenado del Amado.
El Amado ha penetrado cada célula de mi cuerpo.
De mí solo queda un nombre, todo lo demás es Él.

Esto es lo que puedo ver con claridad ahora. Mi nombre permanece. El amor es mi esencia. Y mi destino es practicar y enseñar el amor Divino.

EPÍLOGO

Ver tu vida con claridad, ¡ahora!

Hay tantos beneficios que pueden acumularse para ti y se acumularán si estás dispuesto a examinar tu propia historia personal desde la perspectiva de una mente abierta, y con la intención de ver todo lo que ha ocurrido en tu camino con una visión más clara. Al relacionarme con todas las circunstancias que fueron grandes puntos de inflexión en mi vida a lo largo de las páginas de este libro, he descubierto algunas verdades que me gustaría compartir con vosotros, para que también podáis disfrutar el beneficio de mirar vuestra vida, entonces y ahora, a través de unas lentes sin nubarrones.

Mi comprensión suprema es que todos vivimos en un universo que detrás de la vida tiene inteligencia, y esa inteligencia es innata en cada creación. Esta mente universal está completa en cada uno de nosotros, y solo tenemos que descubrirla para que su poder y perfección sean nuestros.

Te animo a aplicar una visión sin obstrucciones a todas las cosas que te hayan ocurrido alguna vez, y a todas las personas que hayan venido en alguna ocasión a tu vida. Tú eres un pedazo de la fuerza creativa que es la matriz de toda materia.

Los eventos o personas que aparecen en tu vida no lo hacen por casualidad ni por coincidencia.

Armado con esta conciencia de que no pueden ocurrir "accidentes" en un universo que está siendo dirigido por una mente consciente e inteligente, y que hay algún tipo de propósito asociado con todo lo que llega a tu vida, porque formas parte de la matriz de toda materia, puedes empezar a hacer lo que yo he estado haciendo mientras escribía este libro. Puedes empezar a prestar mucha atención y ver cada suceso y circunstancia —en particular los que dan como resultado cambios dramáticos— como guías de esta Divina inteligencia organizadora.

A lo largo de la historia ha habido muchos nombres familiares para esta fuerza que inspira a los seres humanos a seguir una dirección que produce belleza, amor y verdad. Esta inteligencia invisible está eternamente contigo, y te ofrece algo a cada momento, en cada encuentro, en cada situación, y en cada circunstancia. Hay algo justo frente a ti, mirándote fijamente a la cara, ofreciéndote la opción de subir a bordo para viajar en una nueva dirección, o bien puedes ignorarlo y atribuirlo solo a la pura casualidad. A medida que adoptes más la actitud de *ahora puedo ver con claridad*, mirarás de manera muy distinta cada aspecto de tu vida.

Con la ventaja de poder mirar atrás, soy capaz de ver y escribir sobre esos cambios transcendentales que estaban ocurriendo. No tenía ni idea de lo lejos que llegaban. Ahora puedo ver todo el tejido de mi vida como un diseño continuo. Veo que esta fuerza invisible me estaba ofreciendo tickets gratuitos para avanzar en la dirección del propósito de mi vida. Te animo a mirar atrás a tu propia vida con tanta honestidad y apertura como puedas, y ver que esos extraños que simplemente "se presentaron", o esos sucesos significativos que ocurrieron, te fueron ofrecidos para animarte a alinearte con el propósito de tu vida.

Siempre tienes la opción de *prestar atención* y de seguir el camino menos familiar y tal vez arriesgado. Asimismo, puedes elegir *no prestar atención* y quedarte con la versión de tu vida que ha sido implantada en ti por tus influencias familiares y culturales, que dictan de manera precisa cuáles deberían ser tus limitaciones y aspiraciones. El verdadero beneficio de mirar atrás a los sucesos significativos de tu vida y ver que la mano invisible de Dios estaba allí para ti en aquel momento no es repetir todo tu pasado buscando los significados ocultos, sino poder despertar a ser una persona más consciente ahora, hoy, en los momentos presentes de tu vida.

Lo que sé seguro es que hay maestros y enseñanzas por doquier. Cada momento de nuestra vida nos ofrece la oportunidad de prestar mucha atención para ver a la persona que se aproxima a nosotros no como un extraño, sino como alguien que se ha presentado en el lugar justo, en el momento exacto. Se trata de ver un suceso desafortunado no como "mala suerte", sino preguntarse: "¿Qué podría aprender de esto aquí mismo, ahora mismo?", en lugar de vivir un largo periodo de sufrimiento antes de entender por qué te has alineado con esta circunstancia aparentemente lamentable.

Al mirar atrás a mi vida, no me cuesta concluir que hay algún tipo de plan que siempre está operando, incluso si en gran medida es desconocido mientras se despliega. No me cuesta reconocer que este plan está siendo dirigido por la misma fuerza que mantiene los planetas alineados, abre los capullos de las flores, y da vida a todo tipo de creaciones aquí y en todos los demás lugares del universo. Ahora presto mucha más atención a lo que se presenta ante mí, y estoy dispuesto a escuchar con cuidado cualquier inclinación que pueda tener de actuar de acuerdo a ello, incluso si me lleva a un territorio desconocido. Te exhorto a hacer lo mismo.

Examina los grandes puntos de inflexión de tu vida y mira con cuidado a todas las supuestas coincidencias que han surgido para que cambiaras de dirección. En ese momento en que creíste que había habido una coincidencia, tuviste libre albedrío e hiciste una elección. En ese mismo momento había algo mucho más grande que tú, algo a lo que siempre estás conectado, que también estaba operando. Ese "algo" estaba organizando los detalles para que tú pudieras completar el propósito que adquiriste cuando diste el salto del Espíritu a la forma: *desde ninguna parte al aquí y ahora.*[6]

Los maestros están siempre ahí. Tu grado de preparación para prestar atención y escuchar con cuidado a tu yo superior, y para actuar a partir de lo que te dice tu yo intuitivo, vivifica tu conciencia de tus maestros. Afila tu comprensión y estate dispuesto a confiar en que lo que estás sintiendo dentro es lo que deberías estar haciendo, con independencia de lo que todas las demás personas y cosas a tu alrededor puedan decir en sentido contrario. Esta es la ventaja de adoptar la mentalidad *ahora puedo ver con claridad.*

Hay muchos descubrimientos que hacer cuando abres la mente a la posibilidad de que una inteligencia Divina esté moviendo todas las piezas de tu vida en armonía con tu capacidad de tener libre albedrío y hacer

---

6. Véase nota anterior, página 294.

elecciones. Descubres que, de hecho, el *dharma* de tu vida ya está trazado, y dentro de ese mismo conjunto de realidad predeterminada, eres libre de hacer elecciones. También descubrirás que esta fuerza Divina, o Tao, en realidad no es nada más que puro amor incondicional. Uno de mis profesores más respetados, Carl Jung, expresó así esta paradoja: "En el mismo momento en que eres el protagonista de tu vida haciendo elecciones, también eres el personaje anónimo, o un extra en un drama mucho mayor. Estás condenado a hacer elecciones".

Este amor es ilimitado e infinito, y cuando piensas y te comportas de maneras que son compatibles con este amor Divino, eres capaz de atraer la guía de este reino para que te ayude a orientar tu vida hacia la realización de Dios. En estos momentos de puro amor eres capaz de experimentar ocurrencias milagrosas. Ahí es cuando los ángeles del reino Divino del Espíritu son capaces de estar ahí para ti y tú tomas conciencia de su presencia.

En esos momentos de dar incondicionalmente, o cuando tu enfoque interno está exclusivamente en *¿Cómo puedo conectar y servir?* —en lugar de en las exigencias egoístas del ego, que dice: *¿Qué puedo sacar de esto?*—, estos guías de puro amor se reconocen a sí mismos en ti y conectan para ponerte en tu camino hacia el reemerger en la Fuente original de tu ser, con Dios y los guías que tienes asignados.

A lo largo de mi vida, los milagros ocurrieron cuando suspendí y domestiqué el ego, siendo exhortado invisiblemente a hacer un cambio en mi camino de vida. Te insto a mirar los sucesos de tu propia vida, desde que eras pequeño y hasta el presente, y a examinar qué te estaba ocurriendo dentro que te impulsó en una nueva dirección. A continuación, y esto es de la máxima urgencia, *toma conciencia de cualquier pensamiento interno que sea de juicio, crítica o condena hacia cualquier hijo de Dios, incluyéndote a ti mismo*. Cuando eres capaz de orientar tus pensamientos internos hacia el amor incondicional, incluso los pensamientos que tienes hacia aquellos que has designado como tus enemigos, te abres a la guía que te empuja hacia la autorrealización y la realización de Dios. Esta es la ventaja de ver con ojos más claros: puede ayudarte ahora, en el momento presente, a alejarte del camino que lleva al autosabotaje.

A medida que cambias tu manera de mirar las cosas para permanecer en ese lugar de amor Divino, las cosas a las que miras también empiezan a cambiar. Esto se debe a que, en las frecuencias vibratorias más elevadas del amor incondicional, vibras en unidad con la Fuente de todo, eso que hemos llegado a llamar Dios. Como he afirmado muchas veces en la escritura de este libro, con Dios (con amor) todo es posible, y esto incluye atraer ángeles de amor para que te guíen en el momento.

****

Ver tu vida con más claridad requiere ser muy consciente de cualquier cosa que genere entusiasmo dentro de tu ser. Si te entusiasma, la presencia misma de ese entusiasmo interno es toda la evidencia que necesitas para recordarte que estás alineado con tu verdadera esencia. Cuando haces lo que te ofrece dicha, eres más sensible a recibir guía del reino espiritual. A esto se le llama sincronicidad: un estado en el que casi sientes como si estuvieras en un acuerdo de colaboración con el destino.

Esta ha sido la historia fundamental de mi propia vida. Cuando escucho con cuidado esas señales internas, parecen decirme: *Esta es la razón por la que estás aquí, ahora estás verdaderamente alineado con tu yo superior, no hay nada que temer, simplemente haz lo que tu entusiasmo te dice que hagas.* Y esto es precisamente lo que he hecho al recapitular los sucesos aparentemente dispares que han conformado el tapiz de mi vida hasta ahora.

Es muy probable que, durante buena parte de tu vida, te hayas mostrado cauto con respecto a seguir tu pasión interna, porque desde la infancia has sido programado para seguir las ideas de otros con respecto a lo que deberías hacer. Tu familia, tu cultura, tu círculo de amigos, tu entorno inmediato, todos conspiran para establecer el camino de tu vida. Cuando ignoras esa programación y sigues lo que te dicta tu entusiasmo, es probable que progreses de manera más satisfactoria, aunque se te critique y se te considere egoísta.

Al mirar atrás a muchas de las decisiones que me hicieron seguir un camino muy distinto, está claro que solo tomaba esas decisiones sobre la base de lo que sentía correcto, lo que me hacía sentirme apasionado y entusiasta, incluso cuando el potencial de fracaso y decepción era una posibilidad real.

Ve tu propia vida con más claridad hoy —aquí mismo, en este mismo momento—, negándote a ignorar lo que suscita pasión y entusiasmo dentro de ti. Viniste aquí con una música que tocar, de modo que cuando empiezas a armonizarte con lo que solo tú puedes oír que está sonando en tu mente, escucha con cuidado, párate en seco, y estate dispuesto a dar el primer paso en la dirección de esas llamadas sincrónicas. ¡Estas son las llamadas de tu yo superior! Este es tu reemerger en la fuente de tu ser.

Es posible que no tenga sentido para los que están a tu alrededor, e incluso es posible que a ti mismo te parezca descabellado, pero has de saber que al final no te sentirás decepcionado. De hecho, cualquier persona o cosa que necesites acabará apareciendo en su imprevisible perfección Divina. Incluso si nada parece salir bien y todo tiene un aspecto triste y desesperado, conserva el entusiasmo. Declara que estás en un estado de fe y confianza, medita sobre tu visión, y el apoyo acabará llegando. Este estado está al servicio de tu entusiasmo porque, en esos momentos que solo tú conoces, estás alineado con quien realmente eres.

****

Durante tu vida, tal como durante la mía, ha habido maestros especiales que se han dado a conocer repetidamente. He detallado que san Francisco de Asís, Lao-Tsé, Jalal al-Din Rumi, Abraham Maslow, la doctora Mildred Peters, Albert Ellis y muchos otros se han mostrado continuamente y me han ofrecido sus regalos justo cuando más los necesitaba, y cuando quedaba claro que por fin estaba preparado para aceptar e implementar su guía divinamente inspirada.

Si estás dispuesto a revisar tu pasado con una conciencia amorosa, reconocerás a muchos maestros que han estado ahí para ti a lo largo de tu vida. Estuviste dispuesto a oír a alguno de ellos en el momento, y a actuar en función de lo que te ofrecían debido a tu nivel de preparación. Otras veces tu nivel de preparación era tan bajo que ni siquiera reconociste la precisión Divina de su llegada o de su reaparición. Ahora comienza a tomar conciencia y a dar la bienvenida a la ayuda que está disponible a diario en tu vida.

Después de pasar la mayor parte de este año revisando los múltiples maestros y enseñanzas que han influido en el camino de mi vida, puedo ver con claridad que he estado en una especie de entrenamiento invisible de los maestros ascendidos desde mi llegada aquí en mayo de 1940. *Y tú también.* Todos tenemos nuestro origen en la misma Fuente de amor Divino. A medida que crecemos y maduramos, a todos se nos da libre albedrío para mantenernos conectados con esta Fuente, o para dejar a Dios al margen y vivir según las exigencias e inclinaciones de nuestro falso yo, el ego.

AHORA PUEDO VER CON CLARIDAD

Ralph Waldo Emerson, otro de estos maestros ascendidos que han estado llamando a la puerta de mi conciencia interna desde que era adolescente, y tal vez incluso antes, nos ofrece esta observación:

Dentro del ser humano está el alma de la totalidad; el silencio sabio, la belleza universal, con la que cada parte y partícula están igualmente relacionadas; el Uno eterno.

Sí, dijo dentro de nosotros. Esto se refiere a *ti* también. Esta es la herencia de tu Fuente, y este "Uno eterno" está enviando emisarios continuamente. Se componen exclusivamente de silencio sabio, de belleza universal. Es elección tuya seguir o no estos impulsos energéticos o ignorarlos debido a que no estás preparado para tales consejos.

Estos seres de luz y amor te rodean por todas partes, y lo han hecho desde tu llegada a esta presencia física con la que te identificas con tanta fuerza. Ellos dejan pistas y señales, y a veces su guía es sutil y confusa: pero ellos están ahí, y todo lo que tienes que hacer es empezar a prestar atención a tus sentimientos intuitivos, y a continuación actuar sin miedo en función de lo que parecen estar comunicándote. Cuanto más confíes en esta intuición, más verás qué cosas se alinean con tu propio *dharma*.

Hazle caso a lo que sientes dentro —el latido de tu alma activa tu entusiasmo— invitándote a dar el paso siguiente en la escalera de una vida que conduce a la luz. Como dijo Rumi: "En cuanto entraste en este mundo de existencia, se puso una escalera ante ti para ayudarte a escapar de él". (Traducción de Andrew Harvey; le estoy agradecido por darme permiso para reproducir esta cita).

Hay muchas manos que quieren ayudarte y te hacen gestos para que te agarres, asciendas y escapes de la ilusión de este mundo. Maestros ascendidos, ángeles del yo superior, maestros bien intencionados, miembros de la familia, extraños, un montón de sucesos y lo que parecen ser circunstancias extrañas, todos ellos se activan para ayudarte a ascender por la escalera que va de la conciencia ordinaria al mundo celestial de la vida extraordinaria y la conciencia superior. Estate dispuesto a dejarte persuadir para pisar sin miedo el escalón siguiente, y el siguiente, prestando mucha atención a tus guías.

******

Nuestra misión definitiva en esta encarnación física en el planeta Tierra es reemerger en nuestra Fuente, el Uno eterno, para reconocernos como un ser de amor y luz —una parte de Dios, por así decirlo— y practicar el pensar y actuar como lo hace Dios.

Cada punto de inflexión o momento de comprensión que me ha ayudado a trepar por esa escalera ha sido el resultado del conocimiento intuitivo de que tenía que poner cada vez menos énfasis en mi ego y sus pensamientos continuos de *¿qué saco yo de esto?* Aprendí que quería y necesitaba un cambio para actuar y pensar como Dios.

Dios, nuestra Fuente, el gran Tao, la mente Divina, se dedica a servir, a conectar y a domesticar las exigencias del ego, que siempre insiste en más cosas, más popularidad, más aprobación, más reconocimiento, ganar más y adueñarse de más cosas.

Cuando hago el *cambio* a contemplar cuál es la mejor manera de llegar a tanta gente como sea posible con un mensaje de esperanza, bondad, alegría y, sobre todo, amor —dejando atrás los beneficios materiales— siento que el entusiasmo se expande dentro de mí. A continuación, parece presentarse más ayuda sincrónica siguiendo una programación que para mí es invisible.

Examina tu propio movimiento para ver con más claridad y cuando estés en lo que sabes que es una encrucijada; o cuando dos caminos se separen en un bosque, pide ayuda. Busca consejo para avanzar en aquella dirección en la que el ego sea cada vez un factor menos determinante. Pregúntate cómo cumplir el propósito de tu alma sirviendo primero a otros.

Los críticos pueden decir que mi vida ha consistido en hacer dinero, en hacerme un nombre para poder recrearme en la fama y la popularidad. He pasado miles y miles de horas sentado solo en un escritorio, afrontando páginas de papel en blanco que esperaban ser llenadas con las ideas que reverberan dentro de mí. Puedo decir con toda honestidad que no me he involucrado en esta actividad solitaria de escribir cuarenta y un libros con la idea de que iba a hacer dinero, o adquirir fama por mis esfuerzos.

He dado cada paso de la escalera de la que habla Rumi porque he sido guiado y apoyado por tantos maestros y enseñanzas profundas que me es casi imposible no poner el pie en el escalón siguiente y empujar el resto de mi aparato físico hacia una conciencia más elevada y exaltada. Todo ocurrió porque estaba dispuesto a conectar y servir, y a dedicar tiempo y energía en la soledad de mi habitación, lejos de toda distracción, a poner en la hoja de papel que tenía ante mí lo que insistía en ser expresado para el mejoramiento de otros de un modo que no necesitaba entender plenamente.

La fama y la riqueza que han llegado a mi vida no se deben a que yo las buscara. Todos los resultados se deben a que seguí activamente lo que me entusiasmaba y confié en la guía que fue saliendo a la superficie a lo largo del camino, y a que *algo* dentro de mí prácticamente me obligó a hacer este trabajo. Es la misma cosa que esta noche me ha empujado a abandonar la comodidad de mi casa y de mi familia para sentarme aquí a escribir.

Como nos solía decir el doctor Redl, las personas autorrealizadas deben ser lo que pueden llegar a ser. No saben reprimir esos deseos internos que les queman y que simplemente deben ser expresados. Estas recompensas externas solo son beneficios añadidos, que llegan cuando uno avanza confiadamente en la dirección de sus propios sueños y se esfuerza por vivir la vida que ha imaginado, citando a Henry David Thoreau. Como has leído, él es uno de esos maestros que se han presentado ante mí desde que tenía quince años y esperaba un castigo por mi "desobediencia civil" en el instituto.

Mira atrás en tu vida a los puntos de inflexión clave, cuando estuviste involucrado en algún tipo de experiencia cumbre que te llevó en una nueva dirección. Piensa en tu alma y en lo que verdaderamente significa sentirte motivado por *tus* pensamientos internos, en lugar de usar algún barómetro artificial y externo como guía para tu vida. Las promociones son agradables; los aumentos de salario son bien recibidos; un reloj de oro es un hermoso símbolo de una vida larga y dedicada; una buena nota, un trofeo, y muchos otros son índices externos. Ellos no alivian ni satisfacen tu alma. Tu alma no es finita, no tiene forma, no tiene principio ni fin. Necesita expandirse, crecer, evitar ser etiquetada o compartimentalizada.

Todos los movimientos que hice en mi vida estaban orientados hacia una mayor libertad, que me dio la capacidad de decidir por mí mismo dónde estar cada día, qué llevar puesto, cómo hablar, por dónde continuarían mis escritos. Estos eran los empujones de mi alma, la parte interna e invisible de mí que es infinita, y por lo tanto siempre busca la expansión.

Mantente en contacto con la llamada que sientes en lo profundo de ti y hónrala. Ignorarla hará que te sientas como un prisionero en tu propio cuerpo y en tu propio mundo privado. Tu alma es desdichada cuando está confinada o etiquetada, o cuando se le dice lo que puede y no puede hacer. Su canción grita: "¡No me encierres en una verja!".

Conforme empiezas a ver cada vez con más claridad no solo cómo y por qué tu vida ha dado todos estos giros, sino qué dirección va a seguir a partir de ahora, verás que tu alma nunca te llevará a perderte. Eso es lo que verdaderamente eres: no tus logros o posesiones, sino esa sensación interna de propósito que busca la inmensidad y la expansión.

Escucha cuando te señale cierta dirección, o cuando te envíe a un maestro, o cuando establezca una serie de sucesos sincrónicos. Todo ello te entusiasma cuando ocurre tan misteriosamente porque tu mundo externo por fin está respondiendo a la necesidad innata de tu alma de seguir expandiéndose. Debe hacerlo, y siempre te empujará en este sentido porque es infinita, y por lo tanto debe continuar creciendo. Lo que es infinito no puede ser etiquetado ni puesto en ningún tipo de caja para guardarlo. Eso sería negar su verdadera naturaleza y convertirlo en lo opuesto de lo infinito, que es finito.

****

A medida que reviso tantos cambios transcendentales que ocurrieron en mi vida, ahora puedo ver con mucha más claridad que buena parte de lo que me impulsó hacia los escalones superiores de la escalera, que Rumi describe como la trampilla de escape de este mundo material, fue el uso de la imaginación. Si podía tener una imagen clara de mí mismo enfocado en una nueva tarea dentro de mi imaginación, y si podía entrenarme para actuar como si esa imagen interna ya fuera un hecho presente, el resto del trabajo de materialización parecía hacerse casi sin esfuerzo.

Cuando estaba en la Marina, declaré ante mí mismo: *voy a ir a la universidad*. Cuando intenté escapar de una zona de guerra en Turquía, me vi a mí mismo abandonando el país mucho antes de que se presentara la oportunidad. Cuando lidié con la resistencia de mi primer editor, yo tenía en mi imaginación una imagen muy distinta de la que tenían los expertos para mí y mi libro. Y así ha sido durante buena parte de mi vida.

Usa tu imaginación para crear el modelo interno de lo que tienes la intención absoluta de manifestar. A continuación, actúa como si ese sueño fuera un hecho consumado. Esta ha sido mi táctica secreta para manifestar la vida que tenía la intención de vivir. Te animo a hacer pleno uso de este procedimiento que se explica con detalle en mi libro *Deseos cumplidos*. Examina los momentos relevantes de tu vida en los que te sentiste impulsado a seguir una dirección particular, considerando cuánta fe fuiste capaz de poner en ese lugar mágico y creativo dentro de ti: tu imaginación. Todo lo que ahora existe en tu vida y en este mundo físico primero tuvo que ser imaginado. Así, si no puedes imaginarlo y actuar como si ya fuera un hecho consumado, no podrás hacerlo realidad.

Uso la frase *Yo soy* como la declaración de un hecho, independientemente de lo que digan los que me rodean, e incluso de lo que mis propios ojos y oídos me digan que es verdad. *Yo soy* es el nombre que Dios usó para identificarse a Sí Mismo ante Moisés y todas las generaciones futuras. Te animo a usar estas dos palabras para ver primero en tu imaginación lo que quieres que se manifieste en tu realidad física. Declaro cada día que *Yo estoy bien, disfruto de perfecta salud, estoy contento, soy amor, Yo soy Dios.* No necesito mirar los números de un informe médico ni oír las opiniones de otras personas sobre mi salud.

Este gran poder místico está a tu disposición. Usa el nombre de Dios como una afirmación para crear la vida que deseas, para convertirte en la persona que quieres ser. Cuando haces una declaración absoluta situando tu presencia *Yo soy* en el centro de tu imaginación, y negándote a admitir otras opiniones, alcanzas los resultados que pensabas que solo estabas imaginando. Cuando asumes el sentimiento de tu deseo como si ya estuviera realizado, en último término tu deseo acaba concretándose en la realidad física.

Usa la presencia *Yo soy* para todo lo que tienes intención de manifestar a partir de este día. Cuando lo haces con integridad y con un conocimiento interno que no deja lugar al escepticismo o las dudas, empiezas a ver que puedes tomar las riendas de tu vida en tus manos humanas. Reconéctate con la Fuente de tu ser y vive una vida Divinamente inspirada como co-creador con Dios.

****

Me encanta esta cita de Oscar Wilde: "Convertirse en el espectador de la propia vida… es escapar de todo el sufrimiento de la vida". Ofrece la clave para acabar con todo el sufrimiento. Lo único que tienes que hacer es convertirte en el espectador de tu propia vida.

Llamo a esto "cultivar el testigo": el camino de salida de cualquier incomodidad consiste en empezar a notar quién está haciendo o dejando de hacer algo. Si estás triste, lo único que tienes que hacer es darte cuenta de quién está experimentando la tristeza. El que la nota ya está libre de ella. A medida que prestes mucha atención, notarás que la tristeza no eres tú; no es sino una parte de la naturaleza de un ser humano. Pero tú, como espectador, simplemente eres el ser que habita dentro y que es consciente de todo lo que notas.

A diario cultivo el testigo amable y amoroso, y le invito a que reemplace mi identificación con lo que estoy observando. Quien yo soy es una parte invisible e informe de la gran mente Divina, el Tao, Dios. Cuando observo todo lo que veo delante de mí —no como aquello a lo que estoy apegado y conectado, sino más bien como un espectador curioso—, elimino mi sufrimiento potencial. Mi apego al resultado se disuelve. Cualquier creencia de que no soy valioso queda eliminada, y respondo a la pregunta *¿quién soy yo?*, como Michael Singer hizo tan lúcidamente en su estimulante libro *La liberación del alma*: "Yo soy el que ve. Desde algún lugar aquí atrás, miro hacia fuera, y soy consciente de los sucesos, pensamientos y emociones que pasan ante mí".

Ahí es donde tanto tú como yo vivimos. Así es precisamente como llegas a ver tu vida con más claridad que nunca. Simplemente nota, y después nota quién está notando, y recuérdate que este eres tú, esta es tu verdadera esencia.

A lo largo de la escritura de este libro y al revisar muchos de los factores importantes que me empujaron hacia los escalones superiores de la escalera me he dado cuenta de que cuanto menos me identificaba con lo que quería lograr, más libre era de permitir que se manifestara. Simplemente sentándome y observando como un espectador interesado pero desapegado, a menudo fui capaz de ir mucho más allá de lo que estaba notando. Cuanto menos apegado estaba a lo que quería conseguir en la vida, y cuanto más cultivaba esta idea del testigo, más era capaz de contemplar la etapa siguiente de mi vida con una visión nueva y menos preocupada. Me encantaba lo que se ponía ante mí, pero no tenía apego al resultado.

Al llegar al final de este repaso de mi vida hasta ahora, me siento agradecido de haber podido ver con mucha más claridad cómo y por qué tantos sucesos, circunstancias y maestros se presentaron para guiarme en este camino de autodescubrimiento. Toda mi vida he querido sentir la emoción de ser una persona que podía y quería marcar la diferencia en este mundo. Ha habido una guía invisible presente para mí a cada paso del camino, tal como también la hay para ti.

Para acceder a esa guía, te animo a establecer *el compromiso de ser absolutamente fiel a eso que solo existe dentro de ti*. Este es el gran secreto para ver cada vez con más claridad y vivir tu vida desde un lugar de pasión y propósito.

—Con amor,
YO SOY Wayne

SOBRE EL AUTOR

Wayne W. Dyer fue un escritor y orador internacionalmente reconocido en el campo del desarrollo personal. Fue autor de más de cuarenta libros; creó numerosos programas de audio y vídeo; y apareció en miles de programas de radio y televisión. Sus libros, *Construye tu destino, La sabiduría de todos los tiempos, La fuerza del espíritu*, y los éxitos de ventas del New York Times *Diez secretos para el éxito y la paz interior, El poder de la intención, Inspiración, Cambia tus pensamientos, cambia tu vida* han sido presentados como programas especiales en la televisión pública de Estados Unidos.

Dyer tenía un doctorado en pedagogía por la Wayne State University y fue profesor asociado de la Saint John's University de Nueva York.

Página web: www.DrWayneDyer.com